KLAUS LUMMA
HERAUSGEBER

W0283014

HUMANISTISCHE PSYCHOLOGIE
ORIENTIERUNGS ANALYSE

UNTER MITWIRKUNG VON

MARIA AMON * GUDRUN BAAS * GABRIELE BILSTEIN
MARGRET CHRISTINE BÜSCHER
HANS-DIETER DICKE * GERHARD GLÜCK
BEATE KARGES-HAMPEL * HELMUT KEYMER
MARTINA KICKELBICK-SCHWERTFIRM
ELISABETH KÖHLING-WELTER * BORIS LUBAN-PLOZZA
DAGMAR LUMMA * ADELHEID OEVERMANN
GABRIELE PECHEL * DIETER RAABE
HEDWIG SCHLAGHECKEN * GERTRUD SCHÜMMER
MICHAELA SINTKE * ANNE TEACHWORTH
CHRISTIANE VAN MELIS * BRIGITTE VIELHAUS
ALEXANDRA VON MIQUEL * KLAUS WAGENER

LEKTORAT: MELANIE LUMMA

Ein Fachbuch zur Begleitung
pädagogisch-therapeutischer Gruppen- & Einzelstunden
* 50 Tafeln *
&
Zwölf Beispiele aus der Praxis

ISBN 3-923636-29-6

HALBJAHRBUCH SONDERAUSGABE 2 / 99

BIOGRAPHISCHES LERNEN IN BERATUNG, THERAPIE UND WEITERBILDUNG

Inhalt

***

Die Humanistische Psychologie als Grundlage orientierungsanalytischen Denkens und Handelns

Klaus Lumma

1969 veröffentlichten Charlotte Bühler und Fred Massarik ihre „Studien in humanistisch-psychologischer Sicht" unter dem Buchtitel „Lebenslauf und Lebensziele". Als Wissenschaftler verstanden sie die von ihnen herausgegebenen Forschungsarbeiten als Grundstein für eine Methodik, die der Zielsetzung des Menschen und seinen Reflexionen über die Gesamtheit des Lebens gerecht wird. Sie schufen die Grundlagen für pädagogisch-therapeutische Vorgehensweisen, die sich stärker als die traditionellen Methoden auf die für den Menschen so wichtigen Fragen der Ganzheit und letztlichen Bedeutung (Finalität) seines Lebens einstellten.

„Die von A. MASLOW, K. GOLDSTEIN, ROLLO MAY, CARL ROGERS, H.A. MURRAY, S. JOURARD, D. RIESMAN, J.F.T. BUGENTAL neben mehreren anderen einschließlich meiner selbst 1962 unter dem Namen 'Humanistische Psychologie' zusammengefasste Schulrichtung vereinigt in sich eine Reihe theoretischer Grundannahmen. Bugental und ich selbst formulierten eine Reihe von Thesen, die diese Grundannahmen kurz zusammenfassen. Ihre wichtigste ist vielleicht 'die Überzeugung, daß alle Menschen grundsätzlich schöpferisch sind und Werte die grundlegenden Determinanten menschlicher Handlung' sind.
Für mich selbst stellen diese Annahmen eine Fortsetzung der in meiner früheren Entwicklungspsychologie vorherrschenden Orientierungen dar."
Charlotte Bühler 1969.

In einer Zeit der immer stärker werdenden Einflüsse von außen auf den Entwicklungsprozeß des individuellen Menschen ist es notwendig, sich mehr an dem auszurichten, was J.F.T. Bugental die *Gegebenheiten des Seins* nennt.

1. *Wir haben eine physische Körperlichkeit*
2. *Wir sind begrenzt - in Bewußtsein, Stärke, Lebenszeit und allen anderen Dimensionen - innerhalb des Unbegrenzten.*
3. *Wir können handeln oder nicht handeln.*
4. *Wir können unter den möglichen Handlungen wählen.*
5. *Wir sind separiert von und zugleich Teil von anderen.*

J.F.T Bugental 1969.

Seit jenen Gründertagen haben sich zahlreiche methodisch-didaktische Interventionsstrategien unter dem wissenschafltichen Dach der *Humanistischen Psychologie* entwickelt, wobei vor allen Dingen die Gestalttherapie und verschiedene ihr nahestehende bzw. zuordenbare kybernetisch-ganzheitlich orientierte Vorgehensweisen an Bedeutung und Wirkung gewonnen haben.
Ganzheitliches Denken zeichnet sich durch die Verbindung von analytischem mit analogem (bildhaftem) Denken aus. Es berücksichtigt psychodynamische, also biographisch bedingte ebenso wie interaktionelle Phänomene.

Die Akzeptanz des Ganzheitsprinzips hat zur Folge, daß Konfliktarbeit nicht mehr ausschließlich auf reduktionistischen Analysen basiert. Das ganzheitliche Denken verlangt neue, kreative Fragestellungen, gegebenenfalls auch paradoxer Art, neue Modelle der Konfliktlösung. Den ganzheitlich orientierten Therapeuten interessieren deshalb nicht so sehr die Einzelaspekte eines Konfliktes, sondern vielmehr die Frage, wie die Einzelaspekte miteinander verbunden sind, wie die Beziehungen zwischen den beteiligten Menschen aufgebaut sind. Ganzheitliches Denken akzeptiert neben Kausal-Beziehungen (Der Konflikt tritt auf, weil ...) vor allem die

Möglichkeit der Vernetzung von Phänomenen, die sich in der Art und Weise, dem „*Wie*" von Interaktionen / Transaktionen der Beteiligten ausdrückt.

„Analytisches Denken hat Wissenschaft und Wirtschaft dominiert und häufig dazu geführt, gewissen Themen und Problembereichen auszuweichen und Probleme nicht als solche anzuerkennen, wenn keine analytisch-technokratische Lösung möglich war. Probleme, die aus der Vernetzung komplexer Beziehungsgeflechte heraus entstehen und auf Zirkularitäten basieren, wurden kaum beachtet." G. Probst 1987

Da wir gewohnt sind, in monokausalen, linearen Ketten zu denken, indem wir für jede Wirkung nach der Ursache suchen, haben wir lange den Aspekt der „Vernetzung", die wechselseitige Abhängigkeit zwischen einzelnen Teilen eines Systems untereinander und zwischen den Teilen und dem Ganzen vernachlässigt. Dieses Denken anerkennt im Sinne Bateson's Interdependenz viele Faktoren, was beim Denken in Kausalketten nicht gegeben war.

Die *Humanistische Psychologie* geht grundlegend von der Annahme aus, daß alles psychische Geschehen zielgerichtet ist und einen speziellen Sinn, eine Funktion hat im Lebenskontext des Menschen. Victor Frankl (1959) sieht zum Beispiel in dem Verlust einer Ziel- und Sinnorientierung eine der Hauptquellen für die Entstehung von psychischen Problemen und interaktionellen Konfliktsituationen.

Alle Interventionsstrategien der *Humanistischen Psychologie* sind zum einen auf die wissenschaftichen Erkenntnisse der Entwicklungspsychologie bezogen, zum anderen auf die Einsichten einer interdisziplinären Hirnforschung, wie sie in dem Buch *Neuroworlds 1995* zusammengefaßt sind.
(John Eccles, Heinz von Foerster, Paul Watzlawick)

Die *Humanistische Psychologie* beherbergt ausschließlich Therapieschulen, die miteinander kompatibel sind. Sie ist in diesem Sinne therapieschulenunabhängig. Ihre Konzeption ist so angelegt, daß durch entwicklungsfördernde Interventionen und Rahmensetzungen der Mensch dahin zurückfindet, sein kreatives Potential, seine schöpferischen Ressourcen gezielt für eine konstruktive Lebensgestaltung zu nutzen. Erfolgreiche und sich einander ergänzende Strategien zu diesem Zweck sind:

* Fokussierung und Förderung situativ notwendiger Entwicklungskräfte

Tafel 1
Entwicklungskräfte * Cycles of Power nach Pamela Levin

- die Kraft zum Sein
- die Kraft zum Tun
- die Kraft zum Denken
- die Kraft der Identität
- die Kraft der Geschicklichkeit
- die Kraft der Erneuerung
- die Kraft der Wiederaufbereitung

* Bewußtmachen und Loslösen von Abwertungsmechanismen
* Training *triadischen Denkens*
    - die Förderung der Ratio
    - das Einbeziehen affektlogischer Gegebenheiten
    - das Berücksichtigen der urwüchsigen Triebkräfte
* Erkennen von entwicklungsgeschichtlichen Leitlinien
(Phänomene des Lebensstils im Sinne Alfred Adlers)

* Erkennen der Herkunfstlogik im Verhalten mit PartnerInnen und KollgegInnen (Phänomene der Psychogenetik im Sinne Anne Teachworths)
* Herstellen von konstruktiven Verbindlichkeiten
* Förderung von konstruktiver Anpassung
* Entwicklung von Gemeinschaftgefühl, dem Zusammenspiel von sozialer und personaler Kompetenz
* Mitwirken an der Beseitigung von krankmachenden Rahmenbedingungen in der Familie und im sonstigen Lebensfeld
* Sicherung der Grundbedürfnisse nach Sicherheit, Geborgenheit, Liebe, Achtung und Selbstbewußtsein.
* Training der Selbstbegrenzung und des Gemeinschaftsgefühls

Therapeutisches Handeln ist im Sinne der *Humanistischen Psychologie* darauf ausgerichtet, das auftretende Problem, das Krankheitssymptom, also das psychische und interaktive Geschehen als Herausforderung zu verstehen, den Lebensstil zu ändern, die unbewußten Ziele und alte Überlebensstrategien zu erkennen, konstruktive Neuorientierungen vorzunehmen und zu begleiten.

„Durch die Betonung von Zielen und Bedeutungen im menschlichen Leben hat die Humanistische Psychologie den Versuch übernommen, das psychologische Denken aus einer ausschließlich kausalen und deterministischen Sichtweise zu befreien." Ulrich Völker 1980.

Die Konzeptionen der *Humanistischen Psychologie* bevorzugen lösungsorientiertes, kybernetisch-ganzheitliches Denken. Ihre therapeutischen Strategien beziehen sich auf solche organismischen Strukturen, die Auskunft geben über kurzfristig anvisierbare Lösungen. Therapeut und Klient entwickeln gemeinsam und ganz konkret solche Lösungsideen,
die zum Kontext des Klienten und seines Umfeldes passen,
die im Alltag umsetzbar sind und
deren Struktur erkennbar und wiederholbar ist.

Innerhalb der *Humanistischen Psychologie* gehen wir davon aus, daß die Lösung von Problemen nicht unmittelbar mit der Struktur der Probleme zu tun haben muß. Lösungen sind *unabhängig*; sie können geradezu dadurch erst entstehen, daß die vermuteten Kausalitäten nicht sonderlich beachtet werden.

Lösungsorientiert im Sinne der *Humanistischen Psychologie* zu arbeiten heißt zugleich, sich binnen der verschiedenen organismischen Strukturen des Menschen (psychodynamisch ebenso wie interaktionell) um Informationen über bereits funktionierende Lösungen (vergangene, gegenwärtige und in die Zukunft projizierte) zu kümmern, anstatt Informationen über ähnlich gelagerte Probleme zu sammeln. So kann es situativ auch von Nutzen sein, sich im therapeutischen Prozeß vom Lösen-Wollen eines Konfliktes zu distanzieren und die Aufmerksamkeit statt dessen auf andere Ziel zu lenken, auf neue Perspektiven.

Im Kontext der *Humanistischen Psychologie* fragen wir weniger nach den Ursachen und Gründen für Konflikte, sondern wir fragen vielmehr danach, *wie* es kommt, daß es sie gibt. Wir beschäftigen uns gewissermaßen ohne Ursachenklärung direkt mit dem Konstruieren von Lösungsansätzen - das heißt, auch mit solchen Lösungen, die auf den ersten Blick gar nichts mit dem Konflikt direkt zu tun haben. Es kann durchaus sein, daß wir dazu die Aufmerksamkeit unserer Klientel in eine ganz andere Richtung lenken, damit die Fixierung ihres Denkens leichter auflösbar wird und das Denken sich neuen Perspektiven und Zielen zuwenden kann. Erfahrungsgemäß ist bei dieser Vorgehensweise die Berücksichtigung der Entwicklungspsychologie nach Pamela Levin von großem Nutzen.

Entgegen den meisten therapeutischen Regeln und Gepflogenheiten wurde die Erfahrung gemacht, daß der Mensch sich von problematischem Verhalten leichter lösen kann, wenn zukunftsorientierte Ideen und erreichbare Ziele zum Thema des therapeutischen Prozesses werden. Das nutzt mehr, als sich auf die Analyse eines Problems und das Verstehen-Wollen seines strukturellen Hintergrundes zu konzentrieren. Ein therapeutischer Entwicklungsprozeß ist also in der Praxis konkret darauf ausgerichtet, vor allen Dingen jene Zeiten und Rahmenbedingungen zu reflektieren, in denen das problematische Verhalten *nicht auftritt,* in denen der Mensch nicht „durchhängt", trinkt oder ähnlich Unangenehmes tut.

Wir richten die Aufmerksamkeit auf das, was im Leben gut funktioniert, reflektieren die dort benutzten Kraftquellen und machen sie im gemeinsamen Lernprozeß für verschiedene andere Lebensbereiche nutzbar. Wir „benutzen" gewissermaßen den aufgetretenen Konflikt, um uns jener inneren Kraftquellen (Ressourcen) zu besinnen, die uns „ansonsten" am Leben erhalten haben; und wir benutzen dann die wiederentdeckten Kraftquellen zum Anpeilen und Erreichen von konkreten Lebenszielen.

„Statt Defizite zu problematisieren, konzentriert man sich auf die Förderung und den Aufbau vorhandener Stärken und Fähigkeiten. Häufig ergeben sich Lösungen, wenn man auf das schaut, was jemand kann, bzw. auf das, was funktioniert." Joachim Hesse 1995.

Die *Humanistische Psychologie* verfügt inzwischen über ein breites Handlungsinventar für diese Art des therapeutischen Vorgehens. Allen methodischen Interventionsstrategien gemeinsam ist

* die Ausrichtung der konkreten therapeutischen Schritte am „Erfordernis der Lage",
* die Ermöglichung flexibler Therapiezeiten,
* Konzentration auf die Handlungsdevise: Weniger vom Gleichen, mehr vom Anderen tun!,
* die Orientierung des therapeutischen Settings an Veränderungsideen,
* die Diagnostik der individuellen, biographischen Leitlinien,
* die Überzeugung von des Menschen Fähigkeit, sein Leben sinnvoll ausrichten zu können.

Die Tatsache, daß die Menschen gegen ihr Ende zu imstande sind oder sich gar gezwungen fühlen, die Ergebnisse ihres Lebens zusammenschauend zu erfassen, weist darauf hin, daß sie die ganze Zeit oder einen Großteil der Zeit einer Leitlinie gefolgt sind. Charlotte Bühler & Fred Massarik 1969.

Ziel des therapeutischen Prozesses ist im Sinne der *Humanistischen Psychologie,* den Menschen zur Konstruktion bzw. Rekonstruktion gesundheitsbezogenen Handelns im Alltag anzuregen und zu qualifizieren. Wir lenken also die Aufmerksamkeit auf die gesunden und kräftigen Teile der Persönlichkeit, unterstützen auf dieser Grundlage die Entwicklung konstruktiver Beziehungen, erreichbarer Lebensziele und die Bereicherung des Lebensganzen.

Tafel 24
Diagnostisches * Gestaltendes Wissen * Fertigkeiten
Useful knowledge # skills for diagnosis # learning process

Transaktionsanalyse
Transactional analysis

Abwertungsmechanismen reflektieren + auflösen
Reflection + release of discount mechanisms

Entwicklungsphasen fokussieren
Cycles of power

Menschliche Entwicklung

Einige Bemerkungen zum konstruktivistischen Verständnis von Entwicklungspsychologie

Dieter Dicke

Um sich entwicklungspsychologisches Grundwissen konstruktiv aneignen zu können, ist es zunächst wichtig und sinnvoll zu klären, was mit dem Begriff „Entwicklung" gemeint ist bzw. wie Entwicklungspsychologen das, was sie tun, definieren.

DORSCHs Psychologisches Wörterbuch schreibt zum Begriff „Entwicklung" (E) folgendes:
Entwicklung bezeichnet die Veränderung der Form und des Verhaltens von Lebewesen, sowohl auf der individuellen Ebene (Ontogenese), wie auf der Ebene der Arten (Phylogenese). Weiter meint E. Prozesse der Differenzierung (Ausgliederung von Teilfunktionen aus diffusen Ganzheiten) und zugleich der Zentralisierung (vereinheitlichende Zusammenfassung der Teilfunktionen in Richtung auf ein Ziel hin). E. bezeichnet auch Funktionsreifung insoweit, als sie für das Üben und Lernen die Voraussetzung schafft (z.B. Gehen, Sprechen, etc.). E. ist schließlich gegenläufig, denn auch der Abbau gehört zu ihr (Rückentwicklung [Regression]). Die organismische Biologie bezeichnet die durch E. hervorgebrachten Formen, deren Elemente ständig wechseln und ein Ineinander von Werden und Vergehen sind, auch als Fließgleichgewichte (DORSCH, F. Psychologisches Wörterbuch, 1987)

Mit letzterer Sichtweise scheint mir ein konstruktivistischer Standpunkt am ehesten vereinbar, da durch den Begriff des „Fließgleichgewichts" (der den prozeßhaften Ausgleich von vielfältigen unterscheidbaren Einzelfunktionen oder -fähigkeiten bezeichnet) hinreichend deutlich gemacht wird, daß jedes Phasen- oder Stufenmodell von Entwicklung letztlich ein Theoriekonstrukt darstellt.

Letztlich ist menschliche Entwicklung ein langer, mehr oder weniger ruhiger und immer individueller Fluß, von der Erzeugung bis zum Tod. Die Anzahl der Entwicklungsflüsse ist gleich der Anzahl der lebenden Menschen auf Erden. Und wenn wir gewillt sind, den zirkulären Tanz des Lebens mit seiner nach menschlichem Ermessen unendlichen Zahl werdender und vergehender Strukturkopplungen (Was war das gleich noch mal? MATURANA/VARELA „Der Baum der Erkenntnis" S. 85 ff) ernsthaft in seiner ganzen Fülle in Betracht zu ziehen, dann können wir kaum umhin anzuerkennen, daß der Strom der menschlichen Entwicklung keine nur individuelle Quelle hat, daß der Prozeß der Verschmelzung von Samenzelle und Eizelle kein gänzlich neuer Anfang im Sinne eines „Sprungs" vom Nichts zum Sein darstellt. Die „wirkliche" Quelle des je individuellen menschlichen Lebens reicht über 3000 Millionen Jahre zurück und entspringt der ersten (?) lebenden Zelle, die sich im Urozean vermutlich spontan kreierte, nur weil es möglich war. Und wer weiß, ob das die „wirkliche" Quelle war, der „wirkliche" Anfang, wo doch vor der ersten lebenden Zelle auch schon „Etwas" da war?

Jetzt aber schnell zurück auf den Boden der Erfahrungswissenschaften!
Entwicklungspsychologie befaßt sich also mit zeitlich relativ konstanten, wahrnehmbaren Veränderungen menschlichen Verhaltens. Diese Veränderungen sollen beschrieben, erklärt und schließlich bewertet werden, etwa im Hinblick auf „Normalität" und „Abweichung" verschiedener Merkmale, hinsichtlich ihrer Ausprägung und Verteilung in definierten Populationen. Auch Prognosen sind Gegenstand der Entwicklungspsychologie. Wie wird die weitere Entwicklung eines Menschen verlaufen, wenn ein bestimmtes Entwicklungsmerkmal bei ihm zu einem bestimmten Lebenszeitpunkt mehr oder weniger ausgeprägt ist?
Für die Zwecke der Struktur- und Persönlichkeitsentwicklung des Menschen sollten wir den entwicklungspsychologischen Forschungsergebnissen den Wert von unterstützenden, erkenntnisleitenden Angeboten zur Hypothesenbildung beimessen.

Nicht mehr aber auch nicht weniger! Insbesondere sollten wir nie vergessen, die Beurteilung des Entwicklungsstandes einzelner Fähigkeiten bzw. Persönlichkeitsmerkmale eines Menschen in den Gesamtkontext der individuellen Entwicklung einzuordnen und nur aus dieser Gesamtschau heraus zu bewerten.
Unsere konstruktivistische Grundposition hinsichtlich des Entwicklungsphänomens ist jenseits der Standpunkte einzelner Entwicklungstheorien die Annahme, daß der jeweils gegenwärtige „Gesamtzustand" eines Menschen, als zur Zeit bestmögliche, sinnvollste „Zustandsmöglichkeit" verstanden werden kann, um im System der zur Zeit gelebten Strukturkopplungen weiter existieren zu können.

Mit anderen Worten: Wie auch immer der Entwicklungsstand eines Menschen zum Zeitpunkt unserer Beobachtung ist, er „passt" genau so am besten in das bzw. zu dem Umweltsystem, in dem er zu diesem Zeitpunkt lebt und umgekehrt.

Vier Grundpfeiler konstruktiver Struktur- & Persönlichkeitsentwicklung

Eröffnungsvortrag zur 12. Studienwoche des IHP im Haus „Maria in der Aue"

Klaus Lumma

Tafel 2
Was wir fürs Leben brauchen

Wertschätzung * Wohlwollen * Respekt * Liebe
PEPP * Vier Anfangsbuchstaben konstruktiver Handlungskonzepte
Neun entwicklungshemmende Familienregeln
Empowerment Fragen

Wertschätzung
Wir gehen davon aus, daß der individuelle Wert des Menschen innerhalb der Gemeinschaft anderer Menschen als sein höchstes Gut zu betrachten ist. Dieses Gut ist für alle erhaltenswert, darin sind wir uns wahrscheinlich „im Stillen" einig. Die Qualität dieses Gutes, die „Güte" des Menschen ist seinsbezogen, also existentiell angelegt. Nun wissen wir inzwischen aus der praktischen Arbeit, daß der Wert eines einzelnen Menschen erst durch die Interaktion mit dem anderen deutlich wird. Es kann zwar sein, daß der Wert eines Menschen a priori, also ohne die Betrachtung von außen gegeben ist, doch deutlich werden kann er nur durch Beziehungen, durch die Erfahrung anderer Menschen, die ihn a posteriori erkennen, gewissermaßen dadurch, daß sie ihre eigenen Erfahrungen mit diesem Wert ins Spiel bringen.
Wir könnten also durchaus in Anlehnung an Martin Buber denken, daß der Wert des einzelnen Menschen an Feedback-Schleifen (feedback loops) von anderen Menschen gebunden ist. Die Schätzung eines Wertes - Wertschätzung ist in diesem Sinne ganz praktisch gemeint und als bewußt vollzogene Handlung zwischen verschiedenen Menschen, als Inter-Aktion zu verstehen.
Wir wissen, daß ein Mensch durch sein So-und-nicht-anders-sein dem anderen,

den anderen Menschen förderlich oder abträglich sein kann. Oft wird ihm erst durch Feedback-Schleifen, also durch die Rückmeldung anderer deutlich, daß die Wertschätzung seines Seins größer wird, wenn ihm erlaubt ist, davon abzurücken, „so-und-nicht-anders-sein" zu müssen. Durch den Akt des Willens, durch Entscheidungen können wir dazu finden, unseren Wert so anzulegen, daß er für andere förderlich ist. Unser eigener Wert steigt mit der Förderung des anderen, der anderen. Wertschätzung ist in diesem Sinne ausschließlich interaktionell.

Wohlwollen
Auch dieser Begriff ist als Akt des Willens zu verstehen, nicht als eine Eigenschaft, die man entweder hat oder nicht hat. Wohlwollen meint die Ausrichtung des menschlichen Willens auf das Wohl des Menschen.
Dies gilt für die Persönlichkeitsentwicklung *(personal development)* ebenso wie für die Strukturentwicklung *(human systems development)*, jene Konstruktionen interaktionellen Zusammenwirkens verschiedener Menschen.
Ohne das „Wollen des Wohls", ohne Wohlwollen entsteht Destruktivität. Wir könnten also davon ausgehen, daß Konstruktivität durch andauerndes Wohlwollen entsteht, durch die Ausrichtung des Willens und Handelns auf das Wohlsein. Dies braucht Ausdauer, langen Atem.

Respekt
Respekt vor den Menschen beinhaltet Achtung, Ehrerbietung, Ehrfurcht und Scheu. Respekt beinhaltet Werte, die gelegentlich etwas in Vergessenheit geraten sind. Um anderen und mir selbst natürlich auch, Respekt entgegen zu bringen, brauche ich die Fähigkeit der Wahrnehmung, zum Beispiel den „Blick zurück". Gemeint ist nicht eine „archäologische Betrachtung" von Lebensgeschichten, sondern der „erlaubte Blick" für das, was geschehen ist.
Das klingt leicht und könnte es auch sein, doch neigen wir manchmal dazu, die Wahrnehmung durch Wunschdenken zu trüben: wir schauen dann nicht genau hin und können dem, was wahrgenommen wird, keinen Respekt zollen.
In diesem Sinne verstehe ich den Ruf nach Respekt nicht unbedingt als ethisch-moralisch angelegt, sondern vielmehr als Akt der Wahrnehmung, etwa im Sinne von Bert Hellinger, wenn er davon schreibt „anzuerkennen".

Liebe
Mit dieser Qualität meine ich ausschließlich das, was wir Menschen untereinander, zwischen uns und in uns erfahren, wenn unsere Augen in gegenseitiger Betrachtung ihre gläserne Härte verlieren und ihr Blick im Inneren ohne irgendwelche Verpflichtung als Wärme empfunden werden kann. In diesem Sinne ist Liebe ein zwischenmenschliches, körperliches Ereignis, das besonders durch die Augen erfahrbar wird.

PEPP * Vier Anfangsbuchstaben konstruktiver Handlung
Als Fanita English ihre auf Europa bezogenen Lehrveranstaltungen beendete und sich für den nächsten Lebensabschnitt nach San Francisco aufmachte, „hinterließ" sie uns vier Begriffe, von denen sie glaubt, daß ihre Berücksichtigung im Rahmen der Struktur- und Persönlichkeitsentwicklung des Menschen *(human systems & personal development)* von großer Notwendigkeit ist.
Pamela Levin, Mary Pipher, Tom & Delphine Frazier beziehen ihr praktisches Tun und Denken offensichtlich auch auf jene Notwendigkeiten, die um des leichteren sich Merkens halber in dem Wort PEPP zusammengefaßt sind.
Ein **P** steht für *permission*, jene existentiellen **Erlaubnisse,** die wir immer wieder benötigen, um unser eigenes Leben konstruktiv gestalten zu können, die Erlaubnis zu leben, zu lieben, zu konfrontieren, zu denken und zu fühlen, was in uns vorgeht, statt was in uns vorgehen „sollte".
Das **E** steht für *encouragement*, den *Mut zur Ermutigung*. Gemeint ist die aktive Tätigkeit des Mut machens, nicht aufzugeben und sich der Passivität zu übergeben.
Ein zweites **P** steht für *power*, also Kraft oder **Einfluß**. Es scheint lange verpönt gewesen zu sein, sich so entwickeln zu dürfen, daß man Einfluß nehmen darf, daß man im guten Sinne eine machtvolle Persönlichkeit wird, die etwas zu sagen hat und wirkt.

Das Destruktive nimmt überhand, wenn wir ihm nicht mit **Macht** Einhalt gebieten. Es ist wichtig, daß wir lernen, Konstruktives in Angriff zu nehmen. Das nennen wir dann *„power"*, Einfluß nehmen. Um etwas bewirken zu können, mußt Du manchmal auch andere Rollen einnehmen als Dein Skript Lebensplan ursprünglich vorgesehen hat.

Das dritte *P* steht für *protection,* das ist **Schutz**. Hier geht es konkret und praktisch darum, Verletzungen, Unfälle und Gewaltanwendungen zu verhindern.
*Erlaubnis & Ermutigung, Einfluß & Schutz * permission & encouragement, power & protection*
Um diese vier existentiellen Notwendigkeiten gewährleisten zu können, sind reife Persönlichkeiten und Sicherheit gebende Strukturen notwendig.

Neun entwicklungshemmende Familienregeln
In seinem immer wieder neu aufgelegten Buch „The Family" hat John Bradshaw jene Familienregeln zusammengefaßt, die erfahrungsgemäß konstruktiver Struktur- und Persönlichkeitsentwicklung im Wege stehen. Gemeint sind solche Verhaltensprägungen, die bei Kindern dazu führen können, negative Denk- und Handlungskonzepte ins eigene Lebensskript aufzunehmen.

Regeln werden oft aus Angst erstellt, sie kommen dann aus der negativen Ladung verschiedener Teilpersönlichkeiten (Ich-Zustände / *ego-states)* und können in Streßsituationen meist wieder zur negativen Ladung derselben Ich-Zustände führen, obwohl wir vielleicht anders wollen. Wir haben dann den Eindruck, nicht „aus unserer Haut heraus zu können.".

Die Kenntnis dieser Regeln sollten wir nicht dazu nutzen, die Idee der Familie als überholt zu betrachten sondern vielmehr dazu, sie reflektiert zu erneuern. Dazu kann auch gehören, den genannten Regeln ausschließlich situativen Wert beizumessen, indem sie als nicht „für immer" geltend betrachtet werden.

1. Kontroll-Regel
Du mußt Dein Verhalten, Deine Gefühle immer unter Kontrolle haben. Alles, was Du tust, sollte bedacht sein. Bedürfnisse müssen kontrolliert werden.

2. Gesetz der Perfektion
Alles, was Du tust, tu' es immer ordentlich. Du musst immer besser sein als andere. Fang' etwas Neues erst gar nicht an, wenn Du nicht genau weißt, wie es geht.

3. Schuldzuweisung
Wenn etwas schief geht, so suchen wir (manchmal auch ganz lange) erst nach dem Schuldigen. Wir geben keine Ruhe, bis er gefunden (und bestraft) ist.

4. Ablehnung von Freiheit

* die Freiheit, sehen und hören zu dürfen, was ich wirklich sehe und höre, nicht was ich sehen und hören sollte;
* die Freiheit, denken zu dürfen, was ich denke, nicht, was ich denken sollte;
* die Freiheit, fühlen zu dürfen, was ich fühle, nicht, was man fühlen sollte.
* die Freiheit, Bedürfnisse äußern zu dürfen; die Freiheit, meine Wünsche zu äußern, statt darauf warten zu müssen, bis mir jemand die Wünsche von den Augen abliest.
* die Freiheit, Risiken eigehen zu dürfen anstatt immer „auf Nummer sicher" gehen zu müssen.

5. Rede-Verbot
Sprich' nicht über Deine Gefühle, Gedanken und Erfahrungen. Behalte das alles nur für Dich in Deinem „stillen Kämmerlein". (Familiengeheimnisse werden so über mehrere Generationen verborgen gehalten.)

6. Nicht-Zuhören
Wir sind in Gedanken immer wo anders und hören einander nicht zu; wir denken darüber nach, was wir antworten könnten, anstatt genau hinzuhören.

7. Konflikte am Leben halten
Wir schließen Konfliktthemen nicht ab. Sie tauchen in regelmäßigen Abständen immer wieder auf. Es gibt chronische Mißverständnisse, und/oder wir stimmen darin überein, „auf Teufel komm' raus" Harmonie zu wahren und keine Unterschiede in Sichtweise und Verhalten zuzulassen.

Tafel 3
Entwicklungshemmende Familienregeln

1. Kontroll-Regel
2. Gesetz der Perfektion
3. Schuldzuweisung
4. Ablehnung von Freiheit
5. Rede-Verbot
6. Nicht-Zuhören
7. Konflikte am Leben halten
8. Misstrauens-Vorschrift
9. Ablehnung von Identität

8. Mißtrauens-Vorschrift
Erwarte in Beziehungen keine Zuverlässigkeit! Verlaß' Dich nur auf Dich selbst und trau' niemandem!

9. Ablehnung von Identität
„In unserer Familie macht man so etwas nicht!" Es darf niemand anderer Meinung sein, oder gar „aus der Reihe tanzen". Wir sind alle gleich und lassen keine Unterschiede zu. Wenn jemand anders denkt oder fühlt, so gehört er nicht dazu.

Empowerment Fragen
Im Verlauf therapeutischer und supervisorischer Praxisjahre und durch Anregungen verschiedener Seniorberater, vor allen Dingen Tom & Delphine FRAZIER finde ich dazu, therapeutische Kommentare, supervisorische Anregungen zwar zu denken, sie jedoch *nicht direkt* und vor allen Dingen *nicht immer* in den jeweils konkreten Lernprozeß einer Gruppe, eines einzelnen Klienten beziehungsweise eines Paares einfließen zu lassen.
Hilfreich finde ich es, praktisch begründete Theorie in Form von Minilektionen zu „unterrichten", und konkrete Konfliktthemen ressourcenzentriert und lösungsorientert mit einer Hand voll Fragen zu „bearbeiten", mit Fragen, die Eigenständigkeit, Indivualität und bereits Geleistetes respektieren statt übersehen. Wir nennen solche Fragen *Empowerment Fragen.*

Tafel 4
Empowerment Fragen *

* Was hast Du gut gemacht?
* Was hast Du außerdem noch gut gemacht?
* Was hättest du anders machen können?

* Wobei soll ich Dich unterstützen?
* Wodurch habe ich Dich behindert?

* Was hast jetzt gerade gelernt?
* Wobei kannst Du das Gelernte brauchen?
* Was brauchst du noch, um das Gelernte anzuwenden?

Solche Fragen dienen dem praktischen Ausdruck von Wertschätzung, Wohlwollen, Respekt und Liebe.

„Das natürliche Gefühl eines Kindes für Werte und Würde ist sehr anfällig, da es ständig von der unmittelbaren Rückmeldung und dem Echo der Bezugsperson abhängt, von der es versorgt wird. Wenn die Bezugsperson dem Kind kein wirklichkeitsgetreues und liebevolles Feedback gibt, verliert es das Gefühl dafür, daß es etwas Besonderes und Einzigartiges ist." (John Bradshaw 1992, Seite 65.)

Aktionsbild zur Vernissage der IHP Gruppe 182 im Brunnenhaus

„Die in der Kindheit und Jugend erlernten, angewöhnten und übernommenen Grundvorstellungen über den Sinn des Lebens, über 'Gott und die Welt', über die Zuordnung der Werte, kurzum: über das 'Weltbild' und Lebensverständnis werden durch die Jahrzehnte hindurch abgenutzt, veralten, schleifen ab, verflachen, erweisen sich als unpassend und überholt."

Franz Pöggeler 1974, S. 70.

Biographisches Lernen in Aktion

* EDITORIAL INTERWRITING

Klaus Lumma, Kolleginnen & Kollegen

Tafel 5
Biographisches Lernen in Aktion * Was es hier zu lernen gibt

Vom Früherinnerungs-Szenario zur Methodenvielfalt	*Klaus Lumma*
Sokrates - Orientierungsanalytiker ehrenhalber?	*Klaus Wagener*
Orientierungsanalyse - ein dialektisches Prinzip	*Beate Karges-Hampel*
Ein Beispiel des Lernens aus meiner Früherinnerung	*Gerhard Glück*
Imagination - Raum der Freiheit	*Elisabeth Köhling-Welter*
Vom Einzelnen zur Gruppe und zur Organisation	*Helmut Keymer, Martina Kickelbick-Schwertfirm*
Ein Konzept humanistisch-systemischer Begleitung	*Hans-Dieter Dicke*
Otto Pankok, die Zigeuner und die Orientierungsanalyse	*Maria Amon*
Berufsübergreifende Kollegialität * *Feedbacking Callings*	*Klaus Lumma*

Vom Früherinnerungs-Szenario zur Methodenvielfalt

Klaus Lumma

Die Orientierungsanalyse ist 1999 im Rahmen der *Humanistischen Psychologie* an einem Punkt angelangt, der es notwendig erscheinen lässt, verschiedene Anwendungsbeispiele in einem Buch zu dokumentieren und zur Diskussion zu stellen. Ich wähle bewusst das Wort „notwendig". Die meisten Menschen, die bislang orientierungsanalytische Begleitung wahrgenommen haben, wählten Zeitpunkte der Not, um ihrem Leben eine konstruktive Wende zu geben.
Einige dieser Menschen hätten ebensogut psychiatrische oder heilkundlich-psychotherapeutische Hilfe in Anspruch nehmen können, so groß war ihre Not. Was sie dazu bewegte, über orientierungsanalytisches Lernen eine Wende anzupeilen, ist wahrscheinlich in dem Wort „Orientierung" selbst enthalten.
Jedenfalls scheint es so zu sein, als wenn aus der Anziehungskraft dieses Wortes in Verbindung mit dem urmenschlichen Wunsch des „Verstehen-Wollens" von Verhalten, Denken und Fühlen, mit dem Suchen nach Verständnis für die eigene Lebensbiographie jenes pädagogisch-therapeutische Konzept der menschlichen Struktur- und Persönlichkeitsentwicklung entstehen konnte, das Orientierungsanalyse genannt wird.
Das Grundkonzept dieses Ansatzes konflikt- und ressourcenorientierter Erwachsenbildung führte 1986 über mein Doktorat bei den Aachener Professoren Franz Pöggeler und Gerhard Glück bereits zu den Grundlagen einer *Pädagogischen Psychotherapie*.
In den Jahren 1997/98 wurde jedoch immer deutlicher, daß seitens des allgemeinen Sprachgebrauchs und der neueren Gesetzgebung *Psychotherapien aller Art* immer stärker und dann ausschließlich der *Heilkunde* zugerechnet wurden. So haben wir 1998 damit begonnen, die pädagogisch-therapeutischen Methoden der

Humanistischen Psychologie noch ausdrücklicher als bisher im Feld der Bildung & Beratung anzusiedeln.
Das berufliche Tätigkeitsfeld der Praktiker *Humanistischer Psychologie* haben wir zur deutlichen Unterscheidung mit den Begriffen *Pädagogisch-Therapeutische Beratung* und *Counseling* belegt, letzteres ganz im Sinne angloamerikanischer Traditionen.

„Die gemeinte Sache ist entscheidend,
nicht die Bezeichnung."
Pöggeler 1974, S. 75.

Dem Konzept der Orientierungsanalyse, so finde ich, steht das Bildungs- und Beratungskleid in diesem Sinne auch immer noch sehr gut.
Ich gehe davon aus, daß sich die Entwicklung von sinnvoller Struktur und Persönlichkeit lernen lässt. Wir brauchen dazu keine Krankheit-bezogenen Diagnosen „von aussen" sondern vielmehr Dialoge zwischen Menschen, die sich gegenseitig dabei unterstützen, über biographisches Lernen, die Reflexion der eigenen Entwicklungsgeschichte, mehr von den in uns schlummernden „Selbstheilungskräften" *(ressources)* zu finden und sie zur Wirkung zu bringen.

In der Orientierungsanalyse geht es um das Herausfinden (Analysieren) der persönlichen wie beruflichen Zielvorstellungen (Orientierungen) eines Menschen unter besonderer Berücksichtigung seiner Entwicklungsgeschichte im Kontext der heutigen Lebensumstände (Biographie).

Orientierungsanalytiker sind Jugend- und Erwachsenenbildner, Beratungs-Pädagogen und Andragogen, die befähigt sind, Prozesse der Struktur- und Persönlichkeitsentwicklung mit Methoden der Humanistischen Psychologie anzuleiten.

Orientierung kann natürlich auch ohne die Begleitung eines therapeutisch geschulten Pädagogen gefunden werden. Oft ist es jedoch so, daß erst die Begleitung durch einen professionellen Begleiter deutlich werden lässt, ***wie wichtig*** die Eigeninitiative im Hinblick auf das Umsetzen von konstruktiven Zielen der eigenen Orientierung ist, *wie wichtig* es ist, verdeckte und auch offen in Erscheinung tretende destruktive Ziele zu erkennen und „umzupolen". Wir haben im Entwicklungsprozeß der orientierungsanalytischen Konzeption gelernt, wie hilfreich die pädagogische Arbeit an Erinnerungen zur eigenen Entwicklungsgeschichte, an Erinnerungen zur Familiengeschichte und auch die Betrachtung von „Familien-*Geschichten*" sein kann, um seinem Leben neuen Sinn zu geben.

Während in den frühen Tagen dieses Konzeptes die gestalttherapeutisch begründete Inszenierung einer Früherinnerung (FE-Szenario) das Kernstück einer Orientierungsanalyse ausmachte, so gibt es inzwischen (fast) so viele „Kernstücke" wie es ausgebildete OrientierungsanalytikerInnen gibt.
Ich fasse an dieser Stelle die „Startkonzeption" der Orientierungsanalyse stichpunktartig zusammen.

1. Jemand meldet sich zur Beratung, weil irgendwo „der Schuh drückt".

2. Im Erstgespräch finden wir heraus, was gelernt werden will, wohin die „orientierungsanalytische Reise" gehen soll, welches Ziel die Beratung haben soll. Wir interviewen dazu unsere Klienten im Hinblick auf 7-9 Früherinnerungen (FEs), notieren sie stichpunktartig, legen gemeinsam den inhaltlichen Schwerpunkt, das jeweilige Thema der Erinnerung fest und vergegenwärtigen uns das die Erinnerung begleitende Gefühl.
Dieses Erstgespräch findet in Form eines zwei- bis dreistündigen Dialoges statt. Den Rahmen dazu bildet ein Fragebogen-Raster zur Biographie des Lernenden, der Kontext-Fragebogen zur Kern-Familie.

Tafel 6
Kontext-Fragebogen zur Kern-Familie

für (Name) ....

Spitzname? ....

In der Kern-Familie lebten früher:

VATER geb. .... MUTTER geb. ....

gest. .... gest. ....

Vorname .... Vorname...............................

Mädchenname.................................

Berufe ....

Platz für
sonstige Notizen

Wer sonst noch in der in bzw. in der Nähe der Kernfamilie lebte:

....

....

....

+ (n)

+ (n)

+ (n)

KLIENTIN geb. ....Geschwister Jahre
älter, bzw. jünger

- (n) Jahre

- (n)

- (n)

Wir holen beim FE-Interview ein:

Sieben (oder mehr) spontane Früherinnerungen = konkrete Situationen mit dem Charakter der Einmaligkeit, Angabe des ungefähren Lebensalters (n), des begleitenden Gefühls (G) und des inhaltlichen Hauptaspektes (HA). Ebenfalls notiert werden: Märchen, Lieder, Geschichten, Träume, Filme, Fotos und Ähnliches.

3. In den darauffolgenden Beratungssitzungen werden die Erinnerungen einzeln so in Szene gesetzt, als wären sie das Rollenbuch zu einem Theaterstück. Dabei werden sie entweder genau nachgespielt oder aber bei bedrückendem Kontext so inszeniert, wie man's gerne gehabt hätte.
Das bei der Inszenierung Erlebte - Gedachte, Gefühlte, körperlich Empfundene - wird in Beziehung zu dem gesetzt, was als Ziel der Beratung genannt wurde.

Eine orientierungsanalytische Inszenierung, das FE-Szenario kann sowohl in Form von Einzel- oder in Form von Gruppensitzungen stattfinden.
Die in der jeweiligen Erinnerung vorkommenden Personen werden in Einzelsitzungen gestalttherapeutisch, in Gruppensitzungen gestalttherapeutisch oder psychodramatisch „durchgespielt" und reflektiert.
In beiden Formen der Inszenierung geht es außerdem darum, über Identifikation mit einzelnen Personen und Gegenständen aus unseren Erinnerungen das Rollenbuch des „Autors dieser Erinnerungen" herauszufinden, den sogenannten geheimen Lebensstil (A. Adler), das Skript (E. Berne).

In sorgfältigem Dialog wird unser Klient in dem bestärkt, was seine Prägung an konstruktiven Mustern aufzuweisen hat.
Zudem wird gemeinsam darüber verhandelt, wie aufgefundene Destruktivitäten in Schach gehalten und ausgeglichen werden können.
Es wird nach Parallelen im aktuellen Lebenskontext gesucht, und es werden dazu über Rollenspiele neue Verhaltensmuster und Einstellungen ausprobiert.

Ausmaß, Länge und Häufigkeit solcher Sitzungen werden im gegenseitigen Einvernehmen festgelegt. Der Beratungsabschluß wird verhandelt, sobald das in der ersten Sitzung bestimmte Ziel nach Meinung des Klienten oder des Orientierungsanalytikers erreicht ist. Es müssen nicht alle Erinnerungen durchgearbeitet werden.

4. Beim Beratungsabschluß wird das Gelernte mittels empowerment Fragen gemeinsam reflektiert und erneut konkretisiert.

* *Was haben Sie gelernt?*
* *Was habe ich als Begleiter des Lernprozesses erfahren?*
* *Wie haben Sie gelernt?*
* *Wie war unsere Kommunikation?*
* *Was fühlen Sie über mich?*
* *Wo war ich als Begleiter für Ihren Lernprozeß förderlich, wo hindernd?*
* *Wo werden Sie die neuen Erkenntnisse anwenden?*
* *Wie wollen Sie mit den noch verbleibenden Erinnerungen umgehen?*

Natürlich werden solche Reflexionsfragen immer wieder variiert und der jeweiligen Beratungssituation angepasst.
In der Regel werden alle Beratungssitzungen auf Tonband aufgezeichnet, entweder zur Supervision des Orientierungsanalytikers und/oder zum Abhören und Auswerten seitens des OA-Klienten. Viele Orientierungsanalytiker handeln aus, vor der jeweils nächsten Sitzung eine zusammengefasste schriftliche Auswertung der aufgezeichneten Sitzung zu erhalten.

5. Bei Erinnerungen, die in irgendeiner Art und Weise Sorgen im Hinblick auf Suizidalität aufkommen lassen, wird ein gemeinsamer Lebens-Vertrag aufgestellt und unterzeichnet. Ziel der Beratungssitzungen, die Hintergründe für die Suizidalität bzw. die Tendenz zur Suizidaliät gemeinsam durchzuarbeiten, damit der Lebens-Vertrag kein formaler Akt bleibt.

Tafel 7
Lebens-Vertrag

Ich erkläre hiermit, daß ich weder gegen mich noch gegen andere Gewalt anwenden werde. Mein Ziel ist, das Beste aus meinem Leben zu machen und andere dabei zu unterstützen, auch ihr Leben konstruktiv zu gestalten.

....	....
Datum Unterschrift	Zeugen Unterschrift
	....
	Zeugen Unterschrift
	....
	Zeugen Unterschrift
	....
	Zeugen Unterschrift

In der bisherigen Entwicklung des orientierungsanalytischen Konzeptes zur Struktur- und Persönlichkeitsentwicklung trat binnen einer der ersten beruflichen Qualifizierungsgruppen im 2. Jahr der Qualifizierung zum Orientierungsanalytiker die Situation auf, erkennen zu müssen, daß es günstig ist, neben dem gestalttherapeutischen oder psychodramatischen Inszenieren von Früherinnerungen andere Methoden der Humanistischen Psychologie zuzulassen.

Wie kommt es zur Einführung der Methodenvielfalt?

Es waren jene Tage, in denen die Literatur zur ressourcenzentrierten Arbeit, die Wiederentdeckung des Nutzens der Gruppendynamik, die Rückbesinnung auf die Bedeutung der Vielfalt, die Entwicklung des Leit-Text-Systems (s.Teamfibel) mein berufliches Interesse weckten, als eine orientierungsanalytische Ausbildungsgruppe mit dem Üben der Beraterrolle begann und mich damit „erschreckte", daß in der Tat alle Klienten versuchten, meinen Beratungsstil genau zu imitieren.
Was könnte ich anders machen, damit die individuelle Stärke der einzelnen AusbildungskandidatInnen und nicht ihre Imitationskunst zum Ausdruck gebracht würde? Diese Frage stellte sich mir wie von selbst, und auch die Antwort präsentierte sich umgehend.
Ich selbst müsste meine pädagogische Enstellung ändern und nicht mehr (heimlich) wünschen, daß alle Orientierungsanalytiker sich ausschließlich auf das Inszenieren von Früherinnerungen konzentrieren. Diese Einstellung zu ändern, das übe ich gerade, indem ich mich mit Freude erkenne, daß ebenso gute anderen Möglichkeiten des biographischen Lernens auf dem Weg sind, konstruktive Struktur- und Persönlichkeitsentwicklung des Menschen durch organisierte Lernformen zu unterstützen.

Es scheint so zu sein, daß die Anzahl der unterschiedlichen didaktischen Möglichkeiten orientierungsanalytischer Arbeit mit Früherinnerungen und anderen biographischen Ausdrucksformen so groß (oder so klein) ist wie die Anzahl derer, die das Konzept anwenden.

Die neueren Theorien und Praxiserfahrungen zu den humanistisch-systemischen Ansätzen der Kinder-Spiel-Therapie und Familien-Supervision in der Auspägung durch Dieter Dicke zum Beispiel belegen diese Erkenntnis. In diesem Sinne fühle ich mich mit meinem Ansatz des Fe-Szenarios, des Inszenierens von Früherinnerungen inzwischen als Teil jener Gemeinschaft von pädagogisch-therapeutisch ausgebildeten Beratern, Councelorn, die sich gegenseitig und dialogisch dabei unterstützen, Eigenständigkeit in der biographischen Arbeit zuzulassen und auch ihren eigenen Klienten Gelegenheit zur Entwicklung von Eigenständigkeit zu gewähren.

Bei aller Unterschiedlichkeit der Beratungsmethodik gibt es so etwas wie das kleinste gemeinsame Vielfache. Wir sind uns darin einig, Schutzmaßnahmen vor Destruktivem in uns selbst und im anderen zu unterstützen, das Konstruktive in der Biographie eines Menschen aufzuspüren und zu fokussieren, es gegebenenfalls auch unter dem Schutt zahlreicher belastender Erinnerungen oder Familien-Geschichten „auszugraben" und eine Sinnfindung durch das Nutzen aller Sinne (neben dem Denken) zu unterstützen.

Bereits 1996 hatte ich die Absicht, ein Theorie- und Praxisbuch zur Orientierungsanalyse herauszubringen. Es sollte nach klassischem Muster ein Lehrbuch mit zahlreichen theoretischen Erklärungen werden. Ich reiste in die Berge des Tessiner Maggiatales um zu schreiben, während eine Gruppe von StudentInnen der Gestalttherapie bei Alex NAEF in die Kunst des Steinbildhauens eingeführt wurde. Meine „Sechsundneunziger-Theorie" habe ich dann schließlich in Marmor gehauen, und der behauene Stein trägt den Titel „Orientierungsanalyse Band 1".

Marmor-Skulptur „Orientierungsanalyse Band 1"

1999 bin ich froh, die „Sechsundneunziger-Theorie" in Stein gehauen und nicht aufs Papier geschrieben zu haben. 1999 fühle ich mich dazu bereit, Praxisbeispiele in Verbindung mit Theorie so zu Papier zu bringen, daß die Gemeinschaft orientierungsanalytischer KollegInnen mit ihrer großen Denk- und Handlungsvielfalt auch im geschriebenen Wort zum Ausdruck kommt.

Sokrates - Orientierungsanalytiker ehrenhalber?

Klaus Wagener

Erinnerungen stellen Elemente der Vergangenheit in der Gegenwart dar. Das Hier-und-Jetzt „gestalt-et", verklärt diese Erinnerung so, wie es sie zur Verarbeitung aktueller Bezüge braucht. Die Erinnerung ist also nicht eine absolut wahre Darstellung von vergangenen Abläufen, sondern eine aus dem jetzigen Kontext verstehbare „relative Wahrheit".

Nach Sokrates liegen „Die Grundlagen eines wahren Selbstverständnisses ... bereits unter der Oberfläche der jeweils gegebenen Lebensorientierung verborgen und können mit Hilfe konsequenten Fragens ans Licht gezogen werden."
(s. Meyers Enzyklopädisches Lexikon, Band 22, Stichwort Sokrates)

Die Orientierungsanalyse hinterfragt zum Beispiel aktuelle Lebensorientierungen mit Hilfe von Erinnerungen und schafft so die Möglichkeit, die unter der Oberfläche liegenden Grundlagen des „wahren Selbstverständnisses" aus dem Verborgenen zu holen (aufzudecken). Für solches Fragen entwickelte bereits Sokrates eine Methode, die Platon später „maieutike technike", Mäeutik genannt hat: das Herausholen dessen, was schon da ist, die Kunst der Hebamme.

„Entsprechend soll das für die mäeutische Methode wesentliche sokratische Fragen nicht nur durch den Nachweis von Widersprüchen die Selbstverständlichkeit faktischer Orientierungen erschüttern, sondern zu der schon immer vorhandenen Basis angemessener Selbsterkenntnis hinführen."

Das Erschüttern widersprüchlicher faktischer Orientierungen soll zu „angemessener" Selbsterkenntnis führen. Die Reife des jeweiligen Menschen müßte bedingen, was als Angemessenheit der Erkenntnis im Sinne der Gestalt gelten könnte. Lebensalter, Kontext im Hier-und Jetzt, Geschlecht, bisheriger Stand der Erkenntnis etc. können Hinweise dazu liefern.
Mit dem Grundsatz, dass nur aufgedeckt werden darf, was auch geschlossen werden kann, liefert die Gestalt einen Ansatz in die gleiche Richtung. Die Orientierungsanalyse schafft z.B. durch das Inszenieren bedrückender Kontexte „so, wie man's gerne gehabt hätte" eine Angemessenheit der Erkenntnis auf der Erlebnisebene. Das Traumatische wird nicht durch Wiederholen verstärkt, sondern durch eine angemessene Inszenierung relativiert.

„Für individuelle Lebensentscheidungen, die einer argumentativen Klärung nicht oder nicht sofort zugänglich sind, nimmt Sokrates die warnende Stimme einer ehtischen Intuition, die er als ‚Daimonion' bezeichnet, in Anspruch."

Also hat schon Sokrates erkannt, daß die Frage nach dem „warum .." oft nicht weiterführt? Wer den Weg zum „Daimonion", zur warnenden ethischen Intuition, finden will, fragt anders. Die Annahme, daß auch hinter vielleicht unsinnig wirkenden Lebensentscheidungen eine ethische Intuition steht, fordert vom Fragenden eine Haltung der Achtung und der Achtsamkeit. Im Sinne des Sokrates ist seine vornehmeste Aufgabe, solche Fragen zu finden, die der Selbsterkenntnis nützlich sind. Führt die Selbsterkenntnis zu einem neuen Selbstverständnis, lassen sich daraus neue Lebensorientierungen gewinnen, die dem „wahren Selbstverständnis" näher sind als die vorigen.

„Sokrates lehrt ... die Übereinstimmung von Reden, Denken und Handeln in einem vernünftigen Leben..." Die Orientierungsanalyse kann Wege aufzeigen, wie der

Mensch dahin kommt, Reden, Denken und Handeln in einem vernünftigen Leben zur Übereinstimmung zu bringen, „Stimmigkeit" in Gestalt-Sinne hervorzurufen. Hätte man Sokrates, der öffentlich lehrte, im theaterfreudigen alten Griechenland das Mittel des orientierungsanalytischen Inszenierens seiner Lehre gegeben, wäre vielleicht das erste offene (oder verdeckte) Straßentheater mit Selbsterkenntnis fördernden Inhalten entstanden. Finden wir heute Ähnlichkeiten zwischen der sokratischen Philosophie, seiner „ethischen Intuition" hinter Lebensentscheidungen und den Ideen zum „Herausholen, was schon da ist", so könnte das die Orientierungsanalyse bereichern.

„Alles lernen ist ein sich Wiedererinnern", dies ganz im Sinne des Sokrates.

Ich schlage vor, Sokrates aufgrund seiner Verdienste in den Berufsverband pädagogisch-therapeutischer Praktiker aufzunehmen und ihn zum „Orientierungsanalytiker ehrenhalber" zu ernennen.

Orientierungsanalyse - ein dialektisches Prinzip

Beate Karges-Hampel

Die Begriffe ORIENTIERUNG, als eine Form der zielgerichteten Bewegung innerhalb eines psychodynamischen Prozesses oder auch als INTER-AKTION zwischen Menschen, und ANALYSE als das sorgfältige Auffinden, Betrachten, Sortieren, Auseinandersetzen und Integrieren, setzten bei mir positive Assoziationen frei hinsichtlich meiner eigenen Handlungsfähigkeit und Handlungsfreiheit, als ich 1990 zum ersten Mal mit Orientierungsanalyse in Berührung kam.
Zutiefst angesprochen hat mich die dialektische Struktur der OA als einer dialogischen Form der Selbstauseinandersetzung. Einerseits bietet die Orientierungsanalyse FESTE STRUKTUREN (einen Rahmen durch die Arbeit mit frühen Kindheitserinnerungen zum Aufspüren des unbewußten Lebensplans), andererseits bietet sie PROZESSHAFTES (durch Methodenvielfalt wie Gestaltherapie, psychodramatische Gestaltung, kunsttherapeutische Umsetzung, das Einbeziehen kreativer Medien etc.). Reflexionsebenen und Erlebensebenen korrespondieren miteinander und erfahren eine sinnvolle Ergänzung.

Mit der Zeit lernte ich die Bandbreite der orientierungsanalytischen Möglichkeiten und auch die Grenzen der OA kennen,

* wann sie sinnvoll und organisch in längere Beratungsprozesse einbezogen werden kann,
* für wen sie in welcher Lebens- und Orientierungssuchphase besonders geeignet ist,
* wann bei wem welche Elemente der OA „greifen",
* wann die unterschiedlichen Elemente den Klienten „ergreifen", bis dieser sich „begriffen" hat und Neu - Entscheidungen „aufgreifen" kann.

Der REIFEPROZESS entwickelt sich durch BEGREIFEN in seiner dialektischen Komplexität. Ich fand auch Geschmack daran, die *feste Struktur der OA zu variieren,* besonders durch *Elemente der systemischen Supervision* und somit zu der angesprochenen Methodenvielfalt beizutragen. Demgegenüber schaue ich beispielsweise beim Coaching innerhalb meiner Tätigkeit als Supervisorin gegebenenfalls durch meine *„orientierungsanalytische Brille"*, dies insbesondere bei der biographischen Hintergrundarbeit zur Rollenvorgabe, Rollenübernahme und Rollengestaltung.

Das dialektische Prinzip der OA spiegelt sich nicht nur in der Synergie der Gegensätze von Struktur und Prozeßgestaltung wider, sondern setzt sich auf anderen Ebenen fort.

Autonomie und Nähe
Die „individuelle Stärke des einzelnen Ausbildungskandidaten und nicht Imitationskunst zum Ausdruck" zu bringen, wie Klaus Lumma schreibt, war für mich während meiner Ausbildung von Anfang an spürbar; das Vertrauen in das Aktivieren unserer eigenen Ressourcen wurde in organisierten Lernprozessen ständig geübt. Genau das machte für mich die Qualität aus, nämlich das ARBEITEN MIT DEN UNTERSCHIEDEN und das Herauskristallisieren der unterschiedlichen Stärken eines jeden an einem gemeinsamen Ganzen.

Erst wenn ich die individuellen Unterschiede kenne, bin ich in der Lage, mich einem gemeinsamen Ganzen wirklich zu nähern.

Annäherung und Auseinandersetzung geschieht seit vielen Jahren in geförderten Arbeitskreisen, was für mich auch positiv-kritische, kollegiale Umsetzung im Sinne des von Alfred Adler postulierten *Gemeinschaftsgefühls* bedeutet.

Weiterhin wird das dialektische Prinzip sichtbar in der *Anerkennung der professionellen Rolle des Orientierungsanalytikers* einerseits und dem *Klienten als gleichwertigen Vertrags- und Verhandlungspartner* andererseits, der den Rahmen, die Ziele etc. bei Bedarf immer wieder neu aushandeln kann. Das sich Miteinander-Bewegen auf einer Sach- und phasenweise tiefen Beziehungsebene korrespondieren auch hier miteinander.

Fasziniert von je her, seit ich im Kontext der *Humanistischen Psychologie* mit therapeutischen, supervisorischen Verfahren in Berührung gekommen bin, ist für mich mein *eigener dialektischer Prozeß.* Lange bevor ich eine Ahnung von professionell angeleiteter Persönlichkeitsentwicklung hatte, boten mir literarische Leitfiguren Orientierung, Auseinandersetzung, Zuversicht, Trost, Mut. Existenzielle Themen wie Geburt und Tod, Liebe und Tod, Liebe und Haß, Schuld und Scham, Rache und Sühne, Macht und Ohnmacht, Gier und Zurückweisung, die letztendliche Einsamkeit des Menschen - z.B. dargestellt in zahllosen zeitgenössischen Bühnenstücken von Samuel Beckett und Harold Pinter - bewegen die Menschen zeitlos über die Jahrhunderte hinweg. Und sie bewegen mich. Viele dieser Charaktere sind mir so vetraut wie Mitglieder meiner eigenen Familie.

Sowohl im Literaturunterricht als auch in meiner Beratungstätigkeit arbeite ich mit inneren Leitbildern, Leitmotiven, Metaphorik, archetypischen Bildern, inneren Monologen, in-Beziehung-setzen, Vordergrund-Hintergrund-Doppelbödigkeit, Exposition und Verlauf des Spannungsbogens, Aufbauprinzipien, ..., Interpretation und Deutung.

Beschreibende Elemente sind wichtig, aber das, was Wesen und Geist bei der Entschlüsselung eines Romans ausmacht, ist die Interpretation. Auf den *Lebensroman* als SCRIPT ZU UNSERM LEBENSPLAN übersetzt bedeutet das, Bewußtheit dafür zu entwickeln, WIE wir das in unserem bisherigen Lebenslauf Geschehene für unser heute aktuelles Leben mit seinen unterschiedlichen Herausforderungen interpretieren und nicht *auszugraben,* „WIE es in Wirklichkeit war". In der Literatur als der zeitgenössischen Spiegelung gesellschaftspolitischer Wirklichkeiten gibt es Protagonisten, Nebendarsteller - Spieler, Gegenspieler - den handlungsleitenden Erzählstrang, Nebenhandlungen - Schauplätze, Ersatzschauplätze etc.
Literatur, jeglicher Art, bleibt auf leere Worthülsen beschränkt, wenn es nicht gelingt, sie erlebbar zu machen, wenn man sie als Identifizierungsmöglichkeit nicht

mit den eigenen Erfahrungen in Verbindung bringen kann. Spannende Literatur und Bühnenstücke leben von Gegensätzen, die sich gegenseitig brauchen, um lebendig zu sein.

Auch in den verschiedenen sozialen Rollen unserer *Lebensromane* brauchen wir genau diese Dualität im dialektischen Zusammenspiel eines individuellen und gemeinsamen, lebendigen Erlebens und Gestaltens.

Beispiel des Lernens aus einer Früherinnerung

Gerhard Glück

Zeit und Rahmen

Wir sind jetzt im Sommer des Jahres 1998: Ich blicke zurück auf den August 1984. Lebendige Vorstellungen zu meinem ersten fünftägigen Kurs in Humanistischer Psychologie tauchen auf. Klaus Lumma hat die „Orientierungsanalyse" als Wahlwoche für etwa 10 bis 15 TeilnehmerInnen aus unterschiedlichen längerfristigen Weiterbildungsgruppen angeboten.
Ich bin der einzige, der ganz neu zu diesem Kreis kommt und bin auch noch in keine solcher Weiterbildungsgruppen eingebunden. Drei Jahre zuvor hatte ich einmal eine Woche Selbsterfahrung nach klientenzentrierter Methode kennengelernt. Wir sind in der *Röher-Villa* (Vorläufer der *John-Brinley-Akademie)* untergebracht, und nachdem im Zweier-Austausch Früh-Erinnerungen (FEs) eingeholt worden sind, spielen wir einzelne Szenen im psychodramatischen bzw. gestalttherapeutischen Sinne so nach, wie das ansonsten auch mit Träumen gemacht wird.

Meine Früherinnerung

Eine der sechs, im Sommer 1984 eingeholten Früherinnerungen ist mir, ohne daß ich sie aufgezeichnet hätte, auch heute noch klar wie ein Kurzfilm vor Augen.

Ich bin etwa zehn Jahre alt und stehe aufrecht, vorne auf einem großen, flachen und leeren Transportwagen und halte mich an dem senkrechten Eisenrohr fest. Dieser Wagen wird von einem Traktor gezogen, den wir „Bulldog" nennen. Mein Vater steuert diesen alten Lanz aus der Vorkriegszeit. Er tuckert laut und kräftig, dieser Lanz-Bulldog.
Er fährt durch das große Hoftor hinaus auf die schmale Straße; es geht behäbig und langsam die sanft abfallende Hauptstraße hinab in Richtung Güterbahnhof des Dorfes, in dem ich aufgewachsen bin. (Da die Wagen leer sind, holen wir am Güterbahnhof vermutlich neue Ware ab, so ist meine heutige Re-Konstruktion; diese Erklärung hatte ich beim Einholen der Früherinnerung damals nicht präsent.)
Ich halte mich am Eisenrohr fest und blicke auf die Jungen am Straßenrand herab; sie müssen zu mir aufblicken. Ein paar davon sind meine Klassenkameraden; ihre Väter sind Arbeiter, einer der Väter ist Meister in dem Betrieb, der meinem Vater und meiner Tante gehört. Dieser Betrieb wird von den beiden geleitet.
Soweit meine Früherinnerung!

Interpretation der Erinnerung,
im Paargespräch mit Klaus Lumma erarbeitet
Ich bin etwas Besonderes, darf oben auf dem Wagen stehen und schaue auf die anderen herab. Mein Vater besitzt etwas, was die anderen Väter nicht haben und vermutlich nie haben werden. Und nur ich darf oben stehen, kein anderer. Ich kann auf sie herunterschauen.

Die Einsicht. Das Aha-Erlebnis
Klaus spricht bezüglich der Früherinnerung und ihrer „szenischen Interpretation" eine sehr klare Sprache: *„Wenn Du so auf die anderen herabschaust und ihre Kreise meidest, so ist verständlich, daß sie auch Dich ablehnen, Dich also weder wertschätzen noch zu einem ihrer Vorhaben einladen. Sie werden Dich erst recht nicht an irgendeinem Vorhaben beteiligen."*
Diese Rückmeldung erlebte ich wie das Öffnen einer Tür. Ich merkte, daß dieses Herabschauen auf andere, das Mich-selbst-auf-ein-Podest-stellen, dieses Sich-selbst-Erhöhen Teil meiner Identität geworden war und ich überhaupt nicht gut damit lebte.
Zudem widerspricht es einer Grundüberzeugung von der Gleichwertigkeit der Menschen. Ich meine damit mehr und anderes als Toleranz, Respekt oder Höflichkeit gegenüber den Kollegen; einfach die Achtung vor dem Lebensstil anderer.

Meine Lebens-Situation im August 1984
Ich werde 43 Jahre alt, bin medizinisch gesund und gerade in diesem Monat mit meiner neuen Freundin zusammen in eine schöne, alte Wohnung nach Kornelimünster gezogen. Ich kenne Bärbel jetzt sieben Monate. Sie ist etwa 30 Jahre alt, hat das Lehrerinnen Studium aufgegeben und in Kornelimünster eine Lehre als Gärtnerin begonnen.
Sie arbeitet jeden Tag im Garten, und einmal in der Woche fahre ich mit ihr zum Wochenmarkt nach Aachen, wo wir Kartoffeln, Gemüse, Kräuter und Salate aus Waltraud Hofens Biogarten verkaufen.
Ich bin durch meine Professur an der Pädagogischen Fakultät der Technischen Hochschule Aachen (RWTH) beruflich und finanziell gesichert. Die Auflösung dieser Abteilung ist allerdings bereits angekündigt, und ich weiß noch nicht, wohin mich das Ministerium versetzen wird.
Abgesehen von dieser Orts-Unsicherheit könnte ich eigentlich zufrieden oder gar glücklich sein, doch ich bin es überhaupt nicht.
Mein Allgemeinzustand ist in diesen Monaten bereits schwankend und öfter verdrießlich als heiter. Ich sage zu einem mit mir befreundeten Internisten *Mir fehlt irgendwie ein Stoff zum Leben,* und ich hege die Hoffnung, daß er *solchen Stoff* finden könnte. Ich ernähre mich nach allen Regeln der Gesundheit. Doch es will mir nicht besser gehen, und der Mediziner findet auch nichts Bemerkenswertes.

Auf der Suche nach einem neuen Lebensstil
Als Klaus Lumma uns zu Beginn des Wochenseminars Gegenstände aus dem Garten holen läßt, die gemäß unseren freien Assoziationen etwas mit unserer aktuellen Situation zu tun haben könnten, bringe ich von den Bäumen trockene, leere Schalen des vergangen Winters mit. Meine Übersetzung dieser Wahl der Gegenstände lautet: *„Ich spüre keine inhaltlichen Botschaften mehr in mir, die ich künftigen Lehrerinnen und Lehrern vermitteln könnte - ich bin leer".*
Diese Übersetzung war neu, und sie kam unerwartet für mich, denn ich war in den Jahren zuvor wieder richtig aufgeblüht, nachdem ich von 1977 bis 1980 das tödliche Krebsleiden meiner ersten Frau begleitet hatte. Jetzt endlich konnte ich nach eigenem Stil leben, nachdem ich beruflich sicher war und auch die in früheren Jahren aus der Ferne kontrollierende Mutter schon lange gestorben war.

Ich war aus der evangelischen Kirche ausgetreten, die mir in meinen Jugendjahren eine soziale und religiöse Heimat gewesen war. Ich trat aus, weil ich das Glaubensbekenntnis nicht mehr nachsprechen konnte. Mein Vater war auch schon recht früh gestorben und hatte mir durch seine Sparsamkeit einen Grundstock für ein eigenes Haus hinterlassen. Mit meinen Geschwistern hatte ich mich zerstritten. *Familie* galt mir nichts mehr, ich betrachtete sie als Last. Freunde zu haben schien mir notwendiger und „nährender". Allmählich änderte sich meine Alltagssprache: ganz bewußt wollte ich „anders" werden.

Meine Situation an der Pädagogischen Hochschule

Ich habe innerhalb kurzer Zeit zweimal die Auflösung einer Fakultät erlebt, von 1978 bis 1982 in Neuß, und jetzt von 1982 an in Aachen bahnt sich eine neue Auflösung an. Erst 1987 weiß ich, wohin ich versetzt werde.
Durch diese Auflösungserscheinungen wurden die Freiheiten bei den Themen größer, doch die kollegialen Absprachen untereinander und die Kontrolle gingen auf ein Minumum zurück. Ich bot in diesen Jahren fast nur noch das an, was mich selbst beschäftigte und interessierte.

- Sprechen über Sterben und Tod
- Sexualitätstheorie und Sexualerziehung
- Alternativschulen und Freie Schulen

In der Friedensbewegung war ich aktiv geworden; es ging um eine große Aktion gegen den Nachrüstungsbeschluß der von Helmut Schmidt geführten Bundesregierung. Ich löste mich allmählich von der SPD und wurde 1985 Mitglied bei den GRÜNEN.
Ich war kein „Aussteiger", doch nannte ich mich selbst einen „Alternativen". Ich wollte bewußt provozieren, organisierte zum Beispiel eine Ausstellung von Aktfotos, die ein gymnasialer Kunst-Leistungskurs in Bad Hersfeld erarbeitet hatte. Die Ausstellung fand in einem Durchgangsflur unserer Pädagogischen Abteilung statt, einem Ort, an dem sie jeder wahrnehmen mußte.
Ich schaue in dieser Zeit tatsächlich auf meine Kollegen, die „Kravattenträger" herab; mit ganz wenigen Ausnahmen halte ich sie alle für bürgerlich, bescheuert, eng in ihren traditionellen Bahnen verharrend und das Glück des Augenblicks nicht mehr wahrnehmend oder suchend. Die Kleiderordnung der Hochschule ist mir eine Nebensache geworden, und ich bügle auch meine Hemden nicht mehr; andererseits jedoch putze ich meine Wohnung selbst.
Bei den Fakultätssitzungen bin ich zwar anwesend, bringe mich jedoch fast gar nicht mehr ein. Ich bin in keiner Kommission mehr, brauche gar keine Ämter abzulehnen, weil keiner mich mehr dafür vorschlägt.
In dieser Zeit bereite ich ein riesiges Projekt vor, das ich selbst als „das Unmögliche" bezeichne: Die Sexualerziehung in den Weiterführenden Schulen (Klasse 5-10) des Landes Nord-Rhein-Westfalens soll durch Handlungsforschung ein gutes Stück vorangebracht werden.
Im Anspruch schon war dieses Projekt viel zu utopisch, und als es ein Jahr später als erste Erhebung in viel kleinerem Umfang genehmigt wurde, mußte ich feststellen, daß ich noch viele Jahre später mit dem Aufarbeiten und Auswerten des Materials zu tun haben würde.
Zugleich hatte ich den Anspruch, auch in der Praxis der Sexualerziehung tätig zu sein. Also begann ich damit, in einem *Haus der Offenen Tür,* dem *Jugendzentrum Bushof Aachen* einen halben Tag in der Woche anwesend zu sein, biete später eine *Jungengruppe* dort an, danach im Kinderzentrum des Bushofes einen Nachmittag für Kinder, dann im Team des Kinderschutz-Bundes und in einem Heim.
Auch hier versuche ich, den Stil eines „alternativen" Professors der Pädagogik zu verwirklichen und merke dabei nicht, wie sehr ich mich mit Aufgaben übernehme und einen Berg von notwendigen Auswertungen meiner Arbeiten vor mir herschiebe. Erst fünf Jahre später wurde dieser „Berg" abgetragen.

Konsequenzen und Weiterentwicklung

Es brauchte noch mehrere Jahre, bis ich eine Lebensform fand, die mir besser entsprach und die mich weitertrug. Meine Einstellung gegenüber Kollegen, gegenüber dem „Bürgerlichen" überhaupt, sollte und mußte sich ändern. Doch das dauerte Jahre. Zunächst ging es um die Auflösung einer nicht gelingenden Beziehung. Bereits ein gutes halbes Jahr nach dem Einzug in die gemeinsame Wohnung wurde klar, daß die Trennung anstand. Ich zog wieder in die Stadt, in die Nähe meiner Arbeit und entschied mich für die Teilnahme an einer dreijährigen, gestalttherapeutischen Weiterbildung. Mit meinem Lebensstil war ich irgendwie in eine

Sackgasse geraten, und meine Anfangsthema für die Selbsterfahrung in der Gestalttherapie Gruppe war, die Balance zwischen Vernunft und Spontaneität zu finden. Bei einem Kolloquium über die *Humanistische Psychologie* in der *Röher Villa* beim IHP, wiederum ein Jahr später, lernte ich meine zweite Frau kennen, eine Berufskollegin (Lehrerin) in meinem Alter. Für ihre zehnjährigen Tochter wurde ich zunächst ein gern gewünschter Vater; Jahre danach hatte ich ihre Ablehnung als Stiefvater durchzukämpfen. In einer familientherapeutischen Sitzung konnten wir uns von dem Kampf lösen.
Ich wurde an die *Universität zu Köln* versetzt und bot neben meinen Sonderthemen *Sexualerziehung und Gestaltpädagogik* auch wie früher wieder die Themen *Didaktik und Unterrichtsmethoden* an.

Jene Früherinnerung „Ich schaue vom Wagen herab" in Beziehung zum *Heute*

Nach Abschluß meiner Gestaltausbildung gründete ich mit gleichgesinnten Wissenschaftlern die Arbeitsgruppe „Pädagogik und Humanistische Psychologie". Diese Gruppe wollte ich in den vorhandenen Rahmen der deutschen Universitätspädagogik einfügen und dies gelang uns auch. Diese Deutsche Gesellschaft für Erziehungswissenschaft (DGfE) pflegt bei ihren Kongressen eine eher traditionelle Präsentationsform: sogar Plenarvorträge ohne Diskussion, dann Vorträge mit Diskussion, Workshops sind eher selten. In diesen Rahmen fügen wir uns bei den offiziellen Symposien eben auch ein und fördern die prozeßorientierte, affektiv getönte Form der Auseinandersetzung bei den eigenen Arbeitstagungen, wo die humanistische Gruppe unter sich und offen für Kollegen ist, die über den Zaun schauen wollen.

Große Sorge macht mir die Selbstdefinition unseres Ansatzes als „Humanistische Pädagogik", so heißt jetzt eine neue Buchreihe beim Klinkhardt-Verlag. Wir unterstellen damit im gewählten Oberbegriff, daß wir humanistischer sind als die KollegInnen, welche nicht mit diesen personenorientierten und affektiven Bereichen so konsequent wie wir arbeiten.
Zugespitzt kann das verstanden werden: „Wir sind die besseren Menschen bzw. gehen menschlicher miteinander um, bzw. wir fordern einen humaneren Umgang von PädagogInnen, von Kindern und Jugendlichen."

Für die USA war diese Begriffswahl in den sechziger Jahren zur Abgrenzung von Behaviorismus und Psychoanalyse historisch sinnvoll und akzeptierbar. In der deutschen Tradition gibt es mehrere Bedeutungen von Humanismus, auf welche sich eigentlich alle Pädagogen berufen können.

So bleibt es eine Aufgabe, für unser Konzept einen Namen zu finden, der andere Ansätze nicht gering schätzt. George Brown hat 1970 etwa den Begriff „Confluent Education" gewählt und meinte damit das Zusammenfließen von Gefühlen und Denken. Für uns hier könnte „Gestalt" ein solcher - wenig durch andere Traditionen besetzter - Begriff sein, wenn wir ihn eben weiter auffassen, als er jetzt durch Gestaltpsychologie, Gestalttherapie und Gestaltpädagogik bereits eingeführt ist. Ich meine mit diesem neuen weiten Begriff von „Gestalt-Pädagogik" ein Konzept, welches die Ansätze von Cohn, Rogers, Moreno, Gestalt und TZI verarbeitet und produktiv praxisorientiert weitergibt.

Nachwort zum Lebensstil

Nicht nur in die Wissenschaftler-Gemeinschaft bin ich heute eingebunden, auch die Familie hat mich wieder. Durch viele Besuche ist ein beinahe „normaler", vielleicht sogar gesunder Kontakt mit meinen Geschwistern möglich geworden. So waren wir jetzt - im Jahre 1998 - in einem Museum auf der Schwäbischen Alb und betrachteten in einer Scheune gemeinsam einen *Lanz-Bulldog* mit Vorglühnase.

Imagination * Raum der Freiheit

Elisabeth Köhling-Welter

Ich möchte ansetzen bei der Bemerkung von Klaus Lumma, dass es günstig sei, neben gestalttherapeutischen oder psychodramatischen Inszenierungen von Früherinnerungen andere Methoden der *Humanistischen Psychologie* zuzulassen. In meiner Arbeit mit Früherinnerungen bin ich häufig an die Grenzen der Inszenierung gestoßen.
Drei Phänomene traten dabei immer wieder in Erscheinung, Scham, Leistungsdruck oder „technische Probleme", zum Beispiel bei der Darstellung von Kampfszenen. Ich war froh, neben dem Inszenieren auch die Möglichkeit der *Imagination* kennengelernt zu haben.
Imagination, von Verena Kast als „Raum der Freiheit" bezeichnet, kann als niedrigschwelliges Verfahren angesehen werden, da jeder Mensch die Fähigkeit hat, sich etwas vorzustellen.
Von großem Wert ist auch die Tatsache, dass der Berater oder Therapeut beim Imaginieren keinen „Zugriff" auf das „Produkt" des Klienten hat - für viele Klienten eine wichtige Voraussetzung dafür, etwas zu wagen.
Eine *Imagination* bietet viel mehr Platz als eine *Inszenierung* - sie gibt zum Beispiel auch Rauzm für negative Gefühle gegenüber dem Berater oder Therapeuten, die ansonsten den Therapieprozess erheblich blockieren können.
Allerdings birgt die *Imagination* - stärker noch als die *Inszenierung* - auch immer die Chance und Gefahr einer schnellen „Tiefung", verbunden mit der Möglichkeit, daß auch „bedrohliche Geister" gerufen werden, die zu einer Retraumatisierung des Klienten beitragen können.
Hier bedarf es einer sorgfältigen Begleitung durch den Berater / Therapeuten. Für mich wurde diese Erkenntnis Anlaß zu einer Weiterbildung in Katathym-Imaginativer-Psychotherapie (K.I.P.).

Vom Einzelnen zur Gruppe und zur Organisation

Helmut Keymer

Die Einladung zum Interwriting beim Orientierungsanalyse Buch von Klaus Lumma endet mit der Bitte, den Text fließen zu lassen. Nun denn!
Mein erster Stolperstein ist das Wort Orientierungsanalyse selbst. Im *dtv Lexikon* finde ich zu Orientierung: *„Richtung nach Osten";* dann allgemein: *„Hinwendung zu einer bestimmten Richtung. Sichzurechtfinden im Raum, z.B. nach den Gestirnen oder nach selbstausgesandten Lauten (Echo-Orientierung)."* Orient, Osten, die aufgehende Sonne als Perspektive - eine hoffnungsfrohe Richtung mit dem Geschmack des Neuanfangs. Die Dimensionen Raum und Zeit und die Einbeziehung der Sinnesorgane zum Sehen und Hören sind auch not-wendig bei der Entwicklung der eigenen Lebensgeschichte. Unter Analyse finde ich: „ Auflösung, Zergliederung, Zerlegung, Untersuchung eines Sachverhalts unter Berücksichtigung seiner Teilaspekte." In der pädagogisch-therapeutischen Arbeit geht es um die ganze Person.
Oft werden Lösungen gesucht, Gliederungen und Strukturen gefunden und unbewußte oder scheinbar nicht zusammengehörige Erfahrungen zusammengelegt. Die

Entwicklung einer Identität heißt, die verschiedenen Teilaspekte meiner Persönlichkeit zu integrieren - eine Lebensaufgabe.

Mein zweiter Stolperstein ist die Konzeption der Orientierungsanalyse als Methode Biographischen Lernens für *einzelne* Männer und Frauen. In der orientierungsanalytischen Arbeit habe ich erfahren, wie aktuelle, konkrete Fragen, Probleme oder Herausforderungen durch den Blick zurück, einen Ausblick, eine Perspektive für die Zukunft erhielten. Die Lebendigkeit und Effektivität bei der Arbeit haben mich angesprochen. Meine aktuelle Arbeitssituation führt mich zu der Frage: Wie lässt sich der Ansatz der Orientierungsanalyse in der Arbeit mit Gruppen und Organisationen nutzen? Eine Antwort auf diese Frage habe ich in der Praxis ausprobiert und soll hier kurz dargestellt werde.Der Vorstand eines Pfarrgemeinderates hat mich eingeladen, die Gemeinde in der anstehenden Vakanz als Gemeindeberater zu begleiten. Der Pfarrer wird in drei Monaten gehen und die Vakanz wird mindestens ein Jahr dauern. Für den Vorstand, die haupt- und ehrenamtlichen MitarbeiterInnen und die Gruppen in der Gemeinde bricht eine ungewisse Zeit an, für die einiges geklärt, aber auch vieles unklar ist. Erfahrungsgemäß geht es nach dem Weggang eines Pfarrers in der Gemeinde darum, Trauerarbeit zu leisten, Zuständigkeiten neu zu regeln, Kooperationen zu verstärken und die Identität der Gemeinde weiter zu entwickeln.
Die Stimmung in der Vor-Vakanz- Zeit ist geprägt von Spannungen, Hektik und Dramatik. Eine gemeinsame Sitzung von Pfarrgemeinderat und Kirchenvorstand soll dazu genutzt werden, über die Frage der Bedeutung und der Gestaltung der anstehenden Vakanz zu beraten. Nachdem die Zielsetzung mit den Veranstaltern geklärt war, besteht meine Aufgabe darin, diesen Abend mit ca. 30 Personen zu gestalten. Läßt sich die Orientierungsanalyse in dieser Situation nutzen? Viele Menschen in der Gemeinde sind orientierungslos, d.h. sie sehen die Sonne untergehen und sie wissen nicht wie es weitergehen wird. Erwartungen, Ängste, Unsicherheiten, Ärger und Not sind präsent. Wie kann an die Ressourcen angeknüpft und wie kann eine konstruktive Perspektive für die anstehende Vakanz eingenommen werden? Im ersten Teil des Abends ging es um die Frage: Was ist Vakanz? Im Sinne des Kirchenrechts heißt Vakanz: Die Pfarrstelle wird oder ist frei. Im Wort-Sinn: leer-sein; es fehlt jemand oder etwas. Die Mitglieder des Pfarrgemeinderates und des Kirchenvorstandes saßen in Tischgruppen und ich lud alle ein, sich spontan, zufällig und unsortiert zu erinnern: Welche beruflichen oder privaten Situationen fallen ihnen jetzt zum Stichwort 'leer-sein ; es fehlt jemand' ein? In 3er Gruppen gab es eine erste Möglichkeit zum Austausch. Nach 15 Minuten sammelte ich folgende Geschichten im Plenum:

1. Bei der Renovierung unseres Hauses mußten wir alles ausräumen, alle Räume waren leer, wir konnten das Echo hören; es war ungemütlich.

2. Verlust der Partnerin, Angst und Krankheit waren die Folge. Es war psychisch und körperlich zu spüren.

3. Im Amt ist ein Kollege ausgeschieden, dadurch hatten wir die Chance unsere Abteilung neu zu organisieren. Es war sehr kreativ, denn wir konnten aus Gewohnheiten aussteigen und eingefahrene Gleise verlassen.

4. Die anstehende Vakanz hier ist befristet, d.h. die Zeit ist absehbar.

5. Mit 18 wurde ich Vollwaise, es war schrecklich.

6. In der Gemeinde haben wir zweimal Vakanz erlebt, als der Pfarrer plötzlich starb. Alles lief weiter, in alten Gleisen. Die Vakanz dauerte aber nur wenige Monate und wir hatten einen Kaplan.

7. Wir sind jetzt viele Jahre verheiratet und es ist ein großer Unterschied, ob ich abends alleine im Bett liege, das Bett nebenan leer und mein Mann unten im Wohnzimmer oder ob er verreist ist; dann fühle ich mich alleine.

Trotz Nachfrage wurden keine weiteren Geschichten mehr genannt. Zufall daß es sieben sind?
Im anschließenden Gespräch wurde die Unterschiedlichkeit der Geschichten deutlich. Zwischen der Lust auf Umgestaltung im Amt und dem Schrecken, Vollwaise zu sein, liegen Welten. Die verwendeten Bilder Haus, Eltern, Ehe, Arbeitsplatz, und Gleise zeigen, dass existentielle Erfahrungen, die Erinnerung an eigene Wendepunkte mit ihrer je eigenen Be-deutung eine Rolle spielen. Es wurde deutlich, dass es nicht eine bestimmte Sichtweise zur Vakanz gibt, sondern entsprechend den sehr unterschiedlichen Lebenserfahrungen differenzierte Perspektiven zur anstehenden Vakanz innerhalb der Gemeinde bestehen. Zum Schluß war die Stimmung in der Runde von Respekt und Hoffnung geprägt, denn jenseits aller Spannungen fand hier konkrete Begegnung statt, die Menschen haben sich mit-ge-teilt und der Reichtum an Lebenserfahrung in der Gruppe wurde erlebbar. Vielleicht war es deshalb möglich, im zweiten Teil des Abends die unterschiedlichen Positionen zur Gestaltung der Vakanz engagiert, konkret und konstruktiv miteinander zu beraten.

Mein dritter Stolperstein ist nun die Frage: War dies eine Arbeit im Sinne der Orientierungsanalyse? Die Idee zur Gestaltung des Abends kam mir im Zusammenhang mit der Beschäftigung zur Orientierungsanalyse. Der springende Punkt war der Gedanke, durch das Einholen von Erinnerungen in einer aktuellen Notsituation eine Perspektive für die Zukunft zu gewinnen. In der Einzelarbeit werden durch das Erinnern Ressourcen gewonnen, Muster entdeckt und Zusammenhänge hergestellt. Diese Funktion hatte das Gespräch in der Gruppe, bei dem Unbekanntes bewußt, Differenzierung ermöglicht und Unverbundenes miteinander in Verbindung gebracht wurde. Es fehlt die „Arbeit", die Inszenierung der Erinnerungen mit den begleitenden Gefühlen. Im engeren Sinne war dies keine orientierungsanalytische Arbeit, da sie nicht der klaren Methodik entsprach.
Vielleicht ist es auch gut, das bewährte und klare Vorgehen in der Orientierungsanalyse für die Arbeit mit Einzelnen so zu lassen. Als kreativ erlebe ich die Möglichkeit, Erfahrungen und Elemente aus der Orientierungsanalyse in anderen Zusammenhängen zu nutzen.

*„**Orientieren** heißt ..., mit den je neuen Informationen zugleich eine Justierung der eigenen Welt- und Lebensauffassung vorzunehmen, die Maße, nach denen man urteilt und handelt, neu zu 'eichen'. Insofern dringt Orientierung tiefer vor als bloße Information."* Pöggeler 1974, S. 70.

Tafel 8
Was wir von den Gänsen lernen können

Auszug aus einer Rede von Angeles Arrien beim *Organizational Development Network 1991*

Tatsache 1
Indem jede Gans mit den Flügeln schlägt, erzeugt sie einen „Auftrieb" für die ihr folgenden Vögel. Indem er in einer „V-Formation" fliegt, erreicht der ganze Schwarm 71% mehr Flugreichweite als jeder Vogel, wenn er allein flöge.
Wir lernen:
Leute, die eine gemeinsame Richtung und einen Gemeinschaftsinn haben, kommen schneller und leichter dorthin, wo sie hin wollen, weil sie sich im gegenseitig erzeugten Schub vorwärtsbewegen.

Tatsache 2
Wenn eine Gans aus der Formation herausfällt, spürt sie plötzlich den Widerstand ihres Alleinflugs. Sie bewegt sich schnell zurück in die Formation, um den Auftrieb durch den vor ihr fliegenden Vogel zu nutzen.
Wir lernen:
Wenn wir soviel Verstand wie eine Gans haben, bleiben wir in einer Formation mit denjenigen, die dorthin gehen, wo wir hin wollen. Wir sind willens, ihre Hilfe anzunehmen und unsere Hilfe anderen zu geben.

Tatsache 3
Wenn die Leitgans müde wird, fliegt sie zurück in die Formation, und eine andere Gans übernimmt die Führungsposition.
Wir lernen:
Es zahlt sich aus, sich bei schwierigen Aufgaben abzuwechseln und die Führungsrolle zu teilen. Wie bei den Gänsen hängen Leute von den Kenntnissen, Fähigkeiten und der einzigartigen Verteilung von Begabungen, Talenten oder Fertigkeiten der anderen ab.

Tatsache 4
Die in Formation fliegenden Gänse schreien, um die vor ihnen fliegenden anzuspornen, das Tempo zu halten.
Wir lernen:
Wir müssen sicherstellen, dass unser „Schreien" anspornend ist. In Gruppen, in denen es einen Ansporn gibt, ist die Produktion größer. Die Kraft des Ansporns (bei seinen Kernwerten zu bleiben und den Kern anderer anzuspornen) ist die Qualität des „Schreiens", die wir suchen.

Tatsache 5
Wenn eine Gans krank, verwundet oder angeschossen wird, verlassen zwei Gänse die Formation und folgen ihr nach unten, um ihr zu helfen oder sie zu beschützen. Sie bleiben bei ihr, bis sie stirbt oder wieder fliegen kann. Dann schließen sie sich einer anderen oder ihrer alten Formation an.
Wir lernen:
Wenn wir so viel Verstand wie Gänse haben, halten wir in schwierigen wie auch in starken Zeiten zusammen.

Wertschätzung als Haltung orientierungsanalytischer Arbeit

oder: Reflexionen über einen "alten Hut"

Martina Kickelbick-Schwertfirm

n diesem Aufsatz möchte ich meine Gedanken zum Thema "Wertschätzung" äußern.

Zunächst fällt mir auf, daß alle Kollegen und Kolleginnen der Orientierungsanalyse, die ich kenne, eine wertschätzende Haltung verkörpern; ich glaube, dies ist unsere gemeinsame Basis, auf der die inzwischen große Methodenvielfalt gedeiht.
Darf ich denn über einen "alten Hut" schreiben? Im assoziativen Freiraum tauchen Wendungen auf, wie "den Hut ziehen – hüten – auf der Hut sein – alles unter einen Hut bringen" u.a.m., und interessiert merke ich, daß diese Metaphern mir genügen.
Ich erlaube mir also, über Bekanntes zu schreiben, weil es durch die Bekanntheit nicht weniger wichtig und kostbar ist.

Seit fast zehn Jahren arbeite ich orientierungsanalytisch mit Früherinnerungen. Das verlangt von mir, mich umsichtig und akzeptierend in unterschiedliche Lebensräume und Erfahrungswelten einzufühlen. Dabei habe ich immer wieder beobachtet, wie die Anerkennung und Wertschätzung der individuellen Biographie das Selbstwertgefühl stärken.

Wertschätzung meint, die eigene Person, andere Menschen sowie Situationen, Aufgaben Kontexte in ihrer Ganzheit und Komplexität wahrzunehmen und zu achten. In personaler Hinsicht umfaßt das die Körperlichkeit, Emotionalität, Kognitionen, sozialen Fähigkeiten, Wertorientierungen, den Lebenskontext, das Lebenskontinuum sowie aktuelle untersubjektive Prozesse.

Unter **Selbstwertgefühl** verstehe ich die tief und stimmig empfundene Überzeugung:
Ja, ich bin wertvoll. Einfach nur durch meine Existenz – nicht wegen irgendeiner Eigenschaft oder Leistung. So wie ich bin, bin ich wert, mich zu lieben und geliebt zu werden.

Bildlich ausgedrückt gleicht das Selbstwertgefühl einer sprudelnden Quelle, die ihren Weg nimmt, ihn befruchtet und belebt und sich währenddessen immer wieder selbst speist. Eine **Kraftquelle** also, die Energie und Kraft gibt, das eigene Leben in Bewußtheit zu leben, sich selbst mit allen Licht- und Schattenanteilen anzunehmen, sich seiner selbst sicher zu sein und zu behaupten, auf die eigenen Potentiale zu vertrauen, sich Ausdruck zu geben und in Selbst- und Mitverantwortung zielorientiert und integer zu leben.

Dazu Virginia SATIR:
"Mein Bekenntnis zur Selbstachtung. Ich bin ich.
Auf der ganzen Welt gibt es niemanden, der genauso ist wie ich. Manche Menschen gleichen mir in einiger Hinsicht, doch niemand ist ganz genauso wie ich. Deshalb ist alles, was ich hervorbringe, völlig authentisch mein Eigenes, denn ich allein habe entschieden, daß es so ist, wie es ist.
Alles an mir gehört mir: mein Körper und alles, was er tut; mein Geist und all seine Gedanken und Ideen; meine Augen und alle Bilder, die sie schauen; meine Gefühle, welche es auch sein mögen: Wut, Freude, Frustration, Liebe, Enttäuschung und Erregung; mein Mund und alle Worte, die er hervorbringt: höfliche, angenehme und harte, zutreffende und unzutreffende; und alles, was ich tue, ob es sich auf andere oder auf mich selbst bezieht.

Meine Phantasien, Träume, Hoffnungen und Ängste gehören mir.
Meine Siege und Erfolge gehören mir ebenso wie meine Mißerfolge und Fehler.
Weil alles an mir mir gehört, kann ich mich mit allem völlig vertraut machen. Indem ich dies tue, bin ich liebevoll und freundlich allen meinen Anteilen gegenüber und kann so mit meinem ganzen Sein zu meinem eigenen Besten wirken.
Mir ist klar, daß gewisse Aspekte meiner Existenz mich verwirren und daß ich andere gar nicht kenne. Doch solange ich freundlich und liebevoll mit mir selbst umgehe, kann ich mutig und hoffnungsvoll nach Lösungen für die Rätsel meiner Existenz suchen und nach Möglichkeiten, die mir helfen, mehr über mich selbst herauszufinden.
Wie auch immer ich aussehe und klinge, was auch immer ich sage und tue und alles, was ich in einem bestimmten Augenblick denke und fühle, all dies bin ich. Es ist authentisch und bringt zum Ausdruck, wo ich mich zum betreffenden Zeitpunkt befinde.
Wenn ich später überdenke, wie ich ausgesehen und geklungen habe, was ich gesagt und getan habe und wie ich gedacht und gefühlt habe, so mag mir einiges vielleicht nachträglich als unpassend oder unangemessen erscheinen. Ich kann das, was ich als ungeeignet erkannt habe, fallenlassen, das Bewährte beibehalten und etwas Neues erfinden, das an die Stelle des Aufgegebenen tritt.
Ich kann sehen, hören, fühlen, sprechen und handeln. Ich bin in der Lage, zu überleben, anderen nahe zu sein, produktiv zu sein und die Welt der Menschen und Dinge um mich herum in einem sinnvollen und geordneten Zusammenhang zu erleben.
Ich gehöre mir und kann mich deshalb auch selbst steuern.
Ich bin ich und ich bin o.k." Virginia Satir 1992, S.49f.

In bezug auf den anderen meint eine Haltung der Wertschätzung zunächst einmal die grundsätzliche **Gleichwertigkeit** aller Menschen, ungeachtet ihres jeweiligen Erlebens und Ausdrucks:
Ja, du bist wertvoll! Einfach nur durch deine Existenz – nicht wegen irgendeiner Eigenschaft oder Leistung. So wie du bist, bist du wert, dich zu lieben und geliebt zu werden.

Wertschätzung und Selbstgefühl fördern das **Gemeinschaftsgefühl**, nicht i.S. eines singulären Gefühls, sondern verstanden als Lebensform, in der wir uns mit Respekt, Achtung und Verständnis aufeinander beziehen und miteinander verbunden fühlen.
Die Klienten wie auch ich als Beraterin – wir verkörpern, unsere jeweiligen Rollen durchtönend, facettenreiche einmalige Lebensentwürfe.
Wir sind gleichwertig und einzigartig zugleich.

In der orientierungsanalytischen Arbeit mit biographischem Material, mit längst vergangenen, aber im Hier – und – Jetzt erinnerten und damit relevanten Erlebnissen offenbart sich mir die **Einzigartigkeit** des anderen. Die Früherinnerungen sind ein Teil seiner / ihrer Lebensgeschichten, selbst geschrieben und sich und anderen wiederholt erzählt.Diese Erzählungen haben als "roten Faden" die Konstruktionen über die eigene Person, über andere Menschen und über die Qualität des Lebens. Sie zeigen, mit welchen Gefühlen, Verhaltensweisen, Verkörperungen und Erinnerungen diese Konstruktionen bestärkt und perpetuiert werden.
Ich schätze die Lebensgeschichten als kreative Schöpfungen, die in sich stimmig und kohärent sind.

Gleichermaßen wertvoll ist die Bewußtheit, daß der "rote Faden" in diesen Geschichten an einigen Stellen "fadenscheinig" geworden ist und nicht mehr hält. Hier eröffnen **Neuorientierungen** neue Perspektiven, bewußt gewählte und zu verantwortende neue Bedeutungswelten oder Wirklichkeiten.

Im Hinblick auf Situationserfordernisse, Aufgaben und Kontexte schließlich regt Wertschätzung eine mutige Auseinandersetzung mit den eigenen Grenzen in bezug auf Lebensaufgaben, Identität und Spiritualität an.

"Das Spirituelle heißt also nicht, unsere konkreten Grenzen zu transzendieren, sondern sie anzunehmen und zu transformieren. Wir müssen uns mit den menschlichen Grenzen konfrontieren und sie verwandeln, aber gerade nicht in selbstauferlegter Isolierung, zurückgeworfen auf unsere eigenen Hilfsmittel. Wir sind in Gemeinschaft mit anderen, die sich genauso bemühen wie wir. Der immer tiefere Dialog mit anderen ermöglicht uns, über unsere Endlichkeit hinauszugehen."
Richard Hycner 1989, S. 90.

Anschließend greife ich das Bild vom "alten Hut" nochmal auf: Der "alte Hut der Wertschätzung" hilft mir, förderliche Konstruktionen zu hüten, Anerkennung und Respekt für die kreative Urheberschaft zu bekunden (meinen Hut zu ziehen), vor Abwertungen und Destruktionen auf der Hut zu sein und mich selbst, andere und das Leben zu behüten.
Und in manchen besonderen Momenten alles unter einen Hut zu bringen.

Ein Konzept Humanistisch-systemischer Begleitung biographischen Lernens

Dieter Dicke

Ich benutze im folgenden Text eine willkürliche Mischung der männlichen und weiblichen grammatikalischen Formen.

Am Beginn der Suche vieler Menschen nach Orientierung in einer komplexen Lebenswelt, die mit Gefühlen der Unsicherheit wahrgenommen wird, stehen Fragen wie:
Was kann und soll ich bewirken? Wozu bin ich nütze? Bin ich falsch, so wie ich bin?
Das begleitende Gefühl ist oft konkrete oder diffuse Angst, die sich äußert in dem Gefühl unzulänglich zu sein. Auch Wut oder verdeckt latente Aggressivität gehören dazu. Wut auf die Personen und/oder die Umstände, die für das eigene Schicksal als verantwortlich betrachtet werden. Genauso oft zeigen sich auch autoaggressive Empfindungen und Gedanken. Im begleitenden Gefühlsuntergrund aber wirken fast immer Trauer und Sehnsucht.
Trauer als Ausdruck der Selbstwahrnehmung: „So wie ich bin, reiche ich nicht!"
Sehnsucht nach liebendem Angenommen-werden, bzw. liebender Selbstannahme, die sich manifestiert in den Erlaubnissätzen: „Ich bin berechtigt dazuzugehören, so wie ich bin! Mit dem was ich schon habe, kann ich mein Leben sinnvoll meistern! Wenn ich noch etwas Zusätzliches brauchen kann, darf ich es dazu nehmen (ohne dabei meine Ehre zu verlieren)."
Die, die Orientierung suchen, wagen es meist nicht, diese Erlaubnissätze auf sich selbst anzuwenden. Die Motive für die zementierte „Opfer-" oder „Verliererhaltung" dieser Menschen liegen aber nicht nur in deren konkreten Opfer- oder Verlierererfahrungen, sondern im wahrgenommenen Unlustgefühl, die vollständige Verantwortung für das eigene Leben zu übernehmen. Dabei bedeutet Verantwortungsübernahme für das eigene Leben nicht, die Schuld anderer zu tragen[1]. Aus einer

1 Das vernachlässigte oder mißhandelte Kind, die vergewaltigte Frau, der gefolterte Mann sind natürlich nicht verantwortlich für das, was ihnen angetan wurde. Die Verantwortung und die Schuld dafür müssen in der Regel die TäterInnen tragen. Aber Menschen sind vollständig verantwortlich für das, was sie aus dem vom Schicksal Zugefügten oder Geschenkten machen.

Humanistisch-systemischen Perspektive ist nicht die Opfer- Verliereridentität, sondern die bisherige passende Lösung für das Individuum in seinem signifikanten Lebenssystem[2] das „Problem“ .
Diese Perspektive lädt dazu ein, das bisherige Leben eben nicht als eine mehr oder weniger dichte Kette von Scheitern und Versagen zu interpretieren, sondern als überlebensnützliche Existenzform im gegebenen Kontext.

So kann die junge Frau, die in ihrem inneren Bild den Vater durch ihr bloßes Ins-Leben-Treten daran hinderte, in ferne Länder auszuwandern, und die sich dafür seit Kindertagen schuldig fühlte und im Umkehrschluß vom Vater verkannt und nicht geliebt glaubte, lernen wahrzunehmen, daß eben ihr Ins-Leben-Treten dem Vater die notwendige Motivationshilfe war, sich seiner Vateraufgabe auf seine Weise zu stellen, also seine Form der Sehnsucht nach Nähe zuzulassen, anstatt weiter seinem Distanzbedürfnis aus Angst vor Nähe ungezügelt nachzugeben[3]. Und die Tochter, eben noch in trotziger Wut-Trauer verharrend, begegnet noch am Abend nach der „Umdeutung“ wie „zufällig„ dem Vater, aber auf neue Weise. Sie erlebt denselben „verständnislosen„ Vater auf seine Weise als stolz liebevollen Tochtererzeuger und ist durch seine Liebe in ihrer sehnsüchtigen Seele berührt.
Durch Nutzung bestimmter Elemente meiner Humanistisch-systemischen Perspektive konnte ich mit der oben erwähnten Person also in einen gemeinsamen interaktionellen Lernprozeß eintreten. Ich konnte durch ihre Bereitschaft zur Offenheit lernen, ihr „Problem“ als Lösung zu verstehen. Sie konnte von mir lernen, daß ihre bisherige Wirklichkeitswahrnehmung durch eine andere, vielleicht nützlichere, zunächst ergänzt und später vielleicht ersetzt werden könnte. Ich durfte, da ihre authentische Offenheit es zuließ, von ihr lernen, ihr Familiensystem so zu verstehen, daß andere Lösungsideen möglich wurden. Hier ist also niemand therapiert oder gar „geheilt“ worden. Wir haben „nur“ voneinander gelernt.

Zum Entstehungshintergrund des Konzeptes

Die oben beschriebene Sichtweise der Hintergründe menschlicher Orientierungssuche und der damit verbundenen Lernprozesse innerhalb verschiedenster Lebenssysteme im privaten und beruflichen Bereich ist Ausdruck der von mir interpretierten Erfahrung aus 44 Jahren intensivem Leben in meinen eigenen privaten Kontexten und ca. 17 Jahren Leben in diversen beruflichen Kontexten, incl. der komplexen Wechselwirkungen zwischen diesen, von mir nur selten getrennt wahrgenommenen Lebensbereiche.
In den Jahren 1991 – 1998 habe ich ein Konzept Humanistisch-systemischer Beratungs- und Weiterbildungsarbeit entwickelt, das sich sowohl für alle Altersgruppen (Kinder, Jugendliche, Erwachsene) als nützlich erwiesen hat, als auch für alle Nachfrageformen biographischen Lernens (Einzelne, Paare, Familien und andere Gruppen) geeignet zu sein scheint.

Das Angebot umfaßt ein zweijähriges Kursprojekt zur Humanistisch-systemischen Kinder-Spieltherapie und ein damit in Verbindung stehendes zweijähriges Aufbau-Kursprojekt zur Humanistisch-systemischen Familiensupervision, das allerdings auch für Nicht-Spieltherapeuten offen ist. In den konzeptuellen Rahmen meiner Arbeit gehört auch ein Weiterbildungsprojekt für SozialarbeiterInnen im Adoptions- und Pflegekinderdienst, für ASD und SPFH. Ferner habe ich ein Supervisions- und Coachingkonzept biographischen Lernens unter Humanistisch-systemischer Perspektive kreiert.

2 Signifikantes Lebenssystem kann die Herkunfts- oder Gegenwartsfamilie meinen aber auch ein Paarbeziehungssystem oder ein kollegiales Arbeitssystem in einer Firma oder einer Institution. Es kann auch das private Lebenssystem eines Singles mit Freunden etc. bezeichnen.

3 Der Hintergrund der Geschichte: Ein Mann war mit seiner Frau bereits für mehrere Jahre in ein fernes Land ausgewandert und hatte mit ihr bereits zwei Kinder gezeugt. Auf Wunsch der Frau kehrte die Familie heim, doch wünschte der Mann erneut auszuwandern, in eine andere Ferne. Da wurde die Frau ein weiteres Mal schwanger. Der Mann gab dann seine Auswanderungspläne auf, ging aber für längere Zeit „auf Montage“. Er versorgte aber seine Familie weiter finanziell und kehrte später auch zurück, um mit ihnen zusammenzuleben. Er betonte auch immer wieder, daß ihm alle drei Kinder gleich lieb und wichtig seien. Die Tochter wollte ihm aber lange nicht glauben und stritt oft mit dem Vater in fordernder Weise. Aber auch dadurch waren sich Vater und Tochter, wenn auch auf eine eher leidvolle Weise, sehr nahe.

Wiewohl diese Konzepte überwiegend von mir „erfunden„ wurden[4], ist ihre Realisierung erst durch die begleitende Abstimmung und intensive Unterstützung von Dagmar und Klaus LUMMA vom IHP, sowie Gerda KÖNIGKAMP vom Landesjugendamt Münster möglich geworden. Mit Leben erfüllt haben diese Arbeit mehr als 130 WeiterbildungsteilnehmerInnen , ca. 10 „Spieltherapie-Kinder", die während der laufenden Kurse geboren wurden, sowie einige begleitende Väter, die ihre Säuglinge während der Kurszeit im „Brunnenhaus" umsorgten, um ihren Frauen die relativ ungestörte Kursteilnahme zu ermöglichen. Mit Leben erfüllt haben das Konzept aber auch diverse Supervisionsgruppen, viele Einzelkunden, einige Familien und Paare.

Charakterisierung des humanistisch-systemischen Lernangebotes

Auf der strukturellen Ebene, dem allgemeinen Ablaufschema des Lernprozesses, steht die gegenwärtig wahrgenommene bzw. erinnerte Vergangenheit des oft als „Problem" wahrgenommenen Anliegens am Anfang des gemeinsamen Lernprozesses von Berater, Lehrer und Kunde, Schüler. Diese „Problemgeschichte" kann den ganzen bisherigen Lebenslauf, ja sogar die mehrgenerationale Familien- oder Systemgeschichte (bei Institutionen, Organisationen oder Betrieben) umfassen.

Die „Problemgeschichte" kann auch ein eng umgrenztes Lernanliegen sein. Natürlich variiert die Ausprägung der „Problemgeschichte" von Kundin zu Kundin, von Lernsituation zu Lernsituation. In der Lerngruppe eines themenzentrierten Weiterbildungsprojekts stellen sich Art und Inhalt der „Problemgeschichten" anders dar als in der Einzelberatung oder auch in der Gruppensupervision.

Oft steht eine Spontanerinnerung[5] bezüglich des dargebotenen Problems, als Ausdruck der gegenwärtigen Befindlichkeit[6] der Kundin, am Beginn des Lernprozesses. Diese Spontanerinnerung wird sodann Anlaß für die Fertigung eines „kreativen Produkts". Das kann das Malen eines Bildes ebenso sein wie das Erstellen einer Tonskulptur oder das Aufstellen einer konkreten oder abstrakten Systemskulptur mit Hilfe diverser Materialien (Holzpuppen, Schuhe, Stühle, etc.), bzw. „life" als System-, Organisations- oder Familienaufstellung. Auch Skulpturarbeit nach V. SATIR findet Verwendung. Seltener verwende ich noch psychodramatische Elemente wie pädagogisches Rollenspiel. Aus der dialogischen Interpretation der kreativen Arbeit, bzw. aus dem Verlauf des kreativen Prozesses selbst (z.B. im Fall einer Aufstellung) ergeben sich oft erste lösungsorientierte Einsichten bezüglich des Auftrags. Das Erstellen eines „kreativen Produkts" ist im Prozeß des biographischen Lernens weder Selbstzweck, noch bloße „Zugabe", also gleichsam didaktischer Schnörkel.

4 Das vorgestellte Konzept versteht sich als epigenetischer Ansatz im Sinne von BOSCOLO und BERTRANDO (1997), dabei bedeutet hier „epigenetisch" das Verbinden diverser relevanter Wirklichkeitserklärungsansätze (Theorien) zu etwas Neuem, das insgesamt mehr ist als die Summe der integrierten Teile" (siehe auch das dem Text anhängende Schaubild). Diese Sichtweise „(...) entspricht, anders ausgedrückt, einer epigenetischen Auffassung, die sich durch Akkumulation vormals aktzeptierter Ideen und Theorien entwickelt und nicht durch Negation früherer Gedankengebäude. (S. 49/50) (...) Wir versetzen uns tendenziell in eine „multiversale" (eine Vielheit beinhaltende) Position, in der jede „Wahrheit" kontextabhängig ist, d.h. an einem pragmatischen und sozialen Kontext sowie an der Beurteilung ihrer aktuellen Angemessenheit gebunden ist. Man kann sagen, daß es für jeden Kontext eine „Wahrheit" gibt, die mehr oder weniger angemessen ist als andere Wahrheiten. (S. 51/52) (...) Bei unserer epigenetischen Sichtweise spielt das Konzept der „Integration" eine wichtige Rolle. Mit seiner Hilfe konnten wir z.B. das beunruhigende Problem des Eklektizismus lösen. Eklektizismus läßt sich definieren als die kritiklose Übernahme heterogener Techniken aus unterschiedlichen Therapiemodellen, ohne daß diese Techniken immer wieder auf die verschiedenen theoretischen Annahmen dieser Modelle abgestimmt werden. Dagegen verstehen wir unter Integration die Fähigkeit, sich eines erprobten theoretischen Modells zu bedienen, von dem man überzeugt ist und das zufriedenstellende Ergebnisse gebracht hat." (S.54/55)

5 „Spontanerinnerung" und „Früherinnerung" können synonym verstanden und verwendet werden. (persönliche Mitteilung von Dr. Klaus Lumma) Mir scheint der Begriff „Spontanerinnerung" bezüglich der Zeitdimension weniger festlegend zu sein. Das Wort „Früherinnerung" suggeriert immer eine Erinnerung aus dem Bereich des Kindheitserlebens. (Zum Problem der Erinnerung siehe nächste Anmerkung.)

6 Auch unser Gedächtnis arbeitet zumindest zu Teilen selbst-konstruktiv. Erinnerungen sind also nichts Festes, das zum Zeitpunkt des gegenwärtigen Erlebens einer Aktennotiz gleich archiviert wird, um später, zu einem beliebigen Zeitpunkt X, erneut „gezogen" und eingesehen werden kann. Wir alle haben auch Erinnerungen, die sich nicht auf tatsächlich Erlebtes beziehen. Solche Erinnerungen „erfinden" wir, weil sie zum jeweils gegenwärtigen Zeitpunkt unseres Lebens nützlich sind. Vergl.: J. KORTE, 1996

Das kreative Produkt kann vielmehr als sprachliche Ausdrucksform verstanden werden. Anders als verbalsprachliche Äußerungen aktiviert die Herstellung eines kreativen Produkts die Beteiligung solcher Hirnareale, die weitgehend dem unbewußten Wahrnehmungs- und Handlungsbereich zugeordnet werden.

Der Mensch, der etwas herstellt, das sein Anliegen anders als durch Verbalsprache ausdrückt, kommuniziert dabei weitgehend unbewußtes Wissen über sich selbst inklusive seiner tatsächlichen oder vermeintlichen Erinnerungen.

Verbalsprache hat dagegen eher die Tendenz, solches - oft unbewusstes - Wissen zu verschleiern. (vergleiche zum Beispiel die Einsichten von Milton H. ERICKSON über die Bedeutung und Bewertung bewusster Problempräsentation.) Indem wir das unbewusste Wissen unserer Kunden aktivieren und nutzbar machen, bereiten wir den Boden für den pädagogischen Akt des interaktionellen Lernens.

BOSCOLO und BERTRANDO (1997) weisen darauf hin, daß in der beratenden Interaktion zwischen Berater und Kunde auf Seiten des Beraters (und in anderer Form sicher auch auf Seiten des Kunden) immer nur ein Teil der beraterischen Kompetenz bewusst wahrgenommen wird, während ein anderer Teil der Elemente dieser Kompetenz nur unbewußt wirkt. (vergl. auch Anmerkung 4) Boscolo und Bertrando sprechen hier von „dem Gesagten" und „dem Ungesagten" (1997, S. 42ff).

Für die Begleiterin biographischer Lernprozesse erweist es sich als günstig, sich selbst von Zeit zu Zeit auch die nicht bewußten Elemente ihrer professionellen Kompetenz wieder oder erstmalig bewusst zu machen. Nur so ist sie auf Dauer in der Lage, „aus dem Vollen" zu schöpfen und zugleich die verwandten Instrumente ihres pädagogischen Handelns einer kritischen Wirkungsprüfung zu unterziehen.

Angeregt durch die Einladung von Klaus Lumma, einen Beitrag für das vorliegende Buch zu verfassen, habe ich selbst mein „Gesagtes" und mein „Ungesagtes" unter die Lupe genommen. Dabei ist das „Mind-Map" über den epigenischen Ansatz (Tafel 9) entstanden. Es soll deutlich machen, welche „Wissenselemente" (Konstruktionen der Wirklichkeitserklärung) und welche „Handwerkszeuge" (Methoden der gemeinsamen Wirklichkeitskonstruktion von Berater und Kunde - vormals auch „psychotherapeutische Methodik" genannt) mein Konzept der Humanistisch-systemischen Begleitung biographischen Lernens enthält. Vermutlich ist auch mit diesem Mind-Map noch nicht alles „gesagt". Zugleich ist es mir wichtig, die Leser darauf hinzuweisen, daß mit der Aufzählung der einzelnen Elemente des nachfolgenden Mind-Map nicht die jeweils umfassende oder gar vollständige Anwendung der genannten Inhalte behauptet wird. In meine Arbeit und auch in die Arbeit der Weiterbildungsteilnehmerinnen aus den von mir durchgeführten Kurse, fließen aber immer Elemente des Haltungs- und Methodenwissens ein.

Tafel 9
Ein epigenetischer Ansatz

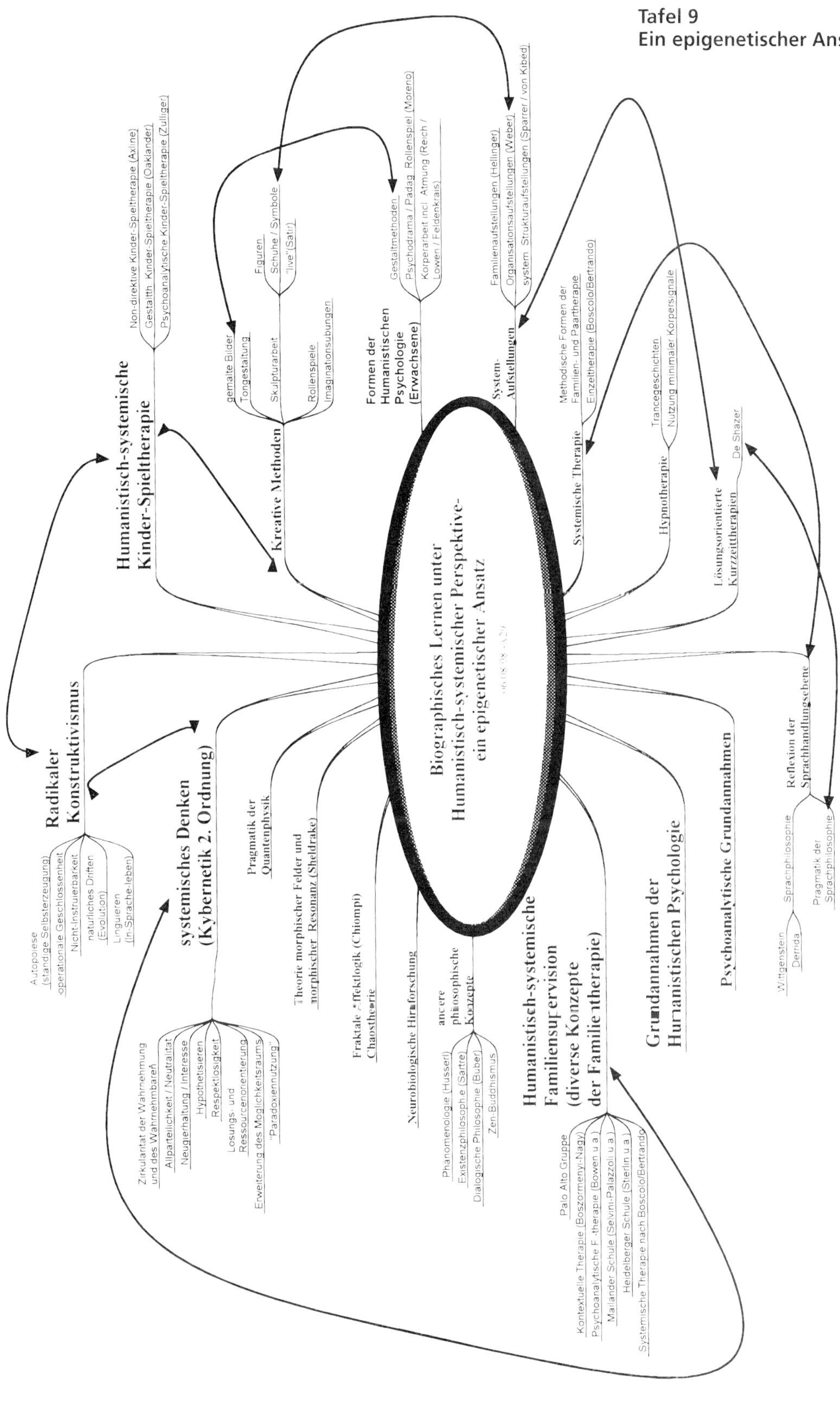

Biographisches Lernen. Version Hans-Dieter Dicke.mmp - 06.08.98

„Die Welt braucht heute vor allem kulturelle Überläufer, die von einem Universum ins andere überwechseln, die Einordnungen zerbrechen die Gegensätze auffangen und den Austausch in Fluß halten."
Bruckner

Otto Pankok, die Zigeuner und die Orientierungsanalyse

Maria Amon

Im Haus Esselt von Drevenack am Niederrhein ist das Lebenswerk des Künstlers Otto Pankok ausgestellt. Das Vermächtnis, das Otto Pankok für uns hinterlassen hat, gibt Hinweise, die für Persönlichkeitsentwicklung genutzt werden können. Eva Pankok stellte uns für diese Art des Arbeitens das Haus Esselt zur Verfügung. Ähnlich wie mit den Bildern der Eppers in Ascona ist die Ausagekraft der monochromen Bilder von bezwingender Unmittelbarkeit.
Seine Holzschnitte, Plastiken und großformatigen Kohlezeichnungen zeigen die Natur in ihrer elementaren Kraft und vor allem die Schicksale von verfolgten und erniedrigten Menschen, wie den Juden oder den Zigeunern.
Die Bilder Pankoks zeugen von unverwechselbarer Individualität und führen dennoch darüber hinaus ins Universelle.

Pankoks Werk ist Ausdruck einer tiefen Verbundenheit von Mensch, Welt, Kreatur.
Sein künstlerisches Motto ist in die Formel gebracht: „Du sollst nur deinenTräumen trauen."
Otto Pankok: Des Malers 10 Gebote, Pankok, S.29.

Otto Pankok: WANDERNDE FAMILIE, Holzschnitt 1937

Nach einer Reise zum südfranzösichen Wallfahrtsort der Zigeuner *Saintes Marie de la mer* stieß Otto Pankok (geboren am 6.6.1893) auf dem Düsseldorfer Heinefeld auf die Zigeuner, die er „die schwarzen Lieblinge der Freiheit" nannte.

Schon vor 1933 wurde die fahrende Lebensweise der Zigeuner durch polizeiliche Verfolgung stark eingeengt. Sie waren gezwungen sich am Rande der Städte niederzulassen.
„Und dann kamen eines Tages die Zigeuner. Auch ihnen war die immer brutaler werdende Zeit nicht gewogen, und als ihnen nichts blieb, als wie alle die Geringen und Abhängigen um das Almosen des Stempelgeldes zu betteln, da setzten sie

ihre Wagen in Ruh, und um den gesetzlichen Bestimmungen zu genügen (denn ansässig ist, wer in einem Haus und nicht in einem Wagen wohnt!), nahmen sie die Räder von den Wagen und setzten die Kästen auf den Boden. So entstand mitten in der Siedlung des Heinefeldes ein Zigeunerlager, ein Wagen schob sich an den anderen, und alle Mitglieder der Sippe sammelten sich hier, und diegroße Reise durch die Jahrhunderte war zum erstenmal ins Stocken geraten."
Otto Pankok, Zigeuner, Düsseldorf 1947, S.11.

Pankok richtete sich dort eine Wellblechbaracke ein und wurde ihr „**Molari**", ihr Maler.Er nennt diesen Ort und diese Zeit später „meine Insel im Meer des Wahnsinns und im Sturm der Hölle."
Otto Pankoks Blick auf die Zigeuner zeugt von tiefem Verständnis ihrer Kultur, ihrer Seinsweise. Seine Haltung ist liebendes Mitgefühl und Parteinahme mit den ausgegrenzten,verfolgten Menschen. Er ist bis auf den Grund ihres Schmerzes vorgedrungen.
Erschütternde Bilder zeigen den Einbruch der Unmenschlichkeit in das Leben der Sinti.

Otto Pankok: KINDER AM STACHELDRAHT; Holzschnitt 1936

Pankok gestaltet seine Visionen vom Leidensweg des jüdischen Volkes und dem der Sintiund Roma. In dem Bild „Der Mulo" (Tod) erlebt Ringela visionär das herannahende Schicksal.
Am Himmel schwebt ein menschliches Gerippe (Mulo, der die Zigeuner ängstigt) über der Wagenburg, umschwärmt von einer grossen Schar schwarzer Vögel.
„Wenn man den Mulo am Himmel sieht, dann kommt was, das schlimmer ist als alles, was man sich ausdenken kann."

Otto Pankok: DER MULO, Kohlezeichnung 1947

Der Passionszyklus

1933 - 34 entstanden die berühmten 60 Bilder der Passion über den Leidensweg Jesu Christi, größtenteils auf dem Heinefeld. In diesem Passionszyklus ist auch die Passion der Zigeuner wiederzufinden. Die Sinti „standen" für Pankok Modell. Die Christusfigur zum Beispiel trägt die Züge seines verfolgten Malerfreundes Karl Schwesig. Die Jünger beim Abendmahl werden durch Sinti aus dem Heinefeld repräsentiert. Pankok schuf damit eine leidenschaftliche Anklage gegen das NS-Regime. Er wurde als „entarteter Künstler" verfolgt.

Nach der Rückkehr der Pankoks aus ihrem Versteck in der Eifel begegnete Otto Pankok den wenigen überlebenden Sinti wieder in den Baracken des ehemaligen Nazi Sammellagers,dem Ausgangsort ihrer Deportationen in die „ östlichen Schlachthäuser".

„Ach Freunde, wohin seid ihr verweht, wo seid ihr zertreten, in welche Gruben haben euch schutzlose Kinder die Würger verscharrt wie Dreck? Ihr ohne Zuflucht und ohne Schläue, aber so voll Glanz und bunter Wildheit. Nun hat euch Leichtfüßige der kalte Mord ereiltauf eurem tausendjährigen Weg, der kalte Mord, dieser Mord ohne Gesicht."

Otto Pankok, Zigeuner, Düsseldorf, 1947.

Mit ungebrochener schöpferischer Kraft überwindet Otto Pankok die Repressalien der NS Diktatur.

Er schreibt in einem Rundbrief an seine Malerfreunde:

„Es wird wieder schön werden auf der Erde. Es wird eine Zeit beginnen, da die Kunst nicht mehr für die Kunst gemacht wird. Sie wird in alle Teile eindringen können, wie das Blut in alle Organe des Körpers fließt. Wir werden den großen Zusammenhang wieder sehen."

Otto Pankok: Nach dem Hitlerkrieg, 1946 Archiv des Otto-Pankok Museums.

Er begann, für die Anerkennung der Sinti als NS-Opfer und für ihre moralische und materielle Wiedergutmachung zu kämpfen.Otto Pankok war sehr eindeutig in seiner Grundentscheidung zwischen Gut und Böse. Kunst und Leben waren identisch.

1979 traf ich unter ähnlichen Bedingungen des Getthodaseins wie nach dem Krieg auf diese Gruppe der „Heinefelder". Die Dokumentation ihrer Situation in Bild und Wort durch Otto Pankok war Anknüpfungspunkt für meine sozialpädagogische Tätigkeit.

Gemeinsam mit Mitstreitern nahm ich den Faden der Bemühungen von Otto Pankok wieder auf, zuerst im Wohnwagen, später in einer Holzbaracke mitten auf dem Zigeunerplatz.

Im Briefwechsel Pankoks mit den entsprechenden Ämtern und Behörden begegneten mir die gleichen engstirnigen Borniertheiten von Seiten der Gutachter, wie ich sie 1980-1990 in meiner Arbeit als Projektleiterin eines Integrationsprojekts zu hören bekam.

An Hand des Prinzips vom „Dialogischen Lernen" entwickelten wir Formen der Begegnung und des Austauschs. Dabei stützten wir uns auf jenes Verständnis von Kontakt, das Teilnahme und Mitteilung im Sinne eines „Sich zur Verfügung-Stellens" und Einlassens beinhaltete.

Die soziale Projektarbeit umfasste alle Bereiche gesellschaftlichen Lebens, auch Beratung in Wiedergutmachungsangelegenheiten. Die Geschichte der Wiedergutmachung ist lange Zeit eine Geschichte der fehlenden Wiedergutmachung gewesen.

Bis in die 60er Jahre sah die oberste Rechtsprechung der Bundesrepublik eine rassistische Verfolgung der Sinti und Roma erst mit dem Befehl Himmlers vom Dezember 1942 alserwiesen an. In diesem Befehl wurde die Deportation nach Auschwitz angeordnet.

Die unzähligen Erlasse und Beschlüsse gegen Sinti und Roma vor 1942, wozu auch die Einweisungen in Konzentrationslager zählen, wurden von der Rechtsprechung

als „polizeiliche Vorbeugungsmaßnahmen" betrachtet. Mit der Änderung der Rechtsprechung in den 60er Jahren waren die meisten der Anspruchsberechtigten gestorben, oder aber sie waren in vielen Fällen einer Gutachtertätigkeit ausgesetzt, die auf der Basis alter NS-Akten und von „Experten" aus der NS-Zeit durchgeführt wurde.
Nach den Richtlinien des Bundesentschädigungsgesetzes war zum Beispiel bei Zwangssterilisation nur dann eine Entschädigung vorgesehen, wenn dadurch eine „messbare Minderung der Erwerbstätigkeit" als Folge der Zwangssterilisation festgestellt wurde.

Verfolgung und Vernichtung, sowie die Trennung und Auflösung der Zigeunersippen und Familien in den Konzentrationslagern hatten Auswirkungen, die ihr integriertes Wertesystem und ihren Gruppenmechanismus zerstörten.

Die Kontrolle über Rechts-und Tabuvorschriften ging durch die gezielte Zerstörung der Autoritäten der Gerichtsbarkeit verloren. Die „Tschatscho-Paskero-Morscha", die Rechtsprecher der Sintigruppen waren entehrt und vernichtet worden. Damit wurde ein Prozeß der Selbstentfremdung und Entwurzelung eingeleitet.

Otto Pankok: VON AUSCHWITZ ZURÜCK, Zeichnung 1948

Justiz und Politik brauchten lange, bis sie in der Lage waren, die Verbrechen an den Sinti und Roma zu benennen. 1982 wurde erstmals offiziell durch den damaligen Bundeskanzler Helmut Schmidt die Tatsache des Völkermords an den Sinti und Roma anerkannt.
Ich nahm mit einer Gruppe Düsseldorfer Sinti auf der Zuschauertribüne des Bundestages an dieser Debatte teil. Damit begab sich diese Gruppe in einen Zusammenhang, der für sie fremd war. Dies wurde daran deutlich, daß die Sinti die „sachliche und neutrale" Diskussion und Verhandlung sehr emotional verfolgten.
Diese Reaktionen der Sinti widersprachen natürlich den „Regularien der Hausordnung". Diese Diskrepanz in den unterschiedlichen Zugehensweisen macht deutlich, wie weit die Kulturen hier in der Art und Weise des Erlebens vom *Verhandeln und Beschliessen* auseinandergehen.
1983 fand im Düsseldorfer Stadtmuseum eine Gedächtnisausstellung für Otto Pankok statt.

Die Gruppe der Düsseldorfer Sinti, ehemalige Heinefeldbewohner, heute Bewohner der Otto-Pankok-Straße und ihre Nachkommen musizierten und tanzten zwischen den Bildern Pankoks. Einige der wenigen Überlebenden des Holocaust erkannten sich auf den Bildern ihres Molari wieder und ehrten ihre Toten durch die *Erinnerung*.

Unzählige Geschichten sprechen aus den Bildern Otto Pankoks.
Da ist Tatjana am Wagen, die *mit Löchern in der Seele* überlebt hat.
Da ist Romanus, der mit 3 Jahren erst laufen lernte: *die Frauen im KZ Auschwitz versteckten ihn unter ihren Röcken,* damit er nicht auffiel und so überlebte.
Da ist Ringela vom Heinefeld, gemalt von Otto Pankok als *Maria in der Passion,* ermordet in Oranienburg.

Da sind die Bilder der Vielen, die nicht wiedergekommen sind, von denen die Überlebenden sagen: „Ihre Stimmen haben zum Himmel geschrien."
mündlich dokumentiert

Otto Pankok: Ringela, Holzschnitt 1959

Ohne das Konzept der Orientierungsanalyse zu diesem Zeitpunkt zu kennen, erkannte ich damals intuitiv die Notwendigkeit und das Bedürfnis der Sinti, das erlebte Grauen in Worte zu fassen und im Ausdruck ihrer Emotionen sowie verstehendem Begleitetsein Zugang zu ihren tiefen und Generationen übergreifenden Entwicklungskräften zu finden. Ein großer Beitrag auf diesem Wege bedeutete dabei zuallererst die Anerkennung und Würdigung ihrer Geschichte von aussen. Genau dies tun wir auch in der Orientierungsanalyse.

Wir gehen zurück um neu anzufangen.

Als Anregungen und Auslöser nutzen wir unter anderem die Arbeiten von Künstlern wie Otto Pankok oder das Werk der Eppers. Pankoks expressiver Realismus bleibt von der Aussage her eng an der Emotionalität des Erlebten und Erfahrenen. Seine Frau Hulda Pankok beschreibt, daß es ihm „auf den Ausdruck der Welt als inneres Erlebnis" ankommt.
Otto Pankok: Die Richtung.

Er sucht nach dem „blufflosen Ausdruck der Wahrheit". *„Für uns blieb nur eins: Handeln, auf die Wahrheit losgehen. Und ob das schön ist? - Was soll uns das?"*
Otto Pankok: Das junge Rheinland, 1922

In der Orientierungsanalyse und damit im Biographischen Arbeiten geht es um das Erkennen der jeweils subjektiven Einordnung, also die individuelle Wahrheit. Im Nachempfinden des Bildes erhalten die Lebensthemen, Konflikte und unbewussten Zielvorstellungen des Klienten ihren Platz. Durch das Erleben und Anerkennen der begleitenden Gefühle können entwicklungshemmende Faktoren herausgearbeitet werden. Die Erarbeitung und das Erhellen jeweiliger skriptgebundener Formeln, die hinderlich im Lebensfluß wirken, ist ein wichtiger Bestandteil des Prozesses.Wir regen den Klienten an, fördernde und erlaubnisgebende Orientierungen zu finden. Diese können hilfreich in dem Sinne sein, dass sie dazu beisteuern, „neue" Lösungen zu finden, die Autonomie fördern.
Dabei gilt es herauszufinden, welche konkreten Entwicklungsaufgaben im aktuellen Lebenskontext anstehen.
Den Zugang zu den jeweils eigenen, noch ungenutzten Kraftquellen herauszukristallisieren, heißt, mit liebendem und verstehendem Blick in die Geschichten von Menschen einzutauchen.

Warum ist gerade Pankoks Kunst dafür geeignet, orientierungsanalytische Reflexionen zu fördern?
Otto Pankok ist ein Meister in der Verteilung von Hell und Dunkel und den tausenden von Zwischentönen des Grau. Mit liebendem Blick erfasst er die unverwechselbare Persönlichkeit seiner Modelle und erfüllt sie in der Abbildung mit Leben. Die geistige und emotionale Substanz seiner Bilder erfüllt den Betrachter, zieht ihn in seinen Bann. Das Wesentliche des Lebens tritt in den Vordergrund und macht es möglich, uns damit zu verbinden.

Otto Pankok würdigt den Menschen in seiner Einmaligkeit.

Gleichzeitig zum Schreiben dieser Zeilen wird im WDR ein Film von Markus REINHARDT über das Schicksal der Kölner Sintifamilie ausgestrahlt. Er vermittelt in diesem Film die Geschichte seiner Sippe und damit die seines Volkes. Behutsam und ohne zu polarisieren führt er den Zuschauer an jene Orte, die Stationen für das Leid „seiner Leute" waren. Zu Wort kommt vor allem sein Onkel Lila, zuerst von den Nazis und dann von der Roten Armee inhaftiert. Zu Wort kommen auch seine Eltern, die nach der Befreiung aus den Lagern zu Fuß von Polen nach Köln wanderten. Und manchmal, wenn die Worte ausgehen, dann übernimmt die Musik des Markus Reinhardt Ensembles die Aufgabe des Erzählers.

Diese Musik ist Vermittler zwischen den Kulturen, den Geschichten von Individuen. Markus Reinhardt hat nicht nur als Musiker die Herausforderung angenommen, für Verständnis und Verständigung zwischen den Kulturen zu werben. Er tut dies auch durch gelungenes Verbinden von Kunst und Menschsein. Er sagt dazu: *"Das Leben ist ein Fluß. Nicht nur die Gadje (Nicht-Zigeuner), auch die Sinti müssen sich selber hinterfragen und nicht einfach hinnehmen was ist, damit es sich immer wieder verändert. Damit bleiben wir auch lebendig. Lasse ich die Dinge so stehen, ohne sie zu hinterfragen, dann ist die Sache tot, im Leben wie in der Kunst."*
Markus Reinhardt

Markus Reinhardt Ensemble

Die Welt ist eine einsame Welt, aber sie ist reich,
ja von unausschöpfbarer Fülle,
sie ist voll brausenden Glanzes und kühner Flächen
und voll von wilder und berauschender Schönheit.
Was sind uns Blumensträuße,
wenn wir nicht den kargen Winter des Elends durchfroren haben?
Wir beargwöhnen diese Blumenmaler,
die nicht um die Tragik der geknickten Blüten wissen.
Wir haben das beißende Elend kennengelernt,
und der Tod war hinter uns her,
aber wir werden das Gold auf der Straße finden lernen.
Aus Pfützen glitzert uns Sonne zu und blau lachender Himmel.
Otto Pankok

Berufsübergreifende Kollegialität *

Giving Feedbacks To Individual Callings

Klaus Lumma bei Elisabeth Tomalin

Das Inter-Writing Kapitel zum Biographischen Lernen, so wird nach der Rückkehr vom ersten orientierungsanalytischen Kongreß 1998 in Ascona deutlich, ist Ausruck von kollegialer Freundschaft bzw. freundschaftlicher Kollegialität: Wir AutorInnen gestatten uns gegenseitig, unsere Eigenständigkeiten kollegial zusammenfließen zu lassen und aufeinander zu beziehen. Jeder benutzt dazu seine eigenen Ressourcen, und diese sind so unterschiedlich wie die einzelnen KollegInnen selbst.

Guiding a teleoanalytical process, that's how we would describe „Orientierungsanalyse" in English. We try to find the individual Calling of each person, which lies behind behavior, behind our history within the family and society: by this meaning it may as well be called metabiographical learning.

We believe that all behavior is a very specific expression of the phenomenon of Calling. If for example we punish behavior as parents, guides od leaders we give nearly no chance at all to support the finding of individual Callings.
Of course, as counselors for personal and structural growth we also „work on problems", at least we try to co-solve them when they are present in the Here &

Now. And at the same time we regard problems like „mis-behavior" or „disfuctionality" as a guideline to search for the very specific Calling of our clinet.

This means that in teleoanalytical counseling we respect each human being at birth and when still being a child or childish as holding an individual Calling within himself, a destiny that lies beyond the family-script and shows in different manifestations of behavior (o.k.-behavior as well as mis-behavior). This Calling is not being regarded as a „so it must happen-fate" but as the specific frame of the individual resources that may be reveeled by biographic work with early recollections, genograms, family-positioning and arttherapy. We regard such resources as being hidden behind our individual history, behind our profession, behind our role-behavior, beind our pictures.

In teleoanalytical counseling we therefore no longer regard the history, the development of a person as the result of causalities or logical chains. We have started to search for meaning behind scripts instead of getting rid of scripts.

Personal Callings, that's what we believe in, can be heard and answered in spite of our script. True response-ability arouses from responding to our individual Calling. The more we allow ourselves to live and work according to our Calling the more we are capable of making responsible and sound decisions, the less we need to blame others for their mis-behavior, the less we neeed to blame ourselves for deriving from a dis-fuctional family or a dis-functional society.

We also believe that body-symptoms like a sore stomach, pain in the back, sleeplessness, etc. can be the vehicle of important existential messages . If we learn to read such messages behind our problems and interactional conflicts we may be able to use them as a „soma", reminder of getting in touch or being out of touch with our Calling.

The nobody-blaming-look at people's biography seems to be one of the best ways to find one's Calling orientation for the further life. It only seems to work when we feel ready to accept „our history", our family-story as an item that can be corrected any time we feel ready for it while accepting the support of feedback-work.
That's why we need not prove our early recollections as being false or correct. We „only" need them as „handy data" for the exploration of the basic orientation of our Calling.
In this process of exploration support may be accepted in the style of the fine arts, when reading dream-messages or „drawing" pictures from our own resources. It seems to be important that we do find them ourselves, although we need supporting feedback of „fellow-researchers" like teleoanalytical counselors.
As such we encourage our clients and students to live and act according to feedbacked, positive Callings. This means that we do also believe in the results of modern brain-research, in the existence of „bad seed" powers that influence our Calling in a negative way. Please read James Hillman's analysis of Hitlers Callings to realize this and feel the horrible effects of non-feedbacked Calling.

This is basicly why giving and accepting feedback. The arrangement of feedback-loops before acting out a Calling has become so important in personal & structural development as it has been invented by different „Humanistic Psychologists", by counseling educators, development facilitators and other professional seelsorgers..

If for example close relatives and friends of Adolf Hitler had expressed their perceptions early, and if they had succeeded in feedbacking Hitler's Calling, our world would appear different now. We personally learnt this lecture not only in longterm encounters with each other, one coming from a Jewish, the other coming from a Christian background, coming from Dresden or Gerolstein, searching for Calling in London, Eschweiler, Ascona and New Orleans.

We realize that developmental mis-behavior has a long time been regarded as „repairable symptom" (Störungen) which needed psychotherapeutic intervention; as teleoanalytical counselors we prefer prophylactic feedbacking processes rather than treating symptoms. If a child - and an adult of course, too - for example gets into „resistance" towards his parents, teachers, educators, guides, bosses etc. in our view this is a signal for starting a feedback-loop in order to positively redirect the Calling orientation behind this specific behavior. And that means developmental work in a teamlike learning process. We do no more believe in the story of „Uncle Doc" who can cure a „bad seed".

We do believe that everybody holds the potential within himself to be somebody special; if we let him or her alone with this speciality, she or he may develop in a negative way. It is worthwhile to feedback constructive developmental power and to redirect destructive developmental power. As constructive developmental powers we may make use of Pamela Levin's view of the „Cycles of Power".

In this respect we may allow each other to understand „growing up" as a process of „growing back" to where we've basicly come from, connecting this item with feedback-looping-processes. With all our biographic learning capabilities looking at where we've come from is most likely the way to find out „who we are"; and we then need no more run after the aim to find out who we „should be", who we will be in some future when we are „really grown up".
If we allow ourselves such teleoanalytical learning processes in discovering our individual Calling, we need not strive for „success", for succeeding over others; we then move on a ground that has been known to us for ages, as we are the only persons who are really familar with our up-to-now development.

And if we trust in sharing our Calling with others, having it „feedbacked", we may encounter phenomena of wonderful coincidence: we meet people who seem to be on the same way to a menaingful life, people who are not afraid of „feedbacking" each other, people who have started to get used in thinking our-selves as being part of a very great Organic Whole.
This Whole is always being in danger of Destructia by people who have not learnt to share their Callings and regard collegial feedback-loops as another synonym for „I love you".

Therefore in teleoanalytical work - and I really mean „work" as it sometimes demands a high energy level - we look back into our biography in order to form a „gestalt" of our presence by responsible answers on our personal Calling and on the Callings of others. Such presence at the same time may be our future if we succeed in only forming positive aspects of these Callings. Looking and growing back we not only realize our individual life pattern but the patterns of our basic families, our ancestors over generations and we are wise in accepting our history by looking at it like a friend not like a fighter. Looking and growing as a friend makes us feel different and allows us to transform patterns of our ancestors that we somehow seem to have „inherited"; only when looking back in a friendly way we can reframe our ancestors' patterns that we hold wihtin ourselves. Transforming our-selves towards love gives space for good Calling.

Gemeinsam verstehen wir Bewußtseinsbildung als kontinuierlich-kollegialen Lernprozeß im Einvernehmen darüber, daß es gut ist, sich mittels Feedback-Schleifen auch auf gegenseitig wahrgenommene *Schattenseiten* aufmerksam zu machen, von denen wir gelegentlich annehmen, daß sie dem Reich des Unbewußten entstammen, von denen wir mit großer Gewißheit wissen, daß kollegiales Bewußtmachen der großen Kräfte dieser *Schattenseiten* ihre Destruktivität in Grenzen halten und das Konstruktive zum Vorschein kommen lassen kann.

„Letzten Endes geht es also immer um zunehmende Bewußtheit. eine bewußtere Wahrnehmung der eigenen Schatzkammern ist wichtig, ebenso wie eine bewußtere Wahrnehmung der dunklen und halbdunklen Verliese und Beziehungen." Estés 1998, Seite 99.

Nach zehn Jahren intensiven Studiums davon, wie Biographisches Lernen über die intensive Beschäftigung mit expressionistischer Kunst möglich ist, hatte ich das Glück, auf dem *Monte Verità* von Ascona gemeinsam mit 33 Kolleginnen und Kollegen austauschen zu können, wie das Aufschließen solcher *Schatzkammern* durch Reflexion und kollegiales Bearbeiten von Erinnerungen möglich wird.

„Das Erinnerungsvermögen vermag frühere Wahrnehmungen wieder ins Bewußtsein zu stellen. Der Inhalt des Bewußtseins löst sich dadurch von der unmittelbaren sinnlichen Gegenwart und bezieht vergangene Wahrnehmungen mit ein. Die Erinnerung vermittelt innere Bilder früherer Wahrnehmungen, wobei sich die Form, in der sie dem Bewußtsein präsent sind, deutlich von den unmittelbaren Wahrnehmungen unterscheidet." LEONHARD 1996, Seite 161.

Abschließen werde ich mit ganz subjektiven Bezug auf Rolf Gerard, einem Menschen, mit dem ich wiederholt jene Erfahrung machte, die man der *Affekt-Logik* (Ciompi) zuordnet: Wir verstehen uns synchron über Augenkontakt. Sich herzlich begegnende Blicke teilen uns beiden gegenseitig mit, wie wunderbar es ist, daß wir uns an einem schönen und kraftvollen Fleck dieser Erde treffen dürfen. Solche *Erlaubnis zum Sein* ist als „Schatz" in uns gespeichert und kann jederzeit (vor allem in Krisensituationen) neu abgerufen werden. Solche Erlaubnis lässt die Liebe zum Allerwichtigsten in der zwischenmenschlichen Begegnung werden.

„Dieses Buch ist sozusagen in - freier Assoziation - entstanden, deren ich mich während wiederholter psychoanalytischer Behandlungen zu bedienen gelernt habe. Es geht um die Wiedergabe gegenwärtiger Ereignisse, sowohl unwichtiger wie gewichtiger, und um Erinnerungen, die zumeist noch viel gewichtiger sind. Zumindest für mich. Ich werde diese ERINNERUNGEN aus der VERGANGENHEIT häufig durch Berichte darüber unterbrechen, was mich gegenwärtig beschäftigt, da viele der Dinge, die mich in der Vergangenheit in Anspruch nahmen, es auch heute noch tun." WILLIAMS, Tennessee: Memoiren Seite 10.

Wir hoffen sehr darauf, daß die unterschiedlichen Texte zur Orientierungsanalyse, theoretische Erörterungen ebenso wie persönliche Entwicklungsstudien die Leser zu *berufsübergreifender, interdisziplinärer Kollegialität* motivieren, jener zwischenmenschlichen Qualität, die trivial destruktives Denken in Grenzen hält.

Shalom
London, im August 1998

Im Leben eines Menschen ist mehr enthalten
als unsere Theorien darüber zulassen.
Früher oder später scheint es für jeden von uns
ETWAS zu geben, was uns auf einen ganz bestimmten Pfad bringt.

Manche können dieses ETWAS als
Schlüsselmoment ihrer Kindheit erinnern,
wenn plötzlich ein Streben nach ETWAS,
eine Faszination auftauchte, eine merkwürdige Wende sie wie ein RUF
schüttelte:

Jetzt weiß ich, was ich zu tun habe;
jetzt weiß ich, was ich brauche.
Jetzt weiß ich, wer ich bin.
James Hillman, frei übersetzt

Die Geschichte wiederholt sich immer wieder

Anne Teachworth

History Repeats Itself Übersetzung aus dem Amerikanischen:
Melanie Lumma & Klaus Lumma

Dieser Beitrag beginnt mit meinem Fragebogen über das Phänomen der Herkunftslogik *(Genealogics).* Indem wir mit Hilfe dieses Fragebogens unsere Eltern in ihrem *Rollenverhalten als Erwachsene* betrachten, können wir in Augenschein nehmen, wie sie mit ihrer speziellen Art des Erwachsenseins für uns als Kinder Modell standen.

Um den Fragebogen ausfüllen zu können, müsste sich jeder in die Rolle eines Klienten hineinversetzen, der mit einem Beziehungsproblem in mein Beratungsbüro nach New Orleans käme. Jeder füllt zur weiteren explorativen Arbeit den beigefügten *Fragebogen zur Herkunftslogik* aus und reflektiert dazu Situationen aus seiner eigenen Kindheit.

Der *Fragebogen zur Herkunftslogik* besteht aus strukturierten Fragen um die Rollenverteilungen und Beziehungsmuster der Herkunftsfamilie; das ist die Familie, in der wir aufgewachsen sind. Den Bogen bitte ich Schritt für Schritt auszufüllen.

Tafel 10
Fragebogen zur Herkunftslogik

1. Notieren sie Charakterzüge von Ihnen selbst als Kind aus der Zeit zwischen Geburt und zwölftem Lebensjahr.

2. Notieren sie Charakterzüge Ihrer *Mutter als Erwachsene,* wie Sie sie aus jener Zeit erinnern, als Sie noch Kind waren. Es geht um Mutter in Beziehung zu anderen Erwachsenen, nicht um die Beziehung von Mutter zu Ihnen als Kind.

3. Notieren sie Charakterzüge Ihres Vaters als Erwachsener, wie Sie ihn aus jener Zeit erinnern, als Sie noch Kind waren. Es geht um Vater in Beziehung zu anderen Erwachsenen, nicht um die Beziehung von Vater zu Ihnen als Kind.

4. Notieren Sie, w i e Ihre Eltern einander behandelten, was sie füreinander fühlten, wie sie ihre gemeinsame Zeit verbrachten, was sie füreinander taten, wie sie zu sich selbst, wie sie zu ihrem Partner standen.

5. Beschreiben Sie Ihre Beziehung zu *Mutter*, als Sie noch ein Kind waren.

6. Beschreiben Sie ihre Beziehung zu *Vater* als Sie noch ein Kind waren.

7. Werten Sie die beobachteten Beziehungs-Interaktionen mit Plus oder Minus, um Ihre persönliche Erfahrung mit den verschiedenen Beziehungen zu beschreiben.
Es geht um Ihre Beziehungs-Interaktionen mit Mutter
Ihre Beziehungs-Interaktionen mit Vater
Beziehungs-Interaktionen zwischen Ihrer Mutter und Ihrem Vater

8. Welchen Elternteil mochten Sie lieber? Markieren Sie den Namen dieses Elternteils mit einem Häkchen. Den Namen des weniger geliebten Elternteils markieren Sie mit einem X.

9. Listen Sie den/die Namen ihrer Partner oder Expartner in chronologischer Reihenfolge auf. Setzen Sie neben die jeweiligen Namen Ihrer Partner / Expartner ein M oder ein V, um deutlich zu machen, welchem Elternteil Ihre Partner / Expartner jeweils am ähnlichsten waren.

10. Schreiben Sie auf diesem Bogen ihren Namen auf die gegengeschlechtliche Elternseite.
....*Mutter Vater*..

11. Untersuchen Sie, ob Ihre Beziehung zu einem Ihrer Lebensgefährten der Beziehung Ihrer Eltern untereinander ähnelt. Vergleichen Sie die Verhaltensweisen, die Interaktionsmuster Ihrer Eltern untereinander mit den Rollen, die Sie und Ihr Lebensgefährte miteinander spielen.

12. Sehen Sie den gesamten Fragebogen nochmals durch, und suchen Sie nach
* Ähnlichkeiten und Wiederholungen,
* zeitlich ähnlichen Abläufen und altersspezifischen Ereignissen, (Lebenslinien Vergleich)
* Anzahl der Ehen in Ihrer Familiengeschichte,
* Anzahl und Geschlecht der Kinder,
* Eigenarten der Lebensstile und ggfs. nach zyklischen Widerholungen von Mißbrauch.

Sie entdecken dabei die in Ihr Unbewusstes einprogrammierten Verhaltensmuster der Familiengeschichte, die sich bis auf den heutigen Tag immer wieder mal wiederholt, ohne dass Sie es wollen.

Wenn Sie die Fragen zur Herkunftslogik beantwortet haben, werden meine Erklärungen informativer für Sie sein und Ihnen das Hineinfinden in meine Denkweise einfacher machen. Ausserdem können Sie mittels des ausgefüllten Fragebogens ihre eigenen, verinnerlichten Interaktionsmuster (VIMs) kennenlernen und betrachten, während ich parallel dazu versuche, *Psychogenetik* zu erklären.

Zu lange schon bestand die Grundlage zur Paartherapie aus der Hypothese, dass Beziehungsprobleme aus ungelösten Problemen mit den eigenen Eltern herrührten. Ich glaube das nicht mehr und werde versuchen, nachvollziehbar zu beweisen, dass Partnerschaftsprobleme aus ungelösten *Problemen zwischen den Eltern untereinander* entstehen.

Paare mit Beziehungsproblemen haben meistens Eltern mit ähnlichen Beziehungsproblemen. Verinnerlichte Paar-Beziehungsmuster *(introjected couple patterns)* werden besser sichtbar *(apparent * a-parent)*, wenn vor Beginn der Beratungssitzungen die Interaktions-GESCHICHTE betrachtet wird.

Der systemische Ansatz der Paarberatung, den ich hier vorstelle, basiert auf dem *Fragebogen zur Herkunftslogik*. Diesen Fragebogen müssen meine Klienten vor Beginn der Beratungs-Sitzungen ausfüllen. Mit Hilfe der dort eingeholten Informationen zur *Herkunftslogik* untersuchen wir zunächst die drei wichtigsten Beziehungsmuster in der Herkunftsfamilie eines jeden Klienten. Mit erstaunlicher Genauigkeit lassen sich die oft wiederholten „unerledigten Kommunikations-Geschäfte" bei jedem Paarmitglied lokalisieren.
Wir untersuchen drei verinnerlichte Interaktionsmuster (VIMs).

1. Das Mutter - Kind - Interaktionsmuster	*MK-VIM*
2. Das Vater - Kind - Interaktionsmuster	*VK-VIM*
3. Das Mutter - Vater - Interaktionsmuster	*MV-VIM*

Jedes verinnerlichte Interaktionsmuster (VIM) gibt paarweise entsprechende *Glaubenssätze, Erwartungen, Reiz-Antworten (stimulus-response)* wieder, die aus der Kindheit des einzelnen Klienten als Paar-Beispiel gespeichert wurden und sich als fixe „Gestalten" festgesetzt haben. Die negativen, aus der eigenen Kindheit von der vorausgehenden Generation verinnerlichten Interaktionsmuster im Zusammenspiel mit dem aktuellen Rollenverständnis zur eigenen Partnerschaft werden heute unbewußt und dennoch markant auf die Leinwand der aktuellen Paarbeziehung projiziert.

Meine KlientInnen, einzelne und Paare, lernen ihre unbewußten Programmierungen kennen, indem sie die verinnerlichten Interaktionsmuster ihrer Herkunftsfamilie erkunden und im Rollenspiel drei der wichtigsten Leute in Beziehungs-Paaren darstellen: *ihre Mutter, ihren Vater, ihr inneres Kind, d.h. sich selbst, wie sie sich als Kind vorstellen.*

Wir stellen *Mutters und Vaters Beziehung zueinander* in den Mittelpunkt der Betrachtung, und zwar ihre Beziehung auf der Partnerebene vom Erwachsenen zum Erwachsenen. Die heutige Paarbeziehung der Klienten wird im Hinblick auf Ähnlichkeiten zu *Mutters und Vaters Beziehung zueinander* untersucht.

Zum heutigen Verhalten in der Paarbeziehung betrachten wir also die Herkunftslogik , anstatt in traditioneller Weise die *Eltern-Kind-Beziehung* in Augenschein zu nehmen. Ähnlichkeiten zur Beziehung der Eltern untereinander zu finden ist insofern bedeutsam, als sie die Herkunft des heute noch benutzten Interaktionsmusters verdeutlichen, und zwar so, wie es von jedem bei seinem eigenen Elternpaar erlebt wurde.

Nach mehr als 1000 Praxisfeld-Studien ist mir aufgefallen, dass fast 90% der Paare sich paaren, weil ihrer beider *verinnerlichte Eltern-untereinander-Interaktionsmuster* in signifikanter Weise zueinander passen. Diese Introjektionen, die verinnerlichten Interaktionsmuster (VIMs) lassen dieselbe Art von Paarbeziehung entstehen, wie

sie bei den eigenen Eltern erlebt wurde. Solche Muster bauen sich bereits in dem Moment auf, in dem die beiden Partner sich gegenseitig auswählen.
Sofort beginnt ein bekanntes *Familien-Echo* zu tönen: Interaktionsmuster von Paaren wiederholen sich von Generation zu Generation. Es ist also nicht verwunderlich, vor allen Dingen ist es kein Zufall, dass jene interaktionellen Schwierigkeiten *der Eltern untereinander* in heutigen Beziehungen zu anderen erwachsenen Menschen auftauchen.
Beziehungsprobleme sind schon länger bei uns als wir glauben. Eigentlich haben sie also gar nichts, oder wenig direkt mit uns selbst zu tun. Eine entlastende Vorstellung.

Die *Herkunftslogik* zu erforschen heißt: Wir nehmen die Beziehungsmuster unserer eigenen Eltern zur Zeit unserer Kindheit unter die Lupe. Das hilft uns dabei, herauszufinden, welche der verinnerlichten Interaktionsmuster (VIMs) in der heutigen Beziehung am stärksten wirken, ob es Gestalt-traditionell um unsere „unerledigten Geschäfte" zu Mutter und Vater geht ODER um die bisher weniger häufig erforschten Beziehungsmuster zwischen Erwachsenen, die wir ja auch bei Mutter und Vater erlebt und von ihnen übernommen haben.

Das Vorbild der vorausgehenden Generation wird nämlich tatsächlich in die aktuelle Paarbeziehung hinein projiziert; das Vorbild der Eltern bestimmt, kontrolliert und begrenzt so die eigene Beziehung, wenn nicht eine therapeutisch wirksame Intervention gemacht wird um die verinnerlichten und automatisierten Gefühle aufzulösen.

In den erlebnisorientierten Abschnitten meiner Vorträge und Workshops zeige ich psychogenetische Methoden, welche die natürlichen Widerstände umgehen, jene Gefühls- und Abwehrreaktionen, die der Klient erfährt, wenn er an der *Beziehung zu seiner Partnerin* arbeitet. Ohne sich der verinnerlichten Reiz-Reaktion-Muster bewußt zu sein, die man aufgrund der Introjekte sowie der verinnerlichten Interaktionsmuster (VIMs) in der Paarbeziehung immer wieder unbewusst anwendet, handelt jeder Partner in jener Weise, die ihm oder ihr vertraut ist.

Auf unbewußter Ebene liegt nämlich ein äußerst klares Muster dafür bereit, wie ein Paar sein sollte. Man verhält sich in der Partnerschaft so, wie man es von den eigenen Eltern her kennt, wie sich die Eltern *als Erwachsene zueinander* in der Partnerschaft verhalten haben.
Auf der Ebene des Bewusstseins kann es dennoch so sein, dass man jenes Verhalten ablehnt, das man von den Eltern her kennt.

Nach dem Ausfüllen meines Fragebogens zur *Herkunftslogik* entsteht eine gewisse Bewusstheit über das WIESO des Partnerverhaltens; mit solcher Bewusstheit können wir mehr Verständnis für unser Verhalten in der Partnerschaft entwickeln, ohne dafür unsere Eltern oder unsere Partner beschuldigen zu müssen. Wir erkennen, dass unser eigenes Partnerverhalten oft lediglich eine unkontrollierte Wiederholung des Partnerverhaltens der eigenen Eltern ist.

Wenn die eigenen Eltern im Rollenspiel *am eigenen Leib* erlebt werden, können andere Reiz-Reaktion-Muster *(stimulus-response-patterns)* ausprobiert werden, und wir können die positiven Wirkungen davon auch direkt in der aktuellen Partnerschaft spüren.

Negative Introjekte werden gegenwärtig, wenn ein Paar *gemeinsam* die Antworten vom *Fragebogen zur Herkunftslogik* durchgeht und *gemeinsam* nach Ähnlichkeiten, Gegensätzlichkeiten oder Polaritäten in des Partners Herkunftsfamilie schaut.

Für Klienten ist es viel leichter, die Introjekte des Partners zu betrachten als seine eigenen. Auch seine Projektionen auf den Partner werden von ihm in der Regel leichter erkannt als die eigenen Introjekte, verinnerlichte Verhaltensmuster und Einstellungen.

Indem ein Paar erkennt, dass jeder von beiden das ungewünschte, verinnerlichte Interaktionsmuster eines Elternteils, sogar eines nicht geliebten Elternteils mehr oder weniger unreflektiert benutzt und sogar das Bild vom „anderen Elternteil" auf den eigenen Partner projiziert, so kann dies das erste von vielen AHAs werden.

AHAs treten häufig bei Rollenspielen und Reflexionen über Rollenspiele auf. Durch meinen Beitrag soll deutlich werden, dass eines Klienten augenblickliche Beziehungsschwierigkeiten vom *Geist der Elternbeziehung* aus seiner eigenen Kindheit genährt werden. Ich möchte Sie dazu anleiten, das *Gesicht dieses Geistes* zu erkennen und ihn zu konfrontieren.

Den Geist der Elternbeziehung konfrontieren wir, indem wir die Beziehung der Eltern im Rollenspiel hautnah erleben, und zwar genau so, wie wir sie verinnerlicht haben. In einem weiteren Rollenspiel konstruieren wir dann Handlungsgeschehen, die zeigen, wie wir uns die Beziehung der Eltern untereinander gewünscht hätten. So schaffen wir in unseren Erinnerungen Raum für neue und von uns erwünschte Verhaltensintrojekte, die im gemeinsamen Lernprozess von Klienten und Beratern konstruiert werden.

Indem beim Gesprächsverlauf im *Hier & Jetzt* eines Rollenspiels die Beziehung der Eltern zueinander hautnah erlebt wird, kommt es zu einer *Gefühlskorrektur.* Diese Vorgehensweise ruft im Klientenpaar kaum Widerstand hervor. Es geht ja darum, negativ wirkende Verhaltensmuster der (introjizierten) Eltern zu verändern. Klienten haben dabei ausserdem Gelegenheit, bisher nicht ausgedrückte Gefühle der introjizierten Eltern als Partner zueinander zum Ausdruck kommen zu lassen.

Im Rollenspiel werden die bisher unerfüllten Wünsche der Klienten im Hinblick auf Beständigkeit der Eltern-Beziehung während der eigenen Kindheit deutlich. Im Rollenspiel werden andererseits auch die verinnerlichten Beziehungsmuster aus der Kindheit neu strukturiert. Indem Klienten daran aktiv mitwirken, können sie neue Modelle für ihre eigene Beziehung verinnerlichen und die automatische Wiederbelebung elterlicher Negativbeispiele verhindern.

Diesen Ansatz nenne ich *Psychogenetik*.
Ich zeige Neuentwicklungen auf, die eintreten, wenn wir im pädagogisch-therapeutischen Lernprozess erst unaufgelöste Themen der Eltern auflösen sowie „unerledigte Geschäfte", die sie miteinander hatten, erledigen. Es geht dabei nicht um jene Themen und „Geschäfte" , die sie mit uns als Kinder hatten, sondern ausdrücklich um das, was zwischen ihnen als Partner geschah.

Das System der Psychogenetik hält Paare davon ab, Fehler ihrer Eltern zu wiederholen. Paare können psychogenetisch Neues lernen. Laura PERLS sagte in einem Interview mit der Zeitschrift VOICES: *„Menschen, die nach uns kommen, müssen immer weiter gehen als wir selbst."* Es ist also sinnlos, unsere Eltern dafür zu beschuldigen, dass sie nicht so weit gegangen sind, wie wir gehen könnten. Oder: *„Wir müssen heute als Paare miteinander weiterkommen als es unsere Eltern vermochten."*

Drei Stühle
Es wird in diesem Rahmen auch das *„Drei-Stühle-Modell"* vorgestellt, das ich aus der paartherapeutischen Arbeit entwickelt habe. Zuvor hatte ich Paare schon immer an ihrer Eltern-Kind-Beziehung arbeiten lassen, indem ich das traditionelle *„Zwei-Stühle-Modell"* aus der Gestalttherapie benutzte. Ebenso wie andere TherapeutInnen wurde ich trainiert, bei Paartherapie erst der beiden „unerledigte Geschäfte mit ihren Eltern" zu bearbeiten. Obwohl diese gestalttherapeutische Vorgehensweise dabei Unterstützung gab, einen Teil der zurückgehaltenen Gefühle zum Ausruck kommen zu lassen, Herr über die Elternprojektionen auf den Partner zu werden und die Bewußtheit zu erweitern, so trug sie nicht dazu bei, positive Veränderungen in der Paarbeziehung meiner Klienten zu bewirken.
Ich konnte lange Zeit nicht erkennen, wieso das sich so verhielt. Ich wollte natürlich dann auch ein besseres System finden für die Beratung von kriselnden Paaren.

Oft genug traf ich auf Klienten, die das Verhältnis zu ihren Eltern (Kind-Mutter; Kind-Vater) in allen Variationen erforscht hatten, ohne dadurch jedoch ihre eigenen Partnerschaften entscheidend verbessern zu können. Ich konnte nicht feststellen, was wir möglicherweise in unserer Therapie versäumt hätten: hatten doch alle so viel gute und große Leistungen schon erbracht. Jeder der Partner fühlte sich natürlich mit sich selbst immer mehr *zuhause,* doch in der Partnerschaft schienen immer wieder dieselben Probleme aufzutauchen.

Die therapeutischen Arbeiten, die wir schon bezüglich unerfüllter Bedürfnisse aus der Kinderzeit gegenüber Mutter und Vater gemacht hatten, bewirkten keine Veränderung in der Partnerbeziehung. Bei Stress waren beide immer wieder in die alten Paarmuster zurückgefallen. Oft fühlten sich die Klienten nur dann besser, wenn sie vom Partner weg waren; und sie fingen dann an, Trennung und Scheidung in Betracht zu ziehen.

Es wurde mir klar, dass wir nie direkt an jenen „unerledigten Geschäften" gearbeitet hatten, welche die Eltern meiner Klienten miteinander hatten. Ich fragte mich natürlich, ob es das war, was noch fehlte. Um ihre Beziehung zueinander erhalten zu können, begann ich mit einer tiefenpsychologischen Untersuchung der introjizierten Stressreaktionen meiner Klienten auf ihre Partner. Was ich dabei über das Wiederauftauchen der elterlichen Stressmuster herausfand, erstaunte mich, und es erklärte zugleich auch Phänomene der aktuellen Interaktion des Paares. So wurde die Psychogenetik zu meinem Hauptansatz für die Paarberatung.

Ich bin seit mehr als zwanzig Jahren Therapeutin und seit 1975 Leiterin des Gestalt-Institutes von New Orleans. Nicht allein meine Klienten ermutigten mich zur Entwicklung der psychogenetischen Methodik. Sie hat auch einen ganz persönlichen Bezug zu mir selbst. Ich konnte lange Zeit nicht ausmachen, warum ich in meiner damaligen Beziehung so lange stecken blieb. Die Motivation für mein eigenes Beziehungs-Verhalten war mir nicht deutlich. Auch das wollte ich herausfinden. Mir selbst gegenüber legte ich das Versprechen ab, das herauszufinden, b e v o r ich die Beziehung beenden würde.

Ziel war, bewußt nachvollziehen zu können, wie ich mich unbewußt die ganze Zeit verhalten hatte. Und ich fand tatsächlich des Rätsels Lösung und stellte das Puzzle zusammen. Dabei fand ich nicht nur die introjizierten Hintergründe für mein Verhalten, sondern auch die Antwort darauf, warum ich gerade jenen Partner ausgewählt hatte und wie es zu dem kam, was dann in der Partnerschaft passierte.

Jetzt zitiere ich eine Kollegin vom ersten Internationalen Gestaltkongress der AAGT *(Gesellschaft zur Weiterentwicklung der Gestalttherapie)* in New Orleans 1995.

Sherry
Ich habe auch eine private Beratungspraxis; zu mir kommen Paare und Familien, und ich wundere mich auch über meine eigenen Beziehungen. Eine befreundete Kollegin machte mich auf Anne Teachworth's Ideen aufmerksam. Ich lebe allein, ohne Beziehung, und ich habe immer noch ein starkes Thema im Bezug auf meinen Vater. So kommt mir der Gestaltkongress sehr gelegen, um an meiner Beziehung zu Männern zu arbeiten. Auch würde ich gerne Anne Teachworths Beratungsmethodik kennenlernen.

In Bud FEDERs & Ruth RONALLs Buch über
„Das lebendige Vermächtnis von Fritz und Laura Perls"

habe ich zum ersten Mal etwas über Psychogenetik veröffentlicht, und zwar in dem Kapitel über *„Verinnerlichte Interaktions-Muster" (VIMs).*
Man kann das Buch im Handel kaufen oder auch direkt bei Bud FEDER bestellen,

telefonisch	001 201 746 68 15
oder auch per Brief	Bud Feder * 51A Upper Montclair Plaza
	Montclair * New Jersey * USA

Es ist in englischer Sprache geschrieben.

Das Kapitel aus *meiner Feder* lautet *„Laura & Mike - Drei veränderte Paare"*. Ich habe darin jene Paarberatung beschrieben, bei der ich die psychogenetische Methode zum ersten Mal benutzte. Wir brauchten nur zwölf Sitzungen, um zu erstaunlich neuen Ergebnissen zu kommen.

Laura & Mike waren ein Paar, das schon sieben Jahre zu mir kam, als wieder einmal „Trennung anstand". Ich hatte sehr ausgiebig mit ihnen im klassischen Sinne der Gestalttherapie gearbeitet; und sie hatten sich auch immer wieder dazu entschieden zusammenzubleiben. Wir alle drei glaubten, dass alles in unserer Kraft stehende zur Klärung der Beziehung zwischen ihnen und ihren Eltern getan worden war. Auch glaubten wir, dadurch alles zur *Klärung ihrer Beziehung zueinander* getan zu haben. Aber dann standen sie plötzlich wieder vor meiner Tür und wollten sich erneut trennen.

Wenn ich heute auf die ersten Beratungen von Laura & Mike zurückblicke, so denke ich: *„Alles, was ich damals mit ihnen machte, war Katharsis."* Wir konnten natürlich die negativen Reibungen an der Oberfläche beseitigen; wir konnten implodierenden Frustrationen ein Ventil nach aussen verschaffen und ihre Wut auf *„Eltern-Stühlen"* entladen. Natürlich hatte sich jeder dabei auch viel besser gefühlt. Aber, wie sie mir jetzt berichteten, hatte sich ihre Beziehung zueinander allmählich wieder in denselben Verhaltensmustern wie zuvor angesiedelt. Genau dieselben Paar-Interaktionen tauchten wieder auf; sie machten ihnen allerdings eine Weile nicht mehr soviel aus wie früher.

Wir entschlossen uns dazu, diesmal an ihren *Beziehungsmustern als Paar* zu arbeiten, indem wir das Problem bei der Wurzel packten. Zu diesem Zweck wandten wir uns den Interaktionsmustern ihrer beider Elternpaare zu. So entwickelte ich die ersten Schritte zum Psychogenetischen System der Paarberatung. Dazu gehört auch meditative Erinnerungsarbeit. Ich möchte an dieser Stelle zu einer Meditation einladen.

Meditation zur Herkunftslogik
Bitte machen Sie es sich an einem guten und sicheren Platz bequem, wo Sie auch gelegentlich oder durchgängig die Augen schliessen können. Wenn es nicht direkt möglich ist, so lassen Sie sich bitte Zeit und machen sich mit mir zu einer Reise in die Vergangenheit auf. Bei dieser Reise können Sie so erwachsen bleiben, wie Sie jetzt sind. Sie können sich als Erwachsener anschauen, was sich während Ihrer Kindheit z w i s c h e n d e n E l t e r n abspielte.

Wenn Sie einen guten Platz für diesen meditativen Rückblick gefunden haben, so machen Sie zunächst ein paar tiefe Atemzüge. Bei jedem Ausatmen lassen Sie etwas mehr von Ihren Spannungen ab, von Entrüstung oder Stress, den Sie in sich fühlen. Versuchen Sie, sich selbst in jene entspannte Lage zu bringen, in der Sie am liebsten sind. Vielleicht können sie leichter dorthin gelangen, wenn Sie sich daran erinnern,

** wann Sie das letzte Mal so entspannt waren,*
** wo Sie sich aufhielten,*
** wer bei Ihnen war, oder ob Sie allein waren,*
** w i e Sie sich fühlten, und*
** w o Sie die Entspannung in Ihrem Körper wahrnehmen konnten.*

Stellen Sie sich jetzt vor, dass Sie als der Erwachsene, der Sie heute sind, unsichtbar werden können und von niemandem bemerkt in eine Szene Ihrer Kindheit zurückgehen, um Ihre Eltern dabei zu beobachten, w i e sie sich zueinander verhielten.

Wir können mit unserer Erinnerung an verschiedene Orte und Zeiten unseres Lebens zurückgehen. Ich bitte darum, so weit wie möglich in die frühen Lebensjahre zurückzugehen. Vielleicht sind Sie auch schon von selbst dort-

hin gelangt, als ich Sie zu dieser Phantasiereise einlud.
Vielleicht sind Sie auch schon dort gewesen, wo Sie Teeenager waren, zwischen 13 und 19. Ich hätte gerne, dass Sie ganz entspannt reisen. Reisen Sie als unsichtbarer Beobachter in Ihre frühe Kindheit zurück. Sie bleiben dabei ein gefestigter Erwachsener, so, wie Sie heute sind.

Spüren Sie, wie es Ihnen dabei geht, wenn Sie daran denken, Ihre Kindheit zu besuchen? Vielleicht kommen jetzt Gefühle auf, die Sie auch schon als Kind über die Beziehung Ihrer Eltern z u e i n a n d e r hatten. Solche Gefühle sind immer noch in den Erinnerungen enthalten. Solche Gefühle stecken in Ihrem „Inneren Kind". Ihr Körper kann sich an das alles ganz genau erinnern. Ihr Körper ist sehr wissend.

Und jetzt, wo Sie mit Ihrem „Inneren Kind" dort sind, wo Sie früher als Kind waren, hätte ich gerne, dass Sie sich einmal genau umsehen. Vielleicht sind Sie dort angekommen, wo Sie zehn waren, neun oder acht, sieben oder sechs, fünf oder vier, drei, oder gar da, wo Sie geboren wurden.
Sie können jede Altersstufe für Ihren Besuch auswählen.

Ich hätte gerne, dass Sie genau wahrnehmen, wer mit Ihnen zuhause ist. Ganz besonders hätte ich gerne, dass Sie darauf achten, wo Mutter und Vater sind. Sie sehen Ihre Mutter so, wie sie damals war. Uns Sie sehen Ihren Vater so, wie er damals war. Schauen Sie Ihre Eltern durch die Augen jenes Kindes an, das Sie selbst einmal waren.

Hören Sie den Eltern zu und beobachten Sie, wie sich die Eltern z u e i n a n d e r verhalten. Sie selbst bleiben dabei unsichtbar, und Ihre Eltern wissen nicht, dass Sie zu Besuch sind. Was geschieht z w i s c h e n den Eltern? Wie beziehen sie sich aufeinander?

Betrachten Sie Ihre Mutter.
Wie würden Sie Ihre Mutter von damals beschreiben?

Betrachten Sie Ihren Vater.
Beschreiben Sie ihn so, wie er damals war.

Wie fühlen sich die beiden? Wie behandeln sie sich gegenseitig?

Wen von den beiden haben Sie am liebsten?
Mit wem von den beiden sympathisieren Sie, wenn sie unterschiedlicher Meinunq sind?

Was hätten Sie gerne, dass beide tun sollen?
Wer von den beiden sollte damit anfangen?

Vielleicht sind auch Mutter und Vater gar nicht zusammen zuhaus; vielleicht ist nur Mutter da. Vielleicht ist auch nur Vater da. Vielleicht sind die beiden geschieden. Vielleicht ist auch einer von den beiden ausgezogen oder schon gestorben.

Vielleicht sehen Sie auch jemand ganz anderen, der damals mit Ihrer Mutter verheiratet war - oder auch mit Ihrem Vater.

Vielleicht sehen Sie eine Stiefmutter oder einen Stiefvater.

Wenn Sie genau hingesehen und sich etwas mehr daran erinnert haben, wie die Eltern während I h r e r Kindheit z u e i n a n d e r waren, so bitte ich Sie darum, sich vorzustellen, langsam und stufenweise die Erinnerung an Ihre Kindheit wieder zu verlassen, ... drei, vier, fünf, sechs, sieben, acht, neun, zehn, ... dann zwölf, dreizehn, vierzehn, fünfzehn, sechszehn, ... bis Sie bei dem Alter ankommen, in dem Sie heute sind.

Auswertung der Meditation

Mit dieser Meditation bringen Sie Bewusstheit darüber mit, wie die Eltern früher zueinander waren, und Sie können herausfinden, welcher Elternteil Ihrem aktuellen Lebenspartner am ähnlichsten ist.

** Könnte es sein, dass Sie heute Ihre Interaktion so gestalten, wie es Ihr gegengeschlechtlicher Elternteil mit seinem Partner tat?*

** Könnten Sie sich vorstellen, diese Interaktionsform mit I h r e m Partner zu ändern und so zu gestalten, wie Sie es sich von Ihren Eltern untereiander gewünscht hätten?*

Sie könnten allerdings bei diesen Überlegungen auf dieselben Widerstände stossen, die Ihr Rollenmodell- Elternteil gehabt hätte, wenn er oder sie sich anders zum Partner verhalten w o l l t e.

Schauen Sie sich jetzt nochmals den Fragebogen zur Herkunftlogik an. Lesen Sie, was Sie zur Partnerschaft Ihrer Eltern aufgeschrieben haben. Schreiben Sie's sich auf, wenn neue Erinnerungen oder Informationen über Ihre Eltern als Partner aufgetaucht sind; schreiben Sie ganz besonders auf, was Ihnen noch zum Partner-Verhalten Ihrer Eltern u n t e r e i n a n d e r eingefallen ist, w i e sie sich z u e i n a n d e r verhalten haben, als Sie noch Kind waren.

** Stellen Sie sich auch vor, wie es gewesen wäre, wenn einer der beiden sich zu einer Änderung seines Verhaltens entschlossen hätte.*

Jetzt hätte ich gerne, dass Sie auf einem Bogen Papier noch zehn Persönlichkeitsmerkmale
- *von Ihnen selbst a l s K i n d, Ihren Verhaltensweisen in Form einer Selbstbeschreibung notieren;*
- *dann zehn Persönlichkeitsmerkmale Ihrer M u t t e r, w i e sie zu Ihrer Kinderzeit als Partnerin war,*
- *dann zehn von Ihrem V a t e r, w i e er zu Ihrer Kinderzeit als Partner war.*

Ich hätte gerne, dass Sie genau das im Wortlaut aufschreiben, was Ihnen einfällt. Es wäre mir lieb, wenn Sie dabei nichts ändern würden und alles genau so aufschreiben, w i e es Ihnen einfällt.

Auch sollten Sie möglichst nicht lange nachdenken oder gar grübeln. Je schneller Sie's aufschreiben, desto besser. Je länger Sie zum Nachdenken innehalten, desto mehr unterbrechen Sie das Auftauchen von unbewussten Erinnerungen.

Es können auch einzelne Wörter oder Wortfetzen sein, die das Gedächtnis an die Oberfläche des Bewusstseins bringt. Unser Interesse gilt dem, w i e Sie **damals** gedacht haben, nicht wie Sie heute d a r ü b e r denken. Sie können in der Zwischenzeit durchaus neue Erkenntnisse über „früher" gewonnen haben.

Im Kontext der Herkunftslogik interessiert uns, was Sie d a m a l s gedacht haben. Bitte lassen Sie Ihrem Gedankenfluss freien Lauf, stellen Sie nichts in Frage, was in Ihrer Einnerung auftaucht. Bitte sagen Sie vor allen Dingen nicht so etwas wie:
„So sollte ich aber nicht über Mutter denken" ...
oder: „Das ist aber nicht fair von mir" ...
oder: „Längst habe ich doch herausgefunden, dass sich alles ganz anders verhält".

Dann machen Sie bitte als nächstes aus der Position Ihres f r ü h e r e n Kindseins „PLUS oder MINUS Zeichen" über die aufgeschriebenen Persönlichkeitsmerkmale von Mutter, Vater und Ihnen selbst. Ich glaube, Sie brauchen das nicht rational korrekt zu erledigen. Es geht um ihre spontane Bewertung. Notieren Sie die allererste Reaktion mit PLUS oder MINUS Zeichen unter dem Aspekt „Wie ich's früher fand".

Also: den ersten Durchgang machen Sie mit den zehn Persönlichkeitsmerkmalen Ihrer Mutter, dann kommt dasselbe mit Vater, dann Sie selbst - und zwar aus der Sicht von früher. Wenn Sie damals anders als heute waren, dann haben Sie gewiss einen Konflikt zwischen dem, was wir Bewusstes und Unbewusstes nennen. Verdrängen Sie jedoch nichts von beidem, sofern es auftaucht: beides ist heute noch in Ihnen wirksam. Es ist gut, das bewusst vor Augen zu haben, auch wenn manches widersprüchlich erscheint. So etwas kommt häufiger vor, als man denkt.

Haben Sie nicht schon mal ein Gefühl gehabt wie „Ich weiss, dass sie mich geliebt haben, doch ich bin nicht sicher, ob sie mich mochten", ... oder „Ich weiss, dass sie immer das Beste für mich getan haben, aber es fühlte sich so furchtbar an". Solcher Art sind die natürlichen Konflikte zwischen Ihrem Denken und Fühlen.

Nun kommen wir noch zu anderen Fragen:
** Welcher Elternteil hat Sie als Kind ganz lieb gehabt?*
** Haben sich die beiden gegenseitig gemocht?*

Schau'n Sie sich auch die Ähnlichkeiten zwischen Mutter und Vater an.
Lange genug haben wir schon damit verbracht, die Unterschiedlichkeiten in Augenschein zu nehmen und hervorzuheben. Über Unterschiedlichkeiten haben Ihre Eltern möglicherweise immer wieder miteinander gestritten.
Schau'n Sie sich auf alle Fälle die Ähnlichkeiten zwischen Ihren Eltern genau an, dann auch die Ähnlichkeiten zwischen Ihnen und Ihrem Partner. Vergleichen Sie beides miteinander.

Machen Sie sich auch klar, welche Vergnüglichkeiten Ihre Eltern miteinander teilten. Welche Vergnüglichkeiten teilen Sie heute mit Ihrem Partner? Vergleichen Sie beides miteinander.

Wortlisten anlegen

Es gibt doch solche Wortspiele, wo links und rechts Wortlisten stehen, die durch Linien miteiander vebunden werden. Mit den zehn Charakteristika von Mutter und Vater können Sie etwas ähnliches tun. Verbinden Sie die ähnlichen Charakteristika von Mutter und Vater durch Linien miteinander. Nachdem Sie dies mit den Ähnlichkeiten gemacht haben, tun Sie dasselbe mit den Polaritäten, also mit dem, wo beide unterschiedlich sind.
Wo sind die Eltern ähnlich, wo sind sie konträr?

Das ganze Unterfangen dient dazu, die von uns verinnerlichten Interaktionsmuster zwischen den Eltern erkennen zu können.

Diese Linien bezüglich der Ähnlichkeiten und Gegensätzlichkeiten sollen dazu beitragen, dass Sie sich in Ihrem Denken damit anfreunden, jedes Linienpaar als Ganzheit zu sehen und nicht das individuelle Verhalten eines der beiden Elternteile. Das ist etwas anderes.

Verinnerlichte Interaktionsmuster - die VIMs - bestanden schon bei unseren Eltern; sie bestanden z w i s c h e n ihnen; keinem der Eltern waren sie zuzuordnen. Wir brauchen also auch keinerlei Schuldzuweisung vorzunehmen.

Wenn wir mit Bezug zur Herkunftslogik Paarberatung geben, dann sind nicht die beiden Partner unsere Klienten, sondern das „Dazwischen" von beiden ist unser Klient. Diesem „Dazwischen" gilt die Aufmerksamkeit und die Therapie.

Dieses „Dazwischen" birgt in Form der VIMs die unerledigten Geschäfte aus der Partnerschaft von Mutter und Vater. Deshalb schenken wie diesem „Dazwischen" in der Paarberatung heute so viel Aufmerksamkeit, und nicht mehr der Eltern-Kind-Beziehung, wie wir es lange gemacht haben.

Wir kümmern uns in der Paarberatung also nicht um unerledigte Geschäfte zwischen unseren Klienten und ihren Müttern und Vätern. Ich glaube nämlich nicht mehr daran, dass man die unerledigten Geschäfte zwischen sich und seinen Eltern auf seine Partner projiziert.

Ich glaube vielmehr, dass wir die unerfüllten Wünsche zwischen Mutter und Vater in den Beziehungsproblemen unserer eigenen Partnerschaften wiederfinden können. Darüber lohnt sich das Nachdenken: Sie waren als Kind immer dabei, so, als wenn Sie einen Film gesehen hätten. Der Titel des Filmes lautete „Wie man ein Paar wird".

Anhand des Filmes „Wie man ein Paar wird" haben Sie gelernt, wie Erwachsene ihre Beziehung, ihre Partnerschaft gestalten. Hauptdarsteller in diesem Film waren Ihre Eltern. Und an manchen Tagen mussten Sie sich den Film sogar mehrmals anschauen, ob Sie's wollten oder nicht. Und manchmal lief er außerdem noch des nachts. Manchmal lief er sogar noch viel häufiger. Dieser Film ist jetzt in Ihrer Erinnerung gespeichert. Er wurde zum Lehrfilm darüber, wie sich Erwachsene in Partnerschaft verhalten, was man tun muß, um zu heiraten. Dieser Film zeigt sogar ganz deutlich, wen Sie heiraten sollten.

Ich pflege meine Klienten gelegentlich zu fragen, warum sie eigentlich Englisch sprechen, nicht Deutsch oder Französisch. Sie sagen mir dann fast immer so etwas wie „Ich bin doch in einem Haus aufgewachsen, wo man immer Englisch spricht." Sie sprechen also genau jene Sprache, die sie immer wieder zuhause gehört haben, wo sie aufgewachsen sind. Und sie haben schon als kleines Kind immer sehr gut und genau zugehört. Wie sonst hätten sie mit ca. eineinhalb Jahren schon sprechen können.

Manche Erwachsene glauben, dass kleine Kinder noch nicht „verstehen" können, was die „Grossen" sagen und tun. Das ist schierer Unsinn: Bereits als kleines Kind haben Sie sehr wohl und genau zugehört, hingehört und verstanden, worum es geht.
Bemerkungen wie „Er hört nicht zu; er ist noch zu klein" bestürzen mich immer mehr: Wie denn sonst lernen Kinder als durch Zuhören und Zusehen? Kinder lernen über ihre eigene Wahrnehmung. Sie saugen das „Wahrgenommene" wie Muttermilch in sich auf.

Es kann natürlich durchaus sein, dass ein kleines Kind nicht rational wie ein Erwachsener nachvollziehen kann, was da vorgeht, aber auf der analogen Ebene nimmt jedes kleine Kind a l l e s auf. Ein kleines Kind wählt noch nicht aus, welche Ereignisse es in sich aufnimmt und welche Ereignisse es besser nicht aufnimmt.
Es ist bezüglich der Ereignisse wie mit der Sprache. Das kleine Kind nimmt die ganze Sprache mit seinen Sprachmustern und Klangfarben in sich auf. Kinder verinnerlichen Sprache, indem sie sie immer wieder hören. So wird Sprache zum Introjekt, zum gelernten Muster.

Verhaltensmuster verinnerlichen wir osmotisch. Wir nehmen sie fast zeitgleich mit den Sprachmustern in uns auf. Wir haben als Kinder in gewisser Weise keine Wahl beim Aufnehmen.

Keiner von uns hat sich als Einjähriger bewusst dazu entschieden, w e l c h e Sprache er lernen w i l l. Die meisten von uns sprechen auch heute noch immer dieselbe Sprache.

Keiner von uns hat sich als Einjähriger bewusst dazu entschieden, w e l c h e Verhaltensmuster der Erwachsenen er aufnehmen w i l l. Die meisten von uns bevorzugen von daher unbewusst die bekannten Verhaltensmuster.

Genau deshalb wenden wir uns in der Paarberatung dem „Dazwischen" zu, also dem, was wir herkunftslogisch von den Interaktionen zwischen Mutter und Vater als VIMs, als verinnerlichte Verhaltens-Muster in uns gespeichert haben, und zwar

auf der Ebene dessen, was wir das Unbewusste nennen.
Als wir noch Kinder waren, haben wir die Muster, die sich zwischen den Erwachsenen abspielten, wie Muttermilch in uns aufgesogen. So lautet unsere These.

Wir haben fast alle als Kinder im Rollenspiel „Mutter, Vater, Kind" gespielt. Dabei hat eine von uns „so getan wie Mama", ein anderer „hat so getan wie Papa", und wieder ein anderer „musste so tun wie deren Kind". Solche Rollenspiele funktionierten am besten, wenn wir Geschwister hatten, mit denen wir sie spielen konnten, weil ja auch sie denselben Lehrfilm darüber kannten, wie man sich als Paar verhalten muss. Nachbarkinder konnten dabei nicht ganz so gut mitspielen, weil sie ja zuhause ein „anderes Filmprogramm" gesehen hatten, oder um ein anderes Bild zu benutzen: sie hatten nicht dieselben Lehrer wie wir.

So hiess es dann:
„Ihr spielt Mama und Papa n i c h t r i c h t i g.
Mama muss so tun, dass ....
Papa muss so tun, dass ....
So was wie Du tust, das macht mein Papa nicht."

Unsere These: Schon als Kinder wussten wir, was m a n in der Rolle von Mutter und Vater als Paar tun muss.

Paare orientieren sich untereinander und unbewusst an dem, was sie als Muster „zwischen" ihren Eltern aufgenommen und verinnerlicht haben. Sie wiederholen heute solche Muster gewissermassen immer wieder wie Kinder im Rollenspiel. Mit diesem Phänomen haben ja auch jene Kolleginnen und Kollegen zu tun, die mit mißbrauchten und geschlagenen Frauen zu tun haben.

- *Warum hat die Spirale des Mißbrauchs kein Ende?*
- *Warum geschieht so was immer wieder?*
- *Wie kommt es, dass jemand, der aus einem „Feld des Mißbrauchs" kommt, immer wieder jemanden als Partner wählt, der Mißbrauch praktiziert?*

Man tut dabei nichts anderes, als ein schon bekanntes Muster immer wieder zu wiederholen. Man wählt einen Partner, der entweder andere oder sich selbst mißbraucht. So geschieht immer wieder nur das, was geschehen m u s s, weil man mit dem dahinter liegenden Muster so sehr vertraut ist und mit einem anderen Muster nicht - oder noch nicht.

Das drückt sich im Englischen ebenso wie im Deutschen auch sprachlich aus.
Englisch: Das Wort „familiar" (= geläufig, bekannt) wird manchmal „family-ar" geschrieben; gemeint ist das, was einem durch die eigene Kernfamilie geläufig ist; mit dem, was einem „familiar" ist, kommt die Familien-Ar(t) zum Ausdruck.

Deutsch: Wenn wir sagen, dass wir mit etwas vertraut sind, so bringen wir zum Ausdruck, dass wir der Sache „trauen", dass wir mit ihr so ver-traut sind, wie wenn wir mit ihr ge-traut, verheiratet wären.

Das, womit wir vertraut sind, wiederholen wir immer wieder. So wiederholen wir auch immer wieder das, was der „Art unserer Herkunftsfamilie" entspricht, was uns „family-ar" ist, bei dem wir uns bestens auskennen. Wir wiederholen das „Familiäre" selbst dann, wenn wir uns damit ungemütlich fühlen, wenn wir dadurch Probleme bekommen und immer wieder schmerzvolle Erfahrungen miteinander machen. Bei Stress redigieren wir, fallen in die Muster der Herkunftsfamilie zurück, die wir als „folgsame Kinder" während der Kindheit in uns aufgenommen haben. So halten wir folgsam und in Liebe die Treue zu unserer Herkunftsfamilie.

Sherry, David & Rita

1. Praxisfeld-Studie zur Herkunftslogik

Counselor: Nachdem du zur Beratung in mein Büro nach Metairie gekommen bist, möchte ich dich direkt fragen, ob du an deiner Beziehung arbeiten möchtest.
Klient: Ja, aber ich habe zur Zeit keine Beziehung.

Counselor: OK, du bist also Single.
Klient: Ist das ein Problem?

Counselor: Absolut nicht. Macht es dir etwas aus?
Klient: Ja, ich möchte nicht alleine sein.

Counselor: Das sagst du sehr überzeugt. Warum möchtest du nicht alleine sein?
Klient: Weil ich mich noch nie im Leben so einsam gefühlt habe.

Counselor: Nur weil du einsam bist oder hat es existentielle Gründe?
Klient: Ich mag am Single-Leben, daß ich machen kann, was ich will. In meiner Familie leben viele alleine.

Counselor: Das habe ich mir gedacht.
Klient: Jedenfalls bin ich wütend auf mich selbst, weil ich mich einfach nicht dazu aufraffen kann, eine neue Beziehung zu beginnen.

Counselor: Erzähl mir mehr über deine Familie.
Klient: Ich habe einen Bruder, der ein Jahr älter ist als ich - also 37. Er ist ebenfalls ungebunden. Mein Vater hat 7 Brüder und Schwestern von denen viele entweder nie geheiratet haben oder sich haben scheiden lassen. Meine Mutter hat eine ledige Schwester, einen verheirateten und einen verstorbenen Bruder. Wie du siehst leben in meiner Familie viele alleine.

Counselor: Wie stehen deine Eltern zueinander?
Klient: Ihre Beziehung ist wirklich interessant. Man könnte sagen, sie sind zwei miteinander verheiratete Singles.
Mein Vater wurde mit 40 sehr krank und war rund um die Uhr auf Hilfe angewiesen. Meine Mutter fühlte sich zu dieser Zeit genauso einsam wie vor ihrer Hochzeit.

Counselor: Hast du davon als Kind schon etwas mitbekommen?
Klient: Nein, diesbezüglich nicht.

Counselor: Was hast du denn mitbekommen?
Klient: Da wir Inder sind, wurden meine Eltern verheiratet. Als mein Großvater meine Mutter sah, dachte er „ Was für eine hübsche Frau" und wählte sie als Frau für meinen Vater aus. Die beiden Elternpaare wurden sich einig und waren überzeugt, daß die beiden eine tolle Ehe führen würden. Meine Mutter war zwar in meinen gutaussehenden und intelligenten Vater verliebt, doch er war für die Ehe keinesfalls bereit. Nach der Heirat zogen sie als Missionare in ein fremdes Land und bekamen meinen Bruder und mich. Sie hatten keinerlei familiäre Unterstützung. Beide waren total unerfahren. Ich habe ein paar interessante Dinge aufgeschrieben, die ich dir gerne vorlesen möchte.

Counselor: Das kannst du später gerne tun. Doch zuerst solltest du in der Mitte des Raumes drei Stühle aufstellen. Einen für dich im Kindesalter und je einen für deine Eltern zu dieser Zeit. Stelle ihre Stühle so auf, dass sie sich gegenübersitzen. Dein Stuhl sollte ein bisschen Abseits stehen, damit du sie beobachten kannst.
Du bist eine wundervolle junge Frau, Sherry. Wie alt bist du?
Klient: 36

Counselor: Hattest du schon einmal eine sehr enge Partnerschaft?
Klient: Ja.

Counselor: Wenn das so ist, dann möchte ich, daß du auf die Liste schaust, auf der du die 10 Charaktereigenschaften deiner Mutter und deines Vater notiert hast. Denke an die eben genannte enge Partnerschaft. Erinnere dich auch an andere wichtige Beziehungen. Du warst nie verheiratet?
Klient: Nein, aus irgend einem Grund habe ich nie geheiratet.

Counselor: Diese Beziehungen endeten also nicht mit einer Heirat, waren aber prägend; egal ob sie tiefe Liebesbeziehungen, sexuelle Affären oder Langzeitpartnerschaften waren. Hast du im Moment auch eine Beziehung?
Klient: Nein.

Counselor: Ich möchte, daß du dich an die enge Beziehung erinnerst. Nenne uns den Namen dieses Mannes oder nur den ersten Buchstaben seines Namens. Nun möchte ich, daß du nachsiehst, welche Charaktereigenschaften du für deine Mutter oder deinen Vater notiert hast. Jetzt sag mir, ob dein Exfreund mehr wie deine Mutter oder mehr wie dein Vater war.
Klient: Ich glaube, er war mehr wie meine Mutter.

Counselor: Ok, kannst du mir sagen, welche der notierten Charaktereigenschaften dich zu dieser Annahme veranlassen?
Klient: Er war sehr fürsorglich, sanft, einsam, traurig, weinerlich, unsicher und isoliert. Er lebte für andere.

Counselor: Damit hast du 8 der 10 notierten Charakterzüge genannt. Das ist eindeutig zu viel. Ich möchte, daß du dir noch einmal ansiehst, was du für deinen Vater aufgeschrieben hast und dich selbst fragst, ob irgend einer seiner Charakterzüge auf deinen Exfreund zutrifft.
Klient: Ja.

Counselor: Es treffen also einige zu. Wenn du nichts dagegen hast, wüsste ich gerne, welche.
Klient: Ich bin kritisch. Er war selbstsüchtig, schwierig, ängstlich, schlau, interessiert und bedürftig.

Counselor: War dir das bewusst?
Klient: Ja.

Counselor: Du hast dir das wirklich ausgesucht?
Klient: Ich denke schon.

Counselor: Gut. Ich möchte, daß du dich erinnerst, was zwischen dir und deinem Partner passiert ist. Wie würdest du rückblickend eure Beziehung beschreiben? Stimmt sie in irgendeiner Weise mit der deiner Eltern untereinander während deiner Kindertage überein?
Klient: Mh, ich würde sagen, er war wie meine Mutter und ich wie mein Vater.

Counselor: In welchem Zusammenhang ähnelte eure Beziehung dem, was zwischen deinen Eltern vorgefallen ist? Möchtest du uns das mitteilen?
Klient: Ich fühlte mich machtvoller. Es kam mir so vor, als wäre ich mächtiger als er. Ich war sehr frustriert, daß er nicht bemerkte, was mir fehlte und mir nicht genug Aufmerksamkeit schenkte. Ich stelle mir vor, daß sich Papa auch so gefühlt haben muß. Ich habe vorher nie darüber nachgedacht, wie er sich fühlen musste, da ich meine Mutter immer für sehr fürsorglich gehalten habe. Interessanterweise fühlte ich mich nicht würdig, die Liebe meines Freundes zu empfangen.Vielleicht ging es meinem Vater auch so. Meine Mutter liebte ihn sehr.

Counselor: Womit wir es hier zu tun haben ist ein nicht geschlechtspezifisches Beziehungsmodell. Es basiert auf Persönlichkeit und Interaktionen. Also ist das, worüber du hier sprichst, der Anfang dafür, besser zu verstehen, wie unerfüllt das Leben deines Vaters mit deiner Mutter war. Auch wenn er nie darüber gesprochen

hat. Er trug diese Unzufriedenheit in seinem Innern mit sich herum.
Laß uns jetzt über die Beziehung sprechen, die du davor hattest.
Klient: Diese Beziehung war meine erste Liebe. Sie war sehr sexuell und ganz genau das Gegenteil von der eben angesprochenen engen Partnerschaft. In dieser Beziehung war ich mehr wie meine Mutter, und er war mehr wie mein Vater.

Counselor: Ich garantiere dir, daß das Mutter-Vater-VIM in 90-95% mit erstaunlicher Genauigkeit zutrifft. Ich brauche nicht einmal nachzulesen, was du aufgeschrieben hast oder deine engen Partnerschaften zu untersuchen, um die Ähnlichkeit zur Partnerschaft deiner Eltern zu sehen. Ihre Beziehung war ein Dokumentarfilm mit dem Titel „ Wie verhält man sich in einer Erwachsenenbeziehung, bzw. einer engen Beziehung".

Dieser Dokumentarfilm ist ungefähr auf die gleiche Stufe zu stellen, wie du deine Muttersprache gelernt hast. Was mich schon immer interessiert hat, ist das in Paarbeziehungen auftretende VIM. Das VIM, welches deine zukünftigen Beziehungen bestimmt, wird Mutter-Vater-VIM gennant. In dem Dokumentarfilm gibt es zwei Hauptrollen, Mutter und Vater. Zwei unterschiedliche Personen, deren Verhalten wir immer und immer wieder nachspielen. Ich sage immer: „ Während dein Bewusstsein immer nach dem perfekten Partner sucht, hält dein Unterbewusstsein Ausschau nach dem, der perfekt zu dir passt." Was ist also zu tun?
Klient: Keine Beziehungen mehr eingehen?

Counselor: Das ist, was du getan hast. Es war deine Entscheidung und der Grund für dein Singledasein. Das habe ich auch in meinem Buch beschrieben, das sich mit Beziehungswahl und Entscheidungen beschäftigt. Es heisst „Warum wir uns die Partner aussuchen, die wir uns aussuchen". Sherry, du hast dich entschieden, aber natürlich bist du mit deiner Entscheidung nicht zufrieden.

Unser Unterbewusstsein ist nicht wirklich daran interssiert, was unser Bewusstsein mag. Hast du dir jemals notiert, wie deine Wunschbeziehung sein sollte? Jeder denkt über so etwas nach. Im Fernsehen trifft man immer wieder auf solche Ideale: „ Ich möchte einen schönen und reichen Partner, der gut zu mir ist".

Wen suche ich mir unbewusst aus und warum? Das habe ich auch selbst gemacht: Ich habe aufgelistet, was ich bewusst von meinem Partner erwarte. Das, was ich immer hatte, habe ich ausgelassen. Also habe ich mich zurückerinnert und aufgelistet, welche Charaktereigenschaften meine Partner hatten.
So fand ich heraus, woran es mir immer mangelte und woran es mir nie fehlte.

Was als erstes auf der Liste stand, war eine grosse Überraschung und keine grosse Hilfe. Als ich die Charaktereigenschaften meiner Exfreunde kombinierte, fand ich heraus, dass die beiden häufigsten Eigenschaften „Ungeschicklichkeit" und „grüne Augen" waren. Das half mir aber keineswegs weiter.

Ich musste lachen bei der Vorstellung, daß jeder mit ungeschickten Händen und grünen Augen für mich bestimmt war. Nun war dies eine überwältigende automatische Folge als ich erwachsen wurde. Was kann ich also daran ändern?
Klient: Das ist allerdings überwältigend. Auch ich habe merkwürdige Partnerwahlen getroffen. Schließlich habe ich mich danach einfach nicht mehr auf Beziehungen eingelassen.

Counselor: Weil das VIM dich kontrollierte und unglückliche Beziehungen verursachte, bist du alleine geblieben. Alleinsein ist dir wohlbekannt. Es ist dir ein wohlbekanntes Beziehungsmuster.

Was fühlst du nun und wo in deinem Körper fühlst du es? Atme einfach tief ein und konzentriere dich auf das Gefühl. Fühle die Traurigkeit. Lasse das Gefühl zu Klang, Energie und Worten werden.
Klient (weinend): Ich bin traurig und fühle mich als erfolgreicher Single.

Counselor: Hier ist der Konflikt schon wieder. „ Ich bin traurig und fühle mich als erfolgreicher Single". Das ist die Entscheidung, mit der du dich abgefunden hast. Ich möchte, daß du nun mit deinem Mutter-Vater-VIM arbeitest.

Setz' deine Mutter in einen dieser Stühle und deinen Vater in einen anderen. Erzähle ihnen, während du die leeren Stühle betrachtest, welche Erfahrungen du als Kind mit jener Beziehung gemacht hast, die sie untereinander hatten.

Dann spielst du deine Mutter und dann deinen Vater. Doch die Reihenfolge ist eigentlich egal. Ok?

Klient: In meinem Innern spielt sich ein Kampf ab. Wie kann ich mich in verschiedene Persönlichkeiten spalten? Sie sind so verschieden.

Counselor: Das ist der innere Konflikt. Versetze dich in deine Kindheit zurück und erinnere dich an ihren Umgang miteinander. Setze dich zuerst in den Stuhl deiner Mutter und dann in den deines Vaters und spiele ihr Verhalten wie du es erinnerst nach. Wiedererwecke Szenen und Ereignisse aus deiner Kindheit. Beobachte sie und höre ihnen zu. Versuche dich an eine besondere, ganz spezielle Szene zu erinnern. Fällt dir was ein?

Klient/Kind: Ja. Es ist eine schreckliche Szene.

Counselor: Spielen wir sie durch. Hier sitzen deine Eltern. Sprich in der ersten Person der Gegenwart - spiele ihr Verhalten nach. Rekonstruiere was geschah.

Klient/Kind: Es war wirklich schlimm. Ich sah, wie mein Vater meiner Mutter ins Gesicht schlug. Ich weiß nicht warum er sie schlug, aber dieser Vorfall hat sich mir tief eingeprägt.

Counselor: Spiele deine Mutter.

Klient/Mutter: Ich weiß nicht warum, aber was ich ihm gerne sagen würde ist „ Ich möcht das nicht tun, David.".

Counselor: Spiele nun deinen Vater, den David.

Klient/Vater: Ich spüre diese ganze Wut in mir.

Counselor: Spiele David mit all seiner Wut in seinem Innern.

Klient/Vater: Ich bin so unzufrieden mit dir. Ich wollte nie heiraten, und nun sitze ich hier mit dir, dieser unmöglichen Frau. Ich hätte dich nie heiraten sollen. Ich schäme mich, weil ich mit dir zusammen bin. Du siehst nicht gut aus, du bist mir wirklich peinlich. Also hau´ ab und ändere etwas daran.

Klient/Mutter: Es tut mir so leid. Ich bin nicht so klug wie du. Ich werde versuchen, etwas zu ändern.

Klient/Kind: Mein Vater ist sehr kalt zu meiner Mutter.

Klient/Vater: Tja, ich glaube zwar nicht, daß du das schaffst, aber geh und gib dein bestes. Du bist wirklich jämmerlich. Du ekelst mich an und ich mag es nicht, an dich gebunden zu sein. Du bist nicht sehr intelligent und ich finde dich nicht attraktiv. Ich wollte eine andere heiraten.

Klient/Mutter (weint): Ich wollte dich heiraten.

Counselor: Atme tief durch und laß ihre ganze Verzweiflung heraus.

Klient/Mutter: Ich liebe dich und möchte für dich sorgen.

Klient/Kind: Ich sehe euch und möchte nicht zu euch gehören.

Counselor: Ich verstehe warum. Bleib im Stuhl des Kindes sitzen und antworte mir auf folgende Frage: Wie oft schon ist dir im Erwachsenenalter diese Szene begegnet, und was genau ist geschehen?

Klient: Zweimal. Ich hatte nicht viele Beziehungen, darunter nur zwei enge und prägende. In der ersten war ich wie meine Mutter und in der zweiten mehr wie mein Vater, glaube ich. Ich war nicht ganz so grausam wie mein Vater, aber ich verhielt mich doch sehr distanziert und war in dieser Beziehung nicht glücklich. Ich entschloss mich, die Beziehung zu beenden weil ich nicht mit den Gefühlen zurechtkam, die ich für ihn hatte.

Counselor: Gefühle, die durch deine unbewusste Identifizierung mit deinem Vater und deinem Mutter-Vater-VIM hervorgerufen wurden. Nun werden sie dir bewusst. Du kannst die Gefühle, die du in dieser Beziehung hattest nicht akzeptieren. Welchen Elternteil hattest du lieber?

Klient: Das ist eine interessante Frage. Eine lange Zeit wollte ich so sein wie mein Vater und identifizierte mich in gewisser Weise mit ihm. Als ich älter wurde die Bindung zu meiner Mutter immer fester. Also fand folgende Veränderung statt: sie wurde wieder zu meinem Rollenmodel und ich fühlte mich von Männern angezogen, die wie mein Vater waren.

Counselor: Wem warst du als Kind am ähnlichsten?
Klient: Ich denke, bis zu meinem 6. Lebensjahr habe ich mich mehr für meinen Vater interessiert.

Counselor: Also könnte man Vater als dein erstes Erwachsenen-Rollenmodell bezeichnen.
Klient: Man könnte sagen, ich erspare jedem seine Grausamkeit durch mein Alleinsein.

Counselor zur Gruppe: Habt ihr gehört, was sie gesagt hat?
Sherry, wenn dein Vater dein Rollenmodel ist, so m u s s t du von dir annehmen, daß du dich in Partnerschaften nicht richtig verhältst. Dir bleibt ohne Umentscheidung keine andere Wahl. Darum sagst du, daß du jedem ersparen möchtest, mit ihm zusammen zu sein.

Du möchtest keine Beziehung eingehen, um deinem Partner nicht das anzutun, was dein Vater deiner Mutter angetan hat. Du magst das Gefühl in deinem Innern nicht.

In dem vorliegenden Mutter-Vater-VIM können zwei Dinge passieren. Du musst dich in einer Partnerschaft wie dein Vater verhalten und nicht du selbst sein. In seiner Rolle gehst du auf Distanz oder verlässt deinen Partner weil du mit deinem Verhalten selbst nicht zufrieden bist. Das andere verinnerlichte Rollenmodel bestände darin, wie deine Mutter zu sein. Auf jeden Fall verursacht das VIM eine unausgewogene Partnerschaft.

Was ist also zu tun? Ich habe die Bücher satt, die dir aufzeigen, wie du in deine mißliche Lage gekommen bist, aber nicht zeigen, wie du etwas ändern kannst. Was hast du nun vor zu tun, da du weisst, wie dein VIM ist?

Die letzten drei Jahre habe ich Klienten betreut, die ihr Probleme schaffendes VIM ändern wollten. Wenn eine einzelne Person oder ein Paar also in mein Beratungsbüro kommt, so arbeite ich nicht an ihrer aktuellen Beziehung, sondern komme sofort auf die verinnerlichten Umgangsformen, die VIMs zu sprechen und werte mit der Klienten-Hilfe die Beziehung ihrer Eltern aus, wie Vater zu Mutter war, wie Mutter zu Vater war, welche Gefühle das Kind dabei bekam. Auf diesem Wege sind schneller bessere Ergebnisse zu erzielen.

Als erstes lasse ich dann die Klienten im Rollenspiel die Elternbeziehung nachspielen.

Dasselbe tue ich mit Sherry, um ihr einen Einblick in meine Art der Paarberatung (couple-counseling) zu geben. Nachdem ich sie mit ihrem unbewussten VIM bekannt gemacht habe, ist dafür der richtige Zeitpunkt gekommen.

Lösung über drei Stühle
Counselor: Ich möchte, daß du dich in den Stuhl des Kindes setzt und dir vorstellst, deinen Eltern gegenüber zu sitzen. Versetze dich in deine Kindheit mit all ihren Träumereien. Was erwartetest du von deinen Eltern?
Klient/Kind: Es ist wirklich schwer, das Kind dieser Leute zu sein.

Counselor: Darauf wette ich. Sag es ihnen.
Klient/Kind: Es ist wirklich schwer, euer Kind zu sein. Es kommt mir so vor, als müsste ich versuchen, euch dazu zu bringen, netter zueinander zu sein. Ich wünschte, ich könnte anders aufwachsen und hätte fürsorglichere Eltern. Ich wünschte, ihr hättet mehr zu euren Gefühlen gestanden und euch nicht immer gegenseitig fertig gemacht. Das hätte mir meine Kindheit enorm erleichtert.

Counselor: Dann wäre ein anderes VIM entstanden. Spiel' doch jetzt mal „MUTTER und VATER mit anderen Verhaltensweisen". Spiele sie so, wie du sie gerne hättest. Spiele ihre Beziehung nach deinen Wunschvorstellungen nach. Ok? Bist du bereit?
Klient/Kind (aufgeregt): Ich bin bereit!

Counselor: Ok, spiele erst deine Mutter. Wie heisst sie?
Klient/Mutter: Rita (lächelt).

Counselor: Hi, Rita.
Klient/Mutter zu Vater: David, du hättest mich nicht heiraten müssen. Ich wollte dich heiraten, aber du hättest es nicht tun müssen. Du hättest deinen Eltern erklären können, daß du dazu nicht bereit warst. Wenn du in unserer Ehe so unglücklich bist, solltest du dich scheiden lassen. Ich würde gerne etwas an unserer Beziehung ändern und würde mich freuen, wenn du mit mir zu einer Partnerschaftstherapie gehen würdest. (lacht)

Counselor: Du lachst. Macht es dich glücklich, das zu sagen?
Klient/Mutter: Ich fühle mich gestärkt für eine Veränderung.

Counselor: Oh, gut. Das freut mich. Es wurde auch Zeit.
Klient/Mutter: Es ist Zeit dafür ... Ich möchte, daß wir zusammenbleiben, David. Ich denke, es gibt viele Möglichkeiten, diese Beziehung aufleben zu lassen. ... Hm, ich denke, ich setze mich für einen Moment hier herüber um mehr Kraft zu sammeln.

Counselor: Nimm dir die Zeit. Wo in deinem Korper fuhlst du diese Kraft?
Klient/Mutter: In meiner Brust und im Rücken. (kichert)

Counselor: Ich mag dein Kichern.
Klient/Mutter: Das habe ich doch noch nicht verlernt.

Counselor: Mach eine kurze Pause und spiele dann David.
Klient/Vater: Rita, willst du mich auf den Arm nehmen? So mit mir zu sprechen! Das ist ja interessant. Aber ehrlich gesagt fürchte ich mich vor einer Therapie. Ich fürchte mich davor, zu erkennen, was für ein Mann ich bin und zu realisieren, was ich alles nicht bin. Ich habe Angst, zuzugeben, daß auch du kraftvoll bist.

Counselor: Was würde geschehen, wenn du es doch zugeben würdest?
Klient/Vater: Ich denke, daß ich weich werden würde. Wenn ich in deine Augen sehe, Rita, wird mir deine Kraft bewusst. Wenn ich weich werde, so glaube ich, wirst du stärker. Du könntest mir das Gefühl geben, ein solider Mann zu sein. Ich glaube, ich habe deine wahre Schönheit noch gar nicht erkannt. Das habe ich dir nie gesagt. Ich weiß nicht, was ich von einer Therapie halten soll.
Klient/Kind: Ich sehe, wie meine Mutter lächelt.
Klient/Mutter: David, ich habe so lange darauf gewartet, von dir zu hören, daß du mich schön findest (weint). Das ist alles so merkwürdig.

Counselor: Ja, das ist es. Es ist neu.
Klient/Mutter: Ich möchte deine Hand halten, David. Sie ist ganz hart.

Counselor: Ok, wenn du bereit bist, spiele jetzt deinen Vater und versetze dich in seine Lage wie er deiner Mutter die Hand hält.
Klient: OK, aber meine Mutter wird es brauchen, sehr oft seine Hand zu spüren.

Counselor: Versuche dich zu erinnern. Dann ist David an der Reihe.
Klient/Vater: Ich denke, daß wir etwas falsch gemacht haben, Rita.

Counselor: Ich möchte, daß du dich wieder in die Kinderrolle versetzt und deine händchenhaltenden Eltern betrachtest.

Klient: Ich kann das nicht tun bevor ich mich nicht als erwachsene Frau gespielt habe, die dies beobachtet.

Counselor: Ok, aber dann spielst du wieder das Kind und beobachte sie einfach.
Klient/Kind: weint
Counselor: Du kannst ihnen alles sagen.
Klient/Kind: Es sind Tränen der Freude

Counselor: Ich finde es schön, was du mit deinen Füssen machst. Du hast unter die Stühle deiner Eltern je einen gestellt.
Klient/Kind: Ich stelle mir vor, wie ich glücklich zum Spielen hinauslaufe. Es ist nun alles in Ordnung und ich kann sie alleine lassen. Ich brauche mich nicht um sie zu sorgen. Es kommt mir so vor, als wäre meine Arbeit getan.

Transfer
Counselor: Sie haben es in Ordnung gebracht, und du bist nun mit ihnen zufrieden. Du brauchst nicht mehr deine Kindheit aufzuopfern, um zu versuchen, ihre Beziehung zu retten, oder dein Erwachsenenleben damit zu verbringen, diese Beziehung mit deinem Partner nachzuleben. Du musst nur beides in Ordnung bringen. Sie brauchen das nicht zu tun. Du hast jetzt die Möglichkeit, dies in dein Gedächtnis einzuprägen.

Nun bin ich noch an deiner letzten Beziehung interessiert. Du kannst diesen neuen Lernprozess in die Gegenwart übersetzen und das Verhältnis zu deinem Partner ändern. In deiner letzten Beziehung warst du wie dein Vater, und er war wie deine Mutter, richtig? Würdest du das in ein Rollenspiel umsetzen?
Klient: Meine letzte Beziehung in ein Rollenspiel umsetzen? Das würde ich lieber nicht tun.

Counselor: Das habe ich mir gedacht. Da du weisst, daß die Kontaktaufnahme verschiedene Gefühle hervorrufen würde. Aber, da er sowieso nicht mehr bei dir ist, würdest du es lieber lassen. Auf jeden Fall solltest du dich in deiner neuen Partnerschaft an die neuen Verhaltensweisen deiner Eltern erinnern.
Klient: Das werde ich tun.

Counselor: Wenn du noch mit deinem Exfreund zusammenwärest, würde die neue verinnerlichte Beziehung deiner Eltern alles ändern. Ich danke dir für deine Bereitschaft, mit mir zu arbeiten.

Counselor zur Gruppe: Wir haben noch 15 Minuten, und ich könnte noch mit jemandem arbeiten, bei dem eine Veränderung seiner momentanen Beziehung ansteht; ausserdem ist noch Zeit für Fragen.

Der verschollene Vater

Gruppenteilnehmerin: Wie ist es eigentlich, wenn jemand keine Eltern mehr hat oder nur von einem Elternteil erzogen wurde? Wird dann mit einer wahllosen Vorstellung des unbekannten Elternteils gearbeitet?

Counselor: Ich habe eine Klientin, die bei ihrer alleinerziehenden Mutter aufgewachsen ist und ihren Vater noch nie gesehen hat. Der Vater verschwand bereits vor der Geburt des Kindes. Also hatte sie einen verschollenen Vater. Sie fühlte sich sehr verlassen.

* *Wie werden also ihre Beziehungen aussehen?*
* *Was ist passiert?*
* *Hat sie sich Partner ausgesucht, die wie ihr Vater waren, die sie also verlassen würden?*

Sie war nicht wie ihre Mutter, welche, obwohl sie der einzige Elternteil war, nicht ihr liebster war. Der verschollene Vater war ihr liebster Elternteil. Als Kind stellte sie sich insgeheim vor, er wäre viel besser als ihre Mutter.

Der idealisierte Vater war der bevorzugte Elternteil. Sie „verstand" sein Verschwinden, da die Mutter ja so gemein war. Aber ihre ungeliebte Mutter war der einzige präsente Elternteil.

Das hatte zur Folge, daß - wie man bei Nachforschungen feststellen kann - alle ihre Beziehungen so endeten, daß ein Partner den anderen verließ. Es gab keine Ausnahme. Sie hat ein verinnerlichtes Interaktionsmuster VIM, welches das tatsächliche Verlassen oder die ständige Angst davor verursacht.
Durch die Idealisierung ihres Vaters ist sie der Meinung, daß der Verlassende immer im Recht sei und der Verlassende dies verdiene - wie ihre ungeliebte Mutter.

Obwohl der verschollene Vater dieser Klientin ihr positiver Elternteil war, war er nicht ihr Rollenmodell. Das Rollenmodell habe ich auch hier nur durch Auswerten der Liste mit den notierten Charaktereigenschaften der Eltern und durch Nachfragen welcher Elternteil ihrem Partner am meisten ähnelt ausfindig gemacht. Ich habe sie dies gefragt, weil diese Frage das Verteidigungssystem umgeht.

Es ist einfacher, seine Projektionen als seine Introjekte, die verinnerlichten Interaktionsmuster, seine VIMs zu sehen. Teilnehmer von Kursen zum Thema der Paarberatung kennen sich gut mit dem Verhalten anderer aus.

Die meisten wollen, daß der Therapeut ihren Partner fixiert. Sie schieben die Schuld für die Fehler in ihrer Partnerschaft ihren Eltern in die Schuhe. Jedesmal, wenn Paare zum counceling kommen, sage ich „Erzählt mir eure Version der Geschichte". Und dann wollen sie meistens ausgiebig über ihre Partner reden. So ist es immer. Ich sage dann „Nein, ich möchte keine Geschichte von heute, sondern eine tiefgreifende. Erzählt mir eure Version der Herkunfts-Geschichte".

Wir sind nicht fähig, unser eigenes Verhalten so objektiv zu sehen, wie das unserer Partner. Wenn ich ein Paar frage, welchen Elternteil sie jeweils lieber mochten, so sind die einen unentschlossen, die anderen tapfer genug, frei zu antworten. Besonders wenn ihre Eigenschaften denen ihres weniger gemochten Elternteils entsprechen, fällt's schwer. Oft sind sie auch vom Partner schon darauf aufmerksam gemacht worden, daß sie diesem Elternteil gleichen. Dann wehren sie sich gegen diesen Vergleich.

Eine ehemalige Klientin sagte, als sie erkannte, daß ihr Mann wie ihre Mutter war „Oh nein! Ich habe meinen Vater so gehasst. Ich habe geschworen, nie einen Mann wie meinen Vater zu heiraten. Ich denke, ich habe den Schwur nicht gebrochen. Mein Vater hat meine Mutter furchtbar missbraucht. Sie blieb bei ihm und war so treu und liebend. Sie blieb den Kindern zuliebe. Ich hasste meinen Vater. Nun bin ich wie er geworden. Das tut mir so leid für meinen Mann. Ich behandle ihn so schlecht."

Die Charaktereigenschaften, die sie für ihren Mann aufgeschrieben hatte, entsprachen denen der Mutter. Die notierten Eigenschaften ihres Vaters trafen auf sie selber zu. Sie sagte „ Nun weiß ich, warum ich mich hasse. Weil ich wie er bin. Ich habe nie realisiert, daß ich meinen Mann genauso schlecht behandele wie mein Vater meine Mutter. Mein Mann bleibt aus dem gleichen Grund bei mir wie Mutter bei Vater geblieben ist.

Er sagt, er liebe mich, egal wie gemein ich zu ihm sei." Sie hatte sich geschworen, nie einen Mann wie ihren Vater zu heiraten, und sie hat das Versprechen gehalten. Auf einer unbewussten Ebene hat sie nur die Möglichkeit, wie ihr Vater zu sein, um nicht wie ihre Mutter sein zu müssen.

Klient: Ja, das ist mir bewusst, darüber denke ich sehr viel nach.

Jim, Anne & Richard

2. Praxisfeld-Studie zur Herkunftslogik

Counselor: Ich denke, jeder von euch hat durch das Beispiel nun genug Informationen gesammelt um nun die drei Stühle zu nehmen und Mutter und Vater zu spielen, wie sie waren und wie ihr sie gerne gehabt hättet. Jim, du sagtest, du würdest gerne weitermachen. Gibt es etwas, was du in der verbleibenden Zeit gerne beitragen würdest?
Klient 2: So auf der Stelle fällt mir nicht so viel ein. Nur eine Sache.

Counselor: Du solltest auch das Rollenspiel machen um bessere Ergebnisse zu erzielen. Wenn du das nicht tust, wirst du dich gewiß nicht an soviel erinnern wie du unbewusst beim Rollenspiel erfahren würdest.
Klient 2: Kann ich das alleine tun? Ich meine zu Hause?

Counselor: Ich denke schon. Du hast Sherrys Beispiel mitbekommen. Sie hat in der Therapie vieles selbst gemacht, ohne meine Anleitung. Nachdem ich ihr einmal gesagt habe, was zu tun ist, brauchte sie keine weitere Hilfe. Dies ist ein sich selbst antreibendes Arbeitsmodell. Wir könen hier anfangen, und du machst zuhause weiter.
Klient 2: Kann ich den Mitschnitt auf Kassette haben? Daran könnte ich mich halten.

Counselor: Wir haben noch 10 Minuten. Würdest du deinen Stuhl kurz hier herüberschieben?
Klient 2: Ok.

Counselor: Versetze dich in deine Kindheit. Betrachte deine Eltern. Was geschieht?
Klient 2: Sie weichen einander aus.

Counselor: Wie?
Klient 2/Kind: Mein Vater ist oft auf Geschäftsreisen. Meine Mutter kümmert sich zu Hause um meine kleine Schwester.

Counselor: Wie alt bist du?
Klient 2/Kind: Ungefähr 4 oder 5.

Counselor: Möchtest du erst deine Mutter oder erst deinen Vater spielen?
Klient 2: Erst meine Mutter.

Counselor: Wie heisst sie?
Klient 2/Kind: Anne

Counselor: Hi, Anne. Wie heisst dein Mann?
Klient 2/Mutter: Richard.

Counselor: Ich möchte, daß du uns mitteilst, was Anne fühlt. Du kannst direkt zu Richard sprechen oder uns mitteilen, was du über ihn denkst.
Klient 2/Mutter: Ich bin hier zu Hause damit beschäftigt, die Kinder zu umsorgen während er womöglich eine Affäre hat. Ich bin alleine und kann nicht weg. Ich verdränge diese Gefühle weil ich mich um zwei kleine Kinder zu kümmern habe.

Counselor: Welche Gefühle verdrängst du?
Klient 2/Mutter: Die Tränen, die Angst, die Unklarheit über die Situation. Ich fühle mich unsicher.

Counselor: Wo in deinem Körper sitzen diese Gefühle, Anne?
Klient 2/Mutter: Sie sitzen in meiner Brust und ziehen sich bis zum Magen.

Counselor: Kannst du diese Gefühle mit einem Geräusch beschreiben?

Klient 2/ Mutter atmet laut aus.

Counselor:... und wieder atmen ... und wieder atmen. Hast du eine treffende Beschreibung für diese Gefühle? Ich sehe, wie du deinen Kopf hin und her schüttelst.
Klient 2/Mutter: Hoffnungslosigkeit. Es scheint keinen Ausweg zu geben.

Counselor: Was geschieht, wenn Richard von der Arbeit heimkommt?
Klient 2/Mutter: Ich fühle die Enge in meiner Brust.

Counselor: Die Enge ist zurückgekehrt. Beobachte, wie sie tief einatmet und die Luft anhält. Seht ihr das? Atme noch einmal bewußt tief ein und halte die Luft an - so wie eben, als ich sagte, daß Richard nach Hause kommt.
Klient 2/Mutter: Ich möchte ihm ausweichen.

Counselor: Wie willst du das tun? Wirst du uns zeigen, wie du ihm aus dem Weg gehst?
Klient 2/Mutter: Ich bin beschäftigt. Ich suche mir einfach eine Beschäftigung. (spricht schneller) Ich koche in der Küche. Ich kümmere mich um die Kinder. Ich lasse mich von den Kindern einspannen und widme ihnen meine ganze Aufmerksamkeit. Sie brauchen viel Aufmerksamkeit. Ich tu alles für sie um nicht an meine Probleme denken zu müssen.

Counselor: Ok, danke. Warte eine Minute. Setz dich hier herüber und spiele Richard. Vielleicht solltest du aber zuerst noch einmal Kind spielen. Wie ein Cracker zwischen zwei Gläsern Wein. Bei Weinproben werden zwischen den Weinen Cracker gegessen um den Geschmack zu neutralisieren.
Ok, ich möchte, daß du deinen Vater spielst.
Klient 2/Mutter: Ich möchte nicht Richard sein (lacht). Ich spüre einen Widerwillen, Richard zu spielen.

Counselor: Was geschieht, wenn du Richard spielst?
Klient 2/Kind: (lacht) Er war böse.

Counselor: Also magst du deine Mutter lieber?
Klient 2/Kind: Nein, nein, ich bevorzuge meinen Vater.

Counselor: Du bevorzugst ihn obwohl er böse ist. Also magst du ihn so. Ich sehe dir an, daß du ihn gern hast.
Klient 2/Kind: Weil er da war. Wenn er von seinen Geschäftsreisen zurückkehrte, kümmerte er sich immer um mich. Er brachte mir, auch wenn sich das jetzt trivial anhört, kleine Seiden- und Handtücher mit. Das war wichtig für mich.

Counselor: Er mochte dich. Ich sehe ein Lächeln in deinem Gesicht. Wer hat dir denn gesagt, daß er böse sei?
Klient 2/Kind: Meine Mutter hat das gesagt und daß er einen schlechten Einfluß auf mich habe. Sie wollte nicht, daß ich meine Zeit mit ihm verbringe, weil ich mir sein schlechtes Verhalten angewöhnen würde.

Counselor: Was hast du gedacht, als sie dir das sagte?
Klient 2/Kind: Ich war völlig verwirrt.

Counselor: Verwirrung kann schlimm sein für Kinder. Ein Elternteil sagt etwas und der andere etwas anderes.
Klient 2/Kind: Mit Papa machte ich tolle Erfahrungen. Wir hatten einen Draht zueinander, den ich zu meiner Mutter nicht hatte. Sie war nicht für mich da. Sie kümmerte sich mehr um meine Schwester. Sie war immer beschäftigt.

Counselor: Ich möchte, daß du einen Schritt ins Ungewisse wagst. Ich werde von dir verlangen, deinen Vater zu spielen. In Ordnung?

Klient 2/Vater: Ich bin traurig. Ich komme mir so alleingelassen vor. Ich spüre ein starkes Verlangen nach Sex. Vielleicht sehne ich mich nach körperlicher Nähe, weil ich mich so einsam fühle.

Counselor: Was sagst du zu Anne?
Klient 2/Vater: Das möchte ich ihr nicht erzählen. Ich möchte mich einfach nur zurückziehen. Ich habe Angst, daß sie mich zu gut kennen könnte. Ich zittere.

Counselor: Ja, zittere ruhig und schüttle Dich. Es ist wichtig, daß wir beim Rollenspiel die verborgenen Gefühle der Eltern hinaus lassen. In den verinnerlichten Eltern stecken viele unterdrückte Gefühle. Also zittere einfach, Richard. Schüttle dich, um die ganze Angst hinauszulassen.
Klient 2/Vater: Soll ich übertreiben?

Counselor: Ja, übertreibe. Zittere. Ich möchte, daß du alles raus lässt. Zittern hilft gegen die Angst.
Klient 2/Vater: Ich habe Angst. (Er zittert und schaudert sich.)

Counselor: Laß das ganze Schaudern raus. Beachte deine wackligen Beine. Was wollen sie dir sagen? Sprich zu deinen Beinen.
Klient 2/Vater: Ich bin nervös. Ich habe Angst. Besonders wenn mich jemand ansieht. Ich möchte nicht, daß mich jemand so sieht. Vor allem nicht Anne.

Counselor: Was würde geschehen, wenn Anne dich so sehen würde?
Klient 2/Vater: (Er zittert und schaudert sich noch mehr.)

Counselor: Fühlst du kalte Angst? Sie ist meistens kalt. Fürchtest du dich? Was tust du, wenn du dich fürchtest, Richard?
Klient 2/Vater: Ich verstecke mich.

Counselor: Du ziehst dich also zurück.
Klient 2/Vater: Ich möchte nur noch weg. Ich finde es wirklich unangenehm, daß Anne mir gegenübersitzt und mich anschaut ... Sie ist kalt ... Sie tut nichts ... Sie starrt mich einfach nur an.

Counselor: Nun, Jim, setze dich in den Stuhl des Kindes. Ich möchte, daß du wie eben deine Eltern anschaust und dir überlegst, was du dir von einem der beiden zur Stärkung der Paarbeziehung gewünscht hättest. Lass dir auch durch den Kopf gehen, wer den ersten ersten Schritt in die Veränderung hätte gehen sollen.
Klient 2/Kind: Das ist schwierig, weil ich glaube, daß ich zuerst etwas für mich tun sollte. Ich wollte nicht, daß meine Mutter so viel zu tun hat. Ich wollte, daß sie mich beachtet.
Meine Mutter war in meiner Kindheit auch zu mir kalt. Als ich älter wurde, wollte ich, daß sich meine Eltern verstehen. Vielleicht hatten mein Vater und ich beide das unerfüllte Bedürfnis nach ihrer Zuneigung.

Counselor: Also war das unerfüllte Mutter-Kind-Bedürfnis das gleiche wie das deines Vaters. Du hast erzählt, daß sie sagte, er sei böse und du meintest „Ich mag ihn, aber er ist böse". Normalerweise gehe ich die ganze Kindheitskarte durch und markiere die vernachlässigten Teile, so daß ich später auf sie zurückkommen und sie in einer anderen Sitzung bearbeiten kann.

Um die Grundlagen der Paarberatung (couple-counseling) zu verdeutlichen, möchte ich, daß du dich daran erinnerst, was deine Eltern in deiner Kindheit miteinander hätten machen sollen.

* *Was sollten sie deiner Meinung nach tun?*
* *Wie sollten sie sein?*
* *Wenn wir den Dokumentarfilm neu verfilmen wollten und in ihm Anne und Richard wunderbar miteinander auskommen würden, was müssten sie ändern um das zu erreichen?*

Klient 2/Kind: Mein Vater würde meiner Mutter sagen, daß er sie liebt und daß er sich insgeheim fürchtet.

Counselor: Du hast das Prinzip verstanden. Ich möchte, daß du Richard spielst, wie du ihn gerne in der Beziehung zu deiner Mutter gehabt hättest. Richard muss jetzt im Rollenspiel so sein, wie sein Sohn ihn haben möchte.

Klient 2/Vater: Anne, ich habe große Angst in deiner Gegenwart, doch ich möchte dir sagen, daß ich dich wirklich liebe. Ich respektiere dich, obwohl ich dir das bisher nie gezeigt habe. Ich fühle nun einen Respekt in mir, den ich bisher nicht gekannt habe. Du hast immer um unsere Beziehung gekämpft, obwohl ich dich immer wieder verletzt habe. Anne, ich möchte dir sagen, daß ich mich sehr allein fühle, was aber nichts mit dir zu tun hat.

Ich habe versucht, dieses Alleinsein durch sexuelle Affären zu kompensieren, doch es hat nicht funktioniert. Ich realisiere diese Einsamkeit in mir und sie ängstigt mich fast zu Tode. Ich möchte, daß wir eine Therapie machen und herausfinden, woher das kommt. So daß ich der Ehemann für dich sein kann, der ich immer sein wollte. Denn du bedeutest mir sehr viel und ich weiß, daß ich dich verletzt habe.

Counselor: Spiele nun Anne, wie sie reagiert.

Klient 2/Mutter: (streckt sich zum Stuhl des Vaters um ihn zu umarmen) Ich tue, was mein Kind von mir erwartet. Es fällt mir nicht leicht, Leuten so nahe zu kommen.

Ich muß zugeben, daß ich all die Jahre wütend auf dich war. Ich habe die Wut nie herausgelassen. Ich habe dich nie in Ruhe gelassen. Du hast mich vor so vielen Jahren betrogen, doch ich habe es nie vergessen. Nun fühle ich zum ersten mal, wie du versuchst, mich mit Worten zu erreichen. und vielleicht werde ich dir vergeben.

Wenn du mir sagst, wie leid es dir tut, werde ich alles vergessen und meinen Schmerz los sein. Ich liebe dich auch und ich möchte dir die Wärme und Zärtlichkeit geben, die du dir immer gewünscht hast. Ich war weder fähig noch willig sie jemand anderem zu geben. Ich habe selbst auch nie Wärme empfangen. Ich würde in diesem speziellen Moment gerne mit dir zusammen sein. Ich wünsche mir, daß wir zusammen eine Therapie machen und aufhören, in der Vergangenheit zu leben. Ich möchte nicht mehr wütend sein und ich denke, daß wir es schaffen können.

Counselor zu Jim: Entschuldige, daß ich dich so hin und her scheusche, aber ich möchte, daß du hier herüber kommst und dich in den Stuhl des Kindes setzt. Es ist wichtig, daß du mitbekommst, wie sich deine Eltern vertragen, damit du ihre neue Beziehung in deinen Dokumentarfilm integrieren kannst. Also bleib einfach ruhig sitzen und sieh zu, wie sie sich umarmen. Achte dabei auf deine Gefühle während ich den anderen erklären werde, warum es so wichtig ist, die Eltern in glücklichen Momenten zu beobachten.

Reflexion mit NLP

Es ist wichtig, die Eltern in glücklichen Momenten zu beochachten.

Diese Erkenntnis basiert auf einer interessanten Information über die rechte und die linke Gehirnhälfte. Ich habe es beim NLP gelernt. Hier ist es anwendbar. In der Kindheit merkt sich die linke Gehirnhälfte dies alles und prägt sich die Bilder ein. Wir haben die Erinnerung nachgespielt.

Die rechte Gehirnhälfte hat in dieser Übung die Vorstellung der Wunsch-Eltern geschaffen. Dann spielten wir sie genau so nach, wie du sie wolltest, und nun kann sich deine linke Gehirnhälfte an das Bild erinnern, das sich dabei eingeprägt hat.

Wir benutzen hier also beide Gehirnhälften gleichermassen. Wir nehmen eine Erinnerung von der linken Gehirnhälfte, verbinden sie rechtshemisphärisch durch ein erstes Rollenspiel, in dem die Eltern nachgespielt werden, so wie wir sie von früher erinnern.

Dann spielen wir die erinnerte Szene (mittels der rechten Gehirnhälfte) in abgewandelter Form nochmal, und zwar so, wie wir uns das Eltern-Verhalten gewünscht hätten.

Der Klient spielt die Phantasie- und Wunschvorstellungen der rechten Gehirnhälfte im Rollenspiel nach und überträgt das Neu-Erlebte dann (von selbst) auf die linke Gehirnhälfte, damit es verinnerlicht wird. (Das geschieht durch Aktivitäten des *Corpus Callosum*, jenes Verbindungsstücks zwischen linker und rechter Hirnhälfte.) Wir nennen diese Art des Vorgehens NLP, Neurolinguistisches Programmieren.

Verinnerlichungen sind unbewusste Erinnerungen in Form von unbewussten Bildern und unbewussten Vorstellungen. Durch diese Art einer neuen Verinnerlichung erreichen wir, daß ein neues Mutter-Vater-VIM dazukommt und auch zu einer unbewussten Erinnerung wird, die dem Klienten ermöglicht, in seiner nächsten Beziehung (oder auch in der aktuellen Beziehung) das neue Beziehungsmuster statt des alten anzuwenden.

Anleitung zum Partner-Co-Counseling

Stellt zu Hause 3 Stühle auf. Ihr ermöglicht durch Partner-Co-Counseling die Eröffnung einer neuen Beziehung zueinander, wenn ihr mit den drei Stühlen so arbeitet, wie es in dem Beitrag „Die Geschichte wiederholt sich immer wieder" beschrieben wurde.

Vom Kind-Stuhl seht ihr euch in Gedanken an, wie Vater und Mutter miteinander umgehen.

Vielleicht reagiert dein Mann anders oder besser, als du von deiner Mutter erwartet hättest. Vielleicht reagiert deine Frau anders als du von deinem Vater erwartet hättest.

Jeder von euch kann sich dabei zurücklehnen und alles als Erwachsener aus der Kind-Rolle beobachten, ohne dass die Eltern es sehen.
Du kannst dann im Rollenspiel dein Vater sein, dein Partner kann deine Mutter sein; und ihr könnt zwischen Vergangenheit und Gegenwart hin und her springen, bis ihr das Muster, das verinnerlichte Interaktionsmuster VIM verstanden habt und allein durch das Verständnis und die Akzeptanz euer beider Geschichte besser miteinander auskommt.

Tafel 50
Einordnung der Orientierungsanalyse *(Teleoanalysis)*

Was ist Orientierungsanalyse (OA) und woraus wurde sie entwickelt?

- Individualpsychologie
- Transaktionsanlyse
- Gestalttherapie
- Psychodrama
- Strategisch-Systemische Supervision
- Kybernetisch ganzheitliches Denken

Die Orientierungsanalyse (OA) als konfliktorientierte Erwachsenenbildung

Humanistische Psychologie als Kontext für Struktur-und Persönlichkeitsentwicklung

Zur Konstruktion historischer Realitäten

ARIÈS und deMAUSE - Zwei Geschichten der Kindheit

Hans-Dieter Dicke

Der folgende Text dient weniger der Erläuterung einer objektivierbaren „Geschichte der Kindheit" sondern soll vielmehr - am Beispiel zweier Geschichten der Kindheit - aufzeigen, wie zwei respektabele Wissenschaftler die Vergangenheit und damit auch ihre Wirklichkeiten erfinden!? [Obwohl diese Behauptung auch nur eine (meine) Erfindung ist!]

Die Geschichte der Kindheit des Philippe ARIÈS

Im ausführlichen und dem interessierten Leser sehr empfohlenen Vorwort zur deutschen Ausgabe von ARIÈS schreibt Hartmut von HENTIG 1975: „Ariès schreibt - bei aller Konkretheit der von ihm beigebrachten historischen Zeugnisse - nicht die Geschichte der Familie und der Kindheit als Wirklichkeit, sondern als Idee. Die Idee hat er vor allen geschichtlichen Realitäten und die Idee findet er in allen geschichtlichen Realitäten - das ist kein Widerspruch und keine Unreinheit der Methode. Das ist (...) Hermeneutik." (S. 28). von HENTIG beschreibt übrigens im Rahmen dieses Vorworts eine weitere, nämlich seine Geschichte der Kindheit.
Philippe ARIÈS, ein bekannter französischer Historiker, kommt in seinem zuerst 1960 (!) erschienenen Werk „Geschichte der Kindheit", zu folgender Sicht der historischen Realität:

1. Die mittelalterliche Gesellschaft hat vom Kind und vom Heranwachsenden eine nur schwach entwickelte (spezifische) Vorstellung. Die Dauer der Kindheit war nach ARIÈS auf „das zarteste Alter" begrenzt, worunter er ca. die ersten 7 Jahre zählt. Sobald von elterlicher Hilfe unabhängig, wurde „das Kind" übergangslos zu den Erwachsenen gezählt, es teilte ihre Arbeit und ihre Spiele. Kindheit und Jugend im heutigen Sinne gab es also nach ariÈs in der mittelalterlichen Gesellschaft noch nicht. Die Sozialisation des Kindes wurde von der Familie weder gewährleistet noch kontrolliert. Erziehung war eher ein „Lehrverhältnis" zwischen dem einzelnen Kind und anderen, älteren Kindern, bzw. Erwachsenen aus der direkten Lebensumwelt. (Auch der Begriff „Familie" soll erst im 18. Jahrhundert Eingang in die deutsche Umgangssprache gehalten haben. Zuvor wurde vom"Haus" gesprochen).
In den ersten Jahren konnte das Kind mit einer oberflächlichen Gefühlszuwendung rechnen. ARIÈS nennt dies „Gehätschel" und begründet die Oberflächlichkeit mit der hohen Kindersterblichkeit, die die Eltern veranlaßte, sich nicht zu stark an das junge Kind zu binden (Dies steht wohl eher im Widerspruch zur „Bindungstheorie", vergl. diesbezügliches Textblatt).
Die Familie bestand aus dem Elternpaar und „den Kindern, die es behielt", d.h. viele Kinder wurden weggegeben. ARIÈS meint, die „Großfamilie" habe nur in der Einbildung von Moralisten und traditionalistischen französischen Soziologen des 19.Jahrhunderts bestanden. Die „alte Familie" hatte demnach keine affektive sondern lediglich eine zweckrationale Funktion. Für gefühlsmäßige Bindungen und soziale Kontakte war ausserhalb der Familie gesorgt, in einem sehr dichten und warmen Milieu, das sich aus Nachbarn, Freunden, Herren und Dienern, Kindern und Greisen u.s.w. zusammensetzte. ARIÈS sieht die mittelalterliche Gesellschaft von „Sozialität", also vom Hang zu Zusammenkünften, gegenseitigen Besuchen und Festen gekennzeichnet.

2. ARIÈS sieht das Mittelalter als quasi anarchistische Periode zwischen der von Altersklassenunterschieden und damit Erziehung im weitesten Sinne geprägten Antike (einschließlich der „vorgeschichtlichen Zeit") und der Renaissance der erzieherischen Interessen im 16. Jahrhundert.
Mit dem Beginn der „Neuzeit" beginnt sich Funktion und Ausgestaltung von Kindheit und Familie allmählich zu wandeln. Die „Aussonderung" der Kinder in den Lebensraum Kindheit wird nach ARIÈS insbesondere durch die

Moralisierungskampagne katholischer und protestantischer Reformer in Kirche, Justiz und Staat eingeleitet.
Erziehung als Weitergabe von Werten und insbesondere von Wissen bekam in der sich ausdifferenzierenden Gesellschaft die Funktion der Herrschaftssicherung, bzw. wurde Mittel zur Verbesserung der gesellschaftlichen Position des Individuums, wie ganzer gesellschaftlicher Gruppen (vergl. den Kampf und Aufstieg des „Bürgertums" gegenüber „Adel" und „Klerus" im 17. und 18. Jahrhundert, sowie Bildung, Verelendung und Assimilierung des „Proletariats" im 19. und 20. Jahrhundert).
Mit der „Entdeckung der Kindheit" stellten „Erwachsene" fest, daß das Kind für die (prinzipiell schlechte) Gesellschaft der Erwachsenen noch nicht „reif" ist und es daher zunächst der „Quarantäne" der Erziehungszeit bedarf.
Die Entdeckung der Kindheit verändert die Gesellschaft von Grund auf. Die Familie wird zum Träger eines moralischen Erziehungsauftrags (zunächst für die gehobenen Schichten).
Damit beginnt die Affektbesetzung der Familie. ARIÈS meint, die Kinderzahlbeschränkung habe eingesetzt, damit sich die Eltern den Kindern aus affektiven Gründen besser widmen konnten, womit dann auch notwendigerweise das Erziehungsinteresse verstärkt wurde.
Mit der Verstärkung der Bedeutung des allgemeinen Erziehungsauftrags stieg die Schule rasch zu einer eigenständigen und mächtigen Erziehungsagentur auf.

Schule und Familie haben das Kind mit vereinten Kräften aus der Gesellschaft der Erwachsenen herausgerissen, meint ARIÈS. Die Schule hat das freie Kind in den Rahmen einer zunehmend strengeren Disziplin gepreßt.
Zum methodischen Vorgehen von Philippe ARIÈS: Neben der Analyse von überlieferten Texten verwendet ARIÈS vor allem seine Interpretation unzähliger künstlerischer Bilddarstellungen, die die Beziehung von Kindern zu Erwachsenen zum Inhalt haben.

Zusammenfassend lauten ARIÈS Thesen:
Die Darstellung der Entwicklung unserer gesellschaftlichen Einrichtungen, der Familienerziehung und Schulbildung als Fortschritt zu mehr Freiheit und sozialer Offenheit ist falsch. Im Gegenteil ist eine Zunahme von Unfreiheit, sozialer Abschließung und Repression von Erwachsenen gegenüber Kindern zu verzeichnen. Die Offenheit,Promiskuität und Sozialität des Mittelalters ist nicht, wie erhofft und behauptet, durch die Selbstbestimmung der Aufklärung, sondern durch die Herrschaft der Kleinfamilie und das Lerngettho der Schule ersetzt worden.

Die Geschichte der Kindheit nach Lloyd de MAUSE
und 9 anderen HistorikerInnen

Die von deMAUSE und neun amerikanischen HistorikerkollegInnen im Auftrag der amerikanischen Gesellschaft für angewandte Psychoanalyse zwischen 1968 und 1973 durchgeführte Untersuchung zur Geschichte der Kindheit in der westlichen Welt, ging aus von deMAUSEs „Psychogenetischer Theorie der Geschichte". Vor Beginn dieser umfassenden Arbeit von 10 HistorikerInnen bestand also bereits „eine von den Wandlungen in den Beziehungen zwischen Eltern und Kindern ausgehende evolutionäre Theorie des historischen Wandels" (deMAUSE, 1978, S. 14) und wurde durch die Untersuchung offenbar bestätigt.
DeMause selbst meint: „Trotz des psychoanalytischen Ansatzes unserer Arbeit sind wir alle in erster Linie Historiker und sehen unsere Hauptaufgabe darin, die Quellen objektiv daraufhin zu prüfen, ob sie etwas über die Beziehungen zwischen Eltern und Kindern in verschiedenen Zeiten und Ländern aussagen." (S.10)
DeMAUSE sieht in der Evolution der Eltern-Kind-Beziehung eine unabhängige Quelle historischen Wandels. Er meint, der Ursprung dieser Evolution liege in der zunächst kaum vorhandenen und im Verlauf der Geschichte allmälich wachsenden Fähigkeit der Eltern, sich in das jeweilige psychische Alter ihrer Kinder zurückzuversetzen sowie die Ängste, die mit diesem Entwicklungsalter verbunden sind, zu verstehen und auf diese Ängsten angemessen zu reagieren. Er und seine KollegInnen glauben nachweisen zu können, dass das bei weitem nicht immer so gewesen sei. Im Gegenteil seien die Eltern je weiter zurück in der Geschichte, desto weniger in der

Lage gewesen, den sich entwickelnden Bedürfnissen der Kinder zu entsprechen. Er erklärt dies damit, dass die Eltern „am Anfang der Geschichte" stets ihre eigenen, in der Kindheit entstandenen und unverarbeiteten Traumata und die damit verbundenen Ängste auf das Verhalten der Kinder projiziert hätten. So wurden Kinder zu bedrohlichen Monstern, die man notfalls beseitigen muß.
Anders als ARIÈS verwenden deMAUSE und KollegInnen nur überlieferte Texte als Quellen.
Lloyd deMause meint, dass die *Geschichte der Kindheit* ein Alptraum sei, aus dem wir gerade erst erwachen. „Je weiter wir in die Geschichte der Kindheit zurückschauen, desto unzureichender wird die Pflege der Kinder, die Fürsorge für sie, und desto größer wird die Wahrscheinlichkeit, daß Kinder getötet, ausgesetzt, gequält und sexuell mißbraucht wurden." (S. 12)
De MAUSE beschreibt die Entwicklung der Eltern-Kind-Beziehung mit folgenden Perioden:

1. Periode des Kindermordes (Antike - 4. Jahrhundert nach Chr.)
Eltern befreien sich von ihren projektiven Ängsten hinsichtlich der Kinderfürsorge durch Gewaltanwendung bis zur häufigen Tötung. Die am Leben blieben, wurden oft bedenkenlos sexuell gebraucht.

2. Periode der Weggabe von Kindern (4. - 13. Jahrhundert)
Sobald die Eltern erkannt hatten, daß die Kinder eine Seele hatten, bestand für sie eine Möglichkeit, der Gefahr der eigenen Projektionen (die zum Kindermord geführt hätten) zu entrinnen darin, die Kinder wegzugeben (z.B. an Ammen, Klöster, Pflegeeltern), oder auch sich emotional nicht um sie zu kümmern. Die Kinder waren aus der Sicht der Erwachsenen immer noch voll des Bösen und mussten daher häufig geschlagen werden.

3. Periode der Ambivalenz (14. -17. Jahrhundert)
Das Kind durfte in das emotionale Leben der Eltern eindringen, war aber gerade deshalb immer noch Abladeplatz für gefährliche Projektionen. Daher bestand die Aufgabe der Eltern jetzt darin, das Kind in die rechte Form zu bringen. Dies war der Beginn der Erziehung im heutigen Sinne.

4.Periode der Intrusion (Eindringen) 18. Jahrhundert
Das Kind wurde nicht mehr als voll von gefährlichen Projektionen angesehen. Die Eltern versuchten nun, in den Geist der Kinder einzudringen, um die Bedürfnisse und den Willen ihrer Kinder unter Kontrolle zu bringen. Das Kind wurde fortan „nur" noch häufig geprügelt und nicht mehr regelmäßig gepeitscht. Das Kind wurde jetzt weniger als Bedrohung empfunden, so daß echte Empathie möglich war.

5. Periode der Sozialisation (19. - Mitte des 20. Jahrhunderts)
Die Unterwerfung des Willens der Kinder stand nicht mehr im Zentrum des Elterninteresses. Das Kind sollte jetzt nur noch auf den rechten Weg gebracht werden, durch Ausbilden, Anpassen und Sozialisierung.

6. Periode der Unterstützung (ab Mitte des 20. Jahrhunderts)
Das Kind weiß besser als die Eltern, was es in jedem Stadium seines Lebens braucht. Die Eltern versuchen, sich in die Bedürfnisse der Kinder einzufühlen und sie zu erfüllen. Es fehlt jeglicher Versuch der Disziplinierung oder der Formung von (fremdbestimmten) „Gewohnheiten". Die Eltern dienen dem Kind mindestens bis zum 6. Lebensjahr.
Gerne würde ich abschließend berichten, wie ARIÈS und deMAUSE mit ihren eigenen Kindern (und Frauen) umgegangen sind, falls sie welche hatten. Leider liegen mir keine Dokumente vor.

Sabrina * Praxisfeld-Studie

zur Einbindung der Orientierungsanalyse in die psychoanalytische Beratung

Hedwig Schlaghecken

Neue Akzente

Seit einiger Zeit arbeite ich orientierungsanalytisch und bin immer wieder erstaunt über die *Entwicklungsanreize*, die mit der Anwendung gesetzt werden können. Die Einbindung der Orientierungsanalyse in meine psychoanalytisch ausgerichtete pädagogische Psychotherapie hatte individuell bemerkenswerte Entwicklungsfortschritte zur Folge, wie sie zuvor so deutlich nicht erkennbar waren.
Was sich während der Inszenierungen von **Früherinnerungen (FE)** abspielt, was sich an „inneren, bewegenden Vorgängen" sozusagen vor meinen Augen ereignet, ist kaum angemessen zu beschreiben. Es ist oftmals so, als wären die psychischen „Nahtstellen des Lebens", damit meine ich die Wendepunkte in der menschlichen Entwicklung, offen einzusehen.

Die Orientierungsanalyse ermöglicht dem Menschen, den Zusammenhang der unverwechselbar einmaligen Lebensgeschichte, wieder als „Sinnzusammenhang" erfahrbar zu machen.

Zuerst geht es einmal darum, **FE** im Rahmen eines Interviews zu erarbeiten und sie mit dem ursprünglich dazu gehörenden Gefühl in Verbindung zu bringen.
Später folgt dann die Inszenierung der **FE** im „Hier und Jetzt" mit dem Ziel, auch das Lebensgefühl der Gegenwart mit der frühen Erfahrung in prüfenden Bezug zu setzen, um evt. eine Neuorientierung einleiten zu können.
FE durch eine Transaktion in der Gegenwart, im „Hier und Jetzt", neu zu beleben und sie spielerisch so zu inszenieren, daß die darin enthaltenen Grundelemente ursprünglicher Lebensorientierung zum Vorschein kommen können - das macht die Orientierungsanalyse therapeutisch so attraktiv.
In der konzeptionellen Struktur der Orientierungsanalyse liegt vornehmlich die Chance, **FE** auf den Lebenszusammenhang beziehen zu können. Die Kindheit gilt als prägende Lebensphase, die ihre Spuren oftmals unerkannt auch im Lebensgefühl der Gegenwart hinterlassen hat.
Wenn es aber gelingt, zum Beispiel *Lebenslaufmuster und Lebensgefühle der Gegenwart*, auch als Resultate der frühen Lebensereignisse verstehbar zu machen und ins Bewußtsein zu heben, kann der Weg frei für Veränderung und bewußte Neuorientierung werden.
Die Systematik der Orientierungsanalyse - das gezielte Vorgehen im einzelnen - bedeutet eine gewisse Herausforderung im Vergleich zur psychoanalytischen Methode.
Vielleicht trägt aber gerade der methodische Kontrast mit dazu bei, die psychische Entwicklung auffallend anzuregen.
Jedenfalls behalten beide methodischen Zugänge zur frühen Kindheit ihren eigenen besonderen Wert.
Die folgenden Ausführungen informieren darüber, wie ich von der Psychoanalyse zur Orientierungsanalyse kam, und dann gebe ich zum besseren Verständnis der Praxisfeld-Studie einen kurzen Einblick in den Bezugsrahmen meiner pädagogisch-therapeutischen Beratungsarbeit.

Kontakte und erste Erfahrungen

Erfahrungen mit der Orientierungsanalyse verdanke ich primär der Begegnung mit Klaus LUMMA.
Schon im ersten Gespräch erlebte ich wohltuende Offenheit und großes Interesse am Thema „Identität". Ich spürte unsere nahe beieinander liegenden Gedanken, die es möglich machten, Erfahrungen offen auszutauschen und in unkonventioneller Weise Ideen und Gedanken zu verknüpfen. So verschieden auch unsere Wissensherkünfte und Biographien sein mochten, wir fanden überraschend schnell verbindende Themen. Spontan ergaben sich viele Anknüpfungspunkte, Kreuz- und Quer-

verbindungen zu Fragen der Erwachsenenbildung, der Beratung, Pädagogik und Psychotherapie, so dass die weitere Zusammenarbeit gar keine Frage mehr war. Ich war erfreut darüber, daß das Thema „Identität", das auch die Grundlage meiner Arbeit war und ist, unsere Verbundenheit begründete.
In der Folgezeit befaßte ich mich dann im Kontext der Humanistischen Psychologie intensiver mit den Grundlagen der Pädagogischen Psychotherapie, wie sie veröffentlicht vorgelegen haben
(vgl. LUMMA, Klaus: Neuorientierung, Eschweiler 1988; Counseling 1999).

Eine erste konkrete Erfahrung mit der Orientierungsanalyse machte ich als Teilnehmerin in dem Seminar: „Orientierungsanalytische Studien im Museo Epper"in Ascona/Schweiz/Juli 95. Persönlich berührt von dem inhaltlich und methodisch reichhaltigen Seminar, suchte ich nach Möglichkeiten, die Orientierungsanalyse auch in meine Arbeit einzubeziehen.
(vgl. LUMMA, Klaus: Asco Mentalitá * Kunst, Struktur- & Persönlichkeitsentwicklung, *Humanistische Psychologie 1/98)*

Identitätsbildung als pädagogische Zielperspektive
Im Folgenden weise ich auf einige Anliegen hin, die meiner pädagogisch-therapeutischen Arbeit zugrunde liegen.
Aus meinen langjährigen beruflichen Erfahrungen als Referentin für Erzieherfortbildung habe ich unter anderem die Erkenntnis gewonnen, daß den in der Kindheit erworbenen Beziehungsmustern in sozialen Berufen eine zentrale Bedeutung zukommt. Kenntnisse über deren psychodynamische Entstehung z.B. wurden aber über die schulische Lernorganisation nicht vermittelt.
Daß frühkindliche Beziehungsmuster unbemerkt fortbestehen und unreflektiert auf berufliche Beziehungsverhältnisse weiter einwirken können, war ein noch wenig beachtetes Problem. -
Es schien mir angesichts der psychosozialen Belastungen und der „Beziehungsdichte" in Arbeitsfeldern der Kleinkindpädagogik dringend geboten, solche Lern- und Arbeitsformen zu finden, die auch auf die Biographie des Menschen, auf seine Entwicklungs- und Erziehungsgeschichte Bezug nehmen könnten. Es müßte ein **biographisches Lernen** möglich werden, indem der Lebenslauf als „Bildungshorizont", als „Curriculum vitae" (W.LOCH) verstanden werden könnte.
„Identität" wäre in diesem Zusammenhang dann als das „Ergebnis der bemeisterten Krise" (E.H.ERIKSON) im Lebenslauf anzusehen.
In eigener Forschungsarbeit habe ich interdisziplinäre Erkenntnisse zur persönlichen und beruflichen Bildung und Entwicklung von Identität zusammengetragen mit dem Anliegen, **biographisches Lernen** in der Erwachsenenbildung anzuregen.
Es ging vornehmlich um Einsicht und Aufklärung der psychischen Strukturbildung in früher Kindheit und darum, vorliegende Erkenntnisse zur „Person- und Identitätsgenese" in die pädagogischen Wissensbestände aufzunehmen. Es mussten zudem geeignete Methoden zur Förderung beruflicher Identität gefunden werden.
Psychoanalytische Erkenntnisse sollten entwicklungsfördernd in Lern - und Bildungsprozesse einbezogen werden; sie dürfen nicht den heilkundlichen Psychotherapien allein überlassen werden
Psychoanalytisches Denken sollte vornehmlich die Aus- und Fortbildung sozialer Berufe so qualifizieren, daß im Sinne einer Prophylaxe, die psychosoziale Gesundheit der sozialpädagogischen Fachkräfte gefördert werden könnte.
Für das Lernen in der Erwachsenenbildung bedeutet das, der eigenen Lebensgeschichte eine neue Qualität zu geben.

Durch „Berührung" mit der menschlichen Tiefenschicht wird **lebendiges Lernen** ermöglicht;
d.h. durch das Bemühen, die prägenden, frühen Erlebnisse ins Bewußtsein zu heben, die bewußte und unbewußte Persönlichkeit auf neue und veränderte Weise miteinander in Verbindung zu bringen, kann der Zusammenhang des Lebens wieder spürbar werden.

Die Entwicklungsaufgabe des einzelnen Menschen in diesem Prozeß **biographischen Lernens** verstehe ich als „Arbeit an der eigenen Identität."
Der Lernende könnte so, durch ein neues Selbsterleben und Selbstverstehen, zum „Verfasser seiner eigenen Geschichte" werden, indem er seinem Leben eine neue Sinndeutung als eine neue Qualität hinzuzufügen vermag.

Identitätsentwicklung als therapeutische Orientierung

In der psychoanalytischen Schule, durch die ich gegangen bin, stand die „frühe Kindheit" selbstverständlich im Mittelpunkt der Analyse. Die psychotherapeutische Richtung orientierte sich an der neueren psychoanalytischen Entwicklungspsychologie, ich-psychologischer Prägung (M.S.Mahler, D.Winnicott, H.Kohut u.a.) Vornehmlich ging es um die Entwicklung von Identität , als der „Psychischen Geburt des Menschen" (vgl M.S.Mahler 1976).
„Jeder Therapeut kommt mit seinen Klienten nur so weit, als er mit sich selbst gekommen ist", war ein Grundsatz in der Ausbildung. In keiner anderen Schule oder Ausbildung habe ich so viel gelernt wie in der psychoanalytischen Kur, deshalb behalten einige der psychoanalytischen Prämissen für mich auch im orientierungsanalytischen Kontext grundsätzliche Bedeutung.

Tafel 11
Psychoanalytische Prämissen

1. Beachtung des Unbewußten
2. Erkennen „libidinöser" Besetzungen
3. Übertragung und Gegenübertragung
4. Orientierung an Ressourcen

Über meine beruflichen Kontakte kam ich in Verbindung mit verschiedenen Arbeitstechniken, Konzepten und psychotherapeutischen Richtungen, u.a. mit der Gestalttherapie (F.PERLS), der Themenzentrierten Interaktion (R.COHN), der Transaktionsanalyse (E.BERNE) und den vielfältig kreativen Methoden der Humanistischen Psychologie.
Besonders gern erinnere ich mich an die gute Zusammenarbeit mit Maria AMON, die als pädagogische Referentin für multikulturelle Erziehung und als Gestalttherapeutin in der Fortbildung mitarbeitete. (vgl. Maria AMONs Beitrag zum Biographisches Lernen in diesem Buch).
Gemeinsam arbeiteten wir an einem Projekt:"Wo ist das Kind, das ich gewesen?" Es war die erste konkrete Verknüpfung von zwei therapeutisch unterschiedlichen Ansätzen und Methoden. Gegenseitig konnten wir profitieren, einmal wegen der kollegial fruchtbaren Zusammenarbeit, zum anderen wegen unserer gemeinsamen pädagogischen Ausgangsbasis.
Der Boden für die Arbeit mit der Orientierungsanalyse war also schon gut vorbereitet.Ein anderes wichtiges Element meiner Arbeit wurde die „Psychoanalytische Pädagogik"als Teil der Erziehungswissenschaft, wie ich sie an der Katholischen Fachhochschule für Sozialwesen in Köln fachlich vertrete. Neuere Entwicklungen u.a. Ansätze des „Szenischen Verstehens" und „Fördernder Dialog" (A.LEBER/ H.G.TRESCHER) fügen sich organisch in meine Arbeitsgrundlagen ein.
Praktisch verändert hat sich meine Arbeit durch die Einbeziehung der Orientierungsanalyse .

Mein pädagogisch-therapeutische Arbeit gliedert sich seither in drei Phasen

1. Psychoanalytische Basisarbeit
2. Orientierungsanalyse
3. Konsolidierung

In der folgenden Exploration soll ein dreiphasiges Arbeitsverfahren transparent gemacht werden. Dabei steht der psychische Entwicklungsverlauf einer Klientin im Vordergrund, nicht so sehr die methodischen Einzelheiten.

Sabrina

Es geht um die Geschichte einer Einzelkonsultation in Verbindung mit einer Selbsterfahrungsgruppe. Die Identität bleibt durch Namensänderung und Verfremdung einiger Datengeschützt.

Psychoanalytische Basisarbeit

Sabrina war beim ersten Gespräch stark erkältet. Sie konnte kaum atmen, wirkte blaß und schmal, machte einen „unterkühlten" Eindruck und wirkte wie nach innen zusammengezogen. Eigenen Angaben zufolge litt *Sabrina* häufiger unter Bronchitis und Stirnhöhlenvereiterung. Angesichts meiner Besorgnis lächelte sie nur und sagte wie entschuldigend:"Der Husten sei chronisch, sie habe sich daran gewöhnt."-
Sabrina wollte an einer Selbsterfahrungsgruppe teilnehmen, weil sie den dringenden Wunsch hatte, etwas in ihrem Leben zu verändern.
Nach langen Jahren engagierter Berufsarbeit und enger Bindung an die Tochter, schien *Sabrina* nun die Enge ihres Lebens symptomatisch als Mangelsituation zu empfinden. Sie hatte offensichtlich „die Nase gestrichen voll." - Nach außen und innen fühlte sie sich eingeengt.
Nach einem kurzen Einblick in ihre Lebenssituation meinte sie abschließend: „Sie wolle nicht immer allein leben, sondern wünsche sich einen Partner, der auch ihrer Tochter ein Vater sein könnte. Ihre Beziehungen waren immer nur von kuzer Dauer; sie wolle nun endlich herausfinden, was sie denn so „falsch" mache." -
Sabrina stellte sich selbst vor die Entscheidung: - entweder mit den „eingefrorenen" Lebens- und Beziehungsmustern weiter zu leben, sozusagen auf „Sparflamme", - oder aber auf eine positive Wende hinzuarbeiten und sich neu zu orientieren.

Blick in die Lebensgeschichte

Sabrina war Mitte dreißig und lebte mit ihrer 9 Jahre alten Tochter zusammen. Als Sozialarbeiterin arbeitete sie im Krankenhausbereich auf einer Teilzeitstelle; damit genügend Zeit bliebe für Karolin. Die Ehe war an der psychischen Krankheit des Mannes gescheitert, der, als er keine Verantwortung mehr tragen konnte, in die Familie seines Heimatlandes zurückgekehrt war.
Mit 12 Jahren hatte *Sabrina* ihre Mutter verloren (Mutter starb an Krebs). Danach lebte sie zusammen mit ihrem zwei Jahre älteren Bruder beim Vater. In die „Mutterrolle" der Familie gedrängt lernte sie, sich um andere zu sorgen und eigene Ansprüche zurückzustellen. Nach Kräften hatte sie sich bemüht, dem geliebten Vater in Erwartung seiner Anerkennung alles recht zu machen. Doch die erhoffte Anerkennung blieb aus.
Der Vater bevorzugte den Sohn. Einmal, als sie gegen die Zurückstellung protestierte, habe er in barschem Ton gesagt, er könne es eben nicht mit den „Gören". Darüber war ***Sabrina*** zutiefst gekränkt.
Es bedrückte sie bis zur Stunde, daß die Beziehung nach dem Tod der Mutter so gestört war. Nach heftigen Auseinandersetzungen mit Verletzungen auf beiden Seiten hatten sich beide immer wieder zurückzogen, bis der Kontakt schließlich gänzlich abgebrochen war.

Entwicklungssituation

*Abwehr
In der Selbsterfahrungsgruppe, die 14-tägig zusammentraf, zeigte sich *Sabrina* auffallend einfühlsam und verständnisvoll, wenn es um andere Teilnehmer ging. - Was aber in ihr selbst vor sich ging, lernte sie nur langsam zu beachten. In schroffer Weise wehrte sie oftmals freundlich gemeinte Annäherungen ab, machte einfach„dicht"und schwieg lange. Für die anderen schien sie dann wie versteinert und unerreichbar.

*Sehnsucht

Sabrina hatte denVerlust der Mutter nicht verarbeitet.Gefühle zu zeigen, wäre in der Familie ein Zeichen von Schwäche gewesen. So wurde die Arbeit ihre Zuflucht. Verdrängung und leistungsmäßige Überforderung wirkten weiter auf ihre Entwicklung ein.

Einerseits zeigte *Sabrina* sich als starke und mütterliche Frau; andererseits schien sie in der kindlich ödipalen Situation unerfüllter Sehnsucht nach der Liebe und Anerkennung des Vaters gefangen zu sein.

Mit der ausgeprägten sozialen und mütterlichen Seite ihrer Persönlichkeit hatte sie sich Sicherheit und Anerkennung im Beruf verschafft, doch sie versuchte weiter (unbewußt), das Fehlende in ihrem Leben (Mutterliebe, Anerkennung des Vaters) durch Leistung, Anpassung und „Verdrängen" eigener Bedürfnisse auszugleichen.

*Identifikation

In den Partnerbeziehungen allerdings erwies sich die unbewußte Identifizierung u.a.mit der schroffen und ablehnenden Art ihres Vaters als Hindernis und zum Erreichen eigener Lebensziele ungeeignet. Allmählich jedoch entdeckte *Sabrina* den Sinn dieses erlernten Verhaltens und Fühlens. Sie brauchte diese abrupte Abwehr, weil für sie „ Nähe" die Gefahr erneuter Verletzung (Zurückweisung, verlassen werden) mit sich brachte.

*Hilfestellung

Das ödipal geprägte Beziehungsmuster zu verändern, schien wichtig, wenn *Sabrina* ihrZiel, in partnerschaftlicher Beziehung leben zu wollen, auch erreichen wollte. Wenn es also gelang, die starken Gefühle und Energien ihrer frühen Lebenszeit zu aktivieren und im „Hier und Jetzt" wiederzubeleben, könnten vielleicht die entwicklungshemmenden Ängste überwunden werden. Die dazu erforderliche Hilfestellung meinerseits bestand darin, *Sabrina* in Kontakt mit den lebendigsten Früherinnerungen zu bringen, diese dann im „Hier und Jetzt" zu inszenieren, damit sie ihre ureigene Lebendigkeit wiederfinden und über ihre Ressourcen neu verfügen lernte, um die weitere Zukunft selbstbewußt gestalten zu können.

*Entspannung

Nach einiger Zeit gewann *Sabrina* in der Selbsterfahrungsgruppe deutlich an innerer Sicherheit. Ein wachsendes Interesse an inneren eigenen Empfindungen, verbunden mit der sozialen Anerkennung in der Gruppe, bewirkte schließlich eine tiefe, innere Entspannung.

Zu dieser Zeit bot ich ihr begleitend zur Selbsterfahrung die orientierungsanalyse Reflexion an. *Sabrina* ließ sich neugierig und hoffnungsvoll darauf ein. In einem Zeitraum von ca. 6 Monaten kam es dann zu bemerkenswerten Veränderungen, die insbesondere der Anwendung orientierungsanalytischer Methoden zuzuschreiben sind.

Orientierungsanalyse

Im folgenden gebe ich Einblick in einige Sequenzen der Arbeit.

Früherinnerungen

Sabrina konnte die Einzelgespräche offensichtlich sehr genießen. Es tat ihr gut, daß ich ihr aktiv zuhörte und mich eingehend mit ihrer Geschichte befaßte.

Das Eintauchen in die frühe Kindheit gelang auch ziemlich mühelos. Vornehmlich erinnerte sich *Sabrina* eher an die positiven Erlebnisse. - Ihre Erzählweise war emotional farbig und lebendig, ganz entgegen ihrer sonst eher spröden und sachlich knappen Form der Mitteilung, wenn sie in der Gruppe von sich selber sprach. Die Orte ihrer Kindheit waren Wälder und Wiesen, Hecken und Zäune, aber auch die Werkstatt des Vaters. Lustvoll schilderte sie ihre Streiche, im Spiel war sie meist mit Jungen zusammen, war stolz darauf, als Kind auch frech und aufsässig gewesen zu sein.

In der geröteten Gesichtsfarbe während des Erinnerns, den glänzenden Augen und den fließend schnellen Gedankenverbindungen offenbarte sie etwas von ihrer ursprünglich lustbetonten, kreativen und körpernahen Erlebnisweise.

Früherinnerungen enthalten die Grundzüge des individuellen Lebens, sozusagen das „Script"einer ersten Lebensplanung (E.Berne). Sie bergen und bewahren insbesondere den „Schlüssel zur Schatzkammer"der frühen Kindheit, d.h.zu den individuellen „Zyklen der Kraft" (Cycles of Power / Pam. Levin); auch wenn oftmals der freie Zugang dorthin wie verschlossen erscheint und pädagogisch therapeutische Hilfestellung erforderlich wird.
Sabrina konnte in den **FE** wie in einem Vergrößerungsspiegel ihre kämpferisch starke Natur und Eigenart wiedererkennen. Sie fühlte sich hinein in das Kind, das sie einmal war; brav und gehorsam einerseits; doch Willen andererseits auch mit deutlich ausgeprägtem eigenen Sinn und Willen andererseits.
Ihre persönliche Ausstrahlung während der Erinnerungsarbeit spiegelte die tiefe Freude an der neu empfundenen Übereinstimmung mit sich selbst.
Probeweise versuchte sie, zu ihren objektiv vorhandenen Stärken „Ja zu sagen", ebenso wie zu den subjektiv vorhandenen Entwicklungshemmungen. Mit der Anerkennung der Vorzüge und Grenzen ihrer Person und den vielen „Schattierungen" ihres Lebensweges, änderte sich ihre Blickrichtung und Lebensperspektive. Sie erreichte einen wichtigen Wendepunkt in ihrer Entwicklung.
Sich selbst „anzusehen", d.h. wie in einen Spiegel zu schauen, sich ungeschminkt der eigenen Wahrheit zu stellen, - das brachte zunächst „Enttäuschung", - dann aber auch Freude über die neue Qualität des Empfindens, nämlich ein „ganzer Mensch" zu sein.

Tafel 12
Orientierungsanalytische Schwerpunkte

- sich selbst ansehen
- sich ungeschminkt der eigenen Wahrheit stellen
- sich über Empfindungen freuen können
- die Ganzheit zu betrachten
- Licht- **und** Schattenseiten akzeptieren
- Ambivalenz als Grundbefindlichkeit anerkennen
- sich von fixierten Wunschgedanken lösen
- sich die eigenen Kraftquellen zunutze machen *(Cycles of Power)*

Die Einsicht, daß die Licht- und Schattenseiten des Lebens zusammen gehören, daß die menschliche Ambivalenz eine Grundbefindlichkeit bleibt, bedeutete einen Schritt persönlicher Reife, der notwendig war, um sich langsam von dem fixierten Wunschgedanken lösen zu können, eines Tages doch noch die Anerkennung des Vaters zu „erzwingen".
In den **FE** wurden im wesentlichen folgende Entwicklungslinien erkennbar:
1. *Sabrina* erkannte sich als ein lebenstrohes, starkes Kind mit ausgeprägter Willensstärke wieder. - Dagegen stand das erlernte Lebensgefühl:" Ich muß ein gehorsames, starkes Kind sein, das keine Probleme macht".
2. *Sabrina* übernahm nach dem Tod der Mutter die „Mutterrolle" in der Familie. Sie fand so einen Weg (unbewußt), durch Identifikation dem Trennungsschmerz entgehen zu können, um psychisch überleben.
3. Der Vater blieb trotz Versagung der 'Anerkennung seiner Tochter' die für sie wichtigste Orientierungsperson. In der Identifikation mit dem Vater nahm sie teil an seiner Macht und Größe (Ansehen) In den Kampfbeziehungen fand sie vorläufige Befriedigung.
4. Frustration und Entwertung ihres Geschlechtes durch den Vater wurden zur Herausforderung, sich als 'starke Frau' mit eigenen Leistungen zu erweisen, soziale Anerkennung zu verschaffen und sich gegenüber Männern behaupten zu lernen.
5. Aus der Zurücksetzung gegenüber dem Bruder resultierten Gefühle der Eifersucht und Rivalität, aber auch Motivation, eigene Fähigkeiten auszubilden und besondere Sensibilität in bezug auf Gleichberechtigung der Geschlechter zu entwickeln.

Inszenierungen

In dieser Arbeitsphase kam *Sabrina* nur sehr mühsam an ihre Gefühle heran. Sie folgte wie eine Marionette meinen Regieanweisungen. Von dem offensichtlichen Vergnügen, das sie beim Erzählen der **FE** hatte, war nichts mehr zu spüren.
Sabrina war jetzt gleichsam wieder das brave, angepasste Kind, wie es die Eltern haben wollten.
Ich unterbrach mehrmahls die Art ihrer „Berichterstattung", um die Aufmerksamkeit nach innen zu lenken. Sie schüttelte aber traurig den Kopf und bemerkte, daß sie gar nichts spüren und empfinden würde. Als ich ihr dann sagte, sie habe jetzt gerade sehr traurig ausgesehen, war sie etwas irritiert, denn genau diese Empfindung gehörte ja zu den unbewußt verdrängten und in der Familie tabuisierten Gefühle.
Auf eine der Inszenierungen gehe ich hier besonders ein, da diese zu einem Durchbruch im Selbstverstehen von *Sabrina* führte.
In den **FE** wies *Sabrina* dem Vater meist eine sehr dominante, autoritäre und kompromißlose Rolle zu. In einer **FE** hatte der Vater ihr im Alter von etwa 10 Jahren ohne Erklärung einfach einen Schulaufsatz durchgestrichen und lapidar befohlen: „Mach das neu!" -
Als wir diese Szene wiederbelebten, sollte *Sabrina* auch in der Rolle des Vaters agieren. Die erforderliche Einfühlung in den Vater jedoch machte sie plötzlich sehr betroffen. - Sie vermochte kaum, die selbst geschriebene Vorlage auch wirklich durchzustreichen. *Sabrina* war bestürzt und den Tränen nahe. Sie schien auf einmal ungewöhnlich stark „berührt" und war regelrecht erschrocken über sich selbst.
- Noch immer begegnete sie ihren verletzten Gefühlen mit Abwehr. Die zu erwartende Protestreaktion auf den Vater, der sie bestraft und gedemütigt hatte, ohne sie anzuhören oder zu Wort kommen zu lassen, blieb aus; - in der Inszenierung ebenso wie im Leben. Sie war einfach sprachlos. - Es fehlten ihr die Worte.
Sabrina stand reglos da, wie erstarrt, nach außen ohne jede Reaktion. - Gefühle der Wut, Trauer, oder der Ohnmacht, waren ihr nicht zugänglich.

Es war gleichsam die szenische Wiederholung des inneren Dramas ihrer Kindheit; allerdings mit dem wesentlichen Unterschied, daß ihr jetzt die Zusammenhänge langsam bewusst wurden, daß sie nicht mehr weglaufen oder flüchten wollte und konnte, sondern die inneren Empfindungen wahrzunehmen und zu respektieren begann.

In der weiteren Arbeit, sich den Vater im „Hier und Jetzt" vorzustellen, um ihm einmal ihre Meinung zu sagen, wie sie es damals gerne getan hätte; - wurde noch einmal das „innere Vakuum" deutlich.. *Sabrina* staunte selbst über ihre Sprachlosigkeit, denn im Alltag fehlten ihr nie die Worte. Ich erinnerte sie an ihre häufige Atemnot, die mit dem Empfinden des „Abgeschnürtseins" einherging, so daß sie oft nicht genug Luft bekam. - Sie atmete jetzt bewusst tief durch und versuchte es noch einmal. Doch jedesmal, wenn sie sprechen wollte, stockte ihr wieder die Stimme. Die gefundenen einzelnen Wörter blieben „tonlos" stehen, ohne Zusammenhang. Dann gab es plötzlich wieder den „Filmriß" - . Das innere Erleben war dann, wie „abgerissen", auf einmal vorbei. Sie fühlte nichts mehr.-
Jetzt übernahm ich deutlicher die Hilfs-Ichfunktion und bat *Sabrina*, mir zu assistieren. Ich wollte ihr wenigstens zu einem kleinen Erfolg verhelfen, sie anregen, mit mir zusammen einen Weg aus der Sprachlosigkeit zu finden.
Stellvertretend übernahm ich die Rolle des vom Vater „gemaßregelten" Kindes, das sich vehement dagegen zur Wehr setzt. Immer wieder befragte ich *Sabrina* wie ich es machen soll, welche Worte passen würden und wie laut sie gesagt werden dürften usw. In der Rolle meiner Assistentin erwies sich Sabrina dann als sehr kompetent. Im Versuch, aus der Distanz heraus zu operieren, gelangen ihr erste Ansätze einer offensiveren Begegnungsform mit dem Vater.

Neuorientierung

Sabrina kam völlig verändert zu den folgenden Gesprächen. Sie wirkte deprimiert und sagte, daß sie einfach nicht verstehen könne, wie sie so unfähig gewesen sein könne, dem Vater in der gespielten Situation ihre Meinung zu sagen. - Innerlich tief erschüttert und traurig, nahmen wir noch einmal das Thema der frühen Erinnerungen auf. *Sabrina* brauchte Zeit zur Verarbeitung. Vielleicht hatte ich den Prozeß auch zu sehr forciert, so dass die Nacharbeit jetzt besonders wichtig wurde.

Langsam wich dann der Schatten von ihrer Seele. Sie konnte sich eines Tages auch an freundliche Seiten des Vaters erinnern. - Er sei gewiß auch stolz auf seine Tochter gewesen, meinte ich fragend und *Sabrina* betonte: „Ja, aber „unausgesprochen", und sie lachte jetzt wie befreit.
Sie arbeitete in der Folgezeit an einem neuen „Bild des Vaters" und erlebte , daß sie Trauer nicht mehr abwehren mußte, sondern damit beginnen konnte, diese als eine ihr zugehörende Empfindung anzunehmen und aufzuwerten.
Dann träumte *Sabrina* einmal, der Vater habe sie besucht und gesagt, „er wolle einiges in seinem Leben in Ordnung bringen und einen ersten Schritt tun." - *Sabrina* fühlte sich so auch im Traum in ihrer Hoffnung auf eine Versöhnung mit dem Vater bestätigt. Wir inszenierten auch diesen Traum, um auf die wirkliche Begegnung mit dem Vater vorzubereiten. Im Traum hatte sie noch keine Worte finden können. So versuchte sie es spielerisch in einer ersten Version.
Sie probierte sich selbst aus, ohne Angst und ohne Druck, denn noch war der Tag der Begegnung nicht gekommen.

Konsolidierung
Sabrina konnte von den Ressourcen ihrer frühen Kindheit besonders profitieren. Sie hatte den Zugang zur inneren „Schatzkammer" ihrer Kraft und Lebensfreude neu entdeckt und war selbst mit ihren Entwicklungsfortschritten zufrieden. Ihre anstrengende Arbeit, die „Fixierungen" und „Blockaden" ihres Lebens zu beseitigen, waren letztlich erfolgreich. -
Sabrina gab sich sehr bewußt dann die Erlaubnis, „Lebensfreude haben zu dürfen".
In der letzten Zeit scheint sie auch viel gesünder zu sein. "Seit längerer Zeit habe sie keinen Schnupfen mehr gehabt", berichtete sie fröhlich in der Gruppe.
Inzwischen hat sie einen Partner gefunden, mit dem sie demnächst in eine größere Wohnung ziehen will. Tochter Karolin freut sich, bald in einer „Mutter-Vater-Familie" leben zu können.
Sabrina hat zwar die Angst, daß es wieder einmal schief gehen könnte, noch nicht ganz überwunden, doch ihr neues Selbstvertrauen macht sie mutig und sie orientiert sich risikobereit nach vorne.
Das Ziel ist klar. Sie will eine Beziehung, die auch Konflikte überstehen kann, in der miteinander gesprochen und fair gestritten werden darf. Die ersten Auseinandersetzungen hat sie schon gut überstanden.

Sabrina hat gelernt, Zuneigung nicht gleich abzuwehren, sie nicht vorschnell als „beabsichtigte Vereinnahmung" zu begreifen. Mit dem Beginn der inneren Loslösung vom Vater war der Weg für eine Partnerschaft frei.

„Eines Tages, sagt Sabrina, will ich selbstbewußt auf meinen Vater zugehen und mit ihm sprechen können; aber es ist noch nicht soweit."-
Sabrina will weiter an der Selbsterfahrungsgruppe teilnehmen. Damit erhält sie sich die Chance, sicher auf ihrem eigenen Weg weiter zu gehen, bisherige Erfahrungen überprüfen zu können und für neue Einsichten offen zu bleiben.
Als Schlüsselsituation bekommt hier, entwicklungspsychologisch betrachtet, die Vater-Tochter-Beziehung eine besondere Bedeutung. Nach dem Tod der Mutter richtet *Sabrina* alle Hoffnung und Liebesehnsucht, zumeist wohl unbewußt, auf den Vater.
Diese ödipale Fixierung durch die orientierungsanalytische Arbeit mit Früherinnerungen im „Hier und Jetzt" aufzulösen, war ohne Zweifel erfolgreich.
In der szenischen Bearbeitung erkannte *Sabrina* die gegebene Entwicklungsaufgabe der inneren Loslösung von ihrem Vater, d.h. auch von ihren unerfüllten Ansprüchen aus der Kindheit, als Voraussetzung dafür, eine mehr „partnerschaftliche Beziehung" erleben und bewusst die Verantwortung für ihre Beziehungen und Verhaltensweisen übernehmen zu können.
Im Rückblick darf allerdings die erforderliche Basisarbeit im Zusammenhang nicht unterschätzt werden. Noch wichtiger scheint mir, für eine begleitende Nacharbeit solange Sorge zu tragen, bis *Sabrina* selbst für die *Ablösung* bereit ist.
Diese Phase wird dann, vor dem Hintergrund des frühen Verlassenwordenseins durch den Tod der Mutter, noch der besonderen Anstrengung bedürfen.

Einige Grundlagen der Orientierungsanalyse

Beate Karges-Hampel

Dieser Beitrag war Vortragsvorlage auf dem 1. Weltkongreß „The World Of Psychotherapy" vom 30.06.96 - 04.07.96 in Wien und im Herbst 1997 auf der Jahrestagung des Berufsverbandes für Beratung, Pädagogik und Psychotherapie.

Tafel 13
Orientierungsanalytische Grundlagenübersicht

Definitionen
Orientierungsanalyse (OA) als konflikt- & lösungsorientierte Erwachsenenbildung
Was ist Orientierungsanalyse und woraus wurde sie entwickelt?
Wie ist der Bezugsrahmen?

Theoretischer Hintergrund
Individualpsychologie
Zusammenspiel von psychodynamischen & interaktionellen Phänomen
Akzeptanz von Begrenztheit („Organminderwertigkeit")
Weg vom Geltungs- und Machtstreben
Akzeptanz von Finalität

Praktische Umsetzung
Die klassische Umsetzung der Orientierungsanalyse
Der Konsultationsvertrag
Das Früherinnerungen-Interview (FE-Interview)
Inszenierung der Früherinnerungen (FE-Szenario
Reflexion von Vergangenheit - Gegenwart - Zukunft
Phase der Neuentscheidung und Neuorientierung
Der Konsultationsabschluß

Wissensstoff & Fertigkeiten
Wissen aus der Transaktionsanalyse
Abwertungsmechanismen reflektieren + auflösen
Entwicklungsstufen und -reihenfolge (cycles of power) fokussieren

Definitionen

Orientierungsanalyse (OA) als konfliktorientierte Erwachsenenbildung
Anmerkungen zur Klientel

In dem weitgespannten Feld von schwersten psychischen Erkrankungen bis zu leichten psychischen Störungen sehen wir unser Tätigkeitsfeld als pädagogische-therapeutische Berater / Counselor in der Hilfe für *Klienten mit beeinträchtigenden Störungen und behindernden Problemen in ihrem Lebensumfeld, die aber ansonsten ihre Handlungsfähigkeit nicht eingebüßt haben.*
Es geht um *konfliktorientierte Erwachsenenbildung*, um Struktur- und *Persönlichkeitsentwicklung*. KlientInnen haben z.B. massive,lähmende Prüfungsängste im Examen; sie fühlen sich immer wieder in beruflichen Sackgassen, sie haben mit Mobbing oder Burn-out-Syndrom zu tun; sie haben Ablösungsschwierigkeiten aus krankmachenden Beziehungen, etc.

Was ist Orientierungsanalyse und woraus wurde sie entwickelt?

Das von Klaus Lumma entwickelte Konzept der Orientierungsanalyse bedeutet zunächst das Aufspüren und Bewußtmachen des unbewußten Lebensplans eines Menschen. Es ist das Analysieren der persönlichen sowie der beruflichen Zielvorstellung und Orientierung unter besonderer Berücksichtigung seiner Entwicklungsgeschichte und des ihn prägenden Lebensstils.
Grundlage der Orientierungsanalyse ist in der Regel die Arbeit mit Früherinnerungen. Durch die Inszenierung und Bearbeitung der Früherinnerungen werden Parallelen zu aktuellen Konfliktsituationen deutlich. Dadurch werden Neuentscheidungen und Verhaltensalternativen möglich.
Den theoretischen Hintergrund zur Orientierungsanalyse bilden vor allem die Individualpsychologie, die Transaktionsanalyse sowie Bereiche aus der Kommunikationstheorie. Die Methodik umfaßt Gestalttherapie, Kunst- und Gestaltungstherapie und Psychodrama bei Gruppenarbeit.

Die Orientierungsanalyse ist eine zeitlich begrenzte, vertraglich vereinbarte bildnerische und beratungspädagogische Serviceleistung.

Bezugsrahmen

Bezugsrahmen der Orientierungsanalyse ist die Humanistische Psychologie. Es ist ein Rahmen, innerhalb dessen pädagogisch-therapeutische Arbeit als konfliktorientierte Erwachsenenbildung zu verstehen ist, in Abgrenzung zu heilkundlicher Tätigkeit.

Als Vertreterin des kybernetisch-ganzheitlichen Denkens geht die Orientierungsanalyse von der grundlegenden Annahme der Zielgerichtetheit (Finalität) psychischer Prozesse aus, von Sinnhaftigkeit und von der Intentionalität des Bewußtseins.

Inhalte der Orientierungsanalyse sind die Auseinandersetzung mit menschlichen Grundkonflikten, sowohl intrapsychisch innerhalb der individuellen Entwicklungs- und Lerngeschichte als auch interaktionell im Kontext der heutigen Lebensumstände.
Die Orientierungsanalyse erkennt Konflikte als unterschiedliche Interessenlagen und zum menschlichen Miteinander gehörend an. Sie sieht Konflikte als wichtige Indikatoren und als Antrieb zu Veränderung und Neuorientierung in der Auseinandersetzung mit sich selbst und den Mitmenschen an, auf privater, beruflicher oder gesellschaftlicher Ebene.
Eine so geartete, pädagogische, ressourcenorientierte und -nutzende therapeutische Tätigkeit mit dem Klienten als „Vertrags-Partner" unterstützt die Grundfähigkeit des Menschen, sich psychodynamisch und sozial neustrukturieren zu können, wenn ein anderer als der bisher bekannte Referenzrahmen erarbeitet wird.

Individualpsychologie

Die Orientierungsanalyse bezieht sich auf Alfred Adlers Individualpsychologie als theoretischen Hintergrund. Kerngedanke ist, wie ein Mensch seine mitgegebene geistig-seelische Disposition und die vorgefundenen Bedingungen seiner Sozialisation nutzt, um seiner inneren Zielsetzung zu folgen (Finalität).
Näher erläutern möchte ich im Zusammenhang mit der Orientierungsanalyse die individualpsychologischen Begriffe Psychodynamik, Organminderwertigkeit, Geltungs- und Machtstreben, Finalität und Gemeinschaftsgefühl.

Zusammenspiel von psychodynamischen und interaktionellen Phänomenen

Ich gehe davon aus, daß Definitionen von *Psychodynamik* immer Interpretationen sind, die auf theoretischen Vorstellungen beruhen, entsprechend der psychotherapeutischen Richtung und Sichtweise. Sie stellen Modelle der Beschreibung, Erklärung und Interpretation dar, die den intrapsychischen Zustand eines Menschen sichtbar machen sollen.
Das individualpsychologische Verständnis des Begriffs Psychodynamik geht aus von psychischen Prozessen als bewegliche, lebende Organismen, die immer einem *Ziel* und einer *Intention* folgen.

Tafel 14
Individualpsychologische Axiome

1. *das Prinzip der Einheit,* den Lebensstil als Schöpfung des Kindes zu sehen
2. *das Prinzip der Dynamik,* psychische Prozesse folgen einem Ziel-Intentionalismus
3. *das Prinzip des Gemeinschaftsgefühls,* Streben nach Vollkommenheit
4. *das Prinzip von Aktion + Reaktion zwischen Individuum Umwelt,* Zusammenhang mit jeweiligen sozialen Beziehungen.
   Die individualpsychologischen Axiome korresponieren miteinander und bedingen sich gegenseitig.

Die Zielgerichtetheit eines Menschen zeigt sich besonders deutlich in seinem Verhalten und seiner Haltung anderen Menschen gegenüber. In den Interaktionen zeigt sich das (unbewußte) Leitbild eines Menschen und auch in der Art, wie er diese Interaktionen interpretiert.

Akzeptanz von Begrenztheit („Organminderwertigkeit")

Den Begriff *Organminderwertigkeit* prägte Alfred ADLER, um körperliche Mißbildungen und funktionelle Organschwächen zu kennzeichnen. Es handelt sich um einen mehr oder weniger bewusst erfahrenen Mangel, der dem betroffenen Menschen als Nachteil gegenüber anderen deutlich ist und seelische Reaktionen im Sinne von „Entwickeln eines Minderwertigkeitsgefühls" oder dessen „neurotischer Kompensation" nach sich zieht.
Adler stellt 2 Möglichkeiten der Reaktion auf eine Organminderwertigkeit heraus: der Betroffene resigniert und ist entmutigt oder aber er versucht, seine Schwäche zu überwinden und durch Leistung zu (über-)kompensieren.
Für die Orientierungsanalyse gilt, daß nicht die Organschwächen im Vordergrund stehen, sondern -wie für Adler- die dadurch entstandene Beeinträchtigung der sozialen Entwicklung und Entfaltung. Die OA sieht ihre Aufgabe darin, gemäß Adlers Auffassung von Organminderwertigkeit die *Organwahl* zu betrachten, um in der *Organsprache* und dem *Organdialekt* eine Ausdrucksmöglichkeit von schon in früher Kindheit nicht zugelassenen Gefühlen zu finden (z.B.Umsetzen der Organwahl auf der gestalttherapeutischen Erlebnisebene durch Identifikation und Personifizierung mit dem entsprechenden Organ).

Weg vom Geltungs- und Machtstreben

Nach Adler basiert neurotische Entwicklung auf einem tiefen Minderswertigkeitsgefühl, welches zu einem Geltungs- und Machtstreben führe, das nach Überlegenheit über andere trachte. Alle neurotischen Symptome hätten die Aufgabe, das Persönlichkeitsgefühl des Klienten zu sichern, und damit auch „die Lebenslinie, in die er hineingewachsen ist, zu sichern". (Wörterbuch der Individualpsychologie, S. 387)
Die OA arbeitet nicht mit den defizitären Anteilen des Überlegensheitsstrebens, sondern mit dem Stärken des Gegenpols, dem ganzheitlichen Unterstützen des Gemeinschaftsgefühls.

Akzeptanz der Finalität

Die Orientierungsanalyse (OA) nutzt als pädagogisch-therapeutisch wirkende Maßnahme den Grundgedanken aus der Individualpsychologie, den Menschen *final=teleologisch* zu verstehen (causa finalis) ➔ Wohin zielt der Mensch ab (zukunftsbezogen)?
Um das „wohin" zu erkennen, ist komplementär das Erhellen des „woher" von Bedeutung (causa efficiens):

„Die objektiven Tatsachen in einer konkreten frühkindlichen Lebenssituation zählen zu den wichtigsten Entstehungsbedingungen für die Zielsetzungen bei der Ausbildung des Lebensstils, denn zu ihnen nimmt das Kleinkind ... Stellung und setzt sich seine angemessenen oder verfehlten Zwecke."
(Wörterbuch der Individualpsychologie, S.163)

In der orientierungsanalytischen Praxis dient der „woher"-Bewegung (Kausalität) das Interview von 7 Früherinnerungen mit Einmaligkeitscharakter sowie deren Erarbeitung, um das Konfliktpotential zu fokussieren und sichtbar zu machen. Auf dieser Grundlage kommt der „wohin geht es?" - Bewegung (Finalität) die größere Bedeutung zu.

Entwicklung von Gemeinschaftsgefühl
Adler sah die Entwicklung des *Gemeinschaftsgefühls* dialektisch als Gegenkraft zum Macht- und Geltungsstreben-Prinzip, und später als eine kognitive Funktion. *"Das Gemeinschaftsgefühl ist nicht als solches angeboren, nämlich als selbständige Ganzheit, sondern es ist eine angeborene latente Kraft, die bewusst entwickelt werden muß"* (Ansbacher, S.111).
In seinen späteren Schriften führte er das Maß an Gemeinschaftsgefühl als einer der wichtigsten Indikatoren für psychische Gesundheit an. Gemeinschaftsgefühl und Selbstwertgefühl korrespondieren miteinander.
Ist das Gemeinschaftsgefühl beeinträchtigt, fehlen Einfühlungsvermögen und Kooperationsfähigkeit, werden Minderwertigkeitsgefühle verstärkt. *"Fehlende... Nützlichkeit vermittelt das Gefühl, wertlos zu sein. ... Einfühlung, Kooperation und Ausrichtung auf ein größeres Ganzes ... machen den Sinn des Lebens aus".*
(Wörterbuch der Individualpsychologie, S. 191)

Sich nützlich zu fühlen, bedeutet auch, die Identifikationsfähigkeit und das Einfühlungsvermögen mit anderen Menschen. Adler zitiert einen englischen Autor zur Verdeutlichung des Gemeinschaftsgefühls als Lebensform:

> *„Mit den Augen eines anderen zu sehen,*
> *mit den Ohren eines anderen zu hören, mit dem*
> *Herzen eines anderen zu fühlen".*
> (Ansbacher, S 112).

Als Konsequenz der Anerkennung menschlicher Zusammengehörigkeit folgt, daß auch *Lebens- und Entwicklungsaufgaben* gemeinsam bewältigt werden.
Die *Stärkung der Anlage zur Kooperation* und zum *Handeln* wird in der Orientierungsanalyse trainiert.
Das *Charakteristische der Orientierungsanalyse* im Vergleich zu Alfred Adlers Lebensstilanalyse (auch unter Berücksichtigung der Entwicklung und Veränderung der Lebensstilanalyse im Laufe der Jahrzehnte) ist das *Realisieren und Fühlen verdrängter Konflikte durch Inszenieren von Früherinnerungen* (Psychodrama, Gestaltarbeit, Kunsttherapeutische Aktionen). Das „Durcharbeiten" und Erleben findet gleichbedeutend zur Reflexion statt. Die Unbewußtheit wird durch den Klienten selbst ins Bewußtsein geholt und (wieder-)erlebt und zusammen mit dem Orientierungsanalytiker/Counselor reflektiert, um zu einer Neuorientierung zu kommen.

Praktische Umsetzung der Orientierungsanalyse
Eine klassische orientierungsanalytische Einzelberatung dauert in der Regel zehn 10 bis maximal fünfzehn Stunden und ist nach Regeln strukturiert: Am Anfang steht jeweils der Konsultationsvertrag.

Der Konsultationsvertrag
„Der Vertrag macht deutlich, daß es in der orientierungsanalytischen Praxis grundsätzlich um die Begegnung zweier Menschen auf der Erwachsenenebene (im TA-Sinne) geht, nicht etwa darum, daß einer von einer höheren Ebene den anderen auf einer tieferen Ebene behandelt."
(Lumma, D. + K.: Abwertungsmechanismen, 1990, S. 101 f.)

Die Rahmenbedingungen für den Lernprozess werden besprochen: Der Counselor erfragt die Konfliktthemen der KlientIn, ebenso die Ziele für den Lernprozeß. Der Counselor erläutert seine Arbeitsweise, erklärt unter anderem die Erhebung eines Interviews mit Früherinnerungen. Durch den Konsultationsvertrag wird auch deutlich, welches Menschenbild Grundlage der OA ist: Der Klient hat die Antworten auf seine Fragen in sich selbst, der Counselor hilft ihm, Antworten zu finden und für eine Neuorientierung herauszufiltern.

Das Früherinnerungen-Interview (FE)
Der Counselor befragt die KlientIn nach biographischen Daten wie Herkunftsfamilie, Geschwisterreihenfolge, Arbeits-, Wohnverhältnisse, wichtige Personen außerhalb des Familienkreises, mit dem Ziel,

- eine Vorstellung der Personen-, Lebenszusammenhänge zu erhalten,
- der KlientIn die Interdependenz ihrer Lebensumstände zu verklaren,
- Wertschätzung gegenüber frühen, prägenden Lebenssituationen auszudrücken.

Das Interview über Früherinnerungen umfaßt 7 erinnerte, konkrete Lebenssituationen aus der Kindheit.

Tafel 15
Das orientierungsanalytische Interview

* Fragen zum Kontext der Kindheit *(Tafel 6)*
  Eltern, Geschwister, sonstige Verwandte, Märchen etc.

* 7 konkrete, möglichst einmalige Erinnerungen
  Früh- bzw. Spontanerinnerung

* die mit den Erinnerungen verbundenen Gefühle

* die inhaltlichen Schwerpunkte der Erinnerungen
  Wenn die Erinnerung ein Schulaufsatz wäre,
  welche Überschrift würden wir ihr geben?

* direktes Ansprechen von auffällig Destruktivem

* ansonsten keine "therapeutischen Interventionen"

Ein wichtiger Gesichtspunkt ist die *Einmaligkeit* des Erlebnisses innerhalb einer bestimmten (meist familiären) Personenkonstellation. Der Klient erzählt seine FEs im Präsens.
Die FEs geben Aufschluß über den unbewußten Lebensplan des Klienten, über die frühe Prägung seines Lebensstils. In den FEs teilt der Klient mit, wie etwas für *ihn* war, d.h. neben einer „Realitätsbeschreibung" erster Ordnung geht es vor allen Dingen um deren Erleben und Werten, einer „Realitätsbeschreibung" zweiter Ordnung (Bezugnahme auf kybernetisch-konstruktivistischen Ansatz).

Erfahrungsgemäß lassen sich die FEs in drei Blöcke gliedern:
* Der erste Block spiegelt Themenbereiche der *aktuellen Lebenssituation*, des Hier & Jetzt.
* Der zweite Block gibt Aufschluß über *unbewußte Orientierungen* und *zukünftige* Entwicklungsrichtungen.
* Der dritte Block macht die *soziale Kompetenz*, das Gemeinschaftsgefühl deutlich.

Der Klient benennt am Ende für jede einzelne FE seine Gefühle dazu (Beziehungsebene) und gibt der Erinnerung einen Titel wie einem Bild oder einer Theaterszene (Sachebene). Der Berater notiert die FEs für den späteren kreativen Erarbeitungsprozeß.

Erinnerungen sind nicht zufällig, somit stellt die orientierungsanalytische Arbeit einen Bezug zwischen den Erinnerungen und den Konflikten der aktuellen Lebenssituation her.

Tafel 16
Drei Erinnerungsblöcke * Was sie uns zu sagen haben

1. Der erste Block spiegelt Themenbereiche der *aktuellen Lebenssituation,des Hier & Jetzt.*
2. Der zweite Block gibt Aufschluss über *unbewusste Orientierungen und zukünftige Entwicklungsrichtungen.*
3. Der dritte Block macht die Art der *sozialen Kompetenz* deutlich, die *Art des Gemeinschaftsgefühls.*

Inszenierung der Früherinnerungen / Spontanerinnerungen (FEs)
Die FEs werden in den Folgestunden mit gestalttherapeutischen Mitteln inszeniert. Ebenso sind Kunst- & gestaltungstherapeutische Methoden für die ausdruckstherapeutische Bearbeitung möglich. Der Klient erhält im geschützten Raum die Möglichkeit, von einer digitalen Kommunikationsebene (der FE-Interviews bzw. der ER-Ebene im TA-Sinne) zu wechseln auf eine analoge, spielerisch-intuitive Ebene des Wieder-Erlebens seiner früheren Gefühle (Kind - Ich, TA).

Tafel 17
Grundlagen des FE-Szenarios

Das FE-Szenario ist die Inszenierung einer Früherinnerung.
Dabei geht es um

* Identifikation mit allen Rollen der Personenkonstellationen
* Verstärkung des Gefühlsaspekts in den einzelnen Rollen
* Reflexion über die Beziehung zwischen Vergangenheit und Gegenwart

Grundlage der FE-Inszenierungen sind
- Identifikation mit allen Rollen der Personenkonstellationen
- Verstärkung des Gefühlsaspektes in den einzelnen Rollen

Nach diesem „learning by doing" erfolgt eine Reflexion über die Beziehung zwischen Vergangenheit und Gegenwart.

Reflexion Vergangenheit - Gegenwart
Das in-Bezug-setzen der Beziehungs- und Kommunikationsstrukturen zu dem aktuell erlebten Konflikt wird reflektiert. Während der Inszenierung der FEs ist überwiegend die rechte Hirnhälfte mit ihrem analogen Denken (Bildhaftes, Kreatives, Intuition) gefordert, wohingegen bei der anschließenden Besprechung die linke Hirnhälfte mit ihrem logischen Denken (Kausalität, Einsicht, Kontext) die Themen korrespondierend ergänzt.

In der Reflexion geht die Deutung der Ereignisse und Beziehungen aus den geschilderten und inszenierten FEs vom Klienten aus. Er kann seine Kommunikationsmuster und Verhaltensstrategien aufgrund früher Kindheitsentscheidungen erkennen. Er kann sie auf die aktuelle Konfliktsituation/en hin prüfen, ob und wie sie noch Gültigkeit haben und prägend sind, besonders in Streßsituationen, in denen automatisch skriptgebundene Verhaltensmechanismen auftreten (können).

Hier kommt wiederum ein Grundsatz der Humanistischen Psychologie zum tragen, nämlich die Stärkung der Eigenverantwortlichkeit des Klienten, auch im Sinne von „eigene Antworten finden können".

Tafel 18
Aspekte der Neuorientierung

➔ Verhaltensalternativen werden herausgearbeitet (zum Beispiel auch durch erneutes Inszenieren)
➔ Neuentscheidungen werden explizit benannt
➔ Berater und Klient schließen einen Vertrag über die Umsetzung der Neuentscheidung, wann diese konkret „geübt" wird.
➔ Der Klient kann auch eine Selbstverpflichtung des Übens eingehen.

Konsultationsabschluß

Die am Anfang gesetzten Ziele, Erwartungen und bekannten Konfliktthemen reflektiert der Klient im Hinblick auf fördernde und hindernde Kräfte während der Konsultationen, ebenso, was noch offengeblieben ist. Unter Umständen werden die Konsultationen unter geänderter Themenstellung vertraglich neu festgelegt und fortgeführt.
Auch die methodische Vorgehensweise wird reflektiert.

Wissensstoff und Fertigkeiten

Des weiteren hat der Klient nützliches, psychologisches Wissen über seine Lernprozeß-Reflexion hinaus erworben, so zum Beispiel

Wissen aus der Transaktionsanalyse

- Kenntnisse über seine Rollengestaltung im Drama-Dreieck als Retter, Verfolger, Opfer.
- Er lernt seine Reaktionen in einer der Rollengestaltung als Reaktionen auf die Vergangenheit kennen, nicht auf das Hier+Jetzt.
- Er lernt seine Skriptüberzeugungen und Gefühle kennen sowie, was Maschenverhalten bedeutet.
- Er lernt seine Grundbotschaften, seine Antreiber, Einschärfungen und Zuschreibungen kennen.

Abwertungsmechanismen reflektieren und auflösen

Er lernt die wichtigsten *Abwertungsmechanismen* kennen, reflektieren und auflösen, z.B. generelle Abwertung:

- „Mit mir stimmt was nicht" (= Ich bin nicht O.K.)
- „Mit Dir stimmt was nicht" (= Du bist nicht O.K.)
- „Mit dieser Sache habe ich nichts zu tun, will ich nichts zu tun haben." (Problem- Abwehr)

Der Klient erfährt verschiedene Stufen der Passivität im Hinblick auf Problemlösungen:

➔ Leugnung des Problems („Es ist doch alles in Ordnung")
➔ Abwertung der Bedeutung des Problems („Es ist doch gar nicht so schlimm")
➔ **Unlösbarkeit" des Problems** („Da kann man nichts machen")
➔ **Keine „eigenen Fähigkeiten" zur Problemlösung** („*Ich* kann nichts machen")
➔ **Agitieren** (vom Problem ablenken durch Nebenschauplätze, emotional verwirrt werden)
➔ **Sich unfähig machen** (z.B. durch Krankheit, Gewalttätigkeit, implodieren: „verrückt" werden; explodieren: jemanden schlagen, verletzen etc.).
➔ **Tangentiale Kommunikation** (vom Thema ablenken)

Die Konfrontation und das Reflektieren von Abwertungsmechanismen in ihren vielfältigen Erscheinungsformen sind nach Dagmar und Klaus Lumma in der orientierungsanalytischen Praxis von großer Bedeutung.
Das von Steven Karpman entwickelte Modell zur Analyse von Spielen und dem

Erkennen der verschiedenen Ich-Zustände (EL-Ich; ER-Ich, K-Ich) sowie deren negative oder positive Ladung bzw. besonders die neg. geladene TOP-DOG / UNDER-DOG Position ist ebenfalls Erklärungsgrundlage für beobachtbares *Maschenverhalten* im TA-Sinne.
Es ist Grundlage, um z.B. in gestalttherapeutischer *Hot + Empty seat* Arbeit durch Inszenieren der FE und Neugestalten den positiven Gegenpol zu stärken.
Die Modelle der Transaktionsanalyse dienen in der orientierungsanalytischen Arbeit einerseits als diagnostisches Mittel, andererseits zur Gestaltung des Lernprozesses.

Entwicklungsstufen und Entwicklungsreihenfolge fokussieren
In der Orientierungsanalyse ist es auch nützlich, das FE-Szenario auf dem Hintergrund der *Entwicklungsreihenfolge* zu sehen (cycles of power) Pamela Levin führt aus, Persönlichkeitsentwicklung und persönliches Wachstum finde in einem sich wiederholenden Zyklus einzelner Entwicklungsstufen statt.

Sie definiert 7 Entwicklungsstufen,
beginnend mit der Geburt und zum erstenmal durchlaufen mit ca. 18 Jahren. In der orientierungsanalytischen Praxis werden die einzelnen Entwicklungsstadien berücksichtigt mit möglichen Fixierungen. Von zentraler Bedeutung ist, mit der Erabeitung der FE herauszukristallisieren, welche *Entwicklungsaufgabe* der Mensch für sich lösen muß, um sich psychisch weiter zu entwickeln.

Phasen	**Merkmale**	**Bedürfnisse**
Phase 1:	*Die Kraft zu sein (0 - 6 Mon.)* * Ich habe das Recht, da zu sein *Mund-Sensitivität, Schwierigkeiten zu denken, von anderen abhängig sein wollen.*	*Beginnen zu erkennen, wer wir sind, ernährt + berührt werden wollen, versorgt werden.*
Phase 2:	*Die Kraft des Tuns (6 - 18 Mon.)* * Ich habe die Kraft zu handeln. *Sehen, hören, schmecken, fühlen, riechen.Stimulationen benötigen.*	*Umfeld erkunden + sensitives Bewußtsein entwickeln.*
Phase 3:	*Die Kraft des Denkens (18 Mon.-3 Jahre)* * Ich kann denken *Sich von anderen unterscheiden, eigene Positionen entwickeln, rebellieren, „nein" sagen.*	*Realität erproben, sich durchsetzen, Unabhängigkeit entwikkeln, Negatives ausdrücken, denken lernen.*
Phase 4:	*Die Kraft der Identität (3 - 6 Jahre)* * Ich kann wissen, wer ich bin. *Lernen, wer wir sind. Experimentieren mit Freundschaften, Konsequenzen aus Verhalten ziehen. Beschäftigen mit Kraft + Geschlechtsunterschieden.*	*Unterscheiden von Realität +Phantasie. Definitionen von Realität erproben.*
Phase 5:	*Die Kraft, geschickt zu sein (6-12 Jahre)* * Ich kann die Fähigkeiten entwickeln, die ich brauche. *Diskutieren + Auseinandersetzen mit Moral, Werten + Methoden anderer und Dinge auf eigene Art + Weise tun.*	*Experimentieren mit unterschiedlichen Arten, Dinge zu tun; Fehler machen; herausfinden, was machbar ist. Sich mit anderen darüber auseinandersetzen.*

Phase 6: *Die Kraft der Erneuerung (13-19 Jahre)*
* Ich kann in Liebe gehen.
Beschäftigung mit Menschen als sexuellen Wesen + körperlichen Veränderungen + Energie-levels

Experimentieren mit dem sexuell sein. Persönliche Einstellung finden, seinen Platz unter Erwachsenen finden

Phase 7: *Die Kraft des Recycling (19 plus)*
die Kraft zur Wiederaufarbeitung (ab 19 Jahre)
* *Jetzt ist meine Zeit.*
* *Es ist an mir, Kraft zu erlangen.*

Alle normalen Merkmale der vorangegangenen Phasen erfahren, u.U. auch mehrere gleichzeitig .

Beziehungen entwickeln + erhalten zur Unterstützung unseres Erwachsenseins. Lebensplan ausführen. Lebensprobleme lösen und Herausforderungen annehmen

(LEVIN, Pamela.: TA and Developmental Theory.The Cycle of Development.)

Für den Klienten bedeutsam ist das sich-bewußt-sein seiner derzeitigen Entwicklungsaufgabe in Verbindung mit seinen in der Beratung herausgearbeiteten Zielen, innerhalb dieser Zielsetzungen Prioritäten zu setzen und sie Schritt für Schritt umzusetzen. Dazu gehört auch, woran er/sie oder der Orientierungsanalytiker erkennt, wann Ziele erreicht worden sind.

Wie immer deutlicher wird, gehören zur Methodenvielfalt der Orientierungsanalyse außer der Gestaltarbeit zahlreiche Elemente aus der Kunsttherapie, Elemente der systemischen Supervision und des Psychodramas. Die Orientierungsanalyse ist ein multimodal sinnvoll arrangiertes Verbindungskonzept für pädagogisch-therapeutische Bildung & Beratung (Counseling)

Eine Früherinnerung für persönliche Lösungen

Beate Karges-Hampel

Tafel 19
Orientierungsanalytische Checkliste

- Grund und Ziel der Beratung
- Skriptbotschaften und Ich-Zustände (TA)
- Drama-Dreieck
- Stärken der Ich-Funktionen (TA)
- Kontaktunterbrechungen im Kontaktzyklus (Gestalt)
- Entwicklungsaufgaben *(cycles of power* nach Pamela Levin)
- Früherinnerungen: Parallelen / Entsprechungen zu jetziger Lebenssituation (OA, Ip)
- Durcharbeiten und Erarbeiten von Erlaubnis (TA)
- Vertrag / Vereinbarung, was, wie, wann umgesetzt wird (TA)

Anhand der Präsentation einer ausgewählten Früherinnerung (FE) können Möglichkeiten orientierungsanalytischen Lernens aufgezeigt werden.
Ich gebe ein Beispiel.

1. Früherinnerung (FE)
Wir wohnen in Potsdam, in der Nähe des Tierparks, unterhalb des Hauses ist eine Grotte. Da sind auf einmal die Rehe vom Tierpark, außerhalb des Geheges. Da spiele ich immer. Ich renne ganz schnell zum Häuschen am Tierpark und sage der Frau, daß ich die Rehe gesehen habe. Ich bin ganz stolz und aufgeregt, und sie ruft: „Tierfänger, die Rehe sind los." Sie lobt mich.
Titel: Die kleine Lisa rettet die Rehe.
Gefühl: Ich bin stolz und groß.
Alter: ca. 3,5 Jahre.

Tafel 20
Orientierungsfragen zu Früherinnerungen

- Welcher Konflikt ist sichtbar?
- Sind mehrere Konflikte sichtbar? Priorität? Zusammenhänge?
- Welches Thema steht im Vordergrund?
- Was könnte das Hintergrundthema sein?
- Welche Lösungsmöglichkeit ist erkennbar?
- Welche Zukunftsorientierung wird deutlich? (ab der 4. FE z.B.)

Im weiteren Verlauf kann lösungsorientiert mit Empowerment-Fragen weitergearbeitet werden.

- Welche fördernden Kräfte werden deutlich?
- Was haben Sie gut gemacht?
- Was würden Sie gerne verändern?
- Können Sie sich erinnern, daß Sie mit der Veränderung schon begonnen haben? Wann? Bei welcher Gelegenheit?
- Wo und wie können Sie noch verstärken, was bisher gut geklappt hat?

Vorstellung der Klientin
Die Klientin, Lisa nenne ich sie, ist 23 Jahre alt, studiert Geographie, Philosophie und Soziologie im 5. Semester.Ihre Dozentin für den Griechisch-Intensivkurs empfahl ihr, ihre Lernschwierigkeiten bei mir aufzuarbeiten.
Bei unserem Erstgespräch fällt mir ihre hohe Motivation auf, für sich sofort möglichst viel zu tun. Sie käme auch viermal die Woche, wenn ich es für sinnvoll hielte. In der 1. Stunde wird eines ihrer Grundmuster deutlich: *Alles oder nichts.* Wir erarbeiten machbare, überschaubare Ziele für den Verlauf der Therapie, sowohl was den Zeit- als auch was den Lernrahmen anbelangt.

Lisas **1. Ziel** ist:

„Ich möchte es schaffen, am Tag ein paar Stunden zu lernen."
Ihre Lernschwierigkeiten bestehen darin, meistens gar nicht erst anfangen zu können und keine Kontinuität wahren zu können.
„Ich glaube nicht, daß ich durchhalte" ist eine der Botschaften, die sie verinnerlicht hat.Sie schildert eine übermäßige Anfangsbegeisterung bei allem, was sie mache, immer dann aufhöre, wenn es Arbeit werden würde und wenn es um Selbst-Disziplin gehe, wenn man sich „durchbeißen" müsse, dann werde sie trotz ihrer hohen Intelligenz unterdurchschnittlich, sagt sie.
Lisa schildert, ihre Lernschwierigkeiten hätten mit 16 Jahren angefangen, als ihre Eltern sich getrennt hätten und sie ins Rheinland zogen. Der Grund für eine frühere Gesprächspsychotherapie sei das übermächtige Thema der Familie gewesen, die Alkoholsucht eines Elternteils und die Auswirkungen auf sie, auf die Familie. Die Eltern ließen sich scheiden, als sie 21 Jahre alt war. Sie ist die älteste von drei Schwe-

stern. Lisa selbst zeigt Suchtströmungen bezüglich des Essens, des Fernsehens und des Rauchens, was sie, scheinbar wie vom Blitz getroffen, so lange macht, **„bis ich total zu bin und nichts mehr fühlen kann".**

In der Zeit zwischen 16 - 18 Jahren habe sie das ganz extrem praktiziert. Lisa spricht von ihrer Hoffnung, daß die Eltern wieder zusammenfinden könnten, obwohl sie wisse, daß dies eigentlich nicht mehr ginge.Lisa schildert ausführlich ihre **Sonderrolle** in der früheren Schule, in der sie Klassensprecherin, dann Schulsprecherin gewesen sei und immer viel Verantwortung übernommen habe. Hier im Rheinland sei sie dann nie mehr was Besonderes gewesen. Sie schildert ebenfalls ausführlich ihre Sonderrolle in der Familie, in der sie die einzige gewesen sei, die etwas in der Familie habe bewegen können.
Sie könne nicht verstehen, wieso sie immer so viel Verantwortung für andere übernehmen könnte, und sie selbst bekäme es noch nicht mal hin, mit etwas aufhören zu können, das sie schrecklich findet (z.B. essen, fernsehen, rauchen).
Unsere Vereinbarung ist, zum einen einen **strukturellen Lern- und Zeitrahmen** zu erarbeiten, zum anderen, uns anzuschauen, was ihre Selbstsabotageakte bewirkt und dieses zu ändern. Sie ist damit einverstanden, auch mit **Früherinnerungen** zu arbeiten, um ihre **unbewußten Familien-Lernmuster** zu erhellen.

Lisa ist erleichtert bei der Erkenntnis, „wenn etwas in **mir** liegt, kann **ich** es ja auch ändern". Sie freut sich auch darauf, in unseren Stunden kreativ und vor allen Dingen konkret etwas für sich selbst tun zu können.

Das von Lisa gemalte Bild nach einer Phantasiereise mit der Aufgabe: *Wo stehe ich in meinem Leben? Wie erlebe ich mich?* zeigt eine Frau auf einer leeren Bühne ohne Gesicht und ohne Hände. Die Bewegung der Frau zeigt von unten links nach oben rechts. (Leider liegen die Bilder aus dieser Praxisfeldstudie nicht mehr vor)
Titel: **Lisa lernt laufen.** Gefühl: **Angst und Vorfreude.**

Wir arbeiten heraus, welche Entwicklungsaufgabe jetzt wohl vor Lisa liege. Sie möchte Handlungsfähigkeit entwickeln, ihre Lernschwierigkeiten handhaben können, sie möchte es in der Hand haben, mit sie schädigenden Handlungen aufhören zu können, Grenzen ziehen zu können. Sie möchte ebenso Verantwortung für andere aus der Hand geben können und nicht mehr die Hand über alles in der Familie halten müssen, „damit die anderen nichts merken". Sie will darauf achten, sich handliche Ziele zu setzen. Sie möchte ein Gesicht haben, vor allen Dingen, um sich selbst sehen zu können, was sie ja so noch nicht könne. Sie möchte sich wieder vertrauen können, sie möchte nicht das Gesicht verlieren, sie möchte sich auch nicht mehr verstecken. Sie will (sich) zeigen, wer sie ist.

Wir arbeiten mit ihren Händen gestalttherapeutisch an ihrer Handlungsfähigkeit. In einem 2. Bild wird ihr deutlich, daß sie oft die rechte mit der linken Hand verwechselt. Von ihrem Gefühl her zeigt das Bild die rechte Hand, somit ist das Gesicht innen und normalerweise verdeckt. Gemalt hat sie die linke Hand, d.h. das Gesicht ist außen, für jedermann sichtbar.

Wir erarbeiten ausführlich die Wahrnehmung des Selbst- und Fremdbildes. Wir "behandeln" also gemeinsam auch die Projektionen. Die ganze orientierungsanalytische Arbeit mündet in **ERLAUBNISSE.**
* Ich darf mein wahres Gesicht zeigen!
* Ich darf meine Unsicherheit zeigen!
* Ich darf zeigen, wenn ich jemanden gern habe, - wenn ich ärgerlich bin.
* Ich darf mich schützen.

Gemessen am **Entwicklungszyklus** (nach P. Levin) wird deutlich, welche Entwicklungsaufgaben vor Lisa liegen:
Die Kraft der Identität zu nutzen (3-6 J., Unterscheiden von Realität und Phantasie) **Die Kraft, geschickt zu sein,** zur Anwendung zu bringen (6-12 J., Fähigkeiten entwickeln, experimentieren, sich auseinandersetzen mit Werten und Moral). Zunächst leite ich Lisa an, ihren **eigenen Lernrhythmus zu finden** und **zu üben.**

Ich übermittele ihr die Erlaubnis dafür, dass Arbeit Spaß machen darf, dies auch in unseren gemeinsamen Stunden.

Wir erarbeiten, welche **Funktionen ihr Umgang** mit der Zeit hat, **welchen Zeitrhythmus** und **welche Zeitstrukturierung** sie unbewußt bevorzugt. Wir nehmen unser Arbeitsbündnis zweimal die Woche zu einer für sie ungewohnt frühen Zeit auf, 9 Uhr morgens. Lisa lernte, alte Skriptbotschaften abzulegen, z.B. daß es „chic" sei (in ihrer Familie), alles in letzter Minute zu erledigen, bis zu 2 Stunden zu spät oder gar nicht zu kommen, im Streß zu sein und demzufolge nicht kleinbürgerlich und spießig zu sein.
Indem wir uns die Grundmuster ihres Zeitrhythmus anschauten und den Zusammenhang zu ihrem Lernrhythmus herstellten lernte Lisa, ihr **Vermeidungsverhalten als Entmutigung** und als Selbstsabotage zu erkennen.
Lisas erste Krise kam, als wir anfingen, fördernde und hindernde Kräfte zu betrachten und auf ihr eigenes Leben zu beziehen, also in die Tiefe zu gehen.

Tafel 21
Ergängzungs-Fragen

- Wer bremst Sie?
- Mit wem treten Sie auf der Stelle?
- Wer entzieht Ihnen Kraft?
- Mit wem bekommen Sie Kraft, Mut und Inspiration?
- Wer fördert Sie?

Sie wurde sich völlig **gegensätzlicher Hintergrundbotschaften** bewußt (existenzieller Grundannahmen), was die Aufrechterhaltung ihrer Rolle in ihrer Familie anbelangte sowie die Übertragung auf ihre Rollen in Schule und Universität, als auch, was das Infragestellen dieser Rollen anbelangte sowie das Kämpfen darum. Sie merkte zum ersten Mal, daß sie eine echte Wahl entwickeln könnte, aus dem **familiären Dramadreieck des Opfers, Täters** und **Helfers** auszusteigen und damit auch aus den bevorzugten **Ich-Zuständen** im TA-Sinne des **Kind-Ichs** bzw. des **Eltern-Ichs.** Wir arbeiteten an der Stärkung ihres **Erwachsenen-Ichs.**

Lisas **Skriptbotschaften:**

➔ ***Zuschreibungen:*** Ich bin die Große! - die Vernünftige! - die Verläßliche! Ich bin die einzige in der Familie, die... Ich bin etwas Besonderes! - die Intelli gente!

➔ ***Einschärfungen:*** Ich bin nicht belastbar! Ich bin dem Tag nicht gewachsen, ich muß unbedingt schlafen! - Ich breche ab, ich höre auf. Ich halte nicht durch.

➔ ***Antreiber:*** Mach's richtig oder gar nicht! (Sei perfekt!) Ich fühle mich falsch an der Uni, ich habe keine Berechtigung, dort zu sein, wenn ich lockerlasse. (Streng Dich immer an!)

Bei den Fragen, wen sie bestrafen möchte und welche Strafe bei wem am besten wirkt, kam Lisa zu der Einsicht, sie bestrafe Vater und Mutter am besten, wenn sie sie enttäusche, damit sie merkten, was sie ihr angetan hätten. Sie schämt sich, die Kontrolle verloren zu haben, es nicht geschafft zu haben, ihre Eltern zusammengehalten zu haben. Sie merkt zum ersten Mal die Rollenverkehrung in der Familie, daß sie schon ganz früh die Elternrolle übernommen hat. Scham war bei Lisa gekoppelt mit Gefühlen des Kontrollverlustes, *„hoffentlich merkt es keiner",* daß sie „die Situation" nicht kontrollieren kann, daß sie sich nicht kontrollieren kann, beim Essen, Lernen . Sie fühlt sich „falsch" an der Uni. Sie meint, die anderen würden ihr heimlich die Berechtigung absprechen, dort zu sein; sie meint, sie gehöre nicht dazu, besonders dann nicht wenn sie die Regeln nicht erfülle. Solche Regeln sind z.B. „pünktlich sein" und möglichst schnell das Vordiplom zu machen. Sie schämt sich, an der Universität keine besonders hervorragende Rolle zu spielen.

Lisa lernt im Veraluf der orientierungsanalytischen Sitzungen, ihre Phantasien durch Fragen zu überprüfen, was ihr sehr schwer fällt. Sie lernt, zwischen Realität und Phantasie zu unterscheiden und sich dadurch Entlastung zu verschaffen. Sie übt die Rücknahme von Projektionen. Sie erfährt durch Gestaltarbeit und Rollenspiele eine Stärkung ihrer Ich-Funktionen. Im Gestalt-Sinne ist sie oft im Vorkontakt stekkengeblieben. Sie lernt, die Gestalt zu schließen,indem sie übt, das, was ihr bewusst geworden ist, in eine Richtung zu lenken und umzusetzen und sich zu lösen. Dabei lernt sie, in kleinen Schritten vorzugehen.

Wichtige Erlaubnisse für Lisa sind:

* *Ich darf wählen, ob ich die alleinige Verantwortung* (z.B. für Teamreferate) *übernehme.*
* *Ich darf anderen glauben, wenn sie meine Hilfe nicht annehmen wollen* (z.B. daß ihnen etwas nicht zu viel ist.)
* *Ich darf* NEIN *sagen.*
* *Ich darf aus tiefem Herzen froh sein.*

Lisa sieht es als ihre Entwicklungsaufgabe an, aus dem **Dramadreieck** mit ihrer **bevorzugten Rolle als Helferin,** die auch an der Uni **Opfer** sucht, um sie vor **Verfolgern** zu schützen, auszusteigen. Die Rolle des Kontrollierens und der Übernahme von *Verantwortung um jeden Preis* möchte sie verändern.

Sie hat gelernt, ihr Schuldgefühl als Signal für ein **Spiel** zu erkennen und (im TA Sinne) als **Masche** zu entlarven, weil sie zwischen **echter Schuld** und **vermeintlicher Schuld** zu unterscheiden gelernt hat.
Lisa ist zur Zeit noch dabei, andere Rollen zu entwickeln und auszuprobieren. Zunehmend gelingt es ihr, von der Lieblingsrolle der Helferin Abstand zu nehmen, die freiwerdenden Energien auf das Lernen zu verwenden und Prioritäten zu setzen.

Tafel 23
Die Praktische Umsetzung der OrientierungsAnalyse
Practicability of TeleoAnalysis

Der Konsultationsvertrag
The consultational contract

Das Früherinnerungen-Interview (FE)
Infantile memories interview

Inszenierungen der Früherinnerungen
Dramatizing of early recollections

Reflexion Vergangenheit - Gegenwart
Reflection of the past - present life context

Phase der Neuentscheidung / Neuorientierung
*Redecisions * New Orientation*

Der Konsultationsabschluß
Final reflection of the teleoanalytical process

Der Therapeut kann die Heilung nicht machen.
Heilung stellt sich von selbst ein – sie ist das Dritte
in der Begegnung zwischen Ich und Du.
Das Dritte: es ist das rechte Wort, die richtige Bewegung,
die passende Farbe zur rechten Zeit.
Es ist nie vorhersehbar.
Es ist immer ein Geschenk des Augenblickes.
Peter Petersen 1989

Neuen Wegen auf der Spur

Orientierungsanalytische Gruppenarbeit mit gestalterischen Medien

Alexandra von Miquel

Tafel 25
Neue Wege zur Struktur- & Persönlichkeitsentwicklung

Gestalt
Orientierungsanalyse
Imaginationsverfahren
Gestaltungstherapeutische Konzepte
Gruppendynamisches Wissen
Entwicklung fördernde Rahmenbedingungen
- Ankommen und Vertrauen fassen
- Tiefung und Auseinandersetzung initiieren
- Erinnerungen auf das Hier & Jetzt übersetzen
- Abschied nehmen

Einleitung

Bereits während meines Studiums der Erziehungswissenschaften interessierte mich das Verknüpfen von Erwachsenenbildung und Psychologie. Mir wurde deutlich, daß ich in diesem Schnittfeld arbeiten und meine Kenntnisse vertiefen wollte. Die Verbindung dieser beiden Bereiche begegnete mir dann in Form der pädagogisch-therapeutischen Konzeption des IHP. Für mich war die orientierungsanalytische Weiterbildung am IHP die Konsequenz meiner Suche und meiner Bemühungen, diese beiden Arbeitsgebiete sowohl in der theoretischen Fundierung als auch handlungsbezogen zusammenzuführen. Während dieser Zeit wurde mein Interesse an gestalterischem und künstlerischem Ausdruck immer ausgeprägter. Besonders in persönlichen Umbruchzeiten habe ich spontan viel gemalt, oft begleitet von Versuchen, das, was bildnerisch entstanden war, auch in Worte zu fassen. Seit meiner Weiterbildung am IHP habe ich mich immer eingehender mit dem Einsatz und der Integration von gestalterischen Medien in das Berufsfeld des Counseling, der pädagogisch-therapeutischen Bildung & Beratung beschäftigt. Ich arbeite seit einigen Jahren freiberuflich in den Bereichen Beratung, Weiterbildung und Konzeptentwicklung bei verschiedenen Weiterbildungsträgern und Frauenberatungsstellen. Grundlage meiner Arbeit bildet mein Berufsverständnis als Erwachsenenbildnerin, darauf aufbauend arbeite ich andragogisch beratend.

In diesem Beitrag werde ich eine orientierungsanalytische Gruppenarbeit, die ich an einem Bildungswerk durchgeführt habe, darstellen und reflektieren. Dabei stand die gestalttherapeutische und orientierungsanalytische Arbeit mit gestalterischen Medien im Mittelpunkt. Während des Kurses arbeitete ich mit den Teilnehmerin-

nen (es waren ausschließlich Frauen, obwohl der Kurs für beide Geschlechter ausgeschrieben war) an ihren Grundorientierungen und gemeinsam versuchten wir, neue Orientierungen, Ansätze und Perspektiven zu finden, um persönliche Entwicklung, das Leben mit anderen und berufliches Dasein erfüllender gestalten zu können.
Wesentlicher Aspekt der vorliegenden Arbeit ist die Schilderung des Ineinandergreifens von gestalt- und gestaltungstherapeutischen Vorgehensweisen im Kontext orientierungsanalytischer Gruppenarbeit.

Gestalttherapie

Die Gestalttherapie hat für meine pädagogisch-therapeutische Arbeit mit ihren anthropologischen Grundannahmen und Wertentscheidungen grundlegende Bedeutung. Der Mensch als ganzheitliches Wesen mit den Fähigkeiten zur Selbstverantwortung und Selbstheilung, im Kontakt sein mit dem Gegenwärtigen, kreative Gestaltung seines Lebens zur Verwirklichung von Mitmenschlichkeit und Sinnfindung sind konstituierende Aussagen der Gestalttherapie.
Der therapeutische und prophylaktische Einsatz der Gestalt zentriert sich um die Bearbeitung von entstandenen Blockierungen und Vermeidungen im Erleben, Wahrnehmen und Handeln und durch die Entfaltung der Potentiale des Menschen (vgl. BÜNTE-LUDWIG, 1985, S.217.).
Das Vollenden unabgeschlossener Situationen, das Ergänzen unvollständig ausgeprägter Polaritäten der Persönlichkeit, die kreative und schöpferische Entwicklung und Anpassung werden durch gestalttherapeutische Methoden und Techniken wie dem Experimentieren, Konfrontieren, der Arbeit mit gestalterischen und musischen Mitteln (Malen oder Zeichnen, Musik, die Arbeit mit Phantasie, Spielen, Geschichten erzählen (vgl. LUMMA/KNÜDELER 1984.) unterstützt. Die Gestalttherapie ist auf dieser Basis besonders gut geeignet, „die religiöse Dimension im Menschen zu aktualisieren und tiefere Erfahrungen mit ihr zu machen, etwa über die gestalttherapeutische Arbeit mit Symbolen" (LUMMA, 1988c, S. 45.).
Gestalttherapeutische Arbeit beginnt mit dem Offensichtlichen. Dieses Offensichtliche muß aber auch verstanden werden: die Dimensionen des Gewordenseins und der Gerichtetheit in die Zukunft sind wesentliche anthropologische Grundlagen. Dazu bedarf die Gestalttherapie einer Erweiterung durch therapeutische Verfahren, die diese Dimensionen beinhalten.

Orientierungsanalyse

Die orientierungsanalytische Methode ermöglicht durch die Bearbeitung von frühen Erinnerungen in Form des gestalttherapeutischen Rollenspiels die Bewußtwerdung der eigenen inneren Überzeugungen und der Gerichtetheit in die Zukunft, der Finalität. Diese Grundüberzeugungen werden durch die Reflexion der eigenen Lebensgeschichte herausgearbeitet und damit Möglichkeiten der Veränderung und Neuentscheidung geschaffen. Dies schlägt sich auch nieder im Betrachten der eigenen Geschichte und darin, was der einzelne zu werden beabsichtigt.
In der Orientierungsanalyse finden individualpsychologische Erkenntnisse (ADLER, ACKERKNECHT), gestaltherapeutische Elemente (gestalttherapeutisches Rollenspiel, Monodrama) und Erklärungsmodelle aus der Transaktionsanalyse bzw. der Kommunikationswissenschaft eine Verbindung (vgl. LUMMA, 1988b, S.248.).

Die Orientierungsanalyse rückt das Zielgerichtetsein des Menschen in den Mittelpunkt der Arbeit. Dies stellt eine Ergänzung zu den meisten Beratungsverfahren der Humanistischen Psychologie dar, die ihr Augenmerk ausschließlich auf die Dimension des Hier und Jetzt richten.

„Wir können einen anderen Menschen nur verstehen, wenn wir sehen, worauf er sich zubewegt, was er im Begriff ist zu werden; und wir können uns selbst nur erkennen, wenn wir unsere Potentia in Handlung umsetzen. Die entscheidende Zeitform ist daher das Futur - das heißt, die zentrale Frage ist, worauf ich gerichtet bin, was ich in der unmittelbaren Zukunft sein werde." (Rollo MAY, 1986, S.103).
Rollo May versteht unter ***Potentia*** die „Quelle innerer Kraft". Die Beschäftigung

mit der Ausrichtung der inneren Kraft kann Aufschluß geben über das eigene Gewordensein und die Zielgerichtetheit, die Finalität: warum richte ich meine Energie auf diese Ziele und wie tue ich es? Und: was will ich, wie will ich sein? Thomae legt in seinem grundlegenden Werk zur dynamischen Persönlichkeitspsychologie dar, daß es bei den Prozessen der Orientierung „um die Harmonisierung von Eigenanspruch und Wirklichkeit, von Einsicht in die Realität und Bedürfnislage, von Antriebs- und Erkenntnisfunktionen" geht (THOMAE, 1966, S.29.).

Früherinnerungen sind nicht als Tatsachen zu verstehen, sondern als aus einer Menge an Erfahrungen herausgefilterte Konstrukte, die eine Herausbildung von relativ überdauernden Grundüberzeugungen möglich machen und abstützen. Ackerknecht vergleicht den Lebensstil mit einem Architekten (vgl. ACKERKNECHT, 1978, S.117.), der die herausgefilterten Erinnerungen zu einer Lebensgeschichte zusammenfügt, in der die Erinnerungen mit Grundüberzeugungen in Einklang gebracht werden. Die Früherinnerungen sind dementsprechend keine Begründungen für den Lebensstil, sondern vielmehr zu verstehen als Hinweise darauf, für welche Seite der möglichen Wertungen einer Situation sich der einzelne entschieden hat und was für ihn als Quintessenz, als Einstellung für sein weiteres Leben daraus folgt. Wesentlich für diese Sichtweise ist die grundlegende Überzeugung, daß der Mensch einen aktiven Anteil an der Auswahl seiner Erinnerungen hat (vgl. ACKERKNECHT, 1978, S.117.). Die Erinnerung an eine Situation birgt in sich die Möglichkeit einer Sinnfindung für diese Erinnerung.

„Beim Interview über Früherinnerungen wählt der Klient unbewußt Szenen aus der Kindheit aus, die Spiegel seiner augenblicklichen Lage und seiner stillen Ziele sind."
(Lumma, 1988b, S.241.)

Lucy Ackerknecht gewann durch ihre langjährige Arbeit mit Früherinnerungen die Erkenntnis gewonnen, daß sieben Erinnerungen eine differenzierte Sicht auf den Lebensstil einer Person ermöglichen. Diese gliedern sich in drei Blöcke, die verschiedene Aspekte des Lebensstils zeigen: die Beziehung zur gegenwärtigen Lebenssituation, die Zukunftsprojektionen und die Beziehungen zum sozialen Gefüge (vgl. ACKERKNECHT, 1978.).
Im Rahmen der dargestellten Gruppe habe ich je eine Früherinnerung erheben lassen, die grundlegende Einblicke in die persönlichen und sozialen Überzeugungen und Beziehungen erlauben kann. In der Gruppenarbeit ist die Erweiterung der sozialen Kompetenz besonders gut möglich, auch in der Inszenierung und Neuinszenierung von Früherinnerungen. Diese Arbeit am Gemeinschaftsgefühl basiert auf der individualpsychologischen Basis der Orientierungsanalyse nach Adler, die den Menschen als ***zoon politikon*** sieht und die Zugehörigkeit zu Gemeinschaften mit stabilen Beziehungen und humanen Orientierungen als existentiell notwendig erachtet (vgl. LUMMA, 1988b, S.122.). Hier kann die Gruppe für das Experimentieren und die Festigung neuer Orientierungen als soziales Übungsfeld gut genutzt werden.

Imaginationsverfahren

Therapeutische Imaginationsverfahren wie z.B. das Kathathyme Bilderleben (LEUNER) oder die Arbeit mit gelenkten Wachträumen (auch als gelenkte Phantasiereisen bezeichnet) arbeiten unter Zuhilfenahme verschiedener Techniken mit den inneren Bildern und Symbolen eines Menschen, um deren heilsame Energie aktivieren und nutzen zu können. C.G. JUNG hat mit der Entdeckung des Kollektiven Unbewußten, einer menschlichen Erfahrungsschicht, in der über die persönliche Lebensgeschichte hinaus Erfahrungen der Menschheit enthalten sind, das Verständnis von der menschlichen Seele um einen wesentlichen Aspekt erweitert. Riedel vergleicht das Kollektive Unbewußte mit den ‚Bodenschätzen' der Menschheit, „zu denen die großen heilenden Grunderfahrungen, die Symbole gehören." (RIEDEL, 1993, S.17.). Symbole fassen vormals unbewußte Inhalte in eine dem Bewußtsein zugängliche Form und ermöglichen so das Inkontaktkommen des Ich mit den Kräften aus dem Unbewußten. Diese Kräfte können in der Bearbeitung die Selbstgestaltung des Menschen, im Jungschen Sinne seine Individuation, voranbringen.

Gelenkte Wachträume, denen ich eine kurze Körperentspannung voranstelle, sollen mit Phantasien, inneren Bildern, vorgegebenen Themen und den damit verbundenen Energien in Kontakt bringen. Ich habe die Imaginationsarbeit in der Beispiel-Gruppe meist zu Beginn eines thematisch neuen Abschnitts eingesetzt und immer mit einer anschließenden Phase der bildnerischen Gestaltung dessen, was die einzelnen im Wachtraum erlebt haben, kombiniert. Riedel weist besonders auf die Möglichkeit der Kombination von Imagination und Malen hin: beide Verfahren schöpfen aus dem Unbewußten (vgl. RIEDEL, 1993, S.7).

Themen für Phantasiereisen wählte ich so, daß sie zu Beginn der Gruppe noch relativ nah am Tagesbewußtsein angesiedelt waren, wie z.B. beim ersten Thema mit der Phantasiereise ‚Mein Haus'. Später nahm ich Themenbereiche auf, die die einzelnen mehr in Kontakt bringen würden mit Symbolen und Archetypen aus dem Kollektiven Unbewußten, wie z.B. die Begegnung mit der Weisen Frau. Die Wachträume werden von mir so angeleitet, daß sich die Teilnehmerinnen auch mit dem jeweiligen Symbol oder der erscheinenden Figur identifizieren. Dies setzt den Prozeß der Wahrnehmung dergestalt in Gang, daß die im Symbol enthaltenen Kräfte auch demjenigen, der das Symbol bildert, zugänglich sind. Dieser Prozeß wird durch das bildnerische Gestalten im Anschluß an die Phantasiereisen erweitert, da das Malen ein bewußter Vorgang ist, in dem durch die bildnerische Bearbeitung des Geschauten dieses in das Bewußtsein integriert wird. Die Erfahrungen der einzelnen in den gelenkten Wachträumen wurden in der Gruppe sowohl in der Gestaltung von Bildern als auch im therapeutischen Gespräch bearbeitet.

Gestaltungstherapeutische Konzepte

Das zugrundeliegende Menschenbild der gestaltungstherapeutischen Konzepte stellt das schöpferische Sein des Menschen in den Mittelpunkt. Gestaltungstherapeutische Arbeit zielt auf die kreativen und schöpferischen Ausdrucksmöglichkeiten des Menschen und die damit möglichen Veränderungen der Ausrichtung psychischer Energien des Menschen. Die in den gestalteten Bildern und Objekten ausgedrückten Bildelemente, deren Beziehungen untereinander, die Farbgebung u.a.m. können mit dem Klienten gedeutet und interpretiert werden als Ausdruck der inneren Gestimmtheit und der Themen, die ihn zur Zeit beschäftigen.

„Der Mensch bildet aufgrund seiner angeborenen Konstitution und seiner Erfahrungen in seiner Umwelt, zunächst seiner Familie, sogenannte unbewußte Gewißheiten über sich selbst, wer er ist und was er taugt, über das Leben, die Eltern, die Geschwister, Liebe und soziale Bedingungen."
(TOMALIN/SCHAUWECKER, 1993, S.13.)

Diese unbewußten Gewißheiten, die in der Orientierungsanalyse anhand der früheren Kindheitserinnerungen herausgearbeitet und verändert werden können, drükken sich auch in den Bildern und gestalteten Objekten einer Person aus. Ziel der gestaltungstherapeutischen Arbeit ist die Integrierung von abgespaltenen und verdrängten Erfahrungen und Anteilen des Menschen in sein Bewußtsein durch das Gestalten mit Farben und Formen (vgl. TOMALIN/SCHAUWECKER, 1993, S.11.). Wichtig ist dabei, daß die Grundüberzeugungen und die damit verbundene Problematik nicht an einem einzelnen Bild ausreichend sichtbar wird, sondern daß über einen längeren Zeitraum mit einer Person und ihren Bildern gearbeitet werden muß, um die Zusammenhänge einordnen zu können. Das, was ein Klient heute gestaltet, erscheint vielleicht nur heute in dieser Größe oder Farbe oder Position im Bild.

Die Konzeption meiner Gruppenarbeit stützt sich auf die von Elisabeth Tomalin entwickelte Form themenzentrierter Gruppenarbeit (basierend auf Ruth Cohns Themenzentrierter Interaktion). Nach Tomalin kann der typische Verlauf einer Gruppe in fünf verschiedene Phasen unterschieden
werden, wobei von ihr Parallelen zur psychodynamischen, frühkindlichen Entwicklung des Menschen gesehen werden
(vgl. SCHOTTENLOHER/TOMALIN, 1990, S. 378.).

Die erste Zeit in der Gruppe geht es nach Tomalin für den einzelnen darum, wie er in seinem Dasein von der Gruppe angenommen wird. Der nächste Schritt ist die Beschäftigung mit den eigenen Bedürfnissen und deren Beachtung innerhalb der Gruppe. Nach dieser Zeit geht es dann um die Klärung der Autonomie und der Selbstbehauptung: werde ich auch angenommen, wenn ich meinen Willen durchsetzen will und mich anderen gegenüber abgrenze? Die persönliche Standortbestimmung und die Auslotung der Beziehungen in der Gruppe unter den genannten Aspekten ermöglicht jetzt die verstärkte Arbeit an einem gemeinsamen Thema.

„Nachdem sowohl das Angenommensein wie auch die Abgrenzung implizites Thema war, kann nun eine Basis gefunden werden, sich gemeinsam einer Aufgabe, einer Utopie zuzuwenden, in der sowohl die Bedürfnisse des einzelnen wie die der anderen und der Realität berücksichtigt werden können."
(SCHOTTENLOHER/TOMALIN, 1990, S. 385.)

Auf der Basis dieses Modells habe ich mich dazu entschieden, die Arbeit mit Früherinnerungen in der zweiten Hälfte eines Kurses anzusiedeln, da dann davon ausgegangen werden kann, daß die einzelne Teilnehmerin bis dahin ihre Basis und Beziehungen in der Gruppe geklärt hat und sich auf dieser Grundlage der Bearbeitung der Früherinnerung zuwenden kann.
Im fünften und letzten Schritt einer Gruppe geht es darum, die gemeinsame Arbeit zu beenden und sich zu verabschieden. Wichtige Themen in der Schlußphase einer Gruppe sind das Gewahrwerden dessen, was für den einzelnen (mit den anderen) wichtig war und was der einzelne aus der Arbeit mitnimmt.
Eine Tiefung des Lernprozesses in fortgeschrittenem Stadium einer Gruppe kann durch die Verwendung fließender Materialien wie Tonerde, Finger- oder Aquarellfarbe unterstützt werden. Jede dieser Materialien leistet einer anderen Ausdrucksdimension und Regression Vorschub.

Bei der Betrachtung und Interpretation der gestalteten Bilder und Tonerdeobjekte im Gruppengespräch stütze ich mich besonders auf die Ausführungen zur Maltherapie von Jolande JACOBI (1977) und Ingrid RIEDEL (1992), die auf der Analytischen Psychologie C.G. JUNGs basieren. Jolande Jacobi hat einen Leitfaden zum Verständnis und zur Deutung spontaner Bilder entwickelt, der die Wahl des Materials, die Beziehungen zwischen Bild und Raum, die Bedeutung von Perspektive, Farben, Zahlen, sowie Bildelementen und deren individuelle und kollektive Dimension eingehend behandelt. Ingrid Riedel beschreibt in ihrem Buch „Maltherapie" (1992) die Faktoren, die eine therapeutische Wirksamkeit der Maltherapie begründen.

Der Gestaltungsvorgang ist geprägt von der Auseinandersetzung mit dem Thema, den Gesetzmäßigkeiten bildnerischen Gestaltens (Farben, Formen, Material, Raumsymbolik) und dem Prozeß der Realisierung durch Strukturierung des Bildraumes und damit des inneren Raumes der Person
(vgl. RIEDEL, 1992, S.59.).

Mit dem Gestaltungsvorgang geht der Symbolisierungsvorgang einher, in dem die bewußten und latenten Inhalte des Denkens, der Phantasie, der Körperlichkeit und der Gefühle zu einer bildhaften Vorstellung zusammengebracht und bildnerisch gestaltet werden. Das hervorgebrachte Symbol weist immer in zwei Richtungen: in die Vergangenheit, die Erinnerung und in die Zukunft, in Richtung einer neuen Idee oder Utopie.

„Symbole und Mythen heben kindliche, archaische Ängste, unbewußte Sehnsüchte und ähnlich primitive psychische Inhalte ins Bewußtsein. Das ist ihr regressiver Aspekt. Aber sie fördern auch neue Bedeutungen und neue Formen zutage und offenbaren eine Realität, die vorher buchstäblich nicht vorhanden war, eine Realität, die nicht bloß subjektiv ist, sondern einen zweiten Pol hat, der außerhalb von uns selbst liegt. Dies ist die progressive Seite von Symbol und Mythos. Dieser Aspekt weist nach vorn. Er ist integrativ." (Rollo MAY, 1987, S.86.)

Die gestaltende Arbeit an vormals unbewußten Inhalten bedeutet eine Integration eben jener und nicht nur einen Bewußtwerdungsprozeß oder ein Probehandeln; sie stellt vielmehr „bereits eine Freisetzung der hilfreichen Kräfte des Selbst, die hinter den Komplexen und Archetypen stehen," dar.

„Der Gestaltende arbeitet beim Malen direkt an seiner Selbstgestaltung, seiner Individuation und damit an seiner Selbstheilung." (RIEDEL, 1993, S.29.)

Im Besprechungs- und Interpretationsvorgang wird gemeinsam versucht, die Bedeutung des Gestalteten zu erfassen. Es geht um das Herausarbeiten der Ressourcen und der Selbstheilungsanteile, der Utopien und Wünsche (vgl. RIEDEL, 1992, S.45.). Der Beziehungsvorgang umfasst den Aufbau des Vertrauens zwischen Klient und Berater und die Begegnung im Dialog über das Bild.

„Sehr wichtig erscheint mir hierbei, daß die Beziehung zwischen Therapeut und Klient in der Maltherapie immer auf ein ‚Drittes', das Bild, bezogen ist, dem sie gemeinsam gegenüberstehen, das sie gemeinsam betrachten. Das Heilende ist hier nicht einfach die Beziehung, sondern die dieser Beziehung entsprungene Botschaft aus dem Unbewußten des Klienten, von diesem sichtbar gemacht und zum Bild gestaltet." (RIEDEL, 1992, S.47.)

Orientierungsanalytische Gruppenarbeit mit gestalterischen Mitteln - Praxisfeld-Studie

Die hier vorgestellte Gruppe fand an zehn Abenden in wöchentlichen Intervallen an einem Bonner Bildungswerk statt. Nach vier kurzfristigen Absagen begann die Gruppe mit fünf Teilnehmerinnen. Uns standen pro Abend zweieinhalb Stunden für die gemeinsame Arbeit zur Verfügung. Drei der fünf Teilnehmerinnen haben mir ihr Einverständnis gegeben, ihre persönlichen Prozesse während des Kurses und das von ihnen gestaltete Bildmaterial darzustellen.
Der Kurs war ausgeschrieben unter dem Titel „Neuen Wegen auf der Spur * Wohin mit meiner Kraft, die noch so vieles will". Er richtete sich an Interessentinnen, denen bewusst ist, daß sie sich mit alten Handlungsstrategien an einem erfüllten Leben hindern oder aber durch eine Krise hindurchgegangen sind und nun mit dieser Erfahrung an neuen Wegen für ihr Leben arbeiten wollen.
Das Konzept versteht sich als pädagogisch-therapeutisches Angebot im Rahmen der Erwachsenenbildung und will den Teilnehmern dazu verhelfen, ihre persönliche Entwicklung, ihr Gewordensein besser zu verstehen und ihren weiteren Weg nach ihren Bedürfnissen, Wünschen und Zielen sowie an den Gegebenheiten ihrer Lebenssituation auszurichten.
Ein weiteres wichtiges Ziel bestand darin, die kreativen Potentiale der TeilnehmerInnen zur Persönlichkeitsentwicklung und Problemlösung heranzuziehen, zu unterstützen und zu entwickeln. Dazu habe ich im orientierungsanalytischen Rahmen mit gestalttherapeutischen und gestaltungstherapeutischen Methoden gearbeitet.
Vor Beginn des Kurses hatte ich vom Rahmenthema ausgehend fünf aufeinander aufbauende Sequenzen entwickelt, die ich im folgenden eingehender schildern werde. Zu jedem Themenbereich stelle ich Passagen aus den Sitzungen, gestaltetes Bildmaterial und die prozessuale Arbeit in der Gruppe dar.

Ankommen und Vertrauen fassen

In meinen Vorüberlegungen war mir für die Gestaltung der Anfangsphase dieser Gruppe wichtig, ein möglichst angstfreies Klima zu gestalten, in dem die einzelne gut ankommen und die übrigen Teilnehmerinnen kennenlernen kann.
Neben der Motivation zum „sich einlassen" interessierte mich in der Anfangsphase auch, in welcher psychischen Verfassung sich die einzelne befand und ob sie in der Lage war, sich mit emotional stark besetzten Kindheitserinnerungen und unbewußten psychischen Mustern zu konfrontieren und wo sie ggf. Stärkung und Unterstützung in ihrer Standfestigkeit braucht.
Nach Tomalin weisen die verschiedenen Phasen eines Gruppenverlaufes Parallelen zur lebensgeschichtlichen Entwicklung eines Kindes auf. Die erste Phase in einer

Gruppe wird vom einzelnen erlebt als Ankommen und die Frage danach, wie sein Dasein von den anderen in der Gruppe aufgenommen wird (vgl. SCHOTTENLOHER/ TOMALIN, 1990, S. 378f.). Diese Frage kann neugierig, aber auch ängstlich getönt sein.

Das Vorstellen der eigenen Person durch und mit einem Bild erleichtert den Anfang einer Gruppe. Jede der Teilnehmerinnen hat ein Bild gemalt und ist mit diesem Bild in der Gruppe präsent. Tomalin spricht hier vom „Hilfs-Ich'" das sich der Klient mit seinem Bild schafft, in dem er psychische Inhalte im Bild gestaltet und damit als einen verobjektivierten Teil von sich bearbeiten kann (vgl. TOMALIN/SCHAUWECKER, 1993, S.16.).

Durch Malen werden von der rechten Hirnhälfte gesteuerte Fähigkeiten des bildhaften Denkens aktiviert. Beim Malen geht es um eine bildhafte Vorstellung seiner selbst, die von Erklärungen und Selbstdarstellungen in herkömmlicher Weise entbindet. Zudem kann man davon ausgehen, daß jedem Erwachsenen das Malen aus der Kindheit vertraut ist. Dadurch kommen die Teilnehmer mit Anteilen ihres freien Kind-Ichs (im Sinne der Transaktionsanalyse) in Kontakt.
Der Aufbau einer Vertrauensbeziehung zwischen den Teilnehmerinnen und mir nimmt in der ersten Gruppenphase einen zentralen Stellenwert ein. Die Arbeit an den Bildern und den Themen der Teilnehmerinnen in dieser Phase geschieht nicht konfrontierend, sondern legt das Schwergewicht auf das Annehmen und Unterstützen der einzelnen.

Am ersten Abend lade ich die Teilnehmerinnnen dazu ein, Papier und Wachsmalkreiden zu nehmen, sich eine ruhige Ecke zu suchen und ein Bild zu malen zum Thema: „Mein Standort, mein Wunschort und mein Name". Zum Malen gebe ich etwa 25 Minuten Zeit, danach kommen alle wieder in der Gruppe zusammen, um sich mit ihrem Bild vorzustellen. Ich weise darauf hin, daß es beim Malen nicht auf das Schaffen eines Kunstwerkes und Perfektion ankommt, sondern um ein sich Ausdrücken durch das Malen. Nach der verabredeten Zeit kommen wir in der Gesamtgruppe wieder zusammen und ich frage, wer mit der Vorstellung seines Bildes beginnen möchte.

Bild 1 (Praxisfeld-Studie von Miquel)

Claudia sieht sich in der Runde um und sagt, daß sie anfangen möchte. Sie hat zuerst ihren Standort gemalt, den sie in der rechten Bildhälfte in Form des Hauses darstellte, in dem sie eine schöne helle Wohnung bewohnt. In das Haus schrieb sie noch den Namen der Stadt, in der es sich befindet. Auf der linken Bildhälfte hat sie ihren Wunschort gemalt, u.a. ein kleines Haus, das den Namen der Stadt trägt, in die sie in Kürze ziehen will. Sie erzählt, daß sie sich sehr auf Italien freut, das warme Klima dort, die Mentalität der Menschen und die Lebensart. Sie möchte dort im Rahmen ihres Studiums längere Zeit bleiben und weiß auch nicht, ob sie noch mal nach Deutschland zurück will. Sich selbst hat sie in die Mitte des Bildes gemalt, das

Gesicht der neuen Stadt zugewandt. Ihr fällt auf, daß sie sich selbst so gemalt hat, wie ihr Bruder sie oft malte: als „Strichmännchen". Sie erzählt, daß das zwischen ihrem Bruder und ihr eine Art Spiel war, in dem der Bruder sie, als er schon erwachsen war, so malte und darunter schrieb: „meine kleine Schwesta". Als sie das erzählt, wird an ihrer Stimme deutlich, daß sie ein sehr nahes Verhältnis zu ihrem Bruder hat.
Neben ihrer Selbstdarstellung steht, durch eine grüngelbe Andeutung von Gras getrennt, ein ähnliches Strichmännchen, allerdings ohne Gesicht. Meine Nachfrage, ob sie damit eine konkrete Person darstellen will, verneint sie.
Nachdem sie geendet hat, frage ich sie, ob ihr noch weiteres einfällt zu ihrem Bild. Sie lässt ihren Blick noch mal über das Bild schweifen und sagt dann, daß ihr Standort, ihr gemaltes Haus, sehr skizzenhaft und weiß aussehe. Sie wohne erst seit kurzem dort und fühle sich zum einen zwar sehr wohl in dieser Wohnung, aber sie vermisse auch das Zusammensein mit anderen, so wie sie es in ihrer ehemaligen Wohngemeinschaft erlebt hat.

Nachdem ich zunächst mit Claudia einen Dialog zu ihrem Bild geführt habe und die anderen der Gruppe zugehört haben, frage ich Claudia, ob sie von den anderen Rückmeldungen zu ihrem Bild haben möchte. Sie freut sich über diese Möglichkeit und will von den anderen etwas hören. Zur Gruppe gewandt führe ich an dieser Stelle einige „Spielregeln" bezüglich der Äußerung von Assoziationen und Ideen zur Bildbetrachtung ein. Ich bitte die anderen, ihre Wahrnehmung des Bildes (der Bildgestaltung, der Farben und der Bildelemente) und ihre dazugehörigen Gefühle als „Ich-Botschaften" auszudrücken, möglichst keine Fragen zu stellen, sondern Aussagen zu machen. Claudia sage ich, daß sie nun zuhören kann, und sich aus dem Feedback der Gruppe nur das heraus nimmt, was ihr hilft, ihren Sinn im Bild zu entdecken.
Die an dieser Stelle eingeführten Regeln für die gemeinsame Kommunikation entstammen der Themenzentrierten Interaktion nach Ruth Cohn und werden von mir im Lauf der gemeinsamen Arbeit mit den weiteren Postulaten ergänzt
(vgl. Ruth COHN / Alfred FARAU, 1984, S. 343-360).

Die anderen Gruppenmitglieder machen eine Reihe von Anmerkungen zu Claudias Bild, besonders ist ihnen aufgefallen, daß die linke Seite, auf der ihr Wunschort dargestellt ist, einen viel lebendigeren und farbigeren Eindruck macht als ihr Standort. „Dort ist ja viel mehr Leben, da sind Menschen und da scheint die Sonne". Zwei Teilnehmerinnen empfanden die Farbgebung auf der Seite ihres Standortes als künstlicher als die des Wunschortes, der ihnen auch sehr einladend erscheine. Die Gruppe lässt sich viel Zeit mit Claudias Bild, hat eine Reihe von Ideen zur Farbgestaltung, Strichführung und der Aufteilung des Bildes. Ich bemerke, daß es den Teilnehmerinnen Spaß macht, sich mit dem Dargestellten intensiv zu befassen.

Nachdem die Gruppe und auch ich etwas zu Claudias Bild gesagt haben, frage ich sie, was ihr von den Rückmeldungen der anderen besonders wichtig sei. Sie empfindet den Unterschied in der Lebendigkeit ihres Standortes und ihres Wunschortes durch die Äußerungen der Gruppe nun viel stärker als vorher. Sie freue sich sehr auf ihre Zeit in Italien, wolle sich aber auch in den kommenden sechs Monaten hier noch wohl fühlen und etwas mehr Farbe in ihr Leben bringen. Sie bekräftigt dies später erneut, nachdem die anderen Teilnehmerinnen ihre Bilder vorgestellt haben und ich nach den Motiven der Teilnahme am Kurs frage.

Reflexion
An diesem ersten Abend war mir besonders wichtig, der jeweiligen Teilnehmerin, die ihr Bild vorstellt, einen Vertrauen ermöglichenden Rahmen zu geben, in dem ich zunächst mit ihr in den Dialog gehe. Ich frage bei jeder Kursteilnehmerin, ob sie die Rückmeldungen der anderen hören will und achte darauf, daß sie am Ende noch mal mit dem zu Wort kommt, was ihr an den Äußerungen der anderen besonders wichtig ist. In dieser Situation war auffallend, daß sich einige der Frauen schwer taten, aus den Rückmeldungen das herauszugreifen, was ihnen am wichtigsten ist. Ich habe sie dazu angeleitet, einen klaren Faden herauszuarbeiten und nicht alles mitzunehmen.

In dieser Phase halte ich mich mit meinen eigenen Ideen und Wahrnehmungen stärker zurück, um der Gruppe die Möglichkeit zu geben, zum Zuge zu kommen und sich an den Bildern zu erproben und mit der neuen Art von Bildbetrachtung umzugehen. Bei Äußerungen, die als Wertungen gemacht werden, frage ich nach, welches Gefühl die Teilnehmerin hat, die dies so gesehen und was diese Wertung mit ihr selbst zu tun hat. Als Lernschritt für die Teilnehmenden heisst dies, sich den Unterschied zwischen Wahrnehmung und Interpretation zu vergegenwärtigen. Ich mache in meinen Anmerkungen zur Bildgestaltung auch deutlich, daß es keine festgeschriebenen und unumstößlichen Bedeutungen zu Inhalten, Symbolen, Farben und Formen gibt. Es gebe Bedeutungszuschreibungen, die aus dem kollektiven Gebrauch herrühren. Dazu muß jedoch die persönliche Bedeutung des Symbols, der Farbe etc. kommen.
Besonders deutlich habe ich an diesem ersten Abend die Bereitschaft der Kursteilnehmerinnen wahrgenommen, sich zu öffnen, den anderen zuzuhören und in den Bildern auf Entdeckungsreise zu gehen.

Am zweiten Kursabend leite ich zu einer kurzen Körperentspannung und anschließenden Phantasiereise zum Thema „Die Reise zu meinem Haus" an. Im Anschluß daran gestalten die Teilnehmerinnen ihr Haus mit Wachsmalstiften. Am Schluß des Malens sollen drei Adjektive, die das Haus beschreiben, hinten auf das Blatt geschrieben werden.
Die Gestaltung des Hausmotivs soll Aufschluß geben über die Vorstellungen und Befindlichkeit der eigenen Persönlichkeit: wie empfinden wir unsere Identität, wie möchten wir gerne sein oder gesehen werden. Aus der Imagination und Gestaltung dieses Motivs lassen sich auch diagnostische Hypothesen über die Belastbarkeit und Stabilität der Ich-Identität der Teilnehmerinnen ableiten. Dies erscheint mir wichtig, da es in den nächsten Sitzungen um die Bearbeitung von frühem Material aus der Kindheit geht und damit einhergehend ggf. die Konfrontation mit lange vergessenen, zum Teil verdrängten Erinnerungen. In dieser Sequenz geht es um die Darstellung des Äußeren des Hauses, die Einbettung in die Umgebung, die Stimmung durch die Gestaltung im Bild. In der Phantasiereise zu ihrem Haus lasse ich die Teilnehmerinnen auch ins Innere des Hauses gehen und sie spüren, was sie jetzt gerne tun wollen und dies auch ausführen. Die Ausführung und emotionale Besetztheit verschiedener Wohnräume ließ ich außen vor. Auf der Ebene der Interaktion in und mit der Gruppe lautet das Thema: wie will ich nach außen wirken, was offenbare ich von mir und wie nehmen die anderen mich war?
Als die Gesamtgruppe nach dem Malen wieder zusammenkommt, bitte ich, die Erfahrungen, Erlebnisse und Gefühle, die die Teilnehmerinnen während der Phantasiereise und des anschließenden Malens hatten, zu schildern. Im zweiten Schritt geht es dann um das gemalte Bild, das jeweils in die Mitte gelegt wird. Ich

Bild 2 (Praxisfeld-Studie von Miquel)

möchte hier die Sequenz aus dieser Sitzung mit Claudia schildern, deren Eingangsbild ich vorgestellt habe.

Claudia erzählt in der Runde, daß sie auf dem Weg zu ihrem Haus eine Landschaft gesehen hat, die ihr aus ihrer Kindheit vertraut ist, als sie eine zeitlang mit ihrer Familie im süddeutschen Raum lebte. Sie war damals sechs oder sieben, ihr Vater wurde berufsbedingt oft in andere Städte versetzt, so daß sie aus dieser Umgebung, die ihr in der Phantasiereise erscheint, den zweiten großen Umzug mitmachen muß. Die Umzüge und die damit verbundenen Abschiede aus der vertrauten Umgebung und von Freunden machten ihr immer wieder zu schaffen, und sie ist heute noch traurig über die Verluste. Damit bringt sie auch das Adjektiv „neu" in Verbindung, mit dem sie u.a. ihr Haus charaktierisiert: sie mußte sich immer wieder neu in eine Umgebung hineinstellen.

Ich schaue mir mit ihr gemeinsam das Bild an und bitte sie, sich mit dem Haus, das sie gestaltet hat, zu identifizieren. Sie leitet ein, daß sie (als ihr Haus) steril, warm und neu sei, daß sie am Rande eines Fichtenwaldes stehe und an ihr ein breiter Weg vorbeiführe.

Was mir in dieser Sequenz sehr stark auffällt, ist, daß sie am Anfang sehr laut spricht und einen Unterton in der Stimme hat, der mich und die anderen vielleicht von etwas überzeugen soll. Dazu kommt, daß ihr gemaltes Haus auf mich keinen neuen und sterilen Eindruck macht. Ich empfinde es sogar als ziemlich windschief und dadurch, daß es auf dem Blatt relativ wenig Raum einnimmt und mit roten Ziegel gestaltet ist, als klein und gemütlich. Ich schildere ihr den Eindruck, den ihr Haus auf mich macht. Sie beharrt zunächst darauf, eine Art Fertighaus in ihrer Phantasie gesehen zu haben, wobei „Fertighaus" für sie keine negative Färbung hat, und ihr dieses Haus auch durchaus entspräche.
Die anderen Teilnehmerinnen weisen darauf hin, daß Claudia das mittlere Adjektiv, das Wort „warm" in der gleichen Farbe geschrieben hat, in der sie das Haus malte. Auf die anderen Mitglieder macht Claudia keinen „sterilen" Eindruck. Sie selbst ist überrascht, daß sie ein ganz anderes Haus gemalt hat als in ihrer Phantasiereise.
Nachdem die Gruppe zu ihrem Bild Rückmeldungen gegeben hat, frage ich sie, ob sie anderen gegenüber eher steril wirken möchte. Sie sagt, daß sie nicht unbedingt steril wirken will, aber auch nicht zu einladend. Sie zeige lieber eine glatte Oberfläche, die eher kühl wirkt, als zu einladend für andere zu wirken. Sie möchte selbst entscheiden, wen sie in ihr Haus einlädt und nicht von anderen vereinnahmt werden. Die Gruppe spiegelt ihr, daß sie in Bezug auf andere und deren Belange sehr aufmerksam und aufgeschlossen wirkt, und auch ihr Haus auf dem Bild einladender ist, als sie es selbst gestalten wollte. Zwei Frauen aus der Gruppe sagen, daß sie richtig froh sind, daß Claudia nicht so wirkt, wie sie das beabsichtigt. Die Diskrepanz in den Adjektiven „steril" und „warm" nimmt sie nicht so deutlich wie die Gruppe wahr, sie will eher aufgeräumt und trotzdem warm erscheinen. Das Thema, das sie für sich am Ende dieses Abends formuliert, lautet: ich möchte entscheiden, mit wem ich nahen Kontakt habe und was ich von mir zeige. Mir wird deutlich, daß Claudia unsicher ist, ob und wie tief sie sich auf andere einlassen soll. In den folgenden Sitzungen vertieft sie dieses Thema.

Bei der Arbeit mit den Bildern der anderen Mitglieder der Gruppe zeigt sich bei allen das Phänomen, dass sich das Haus, welches gemalt wurde, ganz wesentlich von dem aus der Phantasiereise unterscheidet. Bei einer Teilnehmerin war fast der gegenteilige Fall wie bei Claudia zu sehen: sie bilderte in der Phantasie ein kleines, verwinkeltes und buckliges Häuschen, das später auf dem Papier sehr gerade und ebenmäßig gebaut dasteht. Eine Teilnehmerin baut und streicht im gestalteten Bild ihr Haus um. Ihr wird in der Arbeit sehr deutlich, daß es zwischen dem, was sie von sich nach außen zeigen will und ihrem Haus (das in der Phantasie identisch ist mit dem Haus, in das sie in Kürze einziehen wird) wesentliche Parallelen gibt: sie glaubt, an sich (bzw. ihrem Haus) noch schnell Veränderungen durchführen zu müssen, um von den anderen anerkannt und erkannt zu werden. Gleichzeitig sieht sie aber auch positive Aspekte in diesem Verändern: sie will ja, daß die anderen erkennen, was ihr wichtig und wertvoll ist.

Die Stimmung an diesem Abend war geprägt von einer intensiven Auseinandersetzung mit den Bildern und einer Vertiefung des Kontaktes: mit sich selbst und den anderen. In der Abschlußrunde wird mehrfach Erstaunen darüber geäußert, wieviel an wichtigen Themen in den Bildern zutage trete.
ch gebe am Ende des Abends noch einige kurze Erläuterungen zum gestalttherapeutischen Arbeiten und zur Arbeit mit Symbolen, da mich die Mitglieder der Gruppe an diesen beiden ersten Abenden wiederholt nach dem Typischen der Gestalttherapie gefragt haben. An Beispielen aus den einzelnen Arbeiten zeige ich kurz auf, wo ich gestalttherapeutisch gearbeitet habe. Das Aufzeigen methodischer Vorgehensweisen trägt dazu bei, mein Vorgehen als Therapeutin möglichst transparent zu machen, wodurch einerseits dem Bedürfnis der Teilnehmerinnen nach psychologischem Wissen Rechnung getragen wird, andererseits weit verbreitete Vorstellungen von „magisch-grandiosen" Fähigkeiten der Therapeuten abgebaut werden. Diese Informationen zum therapeutischen Vorgehen streue ich immer wieder ein, meist am Ende einer Arbeitseinheit.

Einen Platz finden *
Bedürfnisse artikulieren, Tiefung erfahren und Konflikte lösen

Die nächsten Treffen gestalte ich mit der Gruppe zum Thema „Mein Weg". Ich lasse die Teilnehmerinnen in ihrer Phantasie eine Reise durch ihre Seelenlanschaft machen, in der sie ihren Weg finden und ein Stück auf ihm gehen. Die Anleitung zur Körperentspannung und Phantasiereise gestalte ich so, daß eine Begegnung mit regressivem Material stärker evoziert wird als zu Beginn der Gruppe. Besonderes Augenmerk lenke ich in der Phantasiereise auf die Beschaffenheit und Begrenzung des Weges. Nach der angeleiteten Phantasie sollen die Mitglieder der Gruppe mit Oelkreide „ihren Weg" gestalten. Nach dem Malen bitte ich die Teilnehmerinnen, aus Tonerde eine Person, einen Gegenstand oder ein Symbol zu gestalten, das ihnen zu ihrem Weg einfällt. Die Arbeit am eigenen Weg kann dadurch eine Ergänzung um ein bislang ausgespartes Thema erfahren. Außerdem wird damit die Beziehung zu anderen Menschen oder die Bedeutung von Symbolen thematisiert und deren Bearbeitung möglich. In der Vorbereitung des Konzeptes war mir auch wichtig, zusammen mit den Mitgliedern herauszufinden, wohin und auf was die seelische Energie zur Zeit gewendet ist.

In der Gestaltung des Tons kommen Erfahrungen im Ausdruck des eigenen Themas zum tragen, die durch die Eigenschaften der Tonerde wesentlich bestimmt werden: die dreidimensionale Gestaltungsform, seine Weichheit und Glitschigkeit, die Nähe zum Schlamm und zum Kot. Damit können regressive Gefühle, Erinnerungen und Gestaltungen eher zum Ausdruck kommen. Die Regression, die hier gefördert werden soll, steht im Dienste des Ich, d.h. intendiert eine Erweiterung der bisherigen Grenzen und Möglichkeiten der Person im Sinne einer Persönlichkeitsaktualisierung.
Außerdem erscheint mir neben dem Erkunden der Richtung und des Ziels, dem sich die Mitglieder auf ihrem Weg zuwenden, auch wichtig herauszufinden, was sie für ihren Weg brauchen: von der Gruppe, von mir als Therapeutin und in ihrer jeweiligen Lebenssituation.

Bild 3 (Praxisfeld-Studie von Miquel)

Maria sitzt nach der Gestaltung ihres Weges und des Tongebildes sehr aufgewühlt in der Gruppe. Ich schlage vor, ein kurzes Blitzlicht zur Befindlichkeit zu machen, bevor wir an die einzelnen Bilder herangehen. In dieser Runde sagt Maria, daß sie sich jetzt „sehr mies" und auch wütend fühle. Sie habe in der Phantasiereise zu Beginn die gleiche Landschaft wiedergesehen, die sie schon bei ihrem Haus erlebt hatte, eine Gebirgslandschaft mit grünen Wiesen und einem Bach. Der Weg, den sie sah, sei sehr schmal gewesen und habe durch eine hügelige Wiese geführt. Sie sei diesen Weg ein Stück entlang gegangen und habe sich dann auf einen großen Felsen gesetzt, der an einer Einbuchtung des Weges gelegen habe. Von dort aus habe sie bei der Phantasiereise in ein Tal sehen können. Sie habe sich sich in dieser Umgebung sehr wohl und wie zuhause gefühlt.

Als sie dann aus der Tonerde eine für sie wichtige Person oder einen Gegenstand formen sollte, fiel ihr sofort ihr Mann ein. Sie gestaltete ihn in Symbolgestalt eines großen, breiten Ringes, der an einer Seite eine Verbreiterung und einen Riß hat.

Während sie von ihrer Reise und der Gestaltung des Ringes erzählt, weint sie und kann kaum sprechen. Sie sagt, daß ihr mit der Gestaltung des Tonringes plötzlich die ganze sehr belastende Situation in ihrer Ehe mit ihrem Mann gegenwärtig wurde. Nach einer Gehirnblutung ist ihr Mann seit einigen Jahren gehbehindert und in seinen Aktivitäten stark eingeschränkt. Viele von ihr gewünschte gemeinsame Aktivitäten lassen sich dadurch nicht durchfuhren. Bei diesen Sätzen erscheint mir ihre Stimme im Unterton aggressiv. Nachdem sie soweit von ihren Gefühlen erzählt hat, sitzt sie vor ihrem Bild und starrt es an. Ich bitte sie, mir zu sagen, was sie an ihrem Bild anschaut, was sie im Moment beschäftigt. Sie ist mit ihren Gedanken bei dem Weg, den sie gemalt hat. Ich schlage ihr vor, sich mit ihrem Weg zu identifizieren und über sich zu sprechen.

Maria
Ich bin mein Weg, ich bin steinig und schmal, schwer zu begehen.

Dann stockt sie, sagt, daß sie sich nicht mit einem steinigen Weg identifizieren wolle, das sei nicht sie, sie wolle nicht steinig und schwer zu begehen sein. Ich bitte sie, diese Übung weiterzumachen und in der Identifikation mit dem Weg auch ihre Gefühle auszusprechen. Sie fährt nach einigem Zögern fort.

Maria
Ich bin also dieser Weg, und ich bin steinig, aber ich will das gar nicht sein. Ich bin sehr schmal und beschwerlich zu gehen, es erfordert Kraft. Meine Begrenzungen sind schmal, aber wenn ich genauer hingucke, dann sind da auch breitere Stellen.

Alexandra
Wie sind die Steine, die du auf dir trägst?

Maria
Die sind ab und zu mal da, nicht wie Geröll, man kann trotz der Steine ganz gut auf mir gehen, aber man muß halt hingucken und auch sicher im Tritt sein. Und meine Ränder sind aus dunkler Erde und Gestein, aber man kann auch ruhig mal daneben treten, da ist dann halt die Wiese. Und dann gibt es auf mir noch eine Stelle mit einem Felsen, auf dem man sich ausruhen kann, auf den kann man sich setzen und auf die Wiese und das Tal schauen kann.

An dieser Stelle wird in ihrer Stimmung eine deutlich positivere Sicht ihres Weges deutlich, dem sie ja zuerst ziemlich ablehnend gegenüberstand. Ich frage sie, ob sie eine Parallele erkennen kann zwischen diesem Weg und ihrer Situation. Sie reagiert sehr heftig, beginnt wieder zu weinen und sagt, daß sie ihre Situation sowohl privat als auch beruflich sehr beschwerlich und belastend erlebt. Sie fühlt sich oft überfordert und wünscht sich mehr Unterstützung.

Bei der Gestaltung der Tonfigur ist ihr dann auch sofort ihr Mann eingefallen, von dem sie mehr Unterstützung haben möchte, der ihr aber auch manchmal wie ein

Klotz am Bein vorkommt. Die positivere Färbung ihres Weges, die am Ende der Identifikation mit dem Weg deutlich wurde, kommt jetzt nicht mehr durch. Sie sitzt da mit dem Tonring in der Hand und ich frage sie, ob es auf dem Bild einen Platz gebe für diesen Ring. Sie überlegt einen Moment. Ihre Körperhaltung ist sehr angespannt, schließlich knallt sie den Tonring auf das Bild, genau an die Einbuchtung, wo der Felsen steht, auf dem sie sich bei der Phantasiereise ausgeruht, von dem aus sie in die Landschaft geblickt hat.
Dann bricht es aus ihr heraus:

„Ja, genau so ist das, er versperrt mir die ganze Sicht in die schöne Landschaft, sitzt direkt vor mir und nimmt mir jeden Raum zum Atmen. Das will ich so nicht, ich will dich nicht mehr bei mir haben".

Langsam erzählt sie, daß genau dies ihr das „miese Gefühl" verschaffe: sie beschäftige sich mit Trennnungsgedanken, sehe aber auch, wie sehr ihr Mann sie brauche. Sie plage sich ziemlich mit Schuldgefühlen, sei aggressiv und unausgeglichen. Ihre unterdrückte Wut wird in dieser Situation in der Gruppe immer deutlicher, sie sitzt bebend vor ihrem Bild und starrt es an. Ihre Blicke gehen immer wieder in Richtung des Tonringes, doch dann blockt sie wieder ab.

Ich frage Maria, ob es vielleicht einen anderen Platz für den Tonring gibt. Jetzt greift sie ihn und schleudert ihn hinter sich an die Wand, er bricht entzwei und liegt auf dem Boden. Sie wirkt jetzt deutlich befreiter und durch die Gruppe, die sehr still dabei gesessen hat, geht ein Aufatmen. Sie sieht jetzt auf ihr Bild und sagt, daß sie sich viel freier fühlt, wieder durchatmen kann. Auf dem Bild könne sie jetzt endlich wieder in die Landschaft und ins Tal sehen, ihr sei der Weg nicht mehr versperrt. Ich lasse sie eine zeitlang auf ihrem Felsen im Bild sitzen.

Dann sagt Maria mit leiser Stimme:
„Aber es ist doch ganz schön einsam hier oben, ich kann zwar im Tal Häuser und auch kleine Menschen sehen, aber hier ist niemand."

Sie merkt, daß sie ihren Weg nicht ganz allein gehen will und ihre Blicke immer wieder in die Richtung schweifen, wo der zerschmetterte Ring liegt. Ich frage sie, ob sie dem Ring (und ihrem Mann) einen anderen Platz auf ihrem Bild geben will. Sie zögert, nimmt dann aber den Tonklumpen in ihre Hand und formt eine Kugel aus dem Ring, während sie auf ihrem Bild nach einem neuen Platz Ausschau hält.

Sie probiert verschiedene Plätze aus, zuerst außerhalb des Bildes, dann im Bild, bis sie die Kugel schließlich neben den Felsen legt. Hier kann sie ins Tal sehen und hat ihren Mann neben sich. Im weiteren Verlauf arbeitet sie mit der Gruppe gemeinsam am Thema, wie sie ihre Situation so gestalten kann, daß sie sich mehr „freie Sicht" schaffen kann und sich nicht mehr so stark von ihrem Mann behindert fühlt (das Thema, das sie selbst formuliert, heißt: „sich behindern").

Ihre Ausbruchstendenzen aus der Partnerschaft werden von der Gruppe als Reaktion auf ihr starkes Pflichtgefühl interpretiert. Sie nimmt zwar immer wieder Anlauf dafür, mehr solche Dinge zu tun, die ihr Spaß machen, lässt ihre Versuche aber immer wieder versanden. Im Verlauf der Gruppe wird auch deutlich, daß sie Angebote von den anderen, mit ihnen gemeinsam etwas zu unternehmen, nicht hört, sich gleichzeitig aber wünscht, mehr Kontakte zu haben - auch zu den Gruppenmitgliedern. Wir thematisieren die „Steine auf ihrem Weg", ihre inneren Hinderungen, eigene Interessen zu wenig auszuleben. Sie sagt, sie wolle wieder mehr malen und auch außerhalb der Familie mehr mit anderen zusammen machen.

In der Abschlußrunde bekommt sie von der Gruppe viel Verständnis: für ihre Wut, mit der sie das Tongebilde zerstört hat und für die Schritte, sich mehr Freiraum zu verschaffen. Sie ist sichtlich bewegt, weil die Gruppe ihre Wut in Ordnung findet. Sie hatte grosse Angst, wegen der Wut verurteilt zu werden. Die Sympathie aus der Gruppe kann sie zunächst kaum glauben, „daß ich anderen etwas bedeute - einfach nur ich und nicht in Familien-Funktion".

Reflexion
In dieser Sitzung wurde für mich sehr deutlich, daß Maria mit ihrer Arbeit ihre eigenen Bedürfnisse mehr in den Mittelpunkt ihres Erlebens gestellt hat und ihr bewusst wurde, daß ihr „Aufgehen im Dasein für andere" sie auch beschneidet. Das Angenommensein von anderen mit den jeweiligen Bedürfnissen stellt im Tomalinschen Modell die zweite Stufe in der Arbeit in einer Gruppe dar (vgl. SCHOTTENLOHER/TOMALIN, 1990, S.380.) und kommt in der konkreten Arbeit mit der Gruppe stark zum tragen.
Für mich wird in dieser Gruppe offensichtlich, daß die zweite und dritte Phase (Autonomie und Auseinandersetzung, Reibung an den anderen) gleichzeitig implizites Thema sind. Die Zuwendung zu anderen Bezugspersonen und zur Interaktion innerhalb der Gruppe wird an dieser Stelle sehr deutlich. Die Kontliktbereitschaft der einzelnen Teilnehmerin und das Ausloten des Platzes, den sie innerhalb der Gruppe einnimmt, ist sehr viel höher als zu Beginn des Kurses. Gleichzeitig ist das Kontaktverhalten in dieser Phase (dritte bis sechste Sitzung) oft von „Maschenverhalten" (Psychologische Spiele / *Spielchen* im Sinne der Transaktionanalyse) und destruktiven Tendenzen geprägt.
Kleine Machtkämpfe zu Beginn eines Abends oder Inkontaktgehen mit Doppelbotschaften (z.B. „ich will nicht anfangen, fang du an, aber nimm dir nicht zuviel Raum") treten gehäuft auf.
In dieser Phase galt es für mich, die Gruppe in eine Balance zu bringen, in der einerseits das Bedürfnis nach mehr Autonomie und Eigenständigkeit der einzelnen Raum hat, andererseits aber weiterhin klar zu leiten und vor allem in Situationen, in denen Maschenverhalten auftritt, die destruktiven Energien, die hinter einer solchen Interaktion stehen, transparent zu machen sowie durch das Aufzeigen konstruktiver Möglichkeiten zu bearbeiten. Das Wissen darum, daß hier eine gewährende Haltung ein Motor für Maschenverhalten sein kann, hat mir im Umgang mit diesen Spannungen und Konflikten geholfen.
Klaus Lumma weist in einer Würdigung der Themenzentrierten Interaktion darauf hin, daß diese in der Ausbildung ihrer TrainerInnen und Leiterinnen von Gruppen besonders darauf achten, daß es in der Gruppe einer sorgfältigen Leitung bedarf.

„Die Selbststeuerung der Menschen bzw. seiner Organisationsformen ist (Hinzufügung d. Verf.) ein Fernziel..., das paradoxerweise umso früher erreicht werden kann, je mehr Menschen sorgfältige Anleitung dazu erhalten haben."
(Lumma, 1992, S. 67.)

Ich schaffe dabei Raum für die Bearbeitung von Interaktionen zwischen den einzelnen Mitgliedern und die Reflexion der dahinterliegenden Erwartungen und Kontaktmuster. Hier habe ich besonders intensiv mit Gestalttechniken und Erklärungsmodellen aus der Transaktionanalyse gearbeitet, z.B. der Aufforderung, mit zwei widerstrebenden Impulsen oder inneren Stimmen in der Hot-and-empty-seat-Arbeit in den Dialog zu gehen, nicht vollendete Sätze zu Ende zu bringen, unangenehme Gefühle auszuhalten etc. Die gestalttherapeutische Konfrontation der Teilnehmerinnen mit ihren Wahrnehmungs- und Interaktionsmustern stand hier im Mittelpunkt.

Die Arbeit der Gruppe am Gewahrwerden des eigenen Interaktionsstils, am Verstehen, warum die einzelnen so geworden sind (durch Erfragen von Parallelen aus der Lebensgeschichte und Erklärung der Kommunikationsmuster und Spiele im Sinne von Maschenverhalten aus der Transaktionsanalyse) und das Experimentieren mit konstruktiven Möglichkeiten der Wahrnehmung und des Kontaktes habe ich als sehr konzentriert und von viel Humor begleitet wahrgenommen. Wir haben in der Gruppe viel gelacht, wenn eine der Teilnehmerinnen auf trockene Art und Weise einen ‚Rückfall' der anderen kommentierte „aber bitte doch nach dir, aber laß mich zuerst".

In diese Zeit fällt auch ein Konflikt zwischen der Gruppenteilnehmerin Dorothee und mir. Er beginnt am Ende der Arbeit mit Maria. Dorothee ermutigt Maria in der Endphase der Sitzung und in der Schlußrunde mehrmals, sich in der Gruppe weiter zu öffnen und über ihre Probleme zu sprechen.

Nach der mehrmaligen Wiederholung dieser Ermutigung habe ich das Gefühl, dies könnte auch etwas mit der Vermeidung Dorothees eigener Themen zu tun haben. In der Schlußrunde sage ich, daß ich Dorothees Ermutigung für Maria, die sich ja oft hintenanstellt, gut finde, daß ich aber auch bitte, darauf zu achten, für das eigene Thema und die Arbeit den nötigen Raum zu fordern. Die wiederholte Ermutigung löste in mir auch einen Beigeschmack davon aus, der anderen mit ihrer Schwäche zuviel Raum zu geben und ich sah die Gefahr, Maria in die Rolle der „Problemfrau" zu drängen.

In der Eingangsrunde zur nächsten Sitzung äußert Dorothee einem ‚Rest' aus der letzten Sitzung. Mein Hinweis, der auch in ihre Richtung ging, beschäftige sie noch und sie fühle sich von mir mißverstanden und abgewertet. Sie vermute, daß ich Probleme im Umgang mit ihr hätte und sie nicht wertschätzen würde.

Ich bin froh, daß sie ihre „Störung" anspricht und sage ihr, daß ich mit meiner Äußerung am Ende des letzten Abends alles ausgesprochen habe, was mich beschäftigt hat, sie wertschätze und keine schlechten Gefühle ihr gegenüber habe. In einer der nächsten Sitzungen spricht sie noch einmal an, daß sie sich von mir zurückgedrängt fühle, vor allem, wenn sie etwas zu einer anderen Teilnehmerin sage, unterbräche ich sie oft. Ich erläutere ihr und auch der Gruppe in diesem Zusammenhang noch einmal den Sinn der Hilfsregeln aus der Themenzentrierten Interaktion, die ich in der ersten Sitzung eingeführt habe. Diese sollen zu einem konstruktiven Klima beitragen, in dem sowohl die einzelne als auch die Gruppe und das Thema angemessen Raum haben.

Dorothee geht stark in die Rolle der Co-Leitung, betont die negative Sichtweise, indem sie Interpretationen und Wertungen liefert, die bedrückenden Momente herausarbeitet oder sehr viele Fragen stellt. In diesen Situationen habe ich Dorothee gebeten, die Vermutung, die hinter ihrer Frage steht, auszusprechen. Diese Vermutungen können ja wichtige Ideen oder Impulse sein, die beim Fragenstellen gar nicht ausgesprochen werden. Die Betonung oder Verstärkung der negativ getönten Aspekte eines bearbeiteten Themas habe ich an den betreffenden Stellen mit der Frage, was dies mit ihr zu tun habe, an sie zurückgeführt und den projektiven Charakter von wertenden Wahrnehmungen erklärt. Ihre Zurückhaltung mir gegenüber bleibt auch mit diesen Erläuterungen bestehen, sie versucht, Zeichen zu finden, die ihr bestätigen, daß ich persönlich etwas gegen sie habe. Dieses Haltung gibt sie erst auf, als ich mit ihr an ihrer Früherinnnerung arbeite.

Erinnerungen auf das Hier & Jetzt übersetzen

In dieser Sequenz habe ich in fünf Sitzungen durch die Erhebung und Inszenierung von Früherinnerungen das Gewicht auf die Arbeit an den eigenen Glaubenssätzen und inneren Entscheidungen der einzelnen Teilnehmerin gelegt. Der zeitliche Rahmen der Gruppe hat mich in der Konzeption dazu bewogen, mit einer und nicht mit sieben Früherinnerung (vgl. ACKERKNECHT 1978, S. 118.) zu arbeiten.

Nach Ackerknecht erlaubt die Arbeit mit einer Früherinnerung Einblick in die persönliche und soziale Grundhaltung eines Menschen (vgl. Ackerknecht, 1978, ebenda). Durch die vielfältigen Interaktionen innerhalb einer Gruppe und die Arbeit an den Überzeugungen bezüglich der eigenen Wertigkeit und Verantwortung in einem sozialen Gefüge wird die Erweiterung der sozialen Kompetenz der Teilnehmerinnen ermöglicht.

Zur Erhebung der Früherinnerung leite ich eine kurze Phantasiereise an, in der die Teilnehmerinnen vom Motiv ihres Weges ausgehend in ihre Kindheit zurückreisen und dort eine Erinnerung aus dieser Zeit finden. Die erinnerte Situation soll keine immer wiederkehrende, sondern eine einmalige sein. Im Anschluß setzen sich jeweils zwei Teilnehmerinnen zusammen und erzählen sich gegenseitig ihre Früherinnerung. Die Zuhörerin schreibt die Erinnerung der Partnerin mit und fragt am Ende des Erzählten nach dem begleitenden Gefühl und einer Überschrift für die Erinnerung.

Die nächste Sitzung beginnen wir damit, daß die Teilnehmerinnen ein Bild zu ihrer Früherinnerung malen und sich einen Satz dazu überlegen, der mit dem Wort beginnt: „Sei immer ... !", z.B. „Sei immer lieb!", oder „Sei immer vorsichtig!".
Dies soll in der Weiterarbeit die Grundgebote deutlich machen, die die einzelne in Bezug auf ihr Sein und „So sollst du sein" ausgeprägt haben, auf die Sätze und Erwartungen, die sie von Bezugspersonen in ihrer Kindheit gehört hat.

Die Inszenierungen und Neuinszenierungen gestalte ich mit der Teilnehmerin mit Hilfe der aufgeschriebenen Früherinnerungen, der gefundenen Sätze und der gemalten Bilder.
Für die Inszenierung und Arbeit an den Früherinnerungen verändere ich das Setting der Gruppensitzungen, indem ich mit der Teilnehmerin, die arbeiten will, an die Stirnseite des Gruppenraumes rücke und die anderen Teilnehmerinnen bitte, das Folgende als Zuschauerin mitzuverfolgen und ihnen sage, daß sie u.U. auch mit einbezogen werden. Auf jeden Fall wird die Gruppe in der Nachbesprechung der Arbeit wieder zusammengeführt, und es wird Raum gegeben zur Äußerung von „Huckepacks" - eigenen Themen, die durch die Arbeit aktuell geworden sind.

Beispiel
Dorothee sitzt mir auf ihrem Stuhl gegenüber und hält ihr gemaltes Bild zur Früherinnerung in der Hand. Sie erzählt, daß sie habe sich schwer getan, einen Satz zu finden, der mit „Sei ..... (soundso) ..... !" beginnt. Sie hatte die ganze Zeit beim Malen einen Satz im Kopf, der ihr jetzt aber nicht mehr einfällt. Der Satz, den sie schließlich aufgeschrieben hat, lautet: „Sei dir nie sicher!". Ich bitte Dorothee, sich in ihre Früherinnerung noch mal einzufühlen, während ich sie ihr vorlese.

Dorothee ist in dieser Erinnerung etwa drei oder vier Jahre alt und bei ihrer Uroma zu Besuch. Ihr Freund Klaus-Peter hat sie zum Spielen abgeholt, es ist ein warmer, sonniger Tag. Sie gehen die Straße entlang zur Grundstücksmauer eines sehr schönen Hauses und setzen sich auf diese Mauer, obwohl ihnen dies von der Urgroßmutter verboten wurde. Da kommt plötzlich ein riesiger schwarzer Hund angerannt, stützt seine Pfoten auf die Mauer und versucht zu beißen. Dorothee hat furchtbare Angst. Ihr Freund Klaus-Peter nimmt ein Stöckchen aus der Hecke hinter ihnen und sagt zu ihr, sie solle schnell wegrennen, er lenke den Hund ab. Sie springt von der Mauer und läuft los, fällt aber mitten auf der Straße hin. Ihre Knie sind blutig, und sie hat unvorstellbare Angst, weil sie weiß, daß der Hund hinter ihr her ist. Da kommt ihre Uroma aus dem Haus und verjagt den Köter. Am Schluß der Szene sitzt sie mit Klaus-Peter in der Küche der Uroma und isst Kekse.

Bild 4 (Praxisfeld-Studie von Miquel)

Als ich die Erinnerung zu Ende vorgelesen habe, sagt Dorothee, ihr sei jetzt auch wieder der erste Satz zu dieser Erinnerung eingefallen: „Ich will nicht mehr fallen". Dieser Satz scheint in die Richtung zu weisen, daß es ihr möglicherweise widerstrebt, diese Früherinnerung zu inszenieren. Ich entscheide mich trotz dieser möglichen Botschaft dafür, auszuprobieren, inwieweit sie bereit ist, an der Erinnerung zu arbeiten. Ich frage sie, ob sie beim Vorlesen die Szene wieder deutlich vor Augen habe.

Dorothee sitzt deutlich bewegt auf ihrem Stuhl und sagt, sie sehe alles ganz genau vor sich. Ich bitte sie, die Szene hier im Raum gemäss ihrer Erinnerung zu gestalten, und sie auch zu spielen. Sie überlegt einen Moment, wendet sich dabei der Wand des Raumes zu und schaut sie an. Ich frage sie, was sie dort sehe, und sie sagt, dort sei jene Mauer, auf der sie mit ihrem kleinen Freund sitzt. Sie steht auf, ist sehr angespannt und fahrig.

Ich begleite sie im Aufbau der Szene und frage sie zwischendurch immer wieder nach ihren aktuellen Gefühlen. Sie fühlt sich fast wie magisch angezogen davon, die Angst, die sie hat, noch mal zu erleben, obwohl sie das eigentlich nicht will. Sie steckt schon beim Aufbau der Szene ganz in ihren alten Panikgefühlen. Ich hole sie immer wieder aus der Szene heraus und gliedere sie mit ihr in kleine, überschaubare Abschnitte.

Als sie an der Mauer steht, tritt sie unruhig und angespannt von einem Fuß auf den anderen. Ich frage sie, ob sie jene Passage spielen wolle, in der sie vor dem Hund wegläuft. Sie sagt, sie wolle laufen, spüre aber auch deutlich ihre *Angst vor dem Fallen.*
Ich biete ihr an, die Straße einmal ganz hinunterzulaufen, ohne hinzufallen und sage ihr, daß ich mitlaufen werde. Sie wendet sich der Straße zu, vergewissert sich, daß ich neben ihr stehe - dann laufen wir gemeinsam los. Am Ende des Raumes angekommen, ist sie völlig außer Atem und aufgeregt. Sie schaut zur Mauer und sagt: „Ich bin ja angekommen, das war so kurz!".

Ich frage, welche Art Unterstützung sie brauche, um die Szene spielen zu können, sich der Angst zu stellen, ohne von ihr überwältigt zu werden. Sie will noch einmal die Straße entlang laufen und möchte, daß ich wieder mitlaufe, was ich auch mache. Sie merkt, daß sie am meisten Angst hat vor dem Moment, in dem sie den Hund hinter sich spürt, als sie fällt. Ich schlage ihr vor, nochmal gemeinsam zu laufen. Diesmal solle sie sich absichtlich fallen lassen.

In den Beratungen spreche ich sehr deutlich ihr Erwachsenen-Ich an, da sie sich in den alten Ängsten aus der Kindheitserinnerung fast wie gefangen fühlt. Ich leite sie geradezu an, sich zu überlegen, wie sie jetzt fallen kann, ohne sich wehzutun. Wir legen eine Decke aus und ich sage ihr, sie solle ihr Hinfallen so inszenieren, daß sie sich nicht wehtue. Sie ist trotz der starken Involvierung in der Lage, ihre erwachsenen Anteile zu aktivieren, was mich dazu bewegt, mit der Inszenierung fortzufahren.

Wir laufen also wieder gemeinsam los, und in der Mitte des Raumes fällt sie hin und bleibt mit dem Kopf in den Armen vergraben liegen. Sie atmet schwer. Ich hocke mich neben sie, warte eine Zeit und frage sie dann, was sie jetzt fühle. Sie empfindet grosse Panik. Sie stellt sich vor (wie in der Erinnerung), daß der Köter direkt hinter ihr ist. Sie bewegt sich nicht und meint, liegen bleiben zu *müssen.* Sie verharrt in der Liegestellung. Nach einer Weile bitte ich sie, ihre Gefühle laut auszusprechen. Dazu hebt sie ganz vorsichtig den Kopf und sagt, sie wolle sich gerne einmal umdrehen, um den Hund zu sehen, habe aber Angst davor, daß er sie angreifen könnte.
Je länger sie dort liegt, desto mehr kann sie den Kopf heben und schließlich will sie wissen, ob der Hund tatsächlich so nah bei ihr ist, wie sie glaubt, oder ob sie vielleicht doch noch eine Chance hat, aufzustehen und ins Haus zu laufen.
Ich mache ihr an dieser Stelle das Angebot, *die Szene wie einen Film anzuhalten,* dort liegen zu bleiben, während der Hund sich nicht bewegen kann. Alles ist wie

ein Standbild „eingefroren". Sie hat zwar noch Angst, läßt sich aber auf diesen Vorschlag ein. Sie dreht ihren Kopf nach hinten und verharrt so. Ihr Blick geht ein gutes Stück zurück, woran ich erkenne, daß ihr der Hund jetzt wirklich nicht direkt im Nacken steht. Sie ist sehr verblüfft und erleichtert zugleich.

Dorothee sagt: „Der Köter ist ja viel weiter weg, als ich dachte". Und sie erkennt in der Szene ihre Chance, doch noch wegzulaufen. Vorher will sie sich den Hund im „Standbild" aber noch einen Moment ansehen. Er erscheint ihr jetzt nicht mehr so blutrünstig wie vorher. Wir vereinbaren, daß sie die Szene weiterspielt. Sie will der Erinnerung einen neuen Schluß geben, in dem sie aufsteht, schnell ins Haus läuft und dort „Verstärkung'" holt, um den Hund zu verjagen; schließlich sitze ihr kleiner Freund ja noch auf der Mauer.

Das Haus ist nicht mehr weit. Sie steht schnell auf und rennt hinein. Von dort aus sieht sie, daß der Hund kehrt gemacht hat. Sehr erleichtert und froh möchte sie auch noch den Schluß der Szene neu spielen: Sie steht in der Küche vor ihrer Uroma und dem Onkel, der auch dort sitzt, stolz, mit zerzausten Haaren und sagt: „Oma, wir haben den Hund verjagt, ich bin mutig, ich hab den Hund mit verjagt".

Ich frage sie, ob sie von anderen Gruppenteilnehmerinnen die Rollen ihrer Oma, des Onkels und ihres Freundes spielen lassen will. Sie freut sich über diese Möglichkeit und verteilt die Rollen. Die anderen Teilnehmerinnen sind bereit mitzuspielen und nehmen ohne weitere Anleitung ihre Positionen ein. Dorothee genießt das Lob und die Zuwendung, die sie im neu inszenierten Schluß bekommt und will noch eine Weile mit den anderen in der Küche bleiben.

Ich frage sie, ob sie bereit sei, die Szene nun zu beenden. Dazu bitte ich sie, noch mal an ihren Platz aus dem Zweiersetting zurückzukehren. Dort reflektieren wir gemeinsam, was für sie das Wichtige und Entscheidende in der Inszenierung war. Sie sagt, sie sei froh und stolz, sich ihrer Angst gestellt zu haben. Auf Parallelen in ihrem jetzigen Lebenskontext angesprochen sagt sie, oft vor Dingen und Entwicklungen mehr Angst zu haben, als eigentlich „nötig" wäre. Sie fühle sich dann gelähmt und verliere ihre eigenen Möglichkeiten und Fähigkeiten völlig aus den Augen. Zum Abschluß der orientierungsanalytischen Sitzung findet sie für sich den Satz: „Ich darf mir vertrauen!".

Huckepack / Sharing

Wir kehren dann in die Gesamtgruppe zurück, und ich bitte um eine „Huckepack-Runde". In dieser Runde wird vor allem Erstaunen über die Intensität der Arbeit ausgedrückt: „Ich dachte zuerst, was machen die denn da, die rutschen da auf dem Boden herum und tun so, als ob da die Straße wäre, aber dann war da auch für mich plötzlich die Szene gegenwärtig, und passiert ist ja viel für Dorothee". Ein Thema, das bei mehreren anklingt, ist „Lähmung in angstbesetzten Situationen".

Eine Teilnehmerin will wissen, warum ich Dorothee immer wieder gefragt hätte, ob sie die Szene weiterspielen wolle, denn sie habe doch schließlich zu Beginn bereits eingewilligt. Ich erkläre, daß es in der Arbeit mit Früherinnerungen auch darum geht, immer wieder in gemeinsamer Abstimmung auszuloten, ob die Konfrontation mit alten Gefühlen noch notwendig ist, und ob eine sinnvolle Alternative gefunden werden kann.

Reflexion

Dorothees Inszenierung dieser Früherinnerung habe ich als ausgesprochen intensiv erlebt - sie hat sich wirklich auf ihre alte Angst eingelassen und sich dadurch und durch die Neuinszenierung ein neues Stück Vertrauen in sich selbst erarbeitet. Dorothee war nach dieser Arbeit mir gegenüber sehr viel entspannter und offener und bezeichnete diese Sitzung durch die Art meiner Begleitung auch als einen Wendepunkt, was ihr Verhältnis zu mir angeht. Peter Petersen hat meine Gefühle während und nach der Sitzung treffend beschrieben.

„Verzichten heißt: die Schmerzgrenze erreichen und ein Wort weitergehen, über sich selbst hinaus. Es ist der bewußte Schritt in den Schmerz hinein und durch den Schmerz hindurch." (Peter PETERSEN, 1989, S. 144.)

Das Ausloten des Bodens, auf dem der nächste Schritt gegangen werden kann, konnte hier gut gelingen, weil ich mit der Teilnehmerin in sehr intensiven Kontakt war. Das offene Wartenkönnen auf das, was sich aus der Situation heraus ergibt, auf das, was sich in der Klientin und in mir an Lösungsmöglichkeiten des Dilemmas herauskristallisiert, habe ich in der gesamten Arbeit mit den Früherinnerungen als wesentlichen Punkt wahrgenommen.

Durch die Arbeit am Vertrauen sehe ich die Möglichkeit gegeben, daß sich Kreativität im Kontakt entfalten kann. Die kreativen Momente sind die des Aufscheinens einer neuen Möglichkeit, einer Erweiterung im Erleben und Handeln der Klientin.

„Es ist die Stille, die wartet auf das Neue, das kommen will - nicht: das kommen soll. Sollen geschieht unter Druck, unter Antrieb. Hier wird weder gedrückt noch angetrieben. Hier kommt etwas wie in schierer Selbstverständlichkeit zum Vorschein. Das gab es zuvor nicht. Es kommt unangemeldet und unerwartet. Aber es kann nur kommen in die Offenheit hinein. Wer zuvor nicht auf Sicherungen des Herkömmlichen verzichtet hat, der hat für das Neue keinen Raum geschaffen. Es ist immer auch das Nächstliegende. Nächstliegend, weil es dasjenige ist, was die Situation erfordert und was jetzt eben dran ist. Deshalb kommt es uns auch bekannt vor, ohne das wir es kenntnisreich einordnen könnten." (Peter PETERSEN, 1989 S.146.)

In den folgenden Sitzungen arbeite ich mit jeder der Teilnehmerinnen an den Früherinnerungen. Hier werden zum Teil starke Widerstände offenbar, sich mit den Früherinnerungen zu konfrontieren. Eine Teilnehmerin gab z.B. zunächst an, keine Erinnerung an ihre frühe Kindheit zu haben und auch bei der angeleiteten Phantasie keine Früherinnerung gefunden zu haben. Diese Teilnehmerin hatte in der Arbeit „mein Weg" in der Phantasiereise einen Weg gesehen, der sie durch einen Urwald parallel zu einem Fluß führt. Dieser Weg beginnt dort, wo sie steht. Das heisst, sie konnte ihn auch auf ihrem gemalten Bild nicht zurückverfolgen. Sie steht entgegen der Fließrichtung des Flusses und ihr fällt das Sprichwort ein: ‚wer zu den Quellen will, muß gegen den Strom schwimmen'. Als sie eine Erinnerung aus ihrer Kindheit finden will (oder soll), stellt sie sich in ihrer Phantasiereise entgegen der Quellmündung. Sie sagt, sie habe sich das Feedback aus der letzten Gruppensitzung zu Herzen genommen, als ihr gesagt wurde, daß sie es sich mit dem Gegen-den-Strom-schwimmen ganz schön schwer mache. Ich teile ihr meine Vermutung mit, daß dieses sich von der Quelle abwenden an dieser Stelle der Arbeit vielleicht dazu führe, sich nicht erinnern zu können.

Wir arbeiten eine Sitzung lang am Thema ‚Spurensuche', in der ihr plötzlich klar wird, daß sie vermeidet, Spuren zu hinterlassen. Im Laufe der Gruppensitzungen erzählt sie, daß sie sich an Szenen aus ihrer Kindheit erinnern könne, sie wolle die aber nicht preisgeben, weil sie befürchte, sich damit zu intim zu zeigen.

Ich dränge sie nicht, sich zu „offenbaren", wie sie sich ausgedrückt hat, gebe ihr aber immer wieder zu verstehen, daß sie hier den Raum, den sie möchte, noch haben kann. Schließlich arbeiten wir in der vorletzten Sitzung an ihrer Früherinnerung und sie inszeniert sie auch. Ich habe mich sehr darüber gefreut, daß sie durch diese Arbeit einen wichtigen Schritt in Bezug auf ihr Vertrauen anderen gegenüber und die Stärkung ihres Zugehörigkeitsgefühls gehen konnte.
Besonders deutlich wird das Thema der Abgrenzung und der Suche nach Autonomie bei Maria in der Arbeit mit ihrer Früherinnerung: sie will diese nicht bearbeiten und inszenieren. Claudia sagt ihr, sie wolle gerne etwas über sie erfahren und sei neugierig auf Marias Früherinnerung.. Maria ist daraufhin sehr verwirrt; einerseits will sie diese Erinnerung ja nicht bearbeiten, andererseits hat Claudia sie gebeten, die Erinnerung zu erzählen. Sie fühlt sich von Claudia unter Druck gesetzt, igelt sich ein, geht stark in eine trotzige Haltung.

Ich bitte die einzelnen in der Gruppe, zu sagen, wie sie Claudias Aufforderung wahrgenommen haben. Durch die Äußerungen der Teilnehmerinnen werden die verschiedenen Aspekte, die eine Botschaft und deren Wahrnehmung haben kann, deutlich. Maria hat die Sympathie und die Neugier, die Claudia ihr gegenüber gezeigt hat, nicht wahrgenommen. Claudia wiederholt nochmals ihr Anliegen, und ich frage Maria, was jetzt bei ihr ankomme. Sie kann nun zwar auch die ihr entgegengebrachte Sympathie hören, will aber trotzdem nichts von ihrer frühen Erinnerung preisgeben, obwohl sie ein schlechtes Gewissen verspüre. Ich frage sie, ob sie diese Zwickmühle in ihren Beziehungen oder aus ihrer Vergangenheit kennt. Sie erzählt, sie fühle sich oft unter Druck gesetzt, wenn sie etwas nicht tun oder erzählen möchte; besonders in ihrer Dienststelle häufe sich dies. Sie vertrete eine Linie und schwenke dann um, wenn die anderen dagegenreden. Dieses Umschwenken erlebe sie als „Gesichtsverlust". Oft gleite sie dann in einen sehr trotzigen Zustand ab, in dem sie z.B. die Zusammenarbeit verweigert, sich klein fühlt. Die Situation jetzt in der Gruppe erlebe sie ähnlich, ein Eingehen auf Claudias Wunsch wäre für sie ein Gesichtsverlust.

Ich sage ihr, daß das Hören von Claudias Wunsch, auch das Wahrnehmen ihrer Sympathie das eine sei, und die Entscheidung, was sie dann tun will, das andere und nicht unmittelbar eine Reaktion in Form eines Umschwenkens sein müsse. Sie kann sich erlauben, das eine zu hören und dann abzuwägen, was sie tun will. Ich bestärke sie darin, nicht über ihre Früherinnerung zu reden, denn sie habe mehrmals gesagt, daß sie das nicht wolle. Sie sei auch mit dieser Entscheidung willkommen. Sie grenze sich gegenüber dem Offenbaren der Erinnerung ab, sei aber bereit, über ihre Widerstände zu sprechen und an diesen zu arbeiten. Sie ist erleichtert, von mir und der Gruppe auch mit dieser Entscheidung weiterhin anerkannt zu sein.

Wir versuchen in der Folge festzustellen, warum sie in letzter Zeit immer häufiger in diese kindlichen Verweigerungen - wie sie selbst ihre Stimmung nennt - gehen muß. Als ich sie frage, ob sie denn ihren lebhaften, kindlichen Energien genug Raum geben könne, wird sie sehr traurig und berichtet, daß gerade diese Seite in ihrem Leben viel zu kurz komme. Wir knüpfen an die Arbeit zu ihrem ‚Weg' an und überlegen gemeinsam, wie sie mehr Zeit und Raum zum „Spielen" gewinnen kann. Nach meiner Aufforderung, Kontaktwünsche direkt auszusprechen, äußert sie unter anderem ganz konkret, mit zwei Teilnehmerinnen auch ausserhalb der Gruppe etwas unternehmen zu wollen. Im Feedback der Gruppe wird ihr deutlich, daß sie „offene Türen einrennt': Einzelne hatten sich schon zu früheren Zeitpunkten mehr Kontakt mit Maria gewünscht. Die unterstützende und humorvolle Ader dieser Gruppe kommt auch hier deutlich zum Tragen.

Abschied nehmen

Die letzten Sitzungen waren seitens der Teilnehmerinnen auch deutlich vom Bewußtsein geprägt, daß die gemeinsame Zeit der Arbeit hier bald zu Ende gehen würde. Es gab Anfragen, ob ich die Gruppe nicht noch länger mit ihnen machen wolle. Ich sage den Teilnehmerinnen, daß ich es wichtig fände, den Rahmen, wie er gesetzt ist, auszufüllen und sich auch gemeinsam *von dieser gemeinsamen Zeit* zu verabschieden. Die Kontakte zwischen den Teilnehmerinnen in ihrer Freizeit wurden in dieser Phase intensiver, und es wurde der Wunsch geäußert, sich auch nach Ende der Gruppe noch zu sehen.
In der letzten Sitzung lud ich die Teilnehmerinnen nochmals zu einer Phantasiereise ein, in der sie ihrer inneren *Weisen Frau* begegnen, sie etwas wichtiges fragen können und zum Schluß ein Geschenk von ihr erhalten. Dieses Geschenk wurde von den Teilnehmerinnen bildlich gestaltet. Die Arbeit an der Symbolik des Geschenkes und die Identifikation hatte eine integrative Dimension der gemeinsamen Arbeit in der Gruppe: im symbolisierten Geschenk floß das, was an Vergangenem bearbeitet worden war, mit an Einsicht und Orientierungen neu Gewonnenem zusammen. In dieser Abschlußarbeit kristallisierte sich ein in die Zukunft weisender Aspekt des Geschenkes heraus, der bei allen Teilnehmerinnen verbunden war mit dem Spüren der Kraft, die in diesem Symbol für sie und ihren Weg liegt. Die Teilnehmerinnen spannten selbst noch mal den Bogen von den ersten Arbeiten bis zu

den neuen Ansätzen, die sie durch die orientierungsanalytische Arbeit mit den Früherinnerungen gefunden hatten.

Resumee

Was mir am Ende der Gruppenarbeit und in der Reflexion als besonderes ,,„Geschenk" deutlich wurde, ist das vertrauensvolle und humorvolle Klima, mit dem in der Gruppe gearbeitet wurde. Das Vertrauen der Teilnehmerinnen mir gegenüber und untereinander wurde schnell aufgebaut und vertieft. Diesen Prozeß sehe ich durch die Verbindung der gestaltungstherapeutischen Arbeit mit den Bildern und Tonobjekten und der orientierungsanalytischen Arbeit besonders gefördert. Die Bilder brachten schnell zutage, wo die Einzelne steht. Die gemeinsamen Gespräche über die entstandenen Bilder, das Erlernen und Üben eines kooperativen Interaktionsstils, die Freude am Entdecken der Bilder und die unterstützende und empathische Haltung der Teilnehmerinnen - auch in den Neuinszenierungen der Früherinnerungen - haben mir diese Arbeit besonders wertvoll gemacht. Beim Durchgehen meiner Aufzeichnungen aus der Gruppenarbeit war ich erstaunt über die Vielfalt und Tiefung der Themen und dessen, was die Teilnehmerinnen für sich erarbeitet haben.

Für mich ist in dem Ineinandergreifen von Gestalt- und Gestaltungstherapie eine orientierungsanalytische Verbindung gefunden, die den Zugang zu kreativen Ressourcen des Menschen besonders umfassend fördert und mit dieser Kreativität die Arbeit an neuen Orientierungen im persönlichen und sozialen Bereich ermöglicht. Die Entwicklung einer aufrichtigen Wertschätzung der eigenen Person und der Gruppenmitglieder hängt für mich gerade mit den kreativen Prozessen zusammen, die im gestalterischen Arbeiten evoziert werden und Schätze aus dem Verborgenen zu Tage bringen.
In meiner pädagogisch-therapeutischen Arbeit mit Gruppen geht es nicht um Heilung, sondern um die Arbeit mit den gesunden Kräften, um deren Aktivierung und Stärkung. Dennoch erscheint mir das Wesentliche darin zu liegen, daß in der Begegnung das Dritte, das Neue und Weiterführende entstehen kann - ein Schritt auf dem Weg zum Ausdruck und zur Entfaltung unserer inneren Kraftquellen.

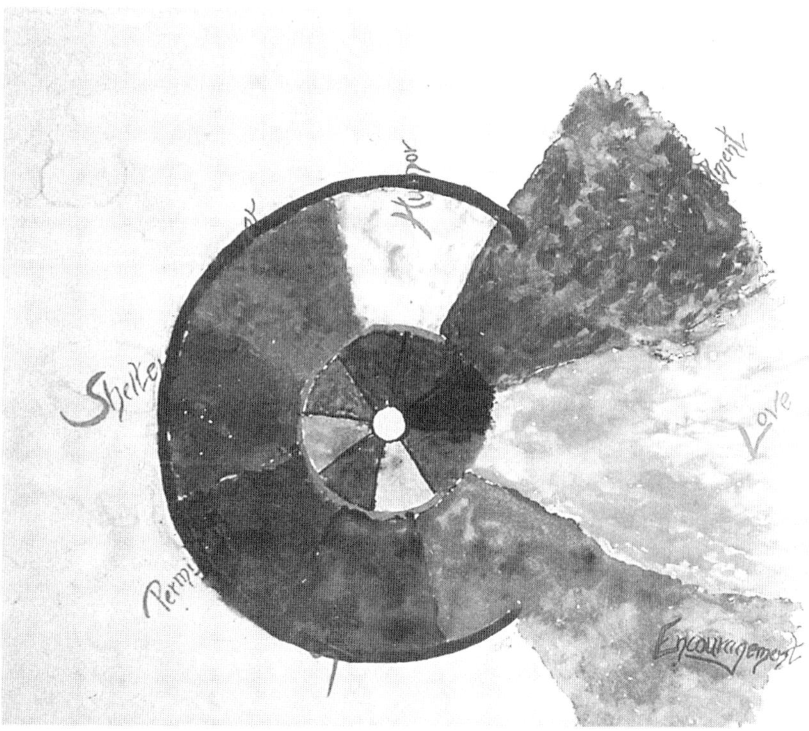

Alexandra von Miquel „PEPP"

Zur Konstruktion von Beziehungsrealitäten

Die Bindungstheorie BOWLBYs

Hans-Dieter Dicke

Die Bindungstheorie - zuerst von John BOWLBY Anfang der 50-er Jahre formuliert - stellte in ihrer Entstehungsphase eine *Erweiterung und Differenzierung der psychoanalytischen Entwicklungstheorie* dar. Später stärkte die Bindungstheorie ihren eigenständigen Charakter durch die Verankerung ihrer Hypothesenbildung im evolutionsbiologischen Denken (Ethologie/Soziobiologie) und der systemtheoretischen Weltsicht (Kybernetik/Kontrolltheorie). Das ausgeprägte Interesse der empirischen Sozialforschung an der Überprüfung bindungstheoretischer Hypothesen unterstützte die Etablierung der Bindungstheorie.

Meiner Ansicht nach sind die bindungstheoretischen Erklärungsangebote menschlichen Verhaltens für das Verständnis der Grundbedingungen erfolgreichen biographischen Lernens besonders nützlich, weil sie im Rahmen der psycho-biologischen Konzeption radikal-konstruktivistischen Denkens einen hohen Plausibilitätswert bieten.

Die Bindungstheorie

- begründet eine biologische Bereitschaft und Notwendigkeit zur Herstellung von Bindungen auf der Grundlage stammesgeschichtlicher Entwicklungsbedingungen (Phylogenese),
- erläutert „die psychologischen Gegebenheiten bei der individuellen Verwirklichung von Bindungen des Kindes an seine Eltern zu Beginn des Lebens und ihre Konsequenzen für das Individuum während des Lebenslaufs (Ontogenese)" (K:E. GROSSMANN, u.a.,1989, S. 31),
- erklärt, warum die jeweils sehr persönliche Verinnerlichung von subjektiven Bindungserfahrungen oft lebenslange Auswirkungen hat. Diese frühe Prägung beeinflußt überdauernd das Erleben und Bewerten von eigenen (und wahrgenommenen fremden) Gefühlen. Dieses „Gefühlserleben" - verstanden als bewußtes oder unbewußtes Werturteil- bildet die Grundlage des Selbstempfindens und ist die mitentscheidende Basis bei der Herstellung von Beziehungsmustern zu anderen Menschen (einschließlich der späteren Beziehungspartner und der eigenen Kinder).

Die Bedeutung von frühen Bindungserfahrungen für das menschliche Selbstempfinden und die Herstellung von Beziehungsmustern

Gegenüber der psychoanalytischen Entwicklungstheorie hat die Bindungstheorie den Vorteil, daß sie sich aus empirisch weitgehend überprüfbaren Annahmen und Begriffen konstituiert. Statt von psychischer Energie, Trieben, Affektbesetzung und -entladung, etc. (die sämtlich nicht empirisch nachweisbar sind), ist innerhalb der bindungstheoretischen Begrifflichkeit von Verhaltenssystemen und deren Steuerung, von Feedback und Homöostase, etc., die Rede. Dieser „Begriffsapparat" ist nicht nur plausibel, sondern auch empirisch überprüfbar. Außerdem werden Annahmen der *Kommunikationstheorie* zumindest implizit verarbeitet.

Im Gegensatz zur psychoanalytischen Sichtweise, die die Entstehung von Bindungen zwischen Eltern und Kind nur sekundär motiviert sah, *(durch das fortdauernde Ernährungs- und Versorgungsangebot der Mutter als Antwort auf die Triebforderungen des „ES" von Seiten des Kindes),* begreift die Bindungstheorie die Bindungsbereitschaft von Eltern und Kind als primär motiviert.Primär motiviert bedeutet hier, daß Bindungsverhalten als System - also eine Ansammlung einzelner unterschiedlicher Verhaltensweisen, die dem gleichen Ziel dienen (z.B. weinen, anklammern, nachfolgen, rufen, etc., also jegliches Verhalten, das im günstigen

Fall zu Zuwendung, Tröstung und Versorgung von Seiten der Eltern führt) - neben dem *Selbsterhaltungssystem* und dem *Fortpflanzungssystem* eine eigenständige Stellung und Bedeutung zuerkannt bekommt. Das Zeigen von Bindungsverhalten soll auf Seiten der Eltern das dem Bindungsverhalten komplementäre Fürsorgeverhalten aktivieren. Im Zusammenspiel von Bindungsverhalten und Fürsorgeverhalten wird am Beginn des Lebens die Selbsterhaltung (Autopoiese) des Säuglings gewährleistet.

Ebenso ermöglicht die positive Rückkopplung der beiden Verhaltenssysteme die regelmäßige Wiederherstellung eines homöostatischen (ausgeglichenen, harmonischen) Gefühlszustands im Kind, was wiederum die Bedingung für die Aktivierung des Explorationsverhaltenssystems beim Kind ist.

In der Alltagssprache ausgedrückt heißt dies: Wenn ein Säugling schreit, weil er Hunger hat oder einen sonstigen bedrohlichen Reiz verspürt und die Eltern auf dieses Signal reagieren, indem sie ihr Kind füttern, versorgen oder trösten, dann wird der Säugling in der Regel wieder ruhig und/oder zugewandt und wird nach dieser Bedürfnisbefriedigung entweder schlafen oder seine Umwelt erkunden. In dieser Ereignisabfolge hat der Säugling „gelernt", daß es jemanden gibt, der seine existentiellen Bedürfnisse befriedigt, wenn es nötig ist, und daß er als befriedigter Mensch seine Mitwelt interessiert wahrnehmen kann. Die Eltern haben während derselben Ereignisabfolge „gelernt", daß sie die „Sprache" ihres Kindes richtig verstehen können und daher das Richtige tun können, um ihrem Kind gute Eltern zu sein. Die Beruhigung des Kindes selbst und seine anschließende Zuwendung (oder auch sein zufriedenes Schlafen) empfinden sie als Belohnung. Dieses Empfinden ist zumeist nicht bewußt aber gleichwohl wirksam im Sinne gegenseitiger positiver Verstärkung.

Der Begriff „Bindung" selbst ist ein Konstrukt (eine gedankliche Hilfskonstruktion, die nicht direkt beobachtbar ist, sondern aus anderen beobachtbaren Daten erschlossen werden muß), das dem Bindungsverhaltenssystem und den zugehörigen Gefühlen auf Seiten des Kindes und dem Fürsorgeverhaltenssystem und den zugehörigen Gefühlen auf Seiten der Eltern einen plausiblen Rahmen gibt.

Natürlich ist der geschilderte Ablauf isoliert und idealtypisch, aber er verdeutlicht meines Erachtens den überlebensnotwendigen Sinn dieser systemischen Kommunikation. Um die Komplexität des oben geschilderten simplen Alltagsgeschehens zu verdeutlichen und damit das Verständnis für die oft entstehenden Probleme zu wecken, sowie zugleich mögliche Lösungsideen zu erzeugen möchte ich an dieser *Stelle einen Exkurs in die Grundlagen der Kommunikationstheorie* nach WATZLAWICK anbieten.

Exkurs in die Grundlagen der Kommunikationstheorie

Paul WATZLAWICK und andere Kollegen verwenden in ihren grundlegenden Arbeiten über die „Pragmatik der menschlichen Kommunikation" die Begriffe „Kommunikation" und „Verhalten" synonym. Die wesentlichen Gesetzmäßigkeiten, die sie über das Funktionieren und Scheitern menschlicher Kommunikation behaupten, werden in 5 „Axiome" extrahiert.

1. Man kann nicht nicht kommunizieren.
Dazu bemerkt WATZLAWICK knapp und prägnant, Verhalten habe kein Gegenteil, es sei also unmöglich sich nicht zu verhalten. Dies bedeutet folgerichtig auch, daß man sich einem Kommunikationsangebot eines anderen grundsätzlich nicht entziehen kann. Da jede Kommunikation zirkulär verläuft (auch wer mit sich selbst redet, muß sich notwendigerweise „spalten"), ist eben auch die bewußte oder unbewußte Nichtbeachtung eines Kommunikationsangebots eine „Rückmeldung", die der Anbieter wahrnimmt und interpretiert. Daraus folgt weiterhin:
Jede Kommunikation schränkt die Möglichkeiten aller nachfolgenden Kommunikationen ein!

2. Jede Kommunikation hat einen Inhaltsaspekt und einen Beziehungsaspekt, der den Inhalt im Sinne einer Metakommunikation bestimmt.

Der Inhaltsaspekt einer Botschaft, ist ihr „Sachinhalt". Der Beziehungsaspekt einer Botschaft definiert die Beziehung zwischen dem Kommunikationsgeber und dem Kommunikationsnehmer.

Diese Beziehungsdefinition bestimmt die Art und Weise wie ein Sachinhalt aufgenommen wird, d.h. je nach der Art der wahrgenommenen Beziehungsdefinition wird der Sachinhalt einer Botschaft vom Kommunikationsnehmer verändert.
Der Sachinhalt einer Botschaft wird digital (verbal) ausgestrahlt. Der Beziehungsaspekt wird dagegen analog (nonverbal über Gestik, Mimik, Körperhaltung, Tonfall, usw.) kommuniziert.

Der Beziehungsaspekt einer Botschaft ergänzt und bestimmt zugleich den Sachinhalt. Zusätzlich kann diese analoge Beziehungsdefinition von der jeweils (unterschiedlich?) wahrgenommenen Vorgeschichte der Beziehung beeinflußt werden. Darüber hinaus kann die gegenwärtige Beziehungsdefinition von Kommunikationsgeber und Kommunikationsnehmer unterschiedlich formuliert (aufgefasst) werden. Somit sind Verständigungsprobleme leicht möglich, wenn nicht gar wahrscheinlich.

Tafel 26
Fünf Axiome der Kommunikationstheorie

1. Man kann nicht *nicht kommunizieren!*
2. Jede Kommunikation hat einen Inhaltsaspekt und einen Beziehungsaspekt, der den Inhalt im Sinn einer Metakommunikation bestimmt.
3. Die Beziehung zwischen Kommunikationspartnern sird durch die gegenseitge Interpunktion der Kommunikationsabläufe bestimmt.
4. Menschliche Kommunikation bedient sich digitaler und analoger Modalitäten.
5. Zwischenmenschliche Kommunikationsabläufe sind entweder symmetrisch oder komplementär, je nachdem ob die Beziehungen zwischen den Partnern auf Gleichgewicht oder Unterschiedlichkeit beruhen.

3. Die Beziehung zwischen Kommunikationspartnern wird durch die gegenseitige Interpunktion der Kommunikationsabläufe bestimmt.
Dem unvoreingenommenen Beobachter erscheint eine Folge von Kommunikationen als ein ununterbrochener Austausch von Mitteilungen. Jeder Teilnehmer an dieser Interaktion muß ihr jedoch unvermeidlich eine Struktur zugrundelegen, *d.h. er muß entscheiden, wo für ihn Anfang und Ende seines Agierens oder Reagierens ist.* Wenn wir die prinzipielle Kreisförmigkeit aller Kommunikationsabläufe als Postulat ernstnehmen, müssen wir weiterhin folgern, daß die oben beschriebene Interpunktion von Ereignisfolgen seitens der Kommunikationspartner subjektiv und willkürlich aber nicht zufällig ist.

Vielmehr wird die Art und Weise der vorgenommenen Interpunktionen sowohl von der gemeinsamen Geschichte der Kommunikationspartner als auch von der gegenwärtigen Deutung der aktuellen Situation beeinflußt. Wir bestimmen also auf diesem Hintergrund wer „Verursachender" und wer „Reagierenden" in einem interpunktierten Ereignisablauf ist. Häufig weichen diese „Bestimmungen" allerdings voneinander ab. Die Folgen dieser unterschiedlichen Wirklichkeitskonstruktionen können sehr weitreichend sein, besonders, wenn zwischen den Kommunikationspartnern keine Metakommunikation möglich ist.

4. Menschliche Kommunikation bedient sich digitaler und analoger Modalitäten.
Unsere *Verbalsprache bedient sich der digitalen Darstellungsform.* „Digital" heißt hier: einen Bedeutungsinhalt in abstrakten Zeichen darstellen (schriftlich oder mündlich).
Zwischen den Zeichen und ihren Bedeutungen bestehen wenig Ähnlichkeiten, z.B. zwischen einem Gegenstand und seinem Namen. Das Wort „Stuhl" hat nichts besonders „stuhlartiges". Die Zeichen werden meist aufgrund einer stillschweigenden Übereinkunft benutzt. Digitale Kommunikationsformen verfügen über ein höchst kompliziertes Regelwerk (Syntax), das festlegt, wie bestimmte Zeichen miteinander verknüpft werden können und wie ihre Beziehung zueinander definiert ist (z.B. Grammatik). Digitale Kommunikation ist klarer, weil die verwandten Zeichen eindeutig definiert werden können. Dagegen erfaßt sie nur beschränkt Aspekte zwischenmenschlicher Beziehungen.

Unsere *Ausdruckssprache bedient sich dagegen der analogen Darstellungsform.* „Analog" bedeutet „entsprechend, ähnlich, gleichartig".
In der analogen Kommunikation besteht eine grundsätzliche Ähnlichkeit zwischen dem, was ausgedrückt wird und der Art und Weise, wie es ausgedrückt wird.
Analoge Kommunikation bringt sich durch nonverbale Sprache zum Ausdruck (Mimik, Gestik, Sprachtempo, Tonfall, usw.). Der Aussagewert von analoger Kommunikation im zwischenmenschlichen Beziehungsbereich ist hoch, dagegen ist ihre regelhafte Definierbarkeit beschränkt, d.h. sie ist immer mehrdeutig.

Überall dort, wo die Beziehungsdefinition zwischen Menschen im Vordergrund steht, wird der analoge Kommunikationsstil bedeutsamer als die digitalen Kommunikationsinhalte („Egal, was Du sagst, Du behandelst mich wie ein kleines Kind." „Wie Du da wieder im Sessel hängst. Du nimmst mich wohl nicht ernst!").

5. Zwischenmenschliche Kommunikationsabläufe sind entweder symmetrisch oder komplementär, je nachdem ob die Beziehung zwischen den Partnern auf Gleichheit oder Unterschiedlichkeit beruhen.

Symmetrische Interaktionen zeichnen sich durch Spiegelbildlichkeit aus.
Die Kommunikationspartner rivalisieren grundsätzlich miteinander, unabhängig von Inhalt. Das Ziel der symmetrisch orientierten Kommunikationspartner ist primär mindestens Gleichheit herzustellen. [„Was Du gut kannst, kann ich auch gut (oder noch besser!)."]

Der komplementäre Kommunikationsstil beruht auf der Annahme und Anerkennung von Verschiedenheit.
Komplementär orientierte Interaktionspartner versuchen sich (im Grenzfall zwanghaft) durch Unterschiedlichkeit zu ergänzen („Was Du gut kannst, kann ich schlecht.").
Entscheidend für die Funktionalität von Kommunikation ist die Frage, wie festgefahren und rigide Menschen das primäre Muster ihrer Kommunikation benutzen oder ob ein freies Wechselspiel zwischen den Interaktionsmustern erlaubt ist.

Die Entstehung von Beziehungsmustern
Der Exkurs in die Kommunikationstheorie soll uns helfen, Vorgänge im Beziehungsgeschehen zwischen Eltern und Kind besser zu verstehen, die die Art und Weise der Bindung zwischen Eltern und Kind bedingen. Wie oben beschrieben, kann das idealtypische Interaktionsgeschehen zwischen Eltern und Kind, formell als kreisförmiges „Reiz-Reaktions-Schema" betrachtet werden.

Das Kind agiert aufgrund eigener innerer Zustände (Gefühle) und/oder aufgrund äußerer Reize. Die Eltern agieren ebenfalls aufgrund eigener innerer Zustände und/ oder aufgrund äußerer Reize.
Dabei sind „Ursache-Wirkungs-Interpunktionen" immer willkürlich!

Entscheidend für die Art und Weise der Beziehungsmusterbildung ist jedoch die elterliche Bereitschaft „das Richtige" zu tun.
„Das Richtige" wäre - wie oben aufgezeigt - auf das kindliche Bindungsverhalten mit authentischem elterlichem Fürsorgeverhalten zu reagieren. Reagieren die Eltern häufig oder überwiegend „unangemessen", indem sie das Zeigen von Bindungsverhalten ignorieren, bestrafen und uneindeutig oder ambivalent beantworten, *so wird das Kind auf je unterschiedliche Art und Weise lernen, sich seiner Gefühle und damit seines Selbstwerts unsicher zu sein.*

Gefühle versteht BOWLBY als Bewertungsprozesse (intuitive Einschätzungen) bestehender oder zu verändernder Zustände. Gefühle können bewußt oder unbewußt sein. Ihnen können u.a. folgende Funktionen zugeordnet werden:

1) Sie dienen der Verhaltenssteuerung auf der Basis der Einschätzung von Um weltverhältnissen, organismischen Zuständen und geplanten Handlungen.

2) Sie stellen ein Warnsystem dar, wobei sie notwendigerweise als mehr oder weniger klares Empfinden bewußt werden.

3) Sie dienen der bewußten oder unbewußten zielgerichteten Steuerung der nichtsprachlichen, auf gestischem, verbalem und mimischem Ausdrucksverhalten basierenden Kommunikation mit anderen. [Deshalb wirkt das nonverbale Verhalten des Menschen auf sein Gegenüber auch oft so „verräterisch" (oder auch verwirrend als „double-bind"), wenn die gesprochenen Worte und die „Körpersprache" nicht übereinstimmen.]

Gefühle sind nicht unabhängig vom Verhalten, sondern untrennbare Bestandteile des Verhaltensprozesses.
Ein Kind, dessen Verhalten (und damit dessen Gefühle) angemessen beantwortet wird, lernt, daß sein Verhalten und Empfinden annehmbar und berechtigt ist.

Es fühlt sich sicher durch die Bestätigung der geliebten Bindungsperson (der es ganz und gar ausgeliefert ist). So entsteht „Bindung" und so kann auch (ganz und gar unromantisch) das Entstehen und die Funktion von Liebe erklärt werden:
als funktionales, aus endogenen und exogenen Quellen gespeistes Beziehungsverhaltenssystem, das der Selbsterhaltung und der Arterhaltung dient.

Tafel 27
Drei Bindungtypen

Die Bindungsforschung unterscheidet drei „Bindungstypen".

Typ A Kinder mit unsicher-vermeidender Bindung an die Bezugsperson

Typ B Kinder mit sicherer Bindung an die Bezugsperson

Typ C Kinder mit ambivalent-unsicherer Bindung an die Bezugsperson

Der jeweilige *Bindungstyp* stabilisiert sich innerhalb der ersten 12 Lebensmonate und wird mit dem „Fremde-Situation-Test" (siehe OERTER/MONTADA, 1987. S.198 f) bestimmt.

Allerdings erscheint aus konstruktivistischer Sicht diese Grobrasterung von Verhaltenstypen wenig sinnvoll und hilfreich.

Darüber hinaus erscheint es ethisch äußerst fragwürdig Säuglinge und Kleinkinder solchen und ähnlichen Experimenten auszusetzen. Caroline ELIACHEFF gibt in ihrem bemerkenswerten Buch über ihre psychoanalytische Arbeit mit Säuglingen und Kleinkindern („Das Kind, das eine Katze sein wollte") folgendes zu bedenken: „Meiner Ansicht nach gibt diese Art von Experimenten eher eine Antwort auf die Frage: Wie kann man eine psychotische Versuchssituation herstellen? Übrigens habe ich noch nirgends gelesen, wie man Eltern dazu bringt, ihre Kinder solchen Experimenten auszusetzen." (S.52 ff)

Die „Bindungsqualität" entsteht aus der oben beschriebenen Art der elterlichen Reaktion auf das Zeigen von kindlichem Bindungsverhalten und der fortlaufenden Modifikation dieses gezeigten Bindungsverhaltens als Folge der elterlichen Reaktion. So entsteht im Verlauf des Entwicklungsprozesses im Kind ein sogenanntes „inner-working model" - also ein „inneres Arbeitsmodell" - seines Selbstempfindens und der Art und Weise, wie für dieses Kind zwischenmenschliche Beziehungen vorstellbar werden.

D.h. dieses Kind (und später auch dieser Erwachsene) hat gelernt, seinen Gefühlen auf eine spezifische Art zu trauen oder zu mißtrauen, sich auf diese spezifische Art „selbstwertig" oder „selbstunwertig" zu empfinden und hat gelernt, die Art und Weise der zwischenmenschlichen Beziehung, wie sie zwischen seinen Eltern und ihm entstanden ist, für die „normale" und oft auch einzig mögliche Beziehungsform zwischen Menschen zu halten.

Tafel 28
„Pathogene" Bindungsmuster

➔ ***Angstbindung:*** Das Kind lebt in Unsicherheit, ob es überhaupt Schutz erfährt und lebt in ständiger Angst, seine Bindungsperson zu verlieren.

➔ ***Zwanghaftes Selbstvertrauen:*** Unterdrücken von Bindungsgefühlen und Bindungsverhalten; Verleugnen der Sehnsucht nach Nähe.

➔ ***Zwanghafte Fürsorge:*** Unterdrückung der eigenen Versorgungswünsche durch „falsche" Fürsorglichkeit für andere.

➔ ***Vermeiden im Dienst von Nähe:*** Das Zeigen authentischer Gefühle (Angst, Wut, Ausgelassenheit, etc.) wird vermieden, da das Kind gelernt hat, daß die Bindungsperson die authentischen Gefühle nicht akzeptiert und daher abwehrt.

ÜBER DAS VERBINDENDE

Anregungen zum gegenwärtigen Stand des Irrtums

Eröffnungsvortrag zur 11. Studienwoche des IHP im Schloss Gnadenthal bei Kleve

Klaus Lumma

Tafel 29
Verbindendes

* Sich vom eingefahrenen Lebensstil lösen
* Nachbarn als Co-Menschen tolerieren *(men-sching)*
* Entwicklung fördern statt Krankheit pflegen
* Humanistische Psychologie als „Ort der Erfindungen" pflegen
* Gemeinschaftsgefühl entwickeln & zulassen
* Prägungen diskutieren
* Ressourcen-Orientierung zulassen
* Erlaubnis, Macht, Ermutigung & Schutz sichern
* Sinn von Gemeinschaft in Familie und Gruppe erfahrbar machen
* Ziele aussprechen und abstimmen
* Familien-Erinnerungen pflegen

Mein Anliegen ist, die Bedeutung des Verbindenden im Sinne der Humanistischen Psychologie hervorzuheben. Gemeint ist das Verbinden von Unterschiedlichem, wie es im Kontext der Begleitung von Mensch und Organisation mit unterschiedlichen Methoden zum Finden von Lösungen geschieht.

Lösungen im Ausdruck unseres Lebensstils

Über das Verbindende gibt es keine Wahrheiten. Das Zusammenbringen von Unterschiedlichem ist in den Lebensfeldern des Menschen von grosser Mannigfaltigkeit gekennzeichnet. Konstruktiv wirkende Mannigfaltigkeit ist getragen vom Zusammenspiel zwischen Individualität, Gruppenspezialität und institutioneller Rahmensetzung. Über das Verbindende so zu sprechen betrachte ich jedoch nicht als Wahrheit, sondern vielmehr ausschliesslich als Beitrag zum gegenwärtigen Stand des Irrtums.

Es stellt sich also nicht mehr so sehr die Frage, welche die richtige bzw. „einzig richtige" Methode zum Finden von Lösungen sein könnte, vielmehr geht es uns im Dialog miteinander mehr und mehr darum, *situationsbezogene Verbindungen von Methoden* zum Finden von Lösungen zu entdecken. Gemeint ist das Finden von Lösungen für des Menschen zentrale, existentielle Fragen zu seinen Lebenssituationen im privaten wie beruflichen Kontext.

Da wir individuelle Menschen sind, die in verschiedenen Konstellationen leben und arbeiten, können wir eigentlich nie in die Verlegenheit kommen, etwas Endgültiges über Lösungen sagen zu müssen. Man kann höchstens etwas sagen über den augenblicklichen Zustand einer Konstellation, einer Arbeitsgruppe, einer Familie, oder über den Zustand eines einzelnen, aber daraus so etwas wie Wahrheiten abzuleiten, finde ich vermessen.

Wir probieren natürlich aus, Arbeitshypothesen zu finden, die praktisch sind und möglicherweise auch zutreffen. Ich glaube, dass es bei aller Suche nach Lösungen auf jeden Fall immer um Orientierung geht.

Wir wollen herausfinden, wo wir eigentlich hin wollen mit unserem Leben, sowohl persönlich als auch beruflich. Die Methode, die wir zum Finden solcher Orientierung wählen, ist zweitrangig.

Zum Beispiel wählen wir eine kunsttherapeutisch orientierte Methode, wenn wir glauben, dass wir gut mit Kunst in unserem Leben zurechtkommen, mit bildnerisch gestalterischen Formen. Oder wir arbeiten zum Finden von Lösungen mit „Erinnerungen", weil wir der Arbeitshypothese frühkindlicher, intellektlogisch unbewusster Entscheidungen zu einem ganz bestimmten Lebensplan (Skript) zustimmen, oder wir arbeiten mit Gestaltmethoden, weil uns die Lösungsansätze eines Fritz Perls, einer Fanita English oder des Paares Erv und Miriam Polster als effektiv erscheinen. Das, was wir wählen, steht in direkter Beziehung zu dem, was zu unserem heute aktuellen Lebenskontext und Denkmodell passt. Das kann in drei, vier Jahren etwas ganz anderes sein als heute. Wir wählen halt jetzt jene Methoden, von denen wir *glauben*, dass sie zu unserem Konzept passen. Wenn ein Therapeut, der lange Zeit ausschliesslich Einzelstunden gegeben hat, irgendwann in einer Familienberatungsstelle arbeitet, so wird er ab dann wahrscheinlich verschiedene systemische Konzepte in sein Handlungsrepertoire aufnehmen, die sich für Konstellationen wie Familien als nützlich erwiesen haben. Er wird nicht bei *einer* Methode bleiben wollen. Dennoch bleibt er bei der Zielsetzung, Menschen dabei zu unterstützen, solche Orientierung zu finden, dass ihr persönliches und berufliches Leben besser gelingt.

Therapeuten als Co-Teilnehmer
Wir gehen in der Humanistischen Psychologie davon aus, dass der beste therapeutische Begleiter derjenige ist, der immer wieder auch Teilnehmer sein kann. Es ist ein Qualitätsmerkmal, wenn jemand, der Therapie, Beratung oder Supervision gibt, auch seine eigene Orientierung immer wieder in Frage stellt, sie bezweifelt und „überdenkt".
Schlechte Begleiter sind solche, die sich nicht mehr in Frage stellen, die also keines ihrer Konzepte oder keine ihrer Denkarten von Kollegen diskutieren lassen. Deswegen beginnen wir im Rahmen des Lernens von Therapie sehr früh mit dem, was Kollegialität heisst, mehr mit dem, was uns verbindet als mit dem, was uns unterscheidet. Solche Kollegialität ist eines der zentralen Merkmale, das ganz früh schon in der Humanistischen Psychologie entwickelt wurde.

Zur Idee der Entwicklung
Ich komme damit zu einem weiteren Punkt, der das Verbindende kennzeichnet. Dieser kommt aus dem Amerikanischen und heisst Persönlichkeitsentwicklung, amerikanisch „personal growth". Das ist jener erste Begriff, der in der Humanistischen Psychologie überhaupt ganz nach vorne gestellt wurde, und er hat etwas damit zu tun, was wir Wachstum nennen: „Growth". Persönlichkeitsentwicklung, das deutsche Wort ist auch ganz praktisch. Wir ent-wickeln unsere Persönlichkeit. Die Vorstellung dabei ist folgende: Vor der Entwicklung betrachten wir uns als eingewickelt, gleichsam wie ein Baby in Windeln eingewickelt.
Persönlichkeitsentwicklung verhilft uns dabei, aus-gewickelt zu werden, so dass wir uns frei bewegen und entfalten können. An dieser Wortspielerei merken wir, dass mit dem Wort „Wicklung" auch etwas Negatives wie Verwicklung verbunden sein kann. Wir sprechen zum Beispiel davon, in Konflikte oder in Beziehungen verwickelt zu sein. Auch hierbei ist der Begriff des Entwickelns eigentlich ein sehr praktischer Begriff.

Humanistische Psychologie als Ort der Erfindungen
Entwicklung löst Verwicklung. Dazu hat die Humanistische Psychologie etwas Neues erfunden, oder anders gesprochen: Humanistische Psychologen haben aus dem jeweiligen Erfordernis der Lage heraus Bekanntes neu gefunden, neu arrangiert als Lösung für aktuelle Konfliktsituationen.
Wir kennen alle die Geschichte der nach USA emigrierten Juden, die dort vor der Situation standen, etwas Neues erfinden zu müssen, um Lebensunterhalt zu verdienen. Zu diesen neuen Erfindungen gehören die verschiedenen Methoden der Humanistischen Psychologie. Sie entstanden aus der Suche nach Lösungen. Sie sind in gewissem Sinne Not-Lösungen. Eine der ältesten ist die Gruppendynamik, die kaum noch gelehrt wird; dann die Gestalttherapie aus der Verbindung von Gestaltpsychologie, angewandter Phänomenologie und Konstruktivismus. Dann kamen mit der Zeit andere Methoden dazu, wie die Transaktionsanalyse oder die Bioenergetik, die Orientierungsanalyse und die Kunsttherapie. Diejenigen von uns, die Kunsttherapie praktizieren, wissen, wie schnell diese Konzeption nach vorne

gekommen ist. So kann es geschehen, wenn man sich nicht scheut, aus der Not heraus eine Tugend zu machen, also aus einer Not-wendigkeit heraus etwas Neues zu entwickeln, alte Ideen mit neuen Anforderungen (Notwendigkeiten) zu verbinden.

Was die Humanistische Psychologie auszeichnet, ist eigentlich aus der Not geboren, eine Wende der Not. Jenes bewährte Prinzip, also aus Scheisse „Mist" zu machen, - wie der Volksmund sagt - verhilft manchmal dazu, statt „in der Scheisse stecken" zu bleiben, dieselbe in Dünger zu verwandeln.

Beim Erfinden von Lösungen geht es also nicht ums Wegräumen, das Wegräumen von dem, was uns stört, sondern vielmehr darum, das auftretende Dilemma als Herausforderung zum Formen neuer Entwicklungskräfte (Dünger) zu verstehen, damit wir uns aus Verstrickungen heraus ent-wickeln können. Wir heissen also unser Dilemma herzlich willkommen, anstatt es zu verdammen.
Dilemma als Herausforderung zu verstehen, dazu ist die Verbindung von verschiedenen Methoden notwendig geworden. Ich spreche auch an dieser Stelle immer noch von dem, was die frühen Pioniere der Humanistischen Psychologie aus der eigenen Lebenssituation heraus praktizierten.

Bei aller Betroffenheit durch Konflikte und Verwicklungen tun wir gut daran, den Blick auf die Erfindung konstruktiver Lösungen zu richten anstatt zu klagen und zu jammern. Wir wissen inzwischen, dass so zu denken wirklich eine andere Art zu denken (und zu handeln) ist, denn Klagen führt letztlich zu Krankheitsbildern, wie sie uns zur Genüge bekannt sind.

Vom Einzelnen zur Gruppe
In diesem Sinne beschäftigen wir uns in der Humanistischen Psychologie nicht so sehr mit Heilkunde, sondern mit Entwicklungen, Lösungen, mit der Entwicklung von konstruktiven Verbindungen.
Personal growth erfordert das Nutzbarmachen des kreativen Lösungspotentials im einzelnen Menschen und in der Gruppe. Die Gruppe als Lösungspotential wird allzu oft vergessen. Seit die Gruppendynamik nach Deutschland gekommen ist, hat der Aspekt der Gruppe paradoxerweise beim Finden von Lösungen leider etwas an Bedeutung verloren. Wenn jemand zum Finden persönlicher Lösungen zu Lebenskonflikten Einzelstunden nimmt, so verstehe ich auch diesen Rahmen ausschliesslich als Grundlage dafür, wieder Verbindungen herzustellen, zur Familie, zu Freunden, zu Gruppen, Vereinigungen oder ähnlichem. Ich glaube, so etwas Ähnliches haben auch Alfred ADLER, Ruth C. COHN oder die MORENOs gedacht.

Es ist sinnvoll, das in der Einzelstunde Gelernte binnen einer Gruppe auf seinen Wirkungskreis hin zu überprüfen.

Wenn sich in Einzelstunden zwei Menschen gegenüber sitzen, so sprechen wir von Projektion, Übertragung und Gegenübertragung. Wenn uns diese Begriffe auch nicht so beliebt sind, so treten die mit ihnen beschriebenen Phänomene in irgendeiner Art und Weise dennoch auf. Die Gruppe (zwischen 12 und 16 Teilnehmern) als Spiegel der Gesellschaft zu verstehen, bietet die wunderbare Gelegenheit, Projektionen, Übertragungen und Gegenübertragungen transparent werden zu lassen und eine Verbindung zwischen Mikrokosmos und Makrokosmos herzustellen. Wir kennen es alle: Wenn wir zum Beispiel innerhalb einer Gruppe Einzelstunden geben, so hat die Gruppe oft eine ganz andere Sichtweise als wir selber oder auch als derjenige, mit dem wir arbeiten. Möglicherweise gibt es dabei so viele „Wahrheiten" wie es Teilnehmer in der Gruppe gibt. Und das ist gut so, es geht ja darum, dass eine Sichtweise nicht als Wahrheit übernommen wird, sondern dass wir über den Vergleich unserer verschiedenen Sichtweisen miteinander in einen verbindlich wirkenden Kontakt treten, der unsere emotionale Vereinsamung aufheben hilft.
Jetzt kommen wir zu einem Begriff, der in vielen Methoden auftritt: *die Verantwortlichkeit, die Verantwortung.* Darüber ist viel geschrieben worden, gemeint ist schlichtweg, dass wir auf das, was wir gefragt sind, Antworten geben; oder dass wir Fragen stellen, die von anderen beantwortet werden können.

Die Gruppe hat neben dem, was man in Einzelstunden erfährt, den entscheidenden Vorteil, dass sie Spiegel unserer Gesellschaft und ihrer Struktur ist, so wie das Blatt eines Baumes die Struktur des Baumes selbst wiedergibt.

Die Prägung
Das Dritte, auf das wir uns beziehen, ist die Prägung. Dieser Begriff verbindet fast alle Methoden miteinander, indem alle bekennen, dass es dieses Phänomen gibt. Zum Erklären benutze ich gerne die Begrifflichkeit der Transaktionsanalyse. Gemeint ist die Ausrichtung auf einen ganz bestimmten Lebensstil, dies bereits binnen der ersten Lebensjahre. Prägung geschieht durch affektlogische (nicht intellektlogische) Überlebensentscheidungen im Hinblick auf elterliche Einschärfungen und Antreiber, jene gut gemeinten Botschaften, Handlungs- und Gefühlsofferten, die uns bis ins Erwachsenenleben noch an den früh gewählten Lebensstil binden.
Antreiber, so etwas merkst Du zum Beispiel, wenn Du immer meinst, *Dich beeilen zu müssen.* Oder Du meinst, alles immer hundertprozentig, nicht achtzigprozentig, erledigen zu müssen. Du meinst, Du müsstest immer perfekt sein. Stell Dir das Bild so vor, dass Du Feuer anmachst, und wenn das Feuer zur Neige geht, dann nimmst Du einen Blasebalg und schürst es wieder. So wirken die Antreiber.

Wenn Du auf dem Weg bist, Dein eigenes Leben in die Hand zu nehmen, dann kommt so ein Antreiber und schürt das Feuer der frühen Einschärfungen wieder so, dass alles schliesslich verbrennt, was Du Dir vorgenommen hast.

Was das Destruktive auflöst, jenes System von Einschärfungen mit den dazugehörigen Antreibern, das ist die „Erlaubnis". Wenn jemand zum Beispiel seine Aufgaben im Leben *immer* meint im Affenzahn erledigen zu müssen und er kommt dann dennoch nicht weiter, so könnte die lösende Erlaubnis heissen: Du darfst das Ganze gelegentlich auch langsamer angehen.

Zur Idee der Ressourcen-Orientierung
Das Dürfen ist etwas, was uns in der Entwicklung weiterbringt. Eingrenzen ist auch wichtig, aber das Dürfen ist die zentrale Lenkung auf jene Potenz, die man heute Ressourcen nennt. Ressourcen zu finden und zu nutzen geht am besten mit Erlaubnis. Es wird darüber gestritten, ob man sich „Erlaubnis" selber geben kann; etwa: „Ich erlaube mir jetzt dies und das". Die grössere Wirkung hat eine Erlaubnis jedoch, wenn sie von jemand anderem ausgesprochen wird.

Wenn das Ich desjenigen, der die Erlaubnis braucht mit dem Du eines liebevollen Erlaubnisgebers verbunden ist, so entstehen äusserst positive neue Verbindungen und Entwicklungspotentiale. Auch wenn wir noch so sehr erwachsen sind, erlaubnisgebende elterliche Bindung tut einfach gut.

Das Erlauben kommt beim Menschen aus dem, was man *elterlich* nennt, und das ist sehr praktisch. Durch die Erlaubnis (von oben) werden wir nicht kleiner, sondern bekommen damit Platz zum Wachsen. Ein bisschen paradox in der Vorstellung, aber es scheint tatsächlich so zu funktionieren.

Schutz
Das verletzte Kind „in uns" braucht Schutz. Wenn es grösser werden will, braucht es einen Rahmen, in dem es sich sehr sicher fühlt, sonst kann es nicht wachsen. Wir kennen das alle: Wenn Du Vertrauen zur Gruppe hast, dann bist Du geschützt. Den grössten Schutz gewährt eben die Gemeinschaft. Seit Alfred ADLER anfing, sich mit sozialpsychologischen Fragen zu beschäftigen, besteht der Begriff des sogenannten „Gemeinschaftsgefühls", ein Wort, das inzwischen in den allgemeinen Sprachgebrauch übergegangen ist.

Vom Sinn der Gemeinschaft in Familie und Gruppe
Die älteste der Gemeinschaften zur Entwicklung von *Gemeinschaftsgefühl* ist die Familie bzw. die Sippe. Ist bei uns etwas verpönt, etwas in Verruf geraten, diese Gemeinschaftsform. Es ist günstig, den Wert dieser Gemeinschaftsform wieder zu

heben, sonst bricht unsere Gesellschaft allmählich auseinander.
Die nächste wichtige Aufgabe in diesem Kontext des Verbindenden ist, die Idee der *Finalität* zu akzeptieren: Dass wir unser Leben darauf ausrichten, ein Ziel anzupeilen, eine Richtung zu wählen, die zum eigenen Lebensrahmen passt. Damit sage ich zugleich: Die *Humanistische Psychologie* beginnt mit Alfred ADLER vor Carl ROGERS oder Abraham MASLOW. Adler ging davon aus, wenn jemand eine Störung mitbringt, so ist es gut, *in seiner Orientierung* daran zu arbeiten, wo er eigentlich „hingehört", in welche Gemeinschaft. Wenn er keine hat, so muss er zurückgeführt werden in die Gemeinschaft oder es ist gut, eine neue Gemeinschaft aufzubauen.
Adler ging auch als Arzt davon aus, dass er den Menschen nicht (von aussen) gesund machen kann, sondern dass seine Aufgabe darin besteht, jenen Rahmen zu bauen, in dem der Mensch lernt, selbst für seine eigene Gesundung zu sorgen. Alfred Adler war einer der ersten mit dieser Idee vom Wachstum der Persönlichkeit *(personal growth),* auch wenn er selbst eine andere Begrifflichkeit benutzte.
Es scheint sehr günstig zu sein, dass man sich Ziele steckt und nicht einfach so dahin lebt. Eine weitere Methoden-verbindende Idee des Adleranischen Ansatzes ist das Konzept der *Wertschätzung*. Das hat später auch Carl Rogers benutzt.

Um andere zu begleiten, ist es gut, sich als Begleiter erst mal selbst wertzuschätzen. Sich selbst wertzuschätzen ist kein Methodenkonzept, sondern es ist eine Haltung: Wir lernen unsere Qualitäten zu schätzen, sie nicht runterzumachen, auch wenn sie uns für manche Lebenssituationen als nicht mehr so praktisch erscheinen.

Wir könnten glatt das ganze Repertoire, das wir zum Leben haben, wertschätzen. Die Idee dahinter ist eigentlich die von René Spitz: Da wir jetzt hier sind und „überlebt" haben, <u>muss</u> das meiste in uns einen Sinn gehabt haben, sonst wären wir nicht mehr da. Wir wären ziemlich früh „über die Wupper gegangen", wie die Säuglingsforschung nachgewiesen hat.
Ob wir Kritik oder ob wir Lob erfahren, wir nehmen beides als Streicheleinheiten. Ohne Streicheleinheiten positiver wie negativer Art überlebt kein Mensch. Also, da wir noch leben, haben wir wahrscheinlich bis zum jetzigen Zeitpunkt unseres Lebens genug bekommen, um hiersein zu können. Ich finde es äusserst praktisch, so zu denken. Es ist natürlich auch angenehm zu denken, wir könnten noch mehr haben; doch mit der Haltung „ich könnte noch mehr haben" merke ich oft gar nicht, was ich schon habe.

Mal gucken und merken, wen ich neben mir habe: „Dich neben mir hab ich auf jeden Fall." Derjenige, der jetzt gerade da ist, der ist gut: Du bist o.K.!
Herzlich Willkommen!

BUBER und TILLICH gelten auch als Elternfiguren dieses Denkansatzes. Was uns auszeichnet, erleben wir dadurch, dass auch *ein anderer* da ist, der merkt, was uns auszeichnet. Wir sind auf die Rückmeldungen angewiesen, auf ihr Feedback. Buber hat dazu eine wunderschöne Schrift geschrieben „Ich und Du". Er hat diesen Zusammenhang philosophisch erörtert, und hier bei uns ist er ganz praktisch gemeint.

Guck nach links und rechts und lerne diesen Schatz (Spatz) zu respektieren, bevor Du losläufst und Tauben auf dem Dach fangen willst.

Die Idee dahinter ist wirklich, Wertschätzung in Dir selbst zu erfahren, indem Du das Links und Rechts von Dir wahrnimmst, wahr-nimmst, für wahr nimmst. Daraus ist als verbindende Konzeption die Abkehr von den Abwertungsmechanismen entstanden. Wir kennen das alle, dass wir Abwertungen von anderen betreiben, die uns letztlich selbst betreffen. Die ersten, die das formuliert haben, waren die Transaktionsanalytiker. Die Transaktionsanalyse (TA) entstand primär aus der Individualpsychologie von Adler. Eric BERNE, der die TA erfand, hat eigentlich nichts anderes gemacht als das Denkmodell von Adler etwas „strassenfähiger" zu machen, zu gucken, in welche Haltungs-Position geht der eine, wenn der andere einen bestimmten Impuls gibt.

Wann spielt sich diese Positionierung so ab, dass die beiden gut miteinander auskommen, und wann spielt sich das so ab, dass es sich überkreuzt, dass es knallt? Daraus hat er dieses wunderbare, einfache Erklärungsmodell mit den „drei Kartoffeln" gemacht: Eltern-Ich, Erwachsen-Ich und Kind-Ich.
Das geht historisch natürlich auch wieder auf Rogers zurück. Man könnte sagen, was Rogers mit der Gesprächstherapie gemacht hat, ist eigentlich keine Methode, sondern es ist ein Konzept der Auflösung von Abwertung. Er hat das als Aufbau von Wertschätzung formuliert.
Dazu gehört auch eine Wertschätzung für verschiedene Kulturen. Wir leben ja in einer Gesellschaft, in der mehrere Kulturen zusammenkommen, nebeneinander oder sich verbindend. Wenn jemand aus einer anderen Kultur kommt, so müssen wir uns nicht von ihm fernhalten, nur weil wir seine Kultur nicht kennen. Wir dürfen uns auch vertraut machen mit der anderen Kultur, selbst zum Beispiel mit einer „Internet Kultur", wenn sie schon bei uns ins Leben gerufen wurde. Du hast zum Beispiel die Möglichkeit, dank Internet ziemlich gut in der Welt herumzukommen und damit auch verschiedene Kulturbereiche „im ersten Blick" kennenzulernen.
Wir wissen noch gar nicht, wie sich die Kulturvielfalt in unserer Gesellschaft auswirken wird. Von daher finde ich es wichtig, in der Therapie und im Lernen von Therapie und Beratung, dass wir uns neben der Methodik auch mit dem Wissen um verschiedene Kulturen beschäftigen.

Das hat Lucy Ackerknecht in den Supervisionen der 80er Jahre bereits vermittelt:
Weg vom Geltungsstreben, hin zum Gemeinschaftsgefühl und zum finalen Denken. Weg von den Abwertungen!

Um wirkungsvoll zu sein, reicht es nicht, dass wir unsere Methoden beherrschen. Wir brauchen zum Einwirken Ziele. Ziele, die über uns hinausgehen, die über das hinausgehen, worauf wir gerade Lust haben. Lustorientierte Ziele sind natürlich auch praktisch, das will ich nicht abstreiten. Es ist ganz wichtig, dass wir lustvoll arbeiten und lustvoll leben. Das darf jedoch nicht das einzige bleiben. Dadurch, dass wir in Gemeinschaften leben, brauchen wir gewissen Ziele, die auch über das Individuelle hinausgehen. Ich beziehe mich bei diesen Anregungen auf zwei Bücher, die nichts direkt mit Methodik zu tun haben, sondern mit Konzept.
Mit Konzept meine ich das, was verschiedene Methoden gemeinsam haben, was sie miteinander verbindet. Das eine Buch heisst „Ordnungen der Liebe" aus der Feder von Bert HELLINGER, und das andere ist jenes, welches ich schon zuvor zitierte: *„The Shelter of Each Other. Rebuilding Our Families".* „Sich gegenseitig Schutz gewähren. Über den Wiederaufbau unserer Familien." (Mary PIPHER)

Ziele orientierungsanalytischen Wirkens

Eine orientierungsanalytische Begleitung hat zum Ziel, ans Licht zu bringen, was uns in Familie und Sippe in die Schicksale anderer Mitglieder verstrickt. Wenn wir uns verstrickt, verwickelt haben, so hat das immer mit der Geschichte und Phänomenologie unserer Familie und Sippe zu tun, also mit dem, was hinter der „Hier und Jetzt Familie" steht.

Vor allem aber soll ans Licht kommen, wann und wie und nach welchen Gesetzen gelingen kann. Es geht also um ein „Lösungsorientiertes Konzept", bei dem die Methodik sekundär ist: Alle Methoden sind willkommen, die dabei helfen, Lösungen zu finden, nicht allein Konfliktlösungen, sondern Lösungen aus familiären Verstrickungen, Lösungen von Familiendramen und Familienschicksalen. Das erfordert eine andere Art zu denken, und die Begrifflichkeit ist vielleicht etwas seltsam aber nicht unsinnig. Mit Sippen meinen wir zum Beispiel, was die Schotten Clan nennen, alles was direkt zur Familie gehört, also Oma, Opa, Grosseltern und ähnliche Anverwandte.

Das Suchen nach Lösungen hat einen prophylaktisch lernorientierten Kontext: Wir betrachten zurückliegende Verstrickungen, um daraus für die Zukunft zu lernen. Wir betrachten sie nicht, ***um unsere Familie und Sippe für Zurückliegendes zu***

strafen. Mit dem Strafen wiederholen wir möglicherweise destruktive Aspekte der Familiengeschichte.

Es geht ums transparent machen, nicht ums Strafen. Vor allem soll ans Licht kommen, wann und wie und nach welchen Gesetzen die Lösung einer Verstrickung gelungen ist. Ziel ist also nicht herauszufinden, was der Konflikt ist, sondern wie Lösung gelingt.

So „blöd" Deine Familie auch sein mag, eine Betrachtung familiärer Lösungsmuster lohnt sich auf alle Fälle. Anschauen ist konstruktiver als Klagen. Durch Anschauen lernen wir meistens mehr als durch Klagen.
Manche Therapeuten unterstützen leider das Klagen und Schimpfen über das, was die Eltern „verbockt" haben.

Die lösungsorientierte Idee meint etwas Anderes. Sie zielt darauf ab, das eigene kreative Potential zu entwickeln, sich anzuschauen, was es schon in der Familie gibt, welche Lösungsansätze im Laufe der (Familiengeschichte) Familienentwicklung (unbewusst) gelernt wurden. Wir haben sie alle irgendwo in unserem wunderbaren Gehirn gespeichert und können sie mittels konstruktiver Unterstützung im therapeutischen Prozess reaktivieren.

Ziele der Therapieforschung
In der Therapieforschung wurde leider bisher mehr das Augenmerk darauf gelegt, was schiefgelaufen ist. Das Finden von konstruktiven Lösungen wird erst jetzt allmählich zum Forschungsinhalt. Zum Beispiel gibt es viel mehr Forschung darüber, wie jemand schizophren wird, als darüber, wie er aus diesem Dilemma raus kommt. Wenn jemand zum Beispiel schizophren geworden ist und er hat Geschwister, dann wäre es ja viel sinnvoller zu untersuchen, wie es in dieser „blöden" Familie dazu kommt, dass die anderen Geschwister gesund geblieben sind. Anstatt herauszufinden, wie ***alle*** gesund bleiben können, wird mehr und mehr untersucht, wie ***einer*** „bekloppt" geworden ist.
Es erscheint als konstruktiver, sich anzugucken, wie man aus einem Dilemma raus kommt ist, anstatt zu untersuchen, wie man in das Dilemma reingeraten ist.

Zu betrachten, welche Lösungen andere, die vom gleichen Hintergrund kommen, gewählt haben, um nicht in ein Dilemma zu geraten ist konstruktiver als zu untersuchen, wie derjenige, der im Dilemma steckt, in dieses Dilemma reingekommen ist. Für so eine Art und Weise des Vorgehens ist Bert HELLINGER einer der Wortführer geworden, und in Amerika ist es Mary PIPHER.

Bei der Suche nach solchen Gesetzen, die Lösungen zu Verwicklungen aufzeigen, wird deutlich, dass die meisten bereits in den Familien und Sippen drinstecken, dass wir nur unseren Blick dafür freimachen müssen.
Dank der neueren soziologischen Forschungen wird deutlich, dass in den Familien und Sippen ein allen gemeinsames Bedürfnis nach Bindung und Ausgleich besteht, dass zum Beispiel der Ausschluss von Familienmitgliedern nicht geduldet wird. Das heisst, es gilt als stille Gesetzmässigkeit in Familie und Sippe, dass keiner ausgeschlossen wird. Das Dilemma geht also dann los, wenn jemand nun doch ausgeschlossen wurde. Irgend jemand in der Familie erinnert sich irgendwann affektlogisch an das Prinzip des Ausschlusses und setzt es in der Familie fort. So etwas nennen wir *Verstrickung*. Die Transaktionsanalytiker nennen das *die „heisse Kartoffel"*.

Familien-Erinnerungen
Wenn jemand in der Familie, der Sippe ausgeschlossen wurde, so bildet sich aus dem Ausschluss heraus ein Muster, das sich in der Familie erhält bis in die Nachkommenschaft der heutigen Tage hinein. Dieses Muster sorgt als „stille Ausschlusskraft" dafür, dass immer wieder jemand ausgeschlossen wird.
Noch mal: Hintergrund für dieses Phänomen ist, dass in Familien und Sippen jenes gemeinsame Bedürfnis nach Bindung und Ausgleich keinen Ausschluss von Mitgliedern duldet. Das Schicksal einer Familie kann also von einzelnen Mitgliedern

übernommen und weitergeführt werden, ohne dass sie sich dessen bewusst sind. Eine *Wiedergutmachung* von Ausschluss geschieht durch liebevolle Demut, indem die Ausgeschlossenen rückwirkend von den Verbliebenen als zugehörig gewürdigt werden. Werden die Ausgeschlossenen von den Verbliebenen als zugehörig gewürdigt, dann gleichen die Verbliebenen gewissermassen ein Familienschicksal aus. Dabei kommt als Ziel wieder etwas zum Tragen, was wir schon einmal betrachtet haben, ganz gleich welche Methode wir benutzen: Als erstes müssen wir für Schutz sorgen!

Shelter nach Pipher

Nr. 1
Dem Einzelnen und seiner Herkunftsfamilie Schutz zu gewähren, muss die Nummer Eins in der Orientierungsanalyse (OA) sein. Das erste, was Du als Counselor machen musst, ist einen Rahmen zu bauen, wo der Mensch, der zu Dir kommt, oder die Gruppe, die zu Dir kommt, bei Dir Schutz hat. Es muss klar sein, dass Du niemanden in die Pfanne haust.

Nr. 2
Nummer Zwei heisst, die Verbindung zur Familiengeschichte herzustellen, herauszufinden, welche konstruktiven Lösungen es in den Familien bereits gibt. (Ressourcen-orientiertes Arbeiten). Also wirklich der Geschichte nachgehen! Du kannst dazu oft Angehörige aufsuchen, die noch leben und sie befragen. Sie freuen sich über den Ausdruck Deines Zugehörigkeitsgefühls. Es scheint wichtig zu sein, dass Du Dir auch die schlimmen Ereignisse in der Familie anguckst und nicht die Augen davor verschliesst. Es scheint in den Familien weltweit so zu sein, dass schlimme Ereignisse verschwiegen werden; zum Beispiel, wenn sich eine Oma umgebracht hat, oder wenn einer von den Eltern im Knast gesessen hat, oder einer von den Grosseltern Missbrauch betrieben hat. Transparenz scheint sehr günstig zu sein. Dazu gehört Mut, das Wecken von Hoffnung, bei Dir selbst und bei den anderen.

Nr. 3
Wichtig ist weiterhin, herauszufinden, worauf Du stolz sein darfst in Deiner eigenen Familie, nicht nur in Deinem eigenen Leben, auch weiter zurück in Deiner Familie. Zurückblicken mit Stolz auf das, was schon geschafft ist, losgelöst von Dir als einzelner Person, bezogen auf den Rahmen von Familie und Sippe.
Zurückblicken mit Stolz auf das, was schon geschafft ist und nach vorn mit Hoffnung. Es scheint einen sehr praktischen Lösungsrhythmus zu geben. Zurückblicken auf das, was schon geschafft ist, Innehalten, und dann mit Hoffnung nach vorne. Dieser Rhythmus scheint sich auf die Entwicklung von Power, von persönlicher Kraft, auszuwirken.

Tafel 30
Shelter-Gebote

1. Schutz gewähren
2. In der eigenen Familiengeschichte nach Lösungen suchen
3. Finden, worauf die Familie stolz sein kann
4. Anerkennung, Respekt und Verantwortungsbewusstsein fördern
5. Klares Denken unterstützen
6. Lernen, faire Entscheidungen zu fällen
7. Einfühlungsvermögen praktizieren
8. Förderung von Authentizität und Kreativität
9. Geheimnisse lüften
10. Angstmanagement lernen
11. Sucht, Gewalt und Konsum eingrenzen
12. Balance finden zwischen Individuation und Gemeinschaft
13. Humor zulassen und fördern

Nr. 4
Das vierte Augenmerk dient der Förderung von Anerkennung, Respekt und Verantwortungsbewusstsein. Damit ist wirklich das gemeint, was gesagt ist: Respekt vor dem Anderen. Dazu gehören ethische Werte. Die sind leider auch etwas in Verruf geraten.

Es geht zum Beispiel auch um so etwas wie Demut, dass man sich dem anderen unterordnet, um Respekt vor dem, was der andere besser kann als ich, um Respekt vor seiner Rolle, vor seinem Rang in der Gesellschaft.

Es geht konkret um den wertschätzenden Ausdruck von Anerkennung. Scheint günstig zu sein als Ziel für sich selber.

Nr. 5
Eine Unterstützung klaren Denkens scheint notwendig geworden zu sein. Ich hebe das auch hier noch einmal hervor, weil manche therapeutische Methode proklamiert hat, es sei gut, das Denken ganz auszuschalten, es gehe nur ums Fühlen. Das ist Unsinn. Natürlich ist es wichtig, das klare Denken zu fördern, um zu verstehen, wo Du herkommst, wo Du jetzt bist und daraus den Mut zu nehmen weiterzugehen, Hoffnung zu haben. Zu dieser Unterstützung des Denkens können wir sehr viel methodisch von der Transaktionsanalyse brauchen, weil sie einfach über das effektivste Erklärungsmuster verfügt. Auch wenn wir ansonsten andere Methoden wie Kunsttherapie, Orientierungsanalyse oder Gestalttherapie benutzen, so können wir gut die Transaktionsanalyse als Erklärungsmuster nutzen; hinzunehmen zum Erklären können wir auch das, was Hans-Dieter Dicke als radikalen Konstruktivismus begreift.

Nr. 6
Als sechstes Ziel könnte gelten, Leute, mit denen wir zu tun haben, dabei zu unterstützen, faire Entscheidungen zu treffen. Damit sind ganz einfache Sachen gemeint. Dabei unterstützen, faire Entscheidungen zu treffen, heisst auszuhandeln. Als praktischstes Mittel dafür erscheint die Konferenzform, die wir alle schon kennen. Thomas Gordon hat dazu ein wunderbares Buch geschrieben. *Die Familienkonferenz*. Hier wird vor allem Respekt vor dem „sich Zeit nehmen" für gemeinsame Besprechungen und Entscheidungen hervorgehoben.

„Zeit ist wichtiger als Geld". Diese Familienkonferenzen - ich kann unsere eigene Familie als Beispiel nehmen - sind strukturell einfach und vielleicht deswegen sehr wirkungsvoll.Fast alle schimpfen, und wir sind oft komplett. Da wird besprochen, was der eine am anderen gut findet, wie Aufgaben verteilt werden, welche Änderungswünsche und Änderungsnotwendigkeiten anstehen. Doch der Hauptaspekt liegt darauf, gemeinsame Zeit zusammen zu haben, Zeit zusammen zu sitzen und nicht irgend etwas anderes dabei zu tun. Nicht der eine in dem einen Zimmer, der andere in dem anderen, sondern alle an einem Tisch. Solches Zusammensein ist unbezahlbar.

Nr. 7
Wichtig ist das Lernen und Lehren von Einfühlungsvermögen, dass man sich in den Anderen einfühlen kann, nicht nur in sich selber allein. Sich allein auf die eigenen Bedürfnisse einzustimmen, scheint nicht so günstig zu sein. Es ist günstig zu lernen, sich auf den anderen einzustellen.

Nr. 8
Als achte Aufgabe gilt das Fördern von Authentizität und Kreativität. Dazu haben wir verschiedene Methoden der Humanistischen Psychologie entwickelt, die einen mehr denkorientiert, andere mehr körper- oder kunstorientiert.

Nr. 9
Neuntes Ziel ist die Förderung von Transparenz, mit der wir die in unserm Lebenskontext schlummernden Geheimnisse lüften. Damit ist nicht nur die Familie ge-

meint, sondern auch die Arbeitsstelle. Auch dort gibt es Geheimnisse, die destruktiv wirken. In den letzten Jahren sind ja gehäuft Phänomene des Mobbing aufgetaucht, wo der eine den anderen so entsetzlich runtermacht und verschiedene Schweinereien angezettelt werden. Auch diese Phänomene haben oft Geheimnisse als Hintergrund.

Nr. 10
Als zehnte Aufgabe sehen wir die Entwicklung von Angstmangement vor uns. Viele von uns neigen dazu, bei Angst „in die Hose zu machen", also der Anforderung aus dem Weg zu gehen.

Es scheint günstiger zu sein, Angst zu managen und die Handlungsebene nicht zu verlassen, anstatt das jeweilige Vorhaben „aus Angst" nicht zu verwirklichen. Mit Angstmanagement ist gemeint, dass wir in unserem Lebensstil die Angst gleich mitdenken, sie durch Atmung oder durch Aktionen managen, so dass wir unser Vorhaben nicht aus den Augen verlieren.

Haben wir selbst unsere spezielle Form des Angstmanagements entwickelt, so können wir auch unser Klientel dazu ermuntern, einen individuellen Rhythmus für das Management der Angst zu finden. Ich glaube, so etwas gab es schon mal in der Geschichte der Psychologie. In der Psychoanalyse würde dieses Phänomen als „Entwicklung von Frustationstoleranz" bezeichnet. Gemeint war, so glaube ich, dasselbe: Nicht bei Unannehmlichkeiten kneifen, sondern sich der Anforderung, der Herausforderung stellen. Hier bei uns heisst dieses Konzept Angstmanagement.

Nr. 11
Als elftes Ziel, mit dem wir methodenübergreifend arbeiten, gilt die Kontrolle von Sucht, Gewalt und Konsum. Alle drei sind Themen, die immer grösser werden.

Gesellschaft und Polizei, beide wissen nicht, wie sie Herr der Sucht werden können. Hier scheint etwas vorzuliegen, an dem wir Menschen nur konstruktiv wirken können, indem wir konstruktiver mit unserer Geschichte, mit unserem familiären Kontext umgehen.

Obwohl es immer mehr Suchtberatungsstellen und immer mehr Kliniken gibt, berichtet kaum eine Untersuchung davon, dass man Herr der Sucht oder Gewalt geworden sei. Das scheint ein Thema zu sein, dem wir nur beikommen, in dem wir uns selber neue, konstruktive Ziele stecken.

Weniger Konsum, weniger Gewalt in unseren Familien. Andere nicht runterbügeln, mehr die Akzeptanz zu üben, wenn wir verschiedener Meinung sind und anderes mehr. So etwas können wir bei uns selber praktizieren. Wir brauchen nicht auf eine gesellschaftliche Veränderung zu warten

Nr. 12
Als zwölftes Ziel gilt es, die Balance zu finden zwischen Individuation und Gemeinschaft, also zwischen Individuation und Bindung, zwischen dem, was ich als einzelner vom Leben will und dem, was seitens der Gemeinschaft notwendig ist.

Es gibt welche, die stecken in Familien, und es gibt welche, die stecken nicht in Familien. Diese getrennte Sichtweise sollte man auflösen. Ziel kann sein, neue Arten von Bindungen zu entwickeln.

Es gibt noch kein anderes Wort dafür als „Familie", Familie ist halt das älteste Gemeinschaftskonzept.

Nr. 13
Überall, wo wir therapeutisch wirken wollen, könnten wir dafür sorgen, dass Humor reinkommt, und dass wir davon wegkommen, alles „tierisch ernst" zu nehmen. Du darfst in der Beratung auch lachen und Humor zeigen; das ist nicht ver-

pönt. Dass Du auch über dein Dilemma Witze machen darfst, dass Du Humor hineinbringst, ist völlig o.K.. In der Situation nicht nur nach dem Traurigen zu gucken, sondern nach dem, welcher Humor drinsteckt. *(s. auch Boris Luban-Plozzas Beitrag in diesem Buch)*

Zum Abschluss dieser Erörterung möchte ich eine kleine Übung anregen, die Du mit ein paar Familienangehörigen oder Freunden machen kannst. Ich kenne sie aus Tom Fraziers Supervisionskurs am Lake Tahoe 1996. Dies ist eine der ältesten Übungen aus der Humanistischen Psychologie; sie hat mit Liebe zu tun und mit dem Schenken von Kraft, Mut und Aufmerksamkeit für sich selber und zu anderen. Du kannst dazu meditative Musik abspielen.

Gruppenkraft entwickeln und weiterleiten
Meditative Übung * nach Tom & Delphine Frazier

Ich leite jetzt eine Übung und spreche jeden mit Du an, damit's leichter geht. Du stellst Dich mit allen anderen zu einem Kreis. Du breitest Deine Arme nach links und rechts aus, die linke Handfläche drehst Du nach oben, die rechte Handfläche drehst Du nach unten Richtung Boden. Du legst jetzt Deine rechte Hand in die Linke des Nachbarn rechts von Dir. In Deine linke Handfläche legt Dein linker Nachbar seine Rechte. Du nimmst links an und gibst rechts weiter. Schliesse jetzt die Augen und stell' Dir vor, dass Du von links Energie aus der Gruppe bekommst. Sie wandert durch Deinen Körper hindurch, und Du gibst sie nach rechts weiter.
Jetzt haben wir einen Energiekreis in dieser ganzen Gruppe. Die Energie fliesst durch den Kreis und potenziert sich. Du nimmst links an und gibst rechts weiter. Die linke Hand nimmt auf. Sie nimmt jene Kraft auf, die aus der Gruppe kommt. Das ist etwas anderes, als wenn sie nur von Dir kommt. Und stell Dir das so vor, dass diese Kraft wirklich hier rundfliesst und ein Kraftfeld bildet. Und stell Dir ausserdem vor, dass Du an dieser Kraft teilhaben kannst so wie jetzt, wenn Du eingebunden bist. Und Du gibst diese Kraft nach rechts weiter.
O.k., und stell Dir jetzt vor, dass Du gleich die Hände löst; und dann richtest Du Deine beiden Handflächen aufeinander zu. Stell' Dir vor, Du hättest diese gebündelte Kraft aus der Gruppe zwischen Deinen beiden Handflächen. Spüre sie oder stell' sie Dir vor. Du merkst sie wahrscheinlich als Wärme. Lass die Handflächen aufeinander zugehen, bis Du diese Kraft als Wärme spürst. Und da an dieser Stelle des Spürens hältst Du etwas inne.
Jetzt nimmst Du beide Handflächen und gibst ihnen eine neue Richtung. Du schickst zum Beispiel die Kraft zu jemandem, von dem Du denkst, dass er sie gut brauchen kann, oder aber Du richtest eine Deiner Handflächen auf Körperstellen von Dir, die zur Zeit schmerzen und Unterstützung brauchen. Und stell' Dir dabei vor, dass jene Kraft, die Du auf den Weg schickst, Kraft aus der Gruppe ist, mit der Du den Energiekreis aufgebaut hast. Wenn die Handflächen kühler werden, nimmst Du sie runter und machst dann auch die Augen auf.

Vielen Dank für die Aufmerksamkeit.

Humor * Schwimmgürtel des Lebens

Boris Luban-Plozza

Der Mensch ist das einzige Tier, dem das Lachen geschenkt wurde.
Sein Lachen hat viele Gesichter.

* Woher kommt diese Vielfalt?
* Welche sind die Auslöser für das Lachen?
* Welcher Sektor des Gehirns ist am stärksten beteiligt?

Diese und andere Aspekte des Lachens, besonders jene physiologischer und psychologischer Natur, lassen den Wunsch nach wissenschaftlicher Erforschung derselben wach werden.

Das Lächeln des Neugeborenen

Ein Reflex, der einzig und allein regelmässig wiederkehrende Schwankungen der Hirntätigkeit zeigt, vermag die Eltern in Rührung zu versetzen. Solche Reflexe beziehen sich nur auf den unteren Teil des Gesichtes. In der Zeit nach der Geburt wird das Lächeln des Neugeborenen durch Zufriedenheit hervorgerufen, die ein voller, wohlgespannter Bauch mit sich bringt. Für Anne DARGASSIES vom Forschungszentrum für Neugeborene der Gesellschaft „Claude Bernard", entsteht ein Lächeln wirklich in den Augen. Es entzündet sich unversehens, um sich dann auf die untere Gesichtshälfte auszudehnen. Und schon spiegelt es einen inneren Zustand wider, den wir als psycho-affektiv bezeichnen können, Von da an, etwa ab der 6. Woche, erscheint die sichtbare Antwort: es wird unerlässlich, von „ Aug zu Aug" zu kommunizieren. Wenn man sich dem Kinde zuwendet, wird man es nur mit offenen Augen zu einem Lächeln verführen können. Säuglinge können bis zu 100mal am Tag lächeln, Grosseltern meist nur 15mal.

Der Humor im Kindesalter

Eine Möglichkeit, die Gesamtheit der ureigensten Mechanismen des Lachens zu erfassen, ist das Studium des kindlichen Humors, um dessen Erforschung sich viele Psychiater der angelsächsischen Schule bemüht haben. Die jüngste Studie kommt von der französischen Wissenschaftlerin Francoise Bariaud.
Ab dem Alter von 3 oder 4 Jahren kann man Kinder befragen, warum sie lachen oder warum sie dies nicht tun, wenn wir es von ihnen erwarten. Francoise BARIAUD hat eine einzige Technik benützt, die darin bestand, Kindern von 7-11 Jahren humoristische Zeichnungen kommentarlos vorzulegen, um die Spontanreaktionen zu beobachten. Es hat sich herausgestellt, dass das Verhalten der Kinder in bemerkenswerter Weise variiert, je nach Entwicklungszustand und Persönlichkeitsstruktur
Ein Bild zeigt zwei sich auf der Strasse begegnende Männer. Einer zieht den Hut, ebenso der andere, nur dass bei letzterem der Kopf mit hochgeht. Die Kinder in zartem Alter sind beeindruckt von der Fremdartigkeit, ohne es jedoch als beunruhigend auszudrücken *(„das ist nichts Besonderes, man sollte den Kopf ankleben")*. Die grösseren Kinder finden die Zeichnung merkwürdig *(„der Mann hat nicht bemerkt, dass der andere ein Zauberer war")*. Nur die ältesten Kinder verstehen die surreale Absicht des Humoristen.
Zahlreiche Beispiele aus der Abhandlung von Bariaud zeigen, wie die Auffassung des Humors beim Jugendlichen ausnahmslos abhängig ist von seinem Realitätsbewusstsein. Lachen entsteht oder auch nicht - je nachdem, auf welchen Aspekt des humoristischen Angebots der Mensch reagiert; eine Verschiedenartigkeit, die eine befreiende, sich verbreitende Reaktion hervorruft, nämlich das Lachen. Tritt diese ein, geschieht sie aus Gründen, die von Individuum zu Individuum verschieden sind.

Anatomie des Lachens

Beim Lachen geschieht eine Kontraktion der Gesichtsmuskeln, hauptsächlich der Jochbeine, aber auch anderer Sekundärmuskeln sind beteiligt: die runde Muskulater

der Augenlider und die Muskeln der Nase. All dies bewirkt eine gewisse Öffnung des Mundes, dessen Winkel sich nach oben anheben, die Oberlippe wird gestreckt und gibt so die obere Zahnreihe frei. Augenlider, Augenbrauen und Haut der Wangen werden angehoben, während sich die Haut der Nase und der äusseren Augenpartie in Falten legt. Die Nasenlöcher erweitern sich leicht und ziehen sich nach oben. Tiefe Hautfalten begleiten diese Bewegungen. Die Zunge streckt sich leicht, die Wangen verdicken sich während der Aufwärtsbewegung. Bei stark ausgeprägter Ohrenmuskulatur hat die Ohrmuschel die Tendenz, sich nach vorne zu biegen. Die Kinnlade vibriert im Innern und senkt sich, um den geweiteten Lungen eine grosse Luftzufuhr zu ermöglichen. All diese Muskelkontraktionen sind von Lautgebung begleitet, die manchmal sehr heftig sein kann. Sie wird ausgelöst durch tiefe Einatmung, gefolgt von kurzen, spasmischen Kontraktionen des Zwerchfells, des Kehlkopfes unter den Stimmlippen, im Allgemeinen bis zu achtzehn Stössen. Das ruft gleichzeitig eine Entspannung anderer muskulärer Zonen hervor.
Der Kopf verliert seine gewohnte Haltung. Wenn man heftig lacht, richtet sich der Rumpf im Augenblick der Rückwärtsbewegung etwas auf, bis sich die schmerzhafte Spannung des Zwerchfells und der untergeordneten Muskeln löst. Die Rumpfspannung trägt so zur Erleichterung bei.

Kraftquelle
Das, was Lachen antreibt, kann als Kraftquelle gelten. Henri BERGSON hat in seinem berühmten Essay festgestellt, dass das Lachen eine soziale Geste sei. Es bricht immer dann hervor, meint er, wenn wir eine gewisse mechanisch wirkende Steifheit vorfinden, in einem Augenblick, da wir von einem Menschen wache Beweglichkeit und lebendige Anpassungsfähigkeit erwarten.

Gespanntheit und Elastizität sind zwei sich ergänzende Kräfte. Bergson erzählt folgende Geschichte: „ *Ein Mann läuft auf der Strasse, stolpert und fällt. Die Passanten lachen. Ich glaube, man würde nicht lachen, wenn man annehmen könnte, er habe plötzlich den Entschluß gefaßt, sich hinzusetzen. Man lacht, weil er sich unfreiwillig hingesetzt hat.*"

„Das Lachen wird also nicht durch den unvermuteten Wechsel seiner Stellung erzeugt; es ist das Unfreiwillige an diesem Wechsel, es ist die Ungeschicklichkeit, die uns lachen macht. Vielleicht lag ein Stein auf der Strasse. Er hätte langsamer laufen oder das Hindernis umgehen sollen. Aber weil er ungelenk oder zerstreut war oder weil ihm sein Körper infolge irgendeiner Versteifung oder wegen des schon erreichten Tempos nicht gehorchte, bewegten sich seine Muskeln im gleichen Rhythmus weiter, auch als die Umstände schon längst etwas anderes von ihnen verlangten. Deshalb ist der Mann gestürzt, und darüber lachen die Passanten."
Henri BERGSON

Nicht selten entfacht sich der Humor an ausgesprochen tragischen Situationen des Lebens. *„Tragik und Humor sind keine Gegensätze, weil sie einander brauchen"*, schreibt Hermann HESSE.

Humor die unter Schmerzen errungene Freiheit und Souveränität gegenüber einem tragischen Schicksal. Er sorgt dafür, dass wir im Lebensstrom nicht untergehen.

Wilhelm RAABE sagt: „ Humor ist der Schwimmgürtel des Lebens." Physiologisch gesehen, ist das Lachen einfach eine nervliche Energieentladung, vom psychologischen Standpunkt hingegen wird es als eine spezielle Form der Mitteilung angesehen. Diese Art „Sprache" ist anfänglich rein individuell, kann aber durch anstekkende Weitergabe zur gemeinsamen und sozialen Ausdrucksform werden.
Lachen hat mehr bewahrende als vorwärtsdrängende Kraft. Man überlege, wie *oft „die Gesellschaft"* das Neue, zum Beispiel einer künstlerischen Aussage, einer wissenschaftlichen Errungenschaft oder einer politischen Idee, mit Gelächter bedacht hat. Man könnte sagen, dass manche Neuerscheinung durch *„Darüber-Lachen"* attackiert wird, um zu prüfen, was sie wert ist.
Die *„Gesellschaft"* tut's also *„aus gutem Grund"*; und zugleich vermittelt sie uns

allzu häufig, daß man in gewissen Situationen *„aus Anstand"* nicht lachen darf, auch wenn es einen noch so sehr danach drängt.

Paradoxerweise scheint das Wesen *„Mensch"* dazu bestimmt zu sein, nützliches Glied gerade jener Gesellschaft zu sein, die *„aus Anstand"* nicht lachen darf, es jedoch selbst immer wieder *„aus gutem Grund"* tut.

Die Bedeutung des Lachens kann mit dem Funktionieren einer Zahnradbahn verglichen werden: ist einmal ein Schritt nach vorne getan, so wird verhindert, dass sich das Vehikel wieder rückwärts bewegt.
Ohne allzu grosse Befürchtung zu hegen, sollte man daher die Sprache des Lachens, so meint Bergson, als *Warnung* verstehen, als *Stimulans*, sie nicht zu einem geistigen, moralischen oder körperlichen Mechanismus verkommen zu lassen.
Alberto BEVILACQUA bezeichnet Heiterkeit als im Wesentlichen defensiv. Sie habe ihren Ursprung in der *Urangst vor jeglicher Bedrohung. „Denn was wir sind, sind doppelt wir im Frieden, und was wir können, blüht aus Heiterkeit"*, bestätigt GRILLPARZER.

Die Kunst des Lächelns
Lächeln ist ein Signal von verblüffender Prägnanz - ein lächelndes Gesicht erkennen wir schon aus über vierzig Metern Entfernung.

Lächeln gilt als der wichtigste und häufigste körpersprachliche Ausdruck des Menschen. Schon von Geburt an fördert es die zwischenmenschlichen Beziehungen.

Wir lächeln sogar in Situationen, in denen wir uns ärgern, unsicher sind oder traurig fühlen: Warum lächeln wir auch dann? Und woran erkennen wir, ob Lächeln spontane Freude oder ein *„Ersatzgefühl"* ausdrückt, also *„künstlich"* ist?

Humor entspannt
Humor ist Nahrung für die Seele. Auch bei Stress kann Lachen sehr gut helfen. Siebzehn Gesichtsmuskeln verziehen sich und bilden durch biochemische Reaktion schmerzlindernde Endorphine. Unser Freund DIMITRI, Clown und Philosoph aus Vercio, sagt:

„Bei der Einleitung einer Lachmassnahme sind zwei Faktoren entscheidend.
* erstens die Schnelligkeit, mit der die Mundwinkel breitgezogen werden,
* *zweitens jener kurze Augenlidschluss, der unmittelbar auf das grösste Strahlen der Augen im Gesicht des Lachenden folgt. Nach Auskunft eines amerikanischen Lachforschers schlägt das Herz bei einem guten Witz doppelt so rasch wie normal, und es fliesst mehr Blut in den Körper."* DIMITRI Clown

Es ist wissenschaftlich bewiesen, dass das Lachen die wichtigsten physiologischen Systeme reizt. Trotzdem weiss man nichts Exaktes über die Heilwirkung. Lachen entspannt die Muskeln, verlangsamt schließlich doch den Herzschlag, stabilisiert Blutdruck durch jene Entspannung der Muskeln und regt die Endorphin- und Kortisonsekretion an.
Wohltaten, wie zum Beispiel das Lachen, beinhalten nach Meinung der LachTherapie-Befürworter jene faszinierende Lehre von der Psycho-Neuro-Immunologie.

Lachen bietet die Gelegenheit zur Katharsis für alle; es befreit, indem es dräniert und entgiftet. Aber es ist eine Kunst, *Lachen durch Erlaubnis* zu erlernen. Möglicherweise gehören wir ja zu jenen Individuen, die mit jenem kulturbedingten Vorurteil behaftet sind, das uns verbietet, in sonores Gelächter auszubrechen.
Auch über sich selbst zu lachen, macht frei.

Wie manche Autoren glauben, findet der Mensch durch Lachen Heilung, von welcher Krankheit auch immer. Den bekanntesten Fall berichtet uns der Amerikaner Norman COUSINS, Chefredakteur der *Saturday Review*. In seinem Buch über den *Wunsch nach Genesung* erzählt er, wie er durch die weise Mischung aus Lachen und Vitamin C geheilt wurde. Dieser Cocktail aus *Lachen & Vitamin C* habe ihn von einer schrecklichen Krankheit geheilt, jener Versteifung und Lähmung seiner Gelenkwirbel, die das umgebende Muskelgewebe zerstört und häufig zum Tode führt. Für ihn ist Lachen ein inneres *Jogging*.

Lachen ist die vergnüglichste Atemgymnastik, verbunden mit einer Verminderung der Muskelspannung.

Der Biologe René DUBOS nahm diese Mitteilung sehr ernst. Als einer der vielseitigsten Wissenschaftler der zweiten Hälfte unseres Jahrhunderts beendet Dubos das Vowort seines Buches mit folgenden Worten: *„Das einzige Übel der medizinischen Wissenschaft besteht darin, dass sie nicht weise genug ist."* Die moderne Medizin kann nur gedeihen, wenn beide, der Arzt und der Kranke lernen, nicht nur die körperlichen Kräfte zu lenken, sondern auch die geistigen Kräfte zu stimulieren, in Verbindung mit der *vis medicatrix naturae*, der starken Heilwirkung von Mutter Natur.

Lachen stärkt das Immunsystem. Wir glauben vielleicht immer noch, dass es eines guten Grundes bedarf um zu lachen. Lachen entsteht als *Verhaltensweise jenseits jeglicher Logik oder Vernunft.*

Es geht manchmal auch darum, Dinge *mit Humor zu nehmen*, sie jedoch nicht zu *ver-lachen*. Das meinte auch der legendäre Clown GROCK: *„ nid möögli ..."* Der Komiker selbst lacht jedoch häufig nicht.

Beim Humor trifft eine intellektuelle Gegebenheit auf einen halbautomatischen Reflex. So wird der ganze Körper mit einbezogen. Auf neurophysiologischer Ebene sieht der Verlauf emotionaler Entladung folgendermassen aus: Ausgehend von den höheren Kortikalzentren erfasst emotionale Entladung sturzartig die leiblichen Entladungen.

„Ridere fa buon sangue" weist auf die blutreinigende Funktion des Lachens hin. Das Sprichwort *„il riso é contagioso"* beleuchtet die soziale Komponente. Lachen wirkt meistens ansteckend. Die emotionale Intensität des Lachens wird auch durch verschiedene Redensarten bestätigt.

* „Ich habe Tränen gelacht" *(Ridere fino alle lacrime)*, oder
* „Ich bin vor Lachen geplatzt" *(„Ridere a crepapelle")*.

Geschlechtsspezifische Unterschiede im Ausdruck der Komik sind uns aus den ewig wiederkehrenden Reaktionsmustern der *Commedia dell'arte* bekannt. Der Mann *(Arlecchino)* befreit sich in direkter Attacke, die Frau hingegen *(Colombina)* befreit sich in verschmitzter Selbstironie.

Humor kann heilen

In den Raum des Bildhaft-theatralischen gehört jene absurde Geschichte des Nicola GOGOL von der *Nase*, die aus dem ernsthaften Gesicht des schlafenden Majors verschwunden war. Hier wird das Geheimnis echter Tragikomik offenbar.
Major Kovaliew, *verzweifelt über die Flucht seiner Nase*, befindet sich in ruheloser Suche nach derselben. Man bedenke, dass diese ungemütliche Angelegenheit seinen sozialen Status in gefährlicher Weise unterminieren könnte.
Inzwischen muss die ganze Bevölkerung konstatieren, dass sich hinter der Nase des Majors das absolute *Nichts* befindet. Und gerade dank dieser *Nase* ist es ihm doch gelungen, ein *Jemand* zu werden.

Eines Tages jedoch hat die Nase ihre Selbständigkeit satt. Sie kehrt an den ihr angestammten Platz zurück, und der Major findet sie dort wieder; fast hätte er sie nicht bemerkt.

Die Begebenheit ist absurd, bar jeglicher Logik, regt aber zum Nachdenken an. Die Satire richtet sich gegen jene Bürokraten, die sich selbst (und andere Menschen) in

einer vordergründigen Ausübung ihrer Pflicht verlieren.
Hinter der vordergründigen Komik jedoch verbergen sich Angst, Irrsinn und Leere einer verlorengegangenen Existenz.
Bleibt die verlorengegangene Existenz unauffindbar, so bedarf der Mensch häufig einer therapeutischen Intervention, denn ihr Manko wird ihm als Schmerz bewusst. Könnte es in obiger Geschichte also nicht auch darum gehen, statt den Leser, Major Kovaliew selbst zum Lachen zu bringen?

* Gibt es nun wirklich solche Momente, in denen sich mit Hilfe des Lachen eine therapeutische Situation entwickeln lässt?
* Kann Lachen tatsächlich Schmerzen lindern oder seelische Konflikte lösen?

Darauf scheint der Fall Norman Cousins eine positive Antwort geben zu können. Cousins litt an einer seltenen Form von Arthritis und war von Schmerz gequält. Folgen wir ihm auf seinem Weg zur Genesung, so erkennen wir, daß die *von ihm selbst erfundenen Therapie* eine Lach-Therapie war.

Wir sollten uns auf sehr viel Mensch einlassen!

Wir wissen heute, dass es gut ist, unsere Klienten im dafür geeigneten Moment des Beziehungsgeschehens zum Lachen zu bringen. Wir verwandeln damit oft eine besonders starke Spannung in gelassene Heiterkeit.

Wir wissen außerdem, dass es gut ist, sich mit der ganzen Persönlichkeit in therapeutisch wirkende Lernprozesse einzubringen. In der unbewussten Beziehung zwischen gemeinsam Lernenden - und als solche verstehen wir heute Therapeuten, Berater, Klienten und Patienten - liegt ein transpersonaler Faktor, der schwer zu erfassen, aber ernst zu nehmen ist.
Lachen entgiftet die Seele. Heiterkeit erhöht die körpereigene Immunabwehr. Das durch Heiterkeit trainierte Zwerchfell ist ein vorzüglicher Schutz vor Krankheit. Lachen ist demnach die beste Medizin, weil es Kräfte der Selbstheilung weckt.

Selbstheilungskräfte zu wecken beinhaltet
Vom Ernst zum Spass
Vom Ernst im Spass
Vom Spass zum Ernst

Cesar KEISER sagt: *„Das Publikum, das seit 35 Jahren unsere Cabaretprogramme besucht, unterzieht sich freiwillig und bewusst einer Lach-Therapie - und bei jeder Vorstellung erleben wir neu, dass Lachen eine entspannende, erlösende, katharsische Wirkung haben kann."*

Weitere Aussagen über Lachen und Lächeln
Das Lächeln ist ein Licht, das sich im Fenster eines Gesichts zeigt und anzeigt, daß das Herz daheim ist. (Unbekannter Autor)
Lachen und Lächeln sind Tor und Pforte, durch die viel Gutes in den Menschen hineinhuschen kann. (Christian MORGENSTERN)
Lächeln ist ein erschöpfende Aussage ohne Worte. (Hans ARNDT)
Daß immer alles so verdammt ernst sein muss! Wär Lachen nicht Arznei? (Kurt MARTI)
Lächeln - das ist die kürzeste Verbindung zwischen zwei Menschen. (Henri SOKAL)
Lachen, das ist der Geist, der niest. (Wyndham LEWIS)

Zusammenfassung
Humor-Haben ist eine innere Verfassung. Humor-Haben heißt, der Welt ihren Tod-Ernst zu nehmen, in allen Ereignissen das *So-wohl-als-auch* zu sehen und hinter die Kulissen blicken zu können.
Der humorige Mensch lacht nicht unbedingt, er schmunzelt, er lächelt, nicht zuletzt auch, weil er seine eigenen Torheiten zu erkennen vermag.
Denken wir an die alte Säftelehre, wo es auf die richtige Mischung ankommt: Humor als Widerpart der Melancholie.

Das Neugeborene lacht, aber das bedeutet nicht, dass es Humor im obigen Sinne hat. Die Versuche der Francoise BARIAUD geben nur Auskunft darüber, von welchem Alter an Kinder in der Lage sind, Realitätsfremdes als einen Witz zu erkennen. Sie lachen darüber, aber das ist noch kein Indiz für Humor, kein Indiz dafür, dass sie von jetzt an ein anderes Verhältnis zur Welt gewonnen hätten.

Wer Witze erzählt und über Witze zu lachen imstande ist, muss nicht zugleich ein humoriger Mensch sein; Witze ändern unser Realitätsbewusstsein höchstens marginal, aber nicht grundsätzlich.
Witze haben nur oberflächlich mit Humor zu tun. Witze kommen von aussen, sind Aussenreize, die Lachen auslösen können aber nicht auslösen müssen.
Humor kommt von innen. Das von innen her erzeugte Lächeln bedarf keiner Witze. Für die ausgewachsenen Humoristen mag die ganze Welt ein Witz sein.

LACHEN ALS KRAFTQUELLE?
Es muss ein Lachen von innen sein, ein Lachen, das die Welt überwindet; so wie der Glaube die Welt überwindet. Deshalb besser: *HUMOR ALS KRAFTQUELLE.*

Boris Luban-Plozza „Humor in Farben" (aramis)

Bevollmächtigt, mein Leben zu gestalten

Brigitte Vielhaus

„Ich interessiere mich sehr für die Zukunft.
Ich werde nämlich dort den Rest meines Lebens verbringen."
Karl Steinbusch 1968, S. 127.

Dieser Gedanke von Karl Steinbusch spricht für mich eine der größten Herausforderungen, eines der größten Abenteuer und gleichzeitig die größte, schönste und manchmal auch schwierigste Aufgabe überhaupt an: die Gestaltung des eigenen Lebens, die Gestaltung der eigenen Zukunft.
Das eigene Leben gestalten zu können, zu dürfen und auch zu müssen ist ein lebenslanger Prozeß, in dem sich in den verschiedenen Lebensphasen immer wieder Fragen und Aufgaben aufdrängen, die über kurze oder längere Zeit nach einer Antwort verlangen. Einige sind hier beispielhaft genannt.

Tafel 31
Fragen zur Lebensplanung

* Welchen Beruf will ich erlernen?
* Welche Form der Partnerschaft will ich wählen? Wie will ich diese gestalten?
* Möchte ich eine Familie gründen oder nicht? Wie groß soll diese werden?
* Wie gestalte ich mein Leben als Mutter/ Freundin/Partnerin/Frau?
* Wie fülle ich diese verschiedenen Rollen aus?
* Welche Meinung, Haltung, Standpunkte nehme ich zu dieser oder jener Frage ein?
* Darf ich meine Standpunkte verändern?
* Wie grenze ich mich von der Meinung anderer ab?
* Wie möchte ich mein Alter gestalten?
* Wie geht mein Leben konkret weiter, wenn ich z B. durch Tod, Trennung oder Scheidung einen Menschen verliere?

Entscheidungen treffen, nach Antworten auf oben genannte oder auch ähnliche Fragen suchen, ist immer auch ein Balanceakt, den jede und jeder auf je eigene Weise zu gehen hat. Da sind auf der einen Seite die eigenen Wünsche und Bedürfnisse, die manchmal klar und offensichtlich, oft aber nicht richtig wahrgenommen werden oder verschwommen und unklar sind. Da sind die eigenen Möglichkeiten und Grenzen, die eigenen Fähigkeiten und auch das, was ich nicht kann. Zusammenfassend könnte ich diesen Punkt des Balanceaktes *auch gerade das persönliche ICH* nennen. Da sind auf der anderen Seite andere Menschen, Frauen, Männer oder Kinder, mit denen wir zusammenleben oder gelebt haben, unsere Ursprungsfamilie, unsere jetzige Familie, FreundInnen, KollegInnen u.a. Entscheidungen, die ich treffe, haben fast immer eine Bedeutung auch für andere, und umgekehrt können Entscheidungen anderer Menschen auch Einfluß auf mein Leben haben.
Dem *Ich* steht also das *Wir* gegenüber. Eine Frau z.B., die eine Entscheidung treffen möchte, ob sie Familie und Beruf vereinbaren will oder ob sie nur eines von beiden wählt, wird im Idealfall ihre eigenen Bedürfnisse sehen, benennen und abwägen (das Ich) und sie mit anderen davon betroffenen Menschen besprechen, sich Unterstützung holen (das Wir) und dann eine Entscheidung treffen. Ob sie dann gegebenenfalls jedoch einen Kindergartenplatz findet und eine Erwerbsarbeit hat oder findet, sind möglicherweise Tatsachen, die noch gar nicht geklärt sind. Das kleine

Beispiel zeigt, daß es neben dem Ich und dem Wir quasi noch einen dritten Punkt in dem Balanceakt gibt, nämlich alles, was uns *„von außen her"* bestimmt und worauf wir nicht unbedingt einen Einfluß haben. Das ist z.B. die gesamtgesellschaftliche Situation, politische Ereignisse, das Jahrzehnt/Jahrhundert/das Land, in das ich hineingeboren wurde, die konkrete Familie, in der ich aufgewachsen bin, meine bisherige Lebensgeschichte, die ich im Nachhinein in ihrem Geschehen nicht verändern kann, die geschlechtsspezifische Arbeitsteilung in unserer Gesellschaft, die sich nur langsam verändern läßt, u.a. .

Viele Frauen treffen ihre Entscheidungen tendentiell eher zugunsten des „Wir", stellen ihre
eigenen Ansprüche oft zurück oder nehmen sie gar nicht oder nur unzureichend wahr.

„Liebe deinen Nächsten" klingt vertraut und nah, der zweite Teil des Satzes jedoch „wie dich selbst" klingt fremd und fern und erscheint vielen Frauen auch zu egoistisch. Nur zu tief sitzt da die in der Kindheit und Jugend gelernte Rolle, wie eine Frau z.B. als Ehefrau oder Mutter oder Tochter oder Erwerbstätige zu sein hat. Von den Eltern, Vertretern der Kirchen, den LehrerInnen erhielten/erhalten Mädchen oft Botschaften, die ihre Vorstellung von sich selber beeinflußt haben. „Nimm dich nicht so wichtig!" oder „Die Frau ist die Magd des Herrn!" oder „Die Frau schweige in der Gemeinde!" oder „Das Wohl der Familie, der anderen ist das Wichtigste!" oder „Eine Frau sagt besser nicht ‚Nein' !" Diese Sätze sind nur Beispielsätze, die jede Frau sicherlich unterschiedlich oder ähnlich zu verschiedenen Zeiten gehört haben mag. Sie stehen stellvertretend für ganz bestimmte Vorstellungen und Bilder, die viele Frauen geprägt haben und es auch noch tun.
Das eigene Leben gestalten, die eigene Zukunft in die Hand nehmen heißt auch, von anderen Menschen das nötige Vertrauen, die nötige Ermächtigung geschenkt zu bekommen, daß dieser oder jener Schritt der entsprechenden Person auch zugetraut wird. Neues wagen und ausprobieren benötigt immer auch viel Mut und Kraft, bedeutet auch, daß ich mir selber trauen und mich ermächtigen darf und auch muß, zwischen dem „Ich" und dem „Wir" und den „Einflüssen von außen" zu balancieren. Eine Frau z.B., die gegen Ende der Familienphase wieder in ihren Beruf zurück will, braucht den eigenen Mut und das eigene Selbstvertrauen, aber auch die Unterstützung von anderen, den Zuspruch, daß es o.k. ist, einen neuen Lebensabschnitt beginnen zu dürfen.
Jeder Mensch durchläuft in seinem Leben verschiedene Entwicklungsphasen, in denen er bestimmte Kräfte und Fähigkeiten entwickelt, die ihm helfen, das Leben gestalten zu können. In jeder Entwicklungsstufe brauchen wir einen ganz bestimmten Zuspruch, ganz bestimmte Erlaubnisse von anderen, häufig von den Eltern oder einem Elternteil, später auch von anderen Menschen. Pamela LEVIN, eine amerikanische Psychotherapeutin, hat den verschiedenen Entwicklungsstufen bestimmte Kräfte und Botschaften zugeordnet, die wir immer wieder brauchen, um auch als Erwachsene unser Leben gestalten zu können oder Entscheidungen in der oben beschriebenen Balance so fällen zu können, daß unser inneres Gleichgewicht stimmt. (s.LEVIN 1982, S. 129 - 139.) Im Folgenden sind diese kurz beschrieben.

1. Die Kraft zum Sein

Diese Entwicklungsstufe begegnet uns zum ersten Mal in den ersten sechs Monaten des Lebens. Jedes Kind braucht positive Grundbotschaften.
„Es ist gut, daß du da bist"
„Du darfst dich deines Lebens freuen"
„Du hast ein Recht, hier zu sein, einfach so - ohne etwas leisten zu müssen"

Auch als Erwachsene brauchen wir immer wieder diese Botschaft, vor allem dann, wenn wir etwas Neues beginnen wollen oder müssen oder auch , wenn wir krank sind. (vgl. Klaus Lumma: Die Teamfibel, 1994, S. 47 - 49.)

2. Die Kraft zum Tun

Hier geht es darum, sich körperlich in Bewegung zu setzen, die Welt zu erkunden, erste unabhängige Schritte von den Bezugspersonen gehen zu dürfen. Diese

Entwicklungsaufgabe stellt sich uns erstmalig zwischen 6 und 18 Monaten und immer wieder dann, wenn wir einen neuen Abschnitt im Leben beginnen.

3. Die Kraft zum Denken
Die Erlaubnis und die Botschaft, daß es gut ist, seinen Geist, seine Denk-Fähigkeit zu nutzen, brauchen wir in vielen Situationen. Diese Entwicklungsaufgabe tritt erstmals zwischen 18 Monaten und drei Jahren auf. Selbständiges Denken erfordert auch die Abgrenzung von anderen; dazu gehören auch Rebellion, Widerstand und Spannungen.

Mädchen und Frauen bekommen die Kraft zum Denken oft immer noch abgesprochen . Wir brauchen sie jedoch notwendig, wenn wir uns von anderen abgrenzen, einen neuen Standpunkt entwickeln und unsere eigene Meinung vertreten wollen.

4. Die Kraft zur Entwicklung der eigenen Identität
Diese Herausforderung stellt sich uns zum ersten Mal zwischen drei und sechs Jahren.
Die Fragen, die sich ein kleines Kind dort erstmalig stellt, begleiten uns als Erwachsene immer wieder in ganz verschiedenen Lebenszusammenhängen.

* Wer bin ich?
* Wer bin ich in meiner Geschlechtsrolle als Frau oder Mann?
* Welche Rechte und Pflichten habe ich in meiner Familie, Umgebung und Arbeitsstelle?
* Welche Wünsche und Bedürfnisse?
* Welche Stellung habe ich in der Familie, bei FreundInnen und KollegInnen?

Diese Kraft, das eigene Ich entwickeln zu dürfen, das eigene Ich in Frage zu stellen, Antworten zu suchen, Neues zuzulassen und Bewährtes zu stärken, brauchen wir immer wieder in unterschiedlichen Lebensphasen .

5. Die Kraft der Geschicklichkeit
Diese Entwicklungsaufgabe stellt sich uns erstmals zwischen sechs und zwölf Jahren und immer wieder dann, wenn wir Neues lernen und versuchen wollen. Sie beinhaltet das eigene Ausprobieren, die Entwicklung eigener Fähigkeiten, das Suchen nach eigenen Möglichkeiten. Wie strukturiere ich den Alltag, meine Woche, das Jahr, mein Leben? Ich darf und kann jene Fähigkeiten entwickeln, die ich brauche. Ich kann und darf lernen, was mir wichtig ist, auch eigene Meinungen und Vorstellungen entwickeln. Hier ist es wichtig, sich selber und auch anderen Fehler zu erlauben und zuzugestehen, um weiter ausprobieren zu können, wie und wo der eigene Weg weiter läuft.

6. Die Kraft der Erneuerung
Diese Kraft entwickeln wir erstmalig vor allem in der Pubertät, also zwischen 13 und 18 Jahren. Sexualität und viele damit zusammenhängende Gefühle drängen in den Vordergrund, auch der Wunsch, einen Platz in der Welt der Erwachsenen haben zu wollen.
Wir lernen zu träumen, zu schwärmen, erste Liebesbeziehungen einzugehen. Die Kraft der Erneuerung brauchen Mädchen und Jungen in der Pubertät und als Erwachsene immer wieder dann, wenn sie etwas Altes verlassen und Neues beginnen wollen (Arbeitsplatz, Beziehungen, Wohnung, Vorstellungen und Meinungen u.a.). Menschen, die diese Kraft suchen und benötigen, brauchen z.B. die Botschaften, daß es gut ist, für sich selber verantwortlich zu sein oder daß es gut ist, Sexualität zu spüren und zu leben. Die Kraft entwickeln zu dürfen, sich zu erneuern, zu verändern braucht auch die Überzeugung: „Ich kann / du darfst in Liebe gehen" (z.B. aus dem Elternhaus, Arbeitsplatz wechseln).

7. Die Kraft zur Wiederaufbereitung
Diese Entwicklungsaufgabe stellt sich erstmals der/dem jungen Erwachsenen mit

ca 19 Jahren, der möglicherweise sein Leben unabhängig von den Eltern zu leben beginnt. Unsicherheit und Verwirrung sind häufig die Begleiterinnen dieser Kraft. Menschen in dieser Phase brauchen Unterstützung für eine breite Palette von Themen und Problemen.

Tafel 32
Erlaubnisse

Wir brauchen viel Zustimmung dafür, daß es in Ordnung ist
- hier zu sein,
- neugierig und schnell zerstreut zu sein,
- Abwechslung zu suchen,
- Grenzen festzulegen und Grenzen anzunehmen,
- zu entdecken, wie wir sind und was wir können,
- zu streiten,
- Schwerpunkte und Werte zu verändern,
- Sexualität zu leben,
- neue, von den Bezugspersonen unabhängige Unterstützungssysteme zu schaffen.(vgl. LUMMA: Die Teamfibel 1994, S. 47 - 49)

Zur Entwicklung dieser Kraft zur Wiederaufbereitung gehört auch die Erkenntnis, daß die Gestaltung meines Lebens meine Verantwortung fordert, daß es an mir ist, jetzt die Zeit zu nutzen und zu gestalten.

Diese sieben Stufen oder sieben Kräfte, die wir letztlich alle benötigen, um unser Leben gestalten zu können, laufen selten gradlinig hintereinander. Manche Kraft hat die eine oder andere als Kind vielleicht nicht oder auch nicht ausreichend genug entwickeln dürfen. Immer wieder gibt es jedoch Situationen im Leben, wo diese oder jene Kraft neu belebt oder auch erstmalig entdeckt wird oder entdeckt werden muß. Häufig bieten uns Lebenskrisen die Chance und die Herausforderung an, Kräfte (neu) zu entdecken und auf dem Weg der eigenen Lebensgeschichte gestärkt weiterzugehen.
Wie auf einer Lebensspirale kommen wir immer wieder in Situationen, wo es neu nötig ist, daß andere uns bestätigen und auch wir uns selber sagen, daß es gut ist, da zu sein, etwas Neues zu wagen, seinen eigenen Verstand zu gebrauchen, eine eigene Identität zu entwickeln, auszuprobieren, zu experimentieren, seine eigene Sexualität und Gefühle zu haben und eigene Wertvorstellungen zu entwickeln.

„Ich interessiere mich sehr für die (meine) Zukunft,
ich werde dort nämlich den Rest meines Lebens verbringen."
Karl STEINBUSCH 1968, S. 127.

Dieser Satz meint auch, daß Leben jetzt, im Heute und im Morgen möglich ist. Wir können und dürfen unser Leben gestalten, unsere Kräfte entdecken und sie als Potential zur Gestaltung von Zukunft nutzen. Immer wieder werden wir zwischen den verschiedenen Aspekten einer Entscheidung „balancieren" müssen, vielleicht hin und wieder dabei auch einmal ins Ungleichgewicht geraten. Die Vergangenheit läßt sich als Geschehenes nicht verändern. Verändern läßt sich hingegen jedoch unser Blickwinkel, der Standort, die Haltung, von der aus wir sie betrachten.

Bevollmächtigt, mein Leben zu gestalten!
Ein großes Abenteuer, ein nie endenwollender Balanceakt.

Tafel 33
Die Entwicklungsspirale
nach Pamela Levin und Brigitte Vielhaus

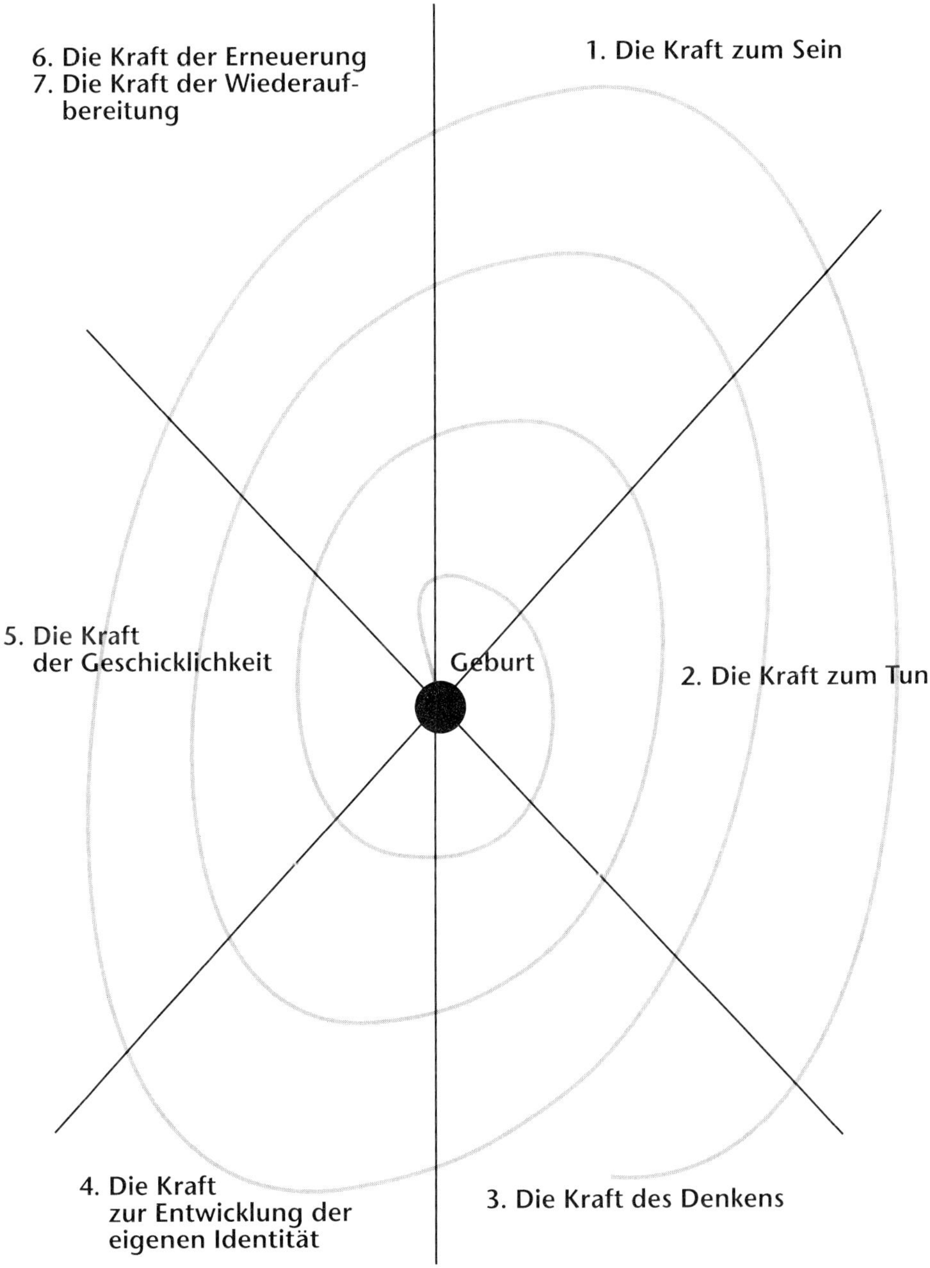

Kunst- und Gestalttherapie in orientierungsanalytischer Verbindung

Michaela Sintke

Einleitung

Ein Teilthema dieses Beitrages war die empirische Evaluation der Orientierungsanalyse, die anhand der Beobachtung einer orientierungsanalytischen Jahresgruppe im Rahmen meiner erziehungs-wissenschaftlichen Diplomarbeit bei Frau Prof. Dr. Barbara WICKELHAUS an der Universität zu Köln erfolgte. Da die systematische Erfolgsmessung dieser Beratungsform noch in den Anfängen steckt, bewege ich mich mit dieser Thematik auf einem nahezu unerforschten Feld. Die Literatur über die Theorie ist recht übersichtlich und besteht hauptsächlich aus Veröffentlichungen in der „Zeitschrift für Humanistische Psychologie" oder in den *Humanistische Psychologie Halbjahrbüchern.* Meine Literaturrecherche hat ergeben, daß die erste Veröffentlichung aus dem Jahre 1984 stammt, es handelt sich also um eine vergleichsweise junge Beratungsform.

Das orientierungsanalytische Konzept wurde von Klaus LUMMA, dem Gründer und Leiter des Institutes für Humanistische Psychologie (IHP) entwickelt und an der Rheinisch Westfälischen Technischen Hochschule (RWTH) Aachen im Rahmen seiner erziehungswissenschaftlichen Dissertation anerkannt (Klaus LUMMA, 1988). Lumma versteht unter Orientierungsanalyse das Erarbeiten der persönlichen wie

Tafel 34
Kunsttherapie, Gestalt & TA (Transaktionsanalyse)

Zum Begriff der Kunsttherapie
Allgemeine Definition und Bedeutung der Kunst in der Therapie
Der Begriff der Kreativität
Die therapeutische Funktion von Kunst im Kontext der Humanistischen Psychologie

Eine Definition der Gestalttherapie
* Struktur des Wachstums
* Das Figur-Grund-Konzept
* Entstehung der Neurose
* Vermeidungsstrategien
* Die Struktur des Veränderungsprozesses
* Der Übergang von der Stagnation zur Polarisation
* Der Übergang von der Polarisation zur Diffusion
* Der Übergang von der Diffusion zur Kontraktion
* Der Übergang vond er Kontraktion zur Expansion

Kunst im Rahmen der Gestalttherapie
Eine Definition der Orientierungsanalyse

Einige Begriffe der Transaktionsanalyse
* Grundüberzeugungen
* Das Ich-Zustandsmodell
* Das Lebensskript
* Das Drama-Dreieck

Einholen und Bedeutung der Früherinnerungen
Die Bearbeitung der Früherinnerungen
Möglichkeiten der Neuorientierung

beruflichen Zielvorstellungen eines Menschen unter besonderer Berücksichtigung seiner Entwicklungsgeschichte (ebd. S. 241). Ursprünglich verbindet das orientierungsanalytische Konzept die individualpsychologischen Erkenntnisse Alfred ADLERs über Früherinnerungen mit gestalttherapeutischen Techniken, vor dem Hintergrund der Theorie der Transaktionsanalyse (ebd. S. 245).
Darüberhinaus verwendet die Orientierungsanalyse bei der Bearbeitung der Früherinnerungen Techniken aus unterschiedlichen Therapieansätzen der Humanistischen Psychologie, so beispielsweise aus der Gesprächstherapie, der Kunsttherapie und aus dem Psychodrama. Abhängig vom Berater können die Techniken variieren. Hier sollen die Kunsttherapie und die Gestalttherapie besondere Berücksichtigung finden.
Die Idee, über eine orientierungsanalytische Jahresgruppe zu schreiben, beruht auf meiner eigenen Teilnahme an einem solchen Lernprozeß im Jahre 1993. Durch meine Teilnahme lernte ich, Probleme, Konflikte und Schwierigkeiten zu verarbeiten, um deren *Handhabung* es geht, *nicht um deren Abschaffung*. Auch das mußte ich lernen, denn mit meinem Therapieziel, die Probleme abzuschaffen, erlag ich einer Illusion. Besonders hilfreich erschien mir die Möglichkeit, meine Früherinnerungen zu malen, die wichtigsten Aspekte des Bildes im Gespräch hervorzuheben und daraufhin zu inszenieren. Ich erlangte vergessene Einsichten darüber, wie ich mich in der vergangenen Situation fühlte, konnte Erklärungen für mein gegenwärtiges Verhalten finden und alternative Verhaltensweisen erproben.
Während meiner Graduierungsphase - im Anschluß an eine Gestalttherapieausbildung - am Institut für Humanistische Psychologie, hatte ich Gelegenheit, einen weiteren Einblick in kunsttherapeutische Anwendungsbereiche zu bekommen. Unter anderem faszinierte mich der in einer Bildserie sichtbar werdende Therapie erfolg, der sich beispielsweise durch Veränderung der Farben und Formen vermittelte. Ich hörte Vorträge über die Arbeit mit autistischen Kindern, mit alten senilen Menschen, mit behinderten Menschen usw.. Dadurch gewann meine eigene Arbeit mit Bildern einen Hintergrund, den ich mir während meiner eigenen Orientierungsanalyse nicht bewußt gemacht hatte. Der Schluß, den ich daraus gezogen habe ist:

Selbst wenn die üblichen Kommunikationsmittel versagen, die Fähigkeit zu malen, zu gestalten und sich dadurch auszudrücken und letztlich zu kommunizieren, bleibt erhalten.

In einem theoretischen Teil habe ich die Bedeutung der Kunsttherapie im Kontext der Humanistischen Psychologie hervorheben, nachdem ich zunächst allgemeine Merkmale der Kunsttherapie herausarbeite und auf den Begriff der Kreativität eingehe.
Mir ist bewußt, daß ich den Begriff der „Kunst" in diesem Rahmen nicht erörtern kann und der Begriff „Kunsttherapie" umstritten ist. Helmut HARTWIG weist auf die Begriffsproblematik hin:

„Wir haben (...) lange nur von dem Ausbildungsfeld Kunst und Therapie gesprochen und schließen uns nur widerstrebend der Tendenz an, von einem Ausbildungsbereich für Kunsttherapeuten zu sprechen, besonders auch deshalb, weil es möglicherweise nicht die Kunst ist, die therapeutisch genutzt werden kann, sondern Elemente der ästhetischen Produktionsweise, ohne daß es dabei zum Entstehen von Kunstwerken kommt." (HARTWIG, H. 1984, S. 18.)

Für mein Ansinnen ist die Frage, was Kunst ist und ob die in der Therapie entstehenden Produkte Kunst sind, sekundär, weil der Therapieprozeß der TeilnehmerInnen im Vordergrund steht. Insofern übernehme ich die Verwendung des Begriffes „Kunsttherapie" aus der Literatur.

Weiterhin beschreibe ich eine Definition der Gestalttherapie und erläutere deren wichtigste theoretische Konzepte, um dann auf die Kunst im Rahmen der Gestalttherapie einzugehen.
Letztlich geht es mir um die Integration von Gestalttherapie und Kunsttherapie im Rahmen der Orientierungsanalyse vor dem Hintergrund transaktionsanalytischer

Theorie. Die wichtigsten transaktionsanalytischen Begriffe und deren Bedeutung für die Früherinnerungen werden erarbeitet.
Nach der Erörterung wesentlicher theoretischer Grundlagen, die bewußt kurz und knapp dargestellt sind - meines Erachtens ist es nicht erforderlich, an anderer Stelle ausgeführte Sachverhalte ausführlich zu wiederholen - beschreibe ich die beobachtete Therapiegruppe, die Vorgehensweise der Orientierungsanalytikerin und stelle Beispiele aus der gestalttherapeutischen Bearbeitung der Bilder vor. Anhand der Beispiele soll die Umsetzung von Teilen der Theorie in die Praxis veranschaulicht werden.
Die Orientierungsanalyse arbeitet mit Techniken aus unterschiedlichen Therapieansätzen. Hier sollen die Kunsttherapie und die Gestalttherapie besondere Berücksichtigung finden.

Die Kunsttherapie
In der Theorie über die Kunsttherapie scheint es keinen einheitlichen Ansatz zu geben. Edward ADAMSON (1984, S.15) vertritt die Meinung, die visuellen Künste seien mehr als ein Linderungsmittel. Unter richtiger Anleitung können sie zu einer effektiven Möglichkeit zur Selbsthilfe werden, die die *Heilkräfte der Natur* in Kraft setzt und somit Gleichgewicht und Harmonie der Seele wiederherstellt. Damit schreibt er der künsterischen Betätigung per se Heilungskräfte zu. Meike AISSEN-CREWETT (1987, S. 11f.) hält diese Einstellung für bedenklich, da sie Erwartungen weckt, die nicht zu erfüllen sind. Sie wendet die Kunst als Mittel innerhalb eines gruppentherapeutischen Settings an. Andere Autoren verbinden die Kunst mit verschiedenen psychologischen Ansätzen und setzen sie in deren Kontext. So beschreiben z.B. Peter RECH (1990), Judith A. RUBIN (1991, S.27ff) und Edith KRAMER (1991, S.45ff) einen psychoanalytischen Ansatz der Kunsttherapie. Gisela SCHMEER erläutert (1992) die psycholanalytische Symbolik, die in Bildern auftauchen kann und deren Deutung. Michael EDWARDS (1991, S.111ff.), Jolande JACOBI (1989) und Edith WALLACE (1991, S.133ff.) lehnen sich an die analytische Psychologie C.G. JUNGs an, Hans Günther RICHTER (1984) schreibt über die Kunsttherapie in einem pädagogischen Kontext, und andere Autoren verbinden sie mit kognitiven Ansätzen (RUBIN, J.A. 1991, S.225ff).

So breit gefächert wie die theoretischen Ansätze sind die Anwendungsgebiete: Beispielsweise in der Psychiatrie, in der Familientherapie, in der Kinder- und Jugendlichentherapie, in der Arbeit mit behinderten Menschen, und in der Geriatrie werden Möglichkeiten und Verfahrensweisen der Kunsttherapie beschrieben (vgl. hierzu Peter RECH; Peter Ulrich HEIN 1988/89, S.102ff.; Wolfgang DOMMA 1993, S.10ff.; Lucy FUNKE 1993, S.15ff.; Hilarion PETZOLD; Ilse ORTH 1990 Bd. 2; Helen LANDGARTEN 1990).

Betrachtet man die Verbindung von Kunst und Therapie aus historischer Sicht, so wird die Vielfältigkeit der unterschiedlichen Theorien verständlich. Schon im Mittelalter waren Kunst und Heilkunde miteinander verbunden (vgl. MURKEN A.H. 1988/89, S.58ff). Als Berufsrichtung wurde die Kunsttherapie zuerst in Amerika von Margaret Naumburg beschrieben. 1915 gründete sie die Walden School. Als deren Leiterin und Kunsterzieherin kam sie zu der Überzeugung, daß der freie kreative Ausdruck grundlegend für die Erziehung von Kindern sei, da sie eine symbolische Form für Sprache darstelle. Später (1947) erkannte sie die Bedeutung, die künstlerische Betätigung im psychotherapeutischen Bereich haben kann (LEVICK, M. 1983, S. 602).

Ein weiterer Grund für die Vielfältigkeit der Theorien ist meines Erachtens, daß die schöpferische Betätigung innerhalb therapeutischer Lernprozesse einen theoretischen Rahmen erfordert, der das nötige Handwerkzeug zur Interpretation und Bearbeitung der Produkte bietet. Die kreative Tätigkeit allein kann diesen Rahmen nicht bieten, auch wenn sie zunächst Linderung und Erleichterung dadurch zu schaffen vermag, daß der Klient während des schöpferischen Prozesses ganz bei sich sein kann. Mir erscheint es zwangsläufig, daß die Entwicklung der Kunsttherapie in Anlehnung an die geschichtliche Entwicklung der Psychotherapie geschehen ist, zu Anfang dieses Jahrhunderts im Rahmen der Psychoanalyse Freuds, später in

Anlehnung an die Psychoanalyse Jungs und seit neuester Zeit im Rahmen der Humanistischen Psychologie und kognitiver Therapieformen, wie der Verhaltenstherapie.

Obwohl ich im Rahmen dieser Arbeit hauptsächlich an der Kunst im Kontext der Humanistischen Psychologie und Gestalttherapie interessiert bin, unternehme ich den Versuch, eine allgemeine Definition der Kunsttherapie zu finden und darzulegen und eine allgemeine Bedeutung der Kunsttherapie zu beschreiben.

Allgemeine Definition und Bedeutung der Kunst in der Therapie

Martin SCHUSTER (1986) beschreibt - ausgehend von generellen Therapiemerkmalen, die sich in der Kunsttherapie wiederfinden - verschiedene Ansätze der Kunsttherapie. Generelle Therapiemerkmale sind die Heilungssuggestion, die bildhafte Vorstellung, die Früherinnerung, die Emotionen und die Einsichten (ebd. S.13ff). Die Heilungssuggestion entsteht durch die Erwartung auf Heilung, die der hilfesuchende Mensch hat. Dabei spielt der Glaube eine große Rolle. Allein die Tatsache, daß sich jemand in Therapie begibt, suggeriert Heilung. Der Zeitraum, den der Veränderungsprozeß einnimmt, hängt stark davon ab, ob der Therapeut eine Kurzzeit- oder Langzeittherapie vertritt. Die Heilungssuggestion ist also eine Art Placeboeffekt und gerade die Kunsttherapie erlaubt es, bildhaft symbolische Handlungen und Rituale zu vollziehen, die Placebowirkung haben. Nach Meinung Schusters setzt allein die Bezeichnung Kunsttherapie die Heilungskräfte der Kunst frei (ebd. S. 13f; S.21).

Grundlage für die bildhafte Vorstellung ist das bildhafte Material, dass durch Trance, Entspannung oder Ausagieren begünstigt wird. Die Psychoanalyse, die Gesprächstherapie, das Psychodrama und Neurolinguistische Programmieren (NLP) machen sich das bildhafte Material auf unterschiedliche Weise zunutze. Im Rahmen der Kunsttherapie kann das bildhafte Material direkt auf nonverbale Weise ausgedrückt werden. Oft geschieht dies ohne Absicht und ruft Erstaunen des Klienten über das, was er gemalt hat hervor (ebd. S.17; S.21).

Kindheitserinnerungen spielen in allen Therapieformen eine Rolle, da die hilflose und abhängige Situation des Kindes traumatische Erlebnisse auslösen kann. Aus den Erlebnissen formt das Kind Handlungsstrategien, die häufig bis ins Erwachsenenalter beibehalten werden, auch wenn sie unpassend sind. Das besondere an der Kunsttherapie im Zusammenhang mit Kindheitserinnerungen ist, daß die Gefühle dieser Zeit durch den Malprozeß wieder ins Bewußtsein geholt werden können, da das Malen ganz typisch für die Kindheit ist (ebd. S.18; S.22).

Der Umgang mit den Emotionen spielt eine Rolle im Veränderungsprozeß. Beispielweise können Störungen entstehen, wenn „unerlaubte" Emotionen unterdrückt oder in unangemessene Handlungen umgesetzt werden. Die Kunstherapie bietet die Möglichkeit, Gefühle wachzurufen, die beispielsweise an eine gezeichnete Erinnerung geknüpft sind (ebd. S.18; S.22).

Bevor die Veränderung eintreten kann, muß es zur Einsicht in Ursachen des Fehlverhaltens kommen. Der Klient erkennt seine typischen Probleme, stereotypen Verhaltensweisen und deren Ursache, bevor er altenative Verhaltensweisen erlernt. Anhand der bildhaften Darstellung des Klienten, beispielsweise einer Konfliktsituation und der auftauchenden Emotionen, können stereotype, unangemessene Verhaltensweisen bewußt erarbeitet werden. Obwohl allein der Prozeß des Zeichnens lösende, erleichternde Effekte hat, arbeitet die Kunsttherapie anhand der Darstellung verbal an deren Inhalten, um sie dem Bewußtsein zugänglich zu machen. Erst wenn es zum Verstehen kommt, ist eine dauerhafte Veränderung zu erwarten (ebd. S.19; S.22).

Kunsttherapie gibt dem Klienten die Möglichkeit, aktiv zu werden und sich nicht passiv Deutungen zu unterwerfen. Er erschafft etwas, und dadurch werden die gesunden Anteile angesprochen. Mit Hilfe der Kunsttherapie können die wirksamen Merkmale verschiedener Therapieformen effektiv realisiert werden, indem sie sich die Vorteile der bildhaften Darstellung zunutze machen unter Einsatz der bewährten Techniken klassischer Therapieformen (ebd. S. 23).

In den letzen Jahrzehnten haben sich Definitionen der Kunsttherapie herauskristallisiert: Kunsttherapie ist die Therapieform, die Elemente der Psychotherapie mit der Kreativität, die im Klienten schlummert, verbindet. Das neurotische Symptom wird durch kreative Aktivität substituiert, und die Abwehrmechanismen des Klienten gegen die Krankheit werden gestärkt. Die gegenwärtige Definition der *American Art Therapy Association (AATA)* lautet folgendermaßen:

„Kunst bietet eine Gelegenheit zu nichtverbalem Ausdruck und nichtverbaler Kommunikation. Innerhalb dieses Bereiches gibt es zwei bedeutende Ansätze. Die Verwendung von Kunst als Therapie impliziert, daß der schöpferische Prozeß eine Möglichkeit sein kann, sowohl Gefühlskonflikte beizulegen als auch das Selbstbewußtsein und die persönlich Entfaltung zu fördern. Wenn Kunst als Vehikel für die Psychotherapie benutzt wird, dann können sowohl das Produkt, als auch die assoziativen Bezüge dem einzelnen helfen, eine angemessene Beziehung zwischen seiner Innen- und seiner Außenwelt zu finden. Die Kunsttherapie kann wie die Kunsterziehung technische und künstlerische Fertigkeiten vermitteln. Wenn Kunst für therapeutische Zwecke eingesetzt wird, dann liefert der Unterricht ein Vehikel zum Ausdruck eigener Persönlichkeit, zur Kommunikation und Entfaltung. Der Kunsttherapeut ist weniger produktorientiert, sondern kümmert sich mehr um das innere Erleben des einzelnen. Prozeß, Form, Inhalt und/oder Assoziationen reflektieren jeweils wichtige Aspekte der Persönlichkeitsentwicklung, der Charaktereigenschaften und des Unbewußten."
(LEVICK, M. 1983, S. 601.)

Judith A. RUBIN (1991, S.13ff) hat sich auf der Suche nach einem theoretischen Konzept der Kunsttherapie mit den Theorien verschiedener Therapieformen befasst und in jeder neue, verschiedene aber letztlich unzureichende Aspekte des künstlerischen Schaffens entdeckt. Die Freudsche Theorie erscheint ihr beispielsweise unzureichend, weil sie den kreativen Prozeß, der das Kernstück der Kunsttherapie darstellt, nicht ausreichend erklärt; die Theorie Jungs wiederum passt nicht zu den Gegebenheiten ihrer klinischen Arbeit. Auch die Möglichkeit, aus jedem Ansatz die Aspekte herauszupicken, die brauchbar sind, erscheint ihr unbefriedigend. Sie geht davon aus, daß sich eine Theorie mit der Zeit aus der Kunsttherapie selbst herauskristallisieren wird, die vermutlich einige Aspekte verschiedener Therapieformen enthalten und gleichzeitig dem Wesen des kreativen Prozesses gerecht wird.

Rudolf ARNHEIM (1990, S.257) bezeichnet *Psychologie und Kunst* als „Vater und Mutter" der Kunsttherapie. Der praktische Zugang zur Kunsttherapie geht nicht von der Kunst aus, sondern von dem Bedürfnis des einzelnen Klienten. In diesem Sinne ist die Kunst ein Mittel, vergleichbar mit dem Gespräch und der Hypnose. Sie erfüllt in erster Linie eine kognitive Funktion, in dem Sinne, daß ihre Produkte das Resultat einer Suche nach Struktur darstellen, die bei jeder Art der menschlichen Wahrnehmung erfolgt. Das Kunstwerk entspricht der in Form und Farbe symbolisch dargestellten Wahrnehmung des Künstlers. Auch abstrakte Darstellungen lassen sich symbolisch interpretieren und der Therapeut gewinnt alleine aus der Wahl der Formen und Farben Aufschluß über den Gemütszustand seines Patienten (ebd. S.259).

Ein Aspekt des Symbolisierens ist die Möglichkeit der Erschaffung von Situationen. Rudolf Arnheim ist der Meinung, daß die symbolische Darstellung einer Handlung beispielsweise im Psychodrama oder im Bild einen vollwertigen Ersatz für die reale Handlung darstellt (ebd. S.260).

Ausgehend davon, daß die Neurose als Ausdruck eines mißlungenen Verarbeitungsversuches verstanden wird eines unbewußten, in seiner Genese oft infantilen Konfliktes und das neurotische Symptom einen Kompromiß von Wunsch und Abwehrverhalten darstellt, bietet die Kunsttherapie die Möglichkeit, diesen Konflikt symbolisch auszudrücken und damit die verdrängten Bedürfnisse und blockierten Gefühle zu stimulieren, so daß sie kontrolliert agiert werden können. Im Bild werden dem Klienten seine widerstreitenden Bedürfnisse und Konflikte sichtbar (MENZEN, K.H. 1990, S.258). Gertraud SCHOTTENLOHER (1989, S.42) ist der Meinung, daß eine Unterstützung des therapeutischen Prozesses, der Selbstfindung und Selbstheilung dadurch möglich ist, daß die Bedrängnis im Bild sichtbar gemacht wird. Der Klient kann sich einerseits von Blockierungen „entleeren" und sich andererseits ihrer bewußt werden (ebd. S.11).

Nach Auffassung C.G. Jungs ist das Malen eine Form der aktiven Imagination, das bedeutet eine bewußte Kontaktaufnahme zu den Gestalten des Unbewußten und ein innerer Dialog mit ihnen. Dieser Dialog kann in Form einer Bilderserie stattfinden (RIEDEL, I. 1992, S. 18). Ingrid Riedel verbindet die aktive Imagination mit dem Malen, indem sie entweder mit einer geleiteten Imagination beginnt oder sie an das Malen anschließt. Sie schreibt:

„Was bei der Maltherapie über die aktive Imagination hinaus zustande kommt, ist eben das gemalte Bild. Es geht dabei darum, etwas vor sich hinzustellen, anzuschauen und damit aus dem Unbewußten heraufzuholen. Es kann dabei um eine Angst, einen Körperschmerz, (...) das Bild eines Traumes gehen." (RIEDEL, I. 1992, S.19.)

Die reine darstellerische Tätigkeit ist jedoch ungenügend. Es bedarf einer intellektuellen und emotionalen Verarbeitung der Bilder. Für Jung ist jedes Bild ein Selbstbild. In diesem Kontext kann der Klient, indem er sich selbst und seine Konflikte malt, die Situation neu gestalten. Auch außerhalb der Therapie kann der Klient erfahren, daß es ihm besser geht, wenn er ein symbolisches Werk seines seelischen Zustandes anfertigt, damit macht er sich schöpferisch unabhängig, indem er ein Mittel an die Hand bekommt, sich selbst zu helfen (RIEDEL, I. 1992, S.21).

Bärbel GUGGER (1991, S.13) setzt Kunsttherapie ein, um Menschen zu befähigen, eigenverantwortlich zu handeln. Sie spricht von „emanzipatorischer Kunsttherapie" die Freiräume zubilligt und Selbsthilfekräfte mobilisiert, indem sie dazu verhilft, kreatives Potential zu nutzen und in die künstlerische Arbeit einzubringen. Dies geschieht in einem Rahmen der normalerweise den Menschen entmündigt, im Rahmen der Psychiatrie. Die emanzipatorische Kunsttherapie soll der Entmündigung entgegenwirken.

Zusammenfassend ist Kunst im Rahmen therapeutischen Lernens ein Mittel, das die Möglichkeit nicht verbaler Kommunikation bietet, somit die Bewußtwerdung und Beilegung von Gefühlskonflikten ermöglicht, indem eine Kontaktaufnahme zum Unbewußten, durch die bildhafte Darstellung unbewußter Inhalte und Konflikte und deren emotionale Verarbeitung, stattfinden kann. Der aktive kreative Ausdruck des Klienten substituiert die Neurose und die passive Unterwerfung im therapeutischen Lernprozeß. Damit geht eine Förderung des Selbstbewußtseins und der persönlichen Entfaltung einher, indem sich der Klient im schöpferischen Prozeß als unabhängig und eigenverantwortlich erleben kann. Durch die bildhafte Symbolisierung von Konflikten, findet eine Entlastung des Klienten statt. In der Kunsttherapie steht nicht das Produkt im Vordergrund sondern das innere Erleben des Einzelnen und sein kreativer Prozeß, mit dem Ziel Eigenverantwortlichkeit und schöpferische Selbständigkeit zu fördern. Eine eigenständige Theorie, die dem Wesen des kreativen Prozesses gerecht wird, muß sich aus der kunsttherapeutischen Arbeit entwickeln.

Der Begriff der Kreativität

Die *Humanistische Psychologie* definiert Kreativität anders als andere psychologische Schulen. Die analytischen Schulen gehen beispielsweise davon aus, daß Kreativität die Kompensation eines Defizits bzw. die Sublimierung eines frustrierten Triebes ist und nicht eine eigenständige Bestrebung, die jedem Menschen innewohnt

(GARAI, J.E. 1992, S.211). Daraus folgt, überspitzt ausgedrückt: *Gäbe es keine Defizite und frustrierten Triebregungen, so gäbe es keine Kreativität.*

Kreativität nach Carl R. ROGERS (1991, S.239) ist „das Aufkommen eines neuen relationalen Produktes aufgrund von Handeln und erwächst einerseits aus der Einzigartigkeit des Individuums und andererseits aus den Materialien, Ereignissen, Menschen und Umständen seines Lebens". Mit anderen Worten, der schöpferische Prozeß ist eine Begegnung des Schöpfers mit seiner Umgebung (MAY 1953, 1976, nach GAREI, J.E. 1991, S.212). Dabei wird das Sein selbst ausgedrückt und das Bewußtsein erweitert. Kreativität schließt nach MOUSTAKAS Entfaltung, Selbsterneuerung und Selbstverwirklichung ein (ebd. S. 213). LANGNER (1967, 1970 nach GARAI J.E. 1991, S.213) versteht Kreativität als Möglichkeit der symbolischen Äußerung dessen, was im Innern des Menschen vor sich geht und die Fähigkeit zu symbolisieren als eine Eigenart des Menschen, die ihn von anderen Lebewesen unterscheidet.
Es muß also ein sichtbares Resultat des kreativen Schaffens vorhanden sein, etwa in Form eines Gedichtes, einer Geschichte, eines Kunstwerkes oder einer Erfindung. Dieses Resultat ist ein neuartiges, denn es erwächst aus der Interaktion des Individuums mit einem bestimmten Material.

Kreativität lässt sich nicht auf den Bereich der Schaffung von Kunstwerken beschränken. Es gibt mannigfaltige Gebiete, die Kreativität ermöglichen, sei es nun eine musikalische Komposition, die Erfindung der Atombombe oder ein neu erworbenes sichtbar werdendes Verhaltensmuster eines Menschen, der eine Therapie macht. Basierend auf diesem umfassenden Kreativitätsbegriff, geht die Humanistische Psychologie davon aus, daß alle Menschen über kreatives Potential verfügen. Sie beruht auf der Tendenz des Menschen, sich selbst zu verwirklichen, zu entfalten und zu wachsen (vgl. VETTER, R.P. , S.53ff). Dieses Potential ist durch den gesellschaftlichen Konformationsdruck bedroht (ROGERS, C.R. 1991, S.238). Selbst die Neurose kann als kreative Schöpfung betrachtet werden, da sie in einer Welt, die für individuelles Wachstum und Ausdehnung oft nicht förderlich ist, eine Möglichkeit für das Individuum darstellt, trotzdem zu überleben.

Carl R. ROGERS (ebd. S. 240) weist auf die Schwierigkeit hin, destruktive Kreativität von konstruktiver zu unterscheiden. Das Produkt selbst läßt sich nicht beurteilen und vergleichen, da es für Neuheiten kein Standardmaß gibt. Hinzu kommt, daß manche Produkte konstruktiv und destruktiv einsetzbar sind. Es gibt jedoch Bedingungen, die konstruktive Kreativität fördern (ebd. S.244).

Eine Bedingung ist die absolute Offenheit der Bewußtheit gegenüber dem, was zur Zeit da ist, bei gleichzeitiger Abwesenheit von Werten, Konstrukten und Rigidität. Das ist die Fähigkeit, eine Menge widersprüchlicher Informationen wahrnehmen zu können, ohne sie einordnen oder ausblenden zu müssen (ebd. S.244f). Dieser Gedanke findet sich auch im phänomenologischen Ansatz der Kunsttherapie wieder (BETENSKY, M.G. 1991, S.172). Die Phänomenologie schließt jedoch die Subjektivität des Betrachters nicht aus. Sie ist nicht allein die Lehre von den Erscheinungen, sondern verbindet den Betrachtungsgegenstand mit den Bewußtseinakten des Individuums. Sie ist also die Lehre vom Wesen des Bewußtseins von Gegenständen (MENZEN, K.H. 1990, S.156).

Eine weitere Bedingung für konstruktive Kreativität ist, daß der kreative Mensch von der Bewertung durch andere Personen unabhängig ist. Kunsttherapeuten vermeiden es im allgemeinen, ein Bild zu loben oder zu kritisieren und bei Gruppen, daß die Bilder miteinander verglichen werden (RAPP, E. 1983, S.126). Das Kriterium für den Wert des Produktes liegt im Inneren des Schaffenden. Die Grundlage der Bewertung ist die Frage: Inwieweit ist es mir gelungen, mich auszudrücken? Bin ich damit zufrieden? Habe ich das Wesentliche hervorgebracht? (ROGERS, C.R. 1991, S.246.)
Auf der Grundlage der Überzeugungen der Humanistischen Psychologie lässt sich

innerhalb des therapeutischen Prozesses ein Klima schaffen, das Kreativität ermöglicht.

Die therapeutische Funktion von Kunst im Kontext der Humanistischen Psychologie

Der Humanistisch-psychologische Ansatz basiert auf drei Vorausetzungen:
Erstens: Therapiebedürftige Menschen werden nicht als psychisch krank betrachtet, sondern in ihrem Bemühen gesehen, mit ihrem Leben, ihren Konflikten und Problemen klar zu kommen. Lernziel ist, den Lebenswillen zu stärken, neue Fähigkeiten zu entwickeln, um Sinn und Identität in einer kreativen Lebensführung zu finden (GARAI, J.E. 1991, S.207). Die Vorgehensweise ist ressourcenorientiert und erfordert Akzeptanz und Wertschätzung jeder Person.

Ressourcenorientiert heißt, an den Fähigkeiten zu arbeiten und nicht an den Defiziten.

Zweitens: Das Leben ist ein Prozeß, der immer wieder nach Veränderung, Entwicklung und Entfaltung des Menschen verlangt. Im Leben der meisten Menschen gibt es Zeiten, in denen es schwierig ist, diesen Prozeß zu bewältigen. Garai spricht in diesem Zusammenhang von „Identitätskrisen". Der humanistisch orientierte Berater will den Menschen darin unterstützen, offen für Veränderung und Weiterentwicklung zu bleiben oder wieder zu werden, indem er in der Therapie ein Klima schafft, das Neugierde, Begeisterung, Spontaneität und Intimität fördert (ebd. S. 208).
Drittens: Der Mensch ist ein soziales Wesen. Die Selbstverwirklichung des Einzelnen ist nicht losgelöst von der Gemeinschaft zu sehen, sondern muß einhergehen mit Intimität und Vertrauen in der zwischenmenschlichen Beziehung. Das setzt die Bereitschaft voraus, die eigenen Bedürfnisse im größeren Zusammenhang der Gemeinschaft zu sehen und nicht nur die eigenen Möglichkeiten, sondern auch die der Gemeinschaft zu erweitern (ebd.S. 208; vgl. zum humanistischen Menschenbild: VÖLKER, U. 1980, S.15ff:).
Peter PETERSON beschreibt ein Fallbeispiel, das die Notwendigkeit dieser Sichtweise für eine erfolgreiche Therapeuten-Klienten Beziehung verdeutlicht:

„Diese Sache beschäftigte mich eine Woche lang, bis ich auf eine ganz einfache Lösung kam, sozusagen dem Macher in mir auf die Spur kam. Ich bemerkte, wie ich mich in meiner Haltung auf den Thron des Mitleids hatte setzen lassen: der armen hilflosen Frau wollte ich, von oben herab, von meiner Fähigkeit zum Zuhören, Erbarmen spenden. (...) Das war der Hochmut des Machers. Erst als ich mich innerlich vom Hochmut gelöst und mich demütig auf die gleiche Ebene der Partnerschaft mit ihr begeben hatte, wich auch die Spannung und Versteinerung von mir - ich konnte wieder gelassen mit ihr arbeiten. Unsere Beziehung war von mir aus wieder eine herzliche. Ohne daß die Patientin vermutlich genau wußte, was sie sagte, war ihr Ausspruch über unsere gegenwärtige Beziehung richtig, sie sagte nämlich: ich erzähle Ihnen nichts von meinen geheimen persönlichen Gedanken, denn ich will nicht Perlen vor die Säue werfen - die Sau war ich und die Sau saß auf dem Thron des erbarmungsvollen Hochmuts. Wenn Patient und Therapeut sich jeder auf einen Thron setzen, so ist keine Gefährtenschaft möglich; da gibt es nur die Eiseskälte des Herrschaftsanspruches."
(PETERSON, P. 1983, S.304.)

Vor diesem Hintergrund werden therapeutische Lernprozesse als eine Entdeckungsreise zu den kreativen Potentialen verstanden. Innere Blockaden, Gefühle, Ängste, Hoffnungen werden bewußt gemacht und das Ziel ist nicht, sich davon zu befreien, sondern mit Hilfe der Kunst, neue kreative Ausdrucksweisen dafür zu finden und damit größere Authentizität und Selbstverwirklichung zu erlangen (GARAI, J.E. 1991, S.208.). Waltraud FABER berichtet (1993, S.47f.), daß in den Bildern ihrer Klienten immer wieder Inhalte vorkommen, die Hinweise auf die eigene Persönlichkeitsentwicklung geben. Die daraus gewonnenen Erkenntnisse können aktiv im Handeln umgesetzt werden.

Kunst in diesem Sinne stellt eines von vielen möglichen Experimenten innerhalb eines therapeutischen Prozesses dar, die Erfahrungslernen ermöglichen. Das Darüberreden wird in Handeln verwandelt, Sicherinnern und Theoretisieren wird ersetzt durch die volle Anwesenheit in der Gegenwart, mit allen Gefühlen, aller Energie und Erregung. Innere gedankliche Erkenntnisse können über die Stufe des Nachdenkens hinausgehoben werden ins Agieren. Der Klient wird dabei zu seinem eigenen Lehrer, erfährt Aspekte seiner Person und stößt zu neuen Ausdrucksweisen vor. Die Ziele sind, das Verhaltensrepertoire zu erweitern und die Erkenntnis, daß der Mensch der Schöpfer seines eigenen Lebens ist, Erfahrungslernen und daraus folgend, die Entwicklung neuer Selbstkonzepte, unvollendete, sich wiederholende, unbefriedigende Situationen abzuschließen, Polarisierungen zu entdecken und zu integrieren, Introjekte zu entfernen bzw. zu verarbeiten (ZINKER, J. 1993, S.127ff.).

Während die psychoanalytische Kunsttherapie sich weitgehend mit dem Bild selbst, seinen Farben, Formen und Inhalten beschäftigt, befasst sich die humanistisch orientierte Kunsttherapie mit seinem Entstehungsprozeß. Die gesamte Persönlichkeit des Klienten wird während des Gestaltungsprozesses beobachtet, denn die Art und Weise seiner Interaktion mit dem Material ist aufschlußreich für seine Interaktionen in der Umwelt (EGGER, B. 1991, S.29.).

Eine Definition der Gestalttherapie

Bevor die Kunst im Rahmen der Gestalttherapie erörtert werden kann, ist es erforderlich, die wichtigsten theoretischen Grundlagen der Gestalttherapie darzulegen. Gestalttherapie ist eine Form der Therapie mit einer operationalen phänomenologisch-existentiellen Methodologie, in der der Therapeut den Klienten darin unterstützt, sein Bewußtsein (awareness) zu erweitern, um die organismische Selbstregulierung wieder in Gang zu bringen und somit das Wachstum zu fördern. Die beiden Aspekte der Methodologie sind eine dialogische, existentielle Klient-Therapeutenbeziehung und eine experimen-telle, phänomenologische Vorgehens- und Betrachtungsweise (YONTEF, G.M. 1983, S.98; STAEMMLER, F.; BOCK, W. 1991; S.45.). Dabei steht die Zentrierung der Wahrnehmung auf die unmittelbare Erfahrung im Hier und Jetzt im Vordergrund. Von dieser unmittelbaren Erfahrung ausgehend, hilft der Therapeut dem Klienten in Kontakt zu seinen unerledigten Problemen zu kommen. Der Klient entscheidet selbst, in welche Richtung er gehen will. Das Ziel der Therapie ist ein autonomer Mensch, der die Widersprüchlichkeiten seiner Person integriert hat (VÖLKER, U. 1980, S.32.).

Innerhalb der Gestalttherapie kommen drei Prinzipien zum tragen, die sich gegenseitig mit einschließen. G. M. YONTEF (1983, S.98f.) beschreibt die Prinzipien:

Tafel 35
Gestalttherapie

1. Gestalttherapie ist phänomenologisch. Ihr einziges Ziel ist Bewußtheit (awareness), und ihre Methode begünstigt die Erweiterung der awareness.

2. Gestalttherapie basiert vollständig auf einem dialogischen Verständnis von Beziehung - wobei mit Dialog jegliche Art von verbaler und nonverbaler Kommunikation zwischen Menschen gemeint ist - dem Rhythmus von Kontakt und Rückzug zwischen dem Ich und dem Du.

3. Die begriffliche Grundlage oder Weltanschauung der Gestalt therapie bildet das „Gestaltkonzept", das dem Holismus und der Feldtheorie entwachsen ist
(vgl. PERLS, F.S.; HEFFERLINE, R.; GOODMAN, P. 1988/1, S. 9 ff).

Struktur des Wachstums

Der Organismus nimmt Kontakt zur Umwelt auf, und der Kontakt ist die einfachste erste Realität. Kontakt findet an der Grenze von Organismus und Umwelt statt, in einem Organismus-Umwelt-Feld, ist also ein Grenzphänomen (PERLS, L. 1976, S.223). Die Kontaktgrenze begrenzt den Organismus und berührt gleichzeitig die Umwelt. Kontakt ist Wahrnehmung des Feldes und Reaktionen innerhalb des Feldes. Kontakt zur Umwelt nimmt der Organismus also auf durch Gewahrsein und motorische Reaktion.

Durch Kontakt mit dem Neuen entsteht Wachstum, indem das Neue assimiliert wird, sofern es assimilierbar ist (vgl. KESSELRING, T. 1988, S.87 f). Da vorwiegend das Neue und nicht das Alltägliche Kontaktgegenstand ist, muß aller Kontakt kreativ und dynamisch sein. Kontakt bedeutet also die kreative gegenseitige Anpassung von Organismus und Umwelt. F.S. PERLS, R. HEFFERLINE und P. GOODMAN (1988; S.13.) definieren die Psychologie als die Wissenschaft von der schöpferischen Anpassung, die eine Bedingung für das Wachstum darstellt. Demgegenüber ist die klinische Psychologie die Wissenschaft der Blockierungen, der Verdrängungen oder anderer Störungen der schöpferischen Anpassung und des Wachstums.

Die schöpferische Anpassung geht immer mit Aggression und Zerstörung alter Strukturen einher, denn die fertigen Gewohnheiten müssen zugunsten des neuen Kontaktes zerstört oder zumindest verändert werden (PERLS, F.S.; HEFFERLINE, R.; GOODMAN, P. 1988, S.15).

Das Figur-Grund-Konzept

Der Organismus kann nicht das ganze Umwelt-Feld auf einmal wahrnehmen. Gemäß seinem Interesse oder seiner Bedürfnisse hebt sich eine Gestalt (Figur) aus dem Feld heraus, zu der er Kontakt aufnimmt. Ist das Bedürfnis bzw. Interesse befriedigt, so ist die Situation abgeschlossen und die Figur verschwindet im Hintergrund, so daß eine neue auftauchen kann (PERLS, F.S. 1985, S.51). Als Figur wird also der Aspekt der Wahrnehmung bezeichnet, dem der Organismus gegenwärtig seine Aufmerksamkeit schenkt und die sich dadurch vom Hintergrund abhebt. Aus sämtlichen verfügbaren Situationen in einem Feld konstruiert das Gehirn Objekte, die irgendeine Bedeutung für den Organismus haben. Diese Konstruktion ist bedingt durch den Reifezustand des Organismus, basierend auf sozialen Erfahrungen und den jeweiligen Bedürfnissen und Stimmungen folgend, die gegenwärtig sind (POLSTER, M. und I. 1990, S.40; KLÖCKER, D. 1993, S.24). Das Wechselspiel zwischen Figur und Grund ist dynamisch. Das Interesse des Organismus kann sich wandeln und damit treten andere Figuren in den Vordergrund. Bei der Betrachtung eines bestimmten Details der Figur kann diese selbst zum Grund werden und das Detail zur Figur (PERLS, F.S.; HEFFERLINE, R; GOODMAN, P. 1988/2, S.39). Die Umwelt selbst verändert sich nicht, sondern lediglich die Aktivität des Betrachters. Die Wahrnehmung des Organismus ist in erster Linie von seiner eigenen Aktivität abhängig (vgl. SCHUSTER, M.; BEISL, H. 1978, S.25f).

Entstehung der Neurose

F.S. PERLS, R. HEFFERLINE und P. GOODMAN (1988/1, S.17) definieren das Selbst als das System ständig neuer Kontakte. Ein Zeichen für seelische Gesundheit bzw. Krankheit ist das Ausmaß der Selbstentfremdung und der Verzicht auf Spontaneität zugunsten von Identifizierungen. Das Ich ist das System der Identifizierungen und Entfremdungen. Diese entstehen durch Forderungen, die die Gesellschaft an das Individuum stellt. Um den gesellschaftlichen Forderungen nachzukommen, ist eine Selbstbeherrschung notwendig, die häufig auf Kosten der Individualität und unter Entstehung von Neurosen verläuft, weil die Funktion des Kontaktes entkräftet und geschädigt wird. Bei der Entstehung der Neurose spielen u.a. Schuldgefühle und die Angst, ein Außenseiter zu sein, eine große Rolle (PERLS, F.S. 1985, S.74).

Wie bereits erwähnt ist Kontakt eine Assimilation, sprich Gleichmachung an den Organismus, die mit der Zerstörung des Umweltmaterials einhergeht. Das gilt für Informationen, Nahrung u.v.m.. Insbesondere Kindern ist es häufig nicht erlaubt, beispielsweise Informationen, Verbote, Erlaubnisse, die sie von ihren Eltern erhalten, durch eigene Gedanken zu assimilieren und was nicht paßt, von sich zu weisen. Je rigider die Eltern die Meinung vertreten, das Kind habe nicht zu denken, sondern gehorsam zu sein, um so schneller merkt das Kind, daß Kontakt „gefährlich" ist und wird ihn vermeiden. Unerledigte Situationen werden durch Verdrängung von „unerlaubten" Figuren in den Hintergrund angehäuft. Einerseits kostet das Energie, andererseits tauchen die unerledigten Situationen über Umwege wieder auf.

Fritz Perls schreibt:

„Eine Perversion ist eine Neurose, weil und solange ihr Inhalt eine unabgeschlossene Situation bleibt. Der Voyeur akzeptiert nicht, was er sieht, und er muß sein heimliches Spionieren immerzu wiederholen. Sobald er überzeugt ist, das er richtig gesehen hat, ist seine Neugier befriedigt und damit erledigt." (PERLS, F.S. 1985, S.215.)

Anders ausgedrückt ist die Neurose der Prozeß des Unachtsamwerdens und einer fortschreitenden Abspaltung von unseren Möglichkeiten durch die Verweigerung von Erfahrung (PERLS, F.S.; BAUMGARDNER, P. 1990, S.21).

Vermeidungsstrategien

F.S. PERLS (1985, S.141, 152, 189, 198) beschreibt vier besonders häufige Interaktionsmuster, die vom Widerstand gegen Kontakt bestimmt sind: Die Retroflexion, die Introjektion, die Projektion und die Konfluenz. I. und M. POLSTER (1990, S.77ff) finden ein weiteres: die Deflektion.

Retroflexion: Der Retroflektor setzt anstelle des Objektes sich selbst und gibt damit den Versuch auf, Einfluß auf seine Umwelt zu nehmen. (Selbstvorwürfe, Autoaggression usw.)

Introjektion ist die passive unreflektierte Aufnahme dessen, was die Umwelt anbietet. Das Umweltmaterial wird nicht assimiliert und dem Organismus gleich gemacht, sondern ihm unverändert einverleibt.

Projektion: Um nicht mit den eigenen unerwünschten Eigenschaften in Kontakt treten zu müssen, werden diese auf andere Personen projiziert. So wird etwa Aggression in Angst umgewandelt, da die eigene Aggression auf andere projiziert wird, wird die Umwelt als agressiv erlebt, und das löst Angst aus.

Konfluenz ist ein „Zerfließen" der Kontaktgrenze. Die konfluente Person identifiziert sich mit den Gefühlen, Bedürfnissen seiner Mitmenschen und fühlt diese als wenn es seine eigenen wären.

Deflektion ist der Mechanismus des Halbkontaktes. Sie steht in der Mitte zwischen Kontakt und Rückzug. Sie beinhaltet zwei entgegengesetzte Kontaktbestrebungen: Voller Kontakt bei gleichzeitigem Rückzug. Sie hat eine Zwitterfunktion, indem sie Retroflexion und Konfluenz miteinander verbindet (GRODDECK, H. 1992, S.11). Rolf HEINZMANN (1994, S.34f) beschreibt einen weiteren Aspekt der Deflektion, die Entwertung.

Tafel 36
Vermeidungsstrategien

- Retroflektion
- Introjektion
- Konfluenz
- Projektion
- Deflektion

Die Struktur des Veränderungsprozesses
Die Gestalttherapie hat das Ziel, das Wachstum des Individuums wieder in Gang zu bringen. Das beinhaltet die Wiederentdeckung der Teile, die der Persönlichkeit verloren gegangen sind und die Übernahme der Verantwortung für diese Teile und für das eigene Leben. Der Klient wächst durch die Arbeit an der Kontaktgrenze in Form von Experimenten mit dem Neuen und Ungewohnten (RONALL, R.; FEDER B. 1983, S.64; PERLS, F.S.; BAUMGARDNER; P. 1990, S.23). Durch das Gestaltexperiment werden Informationen über den gegenwärtigen Zustand des Klienten gewonnen. Es verdeutlicht die Blockierungen und kann dem Klienten Verhaltensalternativen an die Hand geben (SCHNEIDER, K. 1979, S.192f).
Fritz Perls lehnte das Reden über ein Problem ab. Er schaffte den Hot Seat als Instrument des Experimentes. Dem Klienten stehen dabei zwei Stühle zur Verfügung, auf denen er abwechselnd Platz nimmt, je nachdem mit welchem Teil er sich identifiziert. Auf dem leeren Stuhl visualisiert er den anderen Teil. Durch den Wechsel der Stühle und der Identifizierungen kann ein Dialog zwischen den beiden Teilen entstehen (PERLS, F.S. 1974, S.184; STAEMMLER, F.; BOCK, W. 1991, S.135).
Frank Staemmler schreibt über die Hot Seat Arbeit:

„Der leere Stuhl kann erstens als Projektionsfläche dienen,auf die die Klienten ihre Bilder von abwesenden Personen werfen können, mit denen sie sich auseinandersetzen wollen. Ich habe diese Technik an anderer Stelle (Staemmler, F. 1986, S. 6f) als Kontakt-Technik bezeichnet, weil durch sie der in einer bestimmten Situation real nicht mögliche Kontakt mit bedeutsamen Bezugspersonen symbolisch ersetzt werden kann. (....) Zweitens kann der leere Stuhl die Funktion erfüllen, eine Sitzgelegenheit für das Alter Ego der Klienten bereitzustellen, wenn der Therapeut die Klienten unterstützen möchte, in einen inneren Dialog mit ihrem zweiten Ich zu treten. In diesem Fall spreche ich von der Dialog-Technik, weil sie den Klienten einen inneren Dialog (...) erleichtern soll." (STAEMMLER, F. 1992, S. 17.)

Die Struktur des Veränderungsprozesses eines Menschen ist durch fünf Phasen geprägt. Die erste Phase ist die der **Stagnation.** Sie zeichnet sich durch eine Unzufriedenheit mit der derzeitigen Situation aus, ohne daß der Betroffene sich als Urheber für diese Situation sieht und der Überzeugung ist, daß er Einfluß auf die Situation hat. Die zweite Phase wird **Polarisation** genannt. In dieser Phase erkennt der Klient, was er tun müßte und auch gerne tun würde, um aus seiner Sackgasse herauszukommen. Demgegenüber stehen die Ängste und Verbote, die ihn davon abhalten. Es bilden sich Pole: „Ich würde gerne" (expansiver Pol) versus „Ich traue mich nicht" (kontraktiver Pol). Damit gewinnt der Klient die Erkenntnis, daß er selbst seine mißliche Lage gestaltet und daß es in seiner Hand liegt, sie zu verändern. Die Phase der Polarisation ist von einem Zustand innerer Spannung begleitet, weil der expansive dem kontraktiven Pol genau entgegenwirkt. In der dritten Phase kommt es zur **Diffusion**. Diese Phase ist geprägt von Verwirrung, Leere, Ziel- und Orientierungslosigkeit. Der Klient erlebt diese Phase als erfahrbares, aber unbeschreibbares „Nichts". In der vierten Phase, der **Kontraktion** strukturieren sich die Handlungen des Klienten neu. Seine Gedanken, Phantasien etc. laufen auf eine bestimmte, meist schmerzhafte oder bedrohliche Vorstellung zu. Der zentrale Schmerz, der häufig aus einer realen vergangenen Frustration entstanden ist, wird wieder bewußt und spürbar. Damit hat der Klient die Kontrolle abgegeben und kann in die fünfte Phase übergehen, die **Expansion**. In dieser Phase wandeln sich die bedrohlichen Gefühle um und neue Möglichkeiten tun sich auf. Verzweiflung wird zu Glück, Panik zu innerer Ruhe. Der Weg zur Bedürfnisbefriedigung steht dem Klienten klar vor Augen und erscheint ihm jetzt fast selbstverständlich (STAEMMLER, F.; BOCK, W. 1991, S.107ff).

Wie kann der Klient darin unterstützt werden, um von einer Phase in die nächste zu gelangen, was sind die Katalysatoren? Bei den Übergängen von einer Phase in die jeweils nächste handelt es sich um den Wandel von Gestaltqualitäten. F. Staemmler und W. Bock (1991, S. 125ff) sprechen von Katalysatoren, die die Schwelle für den Wandel herabsetzen und ihn damit wahrscheinlicher machen, ohne auf die Art und Weise Einfluß zu nehmen.

Der Übergang von der Stagnation zur Polarisation

Wenn ein Klient in die Therapie kommt, befindet er sich meist in der Phase der Stagnation. Er ist mit seinem Leben unzufrieden, weiß nicht so recht wieso und ist sich nicht bewusst, daß er derjenige ist, der Einfluß nimmt. Der Therapeut hat die Aufgabe, darauf zu achten, wie der Klient sich verhält und was das unbefriedigte Bedürfnis sein könnte, das hinter der Unzufriedenheit steckt. Er führt dann die Aufmerksamkeit des Klienten zunehmend auf diejenigen Aspekte seines Verhaltens und Erlebens, die es dem Klienten ermöglichen, sein Bedürfnis zu spüren und konkret zu beschreiben. Der Klient erlangt Bewußtheit von seinem Bedürfnis, und dies ist der erste Schritt aus der Stagnation (ebd. S.126f).

Spürt der Klient sein Bedürfnis, so ist dies mit der Befreiung von der „Illusion der Verantwortungslosigkeit" verbunden, und er kann jetzt herausfinden, wie er dazu beiträgt, daß seine Bedürfnisse unbefriedigt bleiben. Sobald ihm seine Vermeidungsstrategien bewußt werden, erlangt er die Bewußtheit des Themas. Das Thema des Klienten beinhaltet die Bedürfnisse und die Vermeidungsstrategien, die deren Befriedigung verhindern. Die Bewußtheit des Themas ist der Katalysator für den Übergang zur Polarisation (ebd. S.128ff).

Der Übergang von der Polarisation zur Diffusion

Bei jedem Thema gibt es zwei Pole, die sich gegenseitig bedingen, also nicht isoliert voneinander zu betrachten sind. Die Pole haben entgegengesetzte Bestrebungen. Auf der einen Seite ist das Bedürfnis, der Impuls es zu befriedigen und die Erregung. Demgegenüber steht die Vermeidung, die Kontrolle und die Unterdrükkung. Es darf nicht darum gehen, einen Kompromiß herzustellen, - da könnte man genauso versuchen, einen Kompromiß zwischen Tag und Nacht herzustellen - oder einen Pol auszuschalten, denn das würde zurückführen in die Stagnation. Die Spannung der Polarisation wird aufrechterhalten, wenn beide Pole klar definiert bleiben, wenn sie als gleichberechtigte Teile und als aufeinander bezogen verstanden werden. Die o.g. Dialogtechnik ist ein hilfreiches Instrument zu diesem Zweck. Der Katalysator für den Übergang zur Diffusion ist, „die Bewußtheit des kontraktiven Pols als Figur vor dem Hintergrund des expansiven Pols" (ebd. S.132ff).

Erfährt der Klient in aller Deutlichkeit, wie er es schafft, sich selbst zu behindern, löst sich die Polarisation auf und die Gestaltqualität wird diffus. Das geschieht meist dann, wenn er die Spannung nicht mehr aushält und gleichzeitig eine Katastrophenerwartung darüber entwickelt, was passieren würde, wenn er die Vermeidung aufgeben würde. Katastrophenerwartungen lassen sich als schmerzliche Erinnerungen verstehen, die in die Zukunft projiziert werden. Der Klient gerät in eine Art Zwickmühle und erkennt, daß sich das Problem so nicht lösen läßt (ebd. S.136).

Der Übergang von der Diffusion zur Kontraktion

Jetzt muß es darum gehen, daß diese Diffusion mit Bewußtheit erlebt wird. Der Therapeut unterstützt durch Interventionen wie „Geh in die Verwirrung." oder „Geh in die Leere" und verhilft dem Klienten damit, ins Innere des diffusen Erlebens zu gelangen. Folgt der Klient den Anregungen des Therapeuten, findet ein Wandel der Gestaltqualität in Richtung der Kontraktion statt. Der Katalysator für diesen Wandel „ist also die Bewußtheit vom Zentrum des diffusen Erlebens" (ebd. S.139ff).

Der Übergang von der Kontraktion zur Expansion

Mit dem Eintritt in die Phase der Kontraktion wird auf Kontrolle und Abwehrmechanismen verzichtet. Je weiter der Prozeß voranschreitet, um so weniger besteht die Möglichkeit eines Zurück. Die Situation wird als gefährlich erlebt und erfordert ein hohes Maß an Vertrauen darin, daß der Therapeut erreichbar bleibt, egal was passiert. Alle Gedanken und Gefühle gehen auf einen bestimmten Aspekt zu und verdichten sich dort etwa zu maximaler Verzweiflung oder Panik. Der Klient geht durch einen Engpass (Impasse) der maximalen Dichte, um danach in die Phase der Expansion einzutreten, in der eine Ausdehnung der Person und ihrer Möglichkeiten stattfindet. Der Katalysator für den Übergang in diese letzte Phase ist die „Fortsetzung und Verdichtung des Erlebens der Kontraktion" (ebd. S.150ff).

Kunst im Rahmen der Gestalttherapie

Nach Meinung Joseph ZINKERs (1993, S.47), ist „Therapie machen" vergleichbar mit „Kunst machen". Der Therapeut ist der Künstler der den Menschen formt. Dies hört sich vordergründig nach Allmacht des Therapeuten an, die dem humanistischen Gedanken widerspricht, wird jedoch verständlich, wenn man bedenkt, das ein Künstler - in übertragenem Sinne - nur das aus dem Material herauszuholen vermag, was das Material erlaubt.

Um kreativ zu sein muß der Therapeut über eine bestimmte Haltung, bestimmte Eigenschaften und bestimmte Fähigkeiten und Talente verfügen (vgl. PETERSON, P. 1983, S.296ff). Der kreative Therapeut erfaßt den Menschen in seiner Ganzheit und nimmt ihn mit dem an, was im Moment gegenwärtig ist, er hält sich nicht daran auf, was gegenwärtig sein sollte. Im Rahmen der Gestalttherapie ist die Erlaubnis zur Kreativität gegeben (ZINKER, J. 1993, S.27). Kreativität ist nicht nur erlaubt sondern erforderlich, weil es um Erfahrungen, experimentieren und einen Prozeß geht und nicht um die Anwendung stereotyper therapeutischer Techniken.

Gestalttherapeuten betrachten die kreativen Produkte ihrer Klienten als Ganzheiten, Gestalten, die die Persönlichkeit zum Ausdruck bringen. J. RHYNE geht davon aus, daß die Strukturen, die in den Bildern wahrnehmbar werden, sich in den Verhaltensmustern des Klienten wiedererkennen lassen. Basierend auf der Art und Weise, wie das Verhältnis von Figur und Hintergrund organisiert ist, kann die Frage geklärt werden, in welchem Zusammenhang die Figuren, die im Bild auftauchen zu den gegenwärtigen Konflikten und Problemen des Klienten stehen. Auf nonverbaler Ebene wird ein Produkt geschaffen, daß als Phänomen wahrnehmbar wird und die Grundlage zur Selbstexploration sein kann (RHYNE, J. 1991, S.193).

„Bilder halten still und können dennoch zum Gegenüber werden. Sie schweigen und können den Schlüssel ihres Geheimnisses im Symbol verstecken. Sie weichen auch nicht aus. Sie können konfrontieren und bieten beharrlich ihren Wahrheitsgehalt an. Sie sind symbolische Signale für die Wegfindung zur individuellen Wahrheit." (ESCHENBACH, U. 1986, S.13.)

Vor dem Hintergrund, daß die Gestalttherapie die Bedürfnisse der Person freilegen und sich widersprechende Strebungen integrieren will, bietet die künstlerische Tätigkeit die Möglichkeit, nonverbal Strebungen und Bedürfnisse zum Ausdruck zu bringen (SCHUSTER, M. 1986, S.56). V. OAKLANDER nach Martin Schuster (ebd. S. 58) bewegte ihre Klienten dazu, sich mit verschiedenen Aspekten bzw. Personen ihrer Darstellung zu identifizieren und gegebenenfalls in einen Dialog zu treten. Aufgrund einer Distanzierung, die dadurch entstehen kann, daß der Klient nicht direkt über sich redet, sondern sein Produkt oder einen Aspekt in der Ich-Form beschreibt, erleichtert die Identifikation, Dinge auszusprechen, für die der Klient sich schämt. Gleichzeitig sind die Aspekte im Bild, Aspekte seiner selbst, so daß er Erkenntnisse über sich gewinnen kann.

Das Prinzip des Dialogs zwischen sich widersprechenden Anteilen - in der Gestalttherapie Hot-Seat genannt - bietet die Möglichkeit, vergangene Situationen im Hier und Jetzt aufzuarbeiten, das Fortschreiten der Gedanken zu neuen Möglichkeiten, angestaute unerlaubte Emotionen auszuagieren und in die Persönlichkeit zu integrieren (ebd. S.58).

Elaine RAPP weist darauf hin, daß es nicht um die Leistung und künstlerische Talente geht, sondern darum, daß der Klient sich unbefangen auf das Material einläßt. Sie betont den experimentellen Aspekt der Kunst innerhalb der Gestalttherapie und hebt die Wichtigkeit des Experiments für die Erkundung der gegenwärtigen psychischen Situation des Klienten hervor. Weiterhin können die Experimente der immer vollständigeren Integration von bisher noch nicht assimilierten Material unter gestalttherapeutischen Gesichtspunkten, also im Hinblick auf die wachstumshemmenden Störungen an der Kontaktgrenze dienen. Dies geschieht durch die Kombination der Arbeit mit den Materialien und gestalttherapeutischer Techniken. Auch sie geht davon aus, daß die Figuren im Bild Anteile der Persönlichkeit sind, und daß die Identifikation mit den Figuren und der Dialog die Integration projizierter Anteile ermöglicht (RAPP, E. 1983, S.121ff).

Joseph ZINKER schreibt (1993, S.225ff) über Kunst in der Gestalttherapie, daß Malen therapeutisch wirkt - sofern der Klient es als Prozeß erlebt - weil es dazu verhilft, sich selbst zeitweise als ganzen Menschen zu erleben und am Ende ein sichtbares Produkt dieses Erlebens entstanden ist. Um das Malen als Prozeß zu erleben, muß zunächst anerkannt werden, daß es für jede Handlung, jede Erkenntnis, jedes Gefühl den richtigen Zeitpunkt gibt und daß nichts erzwungen werden kann. Durch den Wunsch, in einem Bild ein bestimmtes Resultat hervorzubringen, wird der Prozeß blockiert und möglicherweise ein Mißerfolg vorprogrammiert. Zinker unterstützt das Prozeßerleben seiner Klienten mit Musik, da kreative Schöpfung für ihn vergleichbar mit einem Tanz war. Er forderte dazu auf, während der künstlerischen Arbeit „Vertrauen in die ganze Breite des Erlebens zu haben", anstatt ein Ziel zu verfolgen. Er forderte zu Geduld mit sich selbst auf, Achtung vor dem eigenen Prozeß und zur Liebe zu dem, was da gerade entsteht, auch wenn es häßlich ist.

Im Laufe seiner therapeuitschen Arbeit stellte Joseph ZINKER (1993, S.238ff) fest, daß seine Klienten im Prozeß des Zeichnens drei Phasen durchlaufen.
Die erste ist davon gekennzeichnet, daß die Klienten noch auf Vergleich und Konkurrenz eingestellt sind. Sie bekommen später Kontakt zur Musik und das hilft ihnen, die Widerstände gegen das Zeichnen zu durchbrechen. Sie erproben sich und überzeugen sich, daß die Resultate nicht abgewertet werden.
In der zweiten Phase gehen die Klienten mit mehr Selbstvertrauen zu Werke. Die Zeichnungen werden größer, bedecken das ganze Blatt. Die Umgebung verschwindet. In den Bildern tauchen Figur/Grund Beziehungen auf. Es entsteht eine Klarheit des Gewahrseins, ohne wertend über die Enstehung des Bildes nachzudenken. Elternbotschaften wie: Du kannst nicht malen, sind ausgeschaltet.
Die dritte Phase ist von dem Gefühl der Vollständigkeit gekennzeichnet. Das Bild wird immer wieder mit Respekt und nachdenklich betrachtet. Themen kommen zum Ausdruck und werden so integriert, daß alles einen Zusammenhang hat. Das Werk erhält eine komplexe Struktur. Analog dazu erlebt sich der Mensch. Er kann seine inneren Gefühle, Themen, Polaritäten unterscheiden und integrieren. Anstatt unerwünschte Anteile auszublenden, kann er sich über seine Vielfältigkeit und seinen inneren Reichtum freuen.
Zusammenfassend schreibt Zinker:

„Die ästhetische Güte einer Zeichnung oder Skulptur wird durch den gesamten Prozeß gefördert, nicht von dem Bemühen um ein bestimmtes Ergebnis. Der anfängliche Widerstand des Künstlers gegenüber der Arbeit ebenso wie der Nachdruck darauf, seine ersten Versuche gut zu machen, spielen eine wichtige Rolle dabei diesen Prozeß zu hemmen. In dem Prozeß des Malens, erlaubt der Mensch sich, seiner Erregung voll Ausdruck zu geben, bis er sich innerlich befriedigt und vollständig fühlt. Seine Zeichnungen zeigen die gleichen Merkmale, wie seine sich wandelnden Gefühle - von der Zersplitterung über das Fließen zur Ganzheit. Somit ist die Figur/Grund Beziehung im Gewahrsein des Menschen kongruent mit der visuellen Figur/Grund Beziehung in seinen Bildern. Die vollendeten Bilder enthalten neben ihrem ästhetischen Wert eine konkrete Bestätigung seiner Fähigkeit, ein integrierter Mensch zu werden." (ZINKER, J. 1993, S.242.)

Ausgehend davon, daß die Neurose das Unachtsamwerden und die Abspaltung von unseren Möglichkeiten durch die Verweigerung von Erfahrung ist (PERLS, F.S.; BAUMGARDNER, P. 1990, S.21), kann der schöpferische Prozeß der Neurose, aufgrund neuer Erfahrungen und neuer Möglichkeiten, sich im Kontakt mit dem künstlerischen Material auszudrücken, entgegenwirken. Darüberhinaus können, durch die Bearbeitung und die Reflektion der Inhalte des kreativen Produktes, die Phasen des Veränderungsprozesses ausgelöst werden.
Wie bereits erwähnt, wird Kontakt und somit Wachstum durch Vermeidungsstrategien (Projektion etc.) vermieden. Die Hemmschwelle, auf diese Strategien zu verzichten, kann im schöpferischen Prozeß herabgesetzt werden, da er Experiment-

charakter hat. Die „Katastrophenerwartung" ist im Experiment geringer als im alltäglichen Leben. Erfahrungslernen kann in einem geschützten Rahmen stattfinden und in einem weiteren Schritt auf das alltägliche Leben übertragen werden.

Eine Definition der Orientierungsanalyse

Die Orientierungsanalyse entstand als Verbindung von gestalttherapeutischen und individualpsychologischen Ansätzen (ACKERKNECHT, L. 1978, S.117ff; LUMMA, K. 1984, S.64ff). Über Früherinnerungen und deren Darstellung werden Erkenntnisse über das Verhalten und die Einstellungen im Hier und Jetzt gewonnen. Erfahrungsgemäß erhält man nach etwa 7 Früherinnerungen ein Höchstmaß an Informationen. Diese 7 Früherinnerungen lassen sich in drei Blöcke unterteilen:

- Der erste Block sagt etwas über die aktuelle Situation aus.
- Der mittlere Block spiegelt die Entwicklung wieder, also wo die Orientierung liegt.
- Die letzten beiden Erinnerungen spiegeln die soziale Kompetenz wieder. (RÖTTSCHES, W. 1988, S.72; SOMMER, K. 1993, S.62).

Indem die Orientierungsanalyse die persönlichen Zielvorstellungen eines Menschen mit Hilfe von Früherinnerungen - also unter Berücksichtigung seiner Entwicklungsgeschichte - herausarbeitet, wird der unbewußte Lebensplan sichtbar (LUMMA, K. 1988, S. 241; LUMMA, K. 1993, S. 7).

Das orientierungsanalytische Konzept beruht darauf, daß das Wissen um die Bedeutung der Früherinnerungen nach Alfred ADLER, die Prinzipien der Gestalttherapie nach PERLS und die Erklärungsmuster der Transaktionsanalyse BERNEs miteinander verbunden werden. In der Praxis heißt das: Durch Interviews oder Phantasiereisen werden Erinnerungen aus der frühen Kindheit hervorgerufen und abgefragt. Diese werden dann spielerisch gestaltet durch Rollenspiele, Psychodrama, Hot-Seat Arbeit, Malen der Szenen u.v.m. (BORMANN, F. 1993, S.54). In der spielerischen Darstellung kann der Bezug zum Hier und Jetzt hergestellt werden: Wie manifestiert sich die Erinnerung und die damit verbundenen Gefühle und Grundorientierungen in der Gegenwart? Das Ziel ist die Erkenntnis, daß heute neue Entscheidungen und Verhaltensalternativen möglich sind (LUMMA, K. 1988, S.259).

Einige Begriffe der Transaktionsanalyse

Die Orientierungsanalyse bedient sich transaktionsanalytischer Ansätze als Erklärungsmodell. Es ist daher notwendig, einige Begriffe der Transaktionsanalyse zu erläutern.

Laut Eric BERNE, dem Begründer der Transaktionsanalyse (TA), ist eine Transaktion der Austausch von Informationen und von Streicheleinheiten zwischen zwei oder mehreren Menschen (ENGLISH, F. 1991 S.VII). Der Austausch kann auf verbaler und körpersprachlicher Ebene stattfinden. Jegliche Art von zwischenmenschlicher Kommunikation besteht aus Transaktionen.

Grundüberzeugungen der Transaktionsanalyse

Die Transaktionsanalyse geht von drei Grundhaltungen dem Leben und dem Menschen gegenüber aus.
Für die transaktionsanalytische Arbeit folgt daraus, daß die Grundlage für jede

Tafel 37
Grundhaltungen der Transaktionsanalyse

- Die Menschen sind in Ordnung.
- Jeder hat die Fähigkeit zu denken.
- Der Mensch entscheidet über sein eigenes Schicksal und kann seine Entscheidungen auch ändern

(STEWART, I. ; JOINES, V. 1990, S. 28.)

Arbeit ein Vertrag ist und daß die Kommunikation frei und offen ist. Was bedeutet das jetzt im einzelnen?

Die wichtigste Grundüberzeugung besagt, daß die Menschen in Ordnung sind. In der Praxis bedeutet das, alle Menschen haben ihren Wert und ihre Würde. Kein Mensch steht über dem anderen oder ist mehr wert als ein anderer. In diesem Sinne kann auf die Unterscheidung krank und gesund verzichtet werden. Sofern keine organische Hirnschädigung vorliegt, hat jeder die Fähigkeit zu denken und seine eigenen Entscheidungen zu treffen. Jeder ist für seine Entscheidungen und sein Leben selbst verantwortlich (STEWART, I.; JOINES, V. 1990, S.28 f). Schon in der frühen Kindheit treffen wir Entscheidungen bzgl. Verhaltensweisen, Strategien und Auffassungen, die uns für unsere Situation passend erscheinen. Es erscheint oft so, als sei die Umwelt so feindselig, daß wir keine Wahl hatten. Eric BERNE vertrat die Auffassung, daß Eltern ihre Kinder in negative Lebensüberzeugungen hineintreiben. Spätere Autoren (GPULDING, M. und R. 1992, S.58) gehen davon aus, daß Kinder in ihren Reaktionen auf eine feindlich empfundene Umwelt frei sind. Goulding geht so weit zu behaupten, daß manche destruktiven Grundgebote nicht von den Eltern aufgestellt wurden, sondern der Phantasie des Kindes entspringen.

Destruktive Auffassungen und Strategien, die in der Kindheit passend erschienen, sind im Erwachsenenalter nicht mehr angemessen. Wenn davon ausgegangen wird, daß der Mensch von Anfang an frei in seinen Entscheidungen ist, ist er jederzeit in der Lage sich neu zu entscheiden.

Veränderung beruht auf neuen Entscheidungen bzgl. Verhaltensweisen und Lebensauffassungen. In der Therapie tragen beide Seiten die Verantwortung dafür, daß die Veränderung gelingt. Zu diesem Zweck wird ein Therapievertrag abgeschlossen. Der Klient bestimmt das Ziel, d.h. er legt fest, was er verändern will und was er bereit ist, dafür zu tun. Der Therapeut erklärt sich bereit, mit dem Klienten an diesem Thema zu arbeiten und sein fachliches Wissen und Können einzubringen (STEWART, I.; JOINES, V. 1990, S.371).

Aus der Verantwortlichkeit beider Seiten und aus den ersten drei Grundüberzeugungen ergibt sich eine offene und freie Kommunikation im therapeutischen Setting. So kann der Klient z.B. die eigene Personalakte einsehen. Der Prozeß soll transparent sein,d.h. der Klient wird über alles informiert, was in der gemeinsamen Arbeit passiert, er wird ermutigt, sich mit der Theorie der Transaktionsanalyse vertraut zu machen. Auf Fremdworte und Fachausdrücke wird verzichtet (STEWART, I.; JOINES, V. 1990, S.30).

Das Ich-Zustandsmodell

Berne postuliert drei Ich-Zustände. Ein Ich-Zustand ist ein kohärentes Empfindungs- und Verhaltenssystem. Das sogenannte Eltern-Ich (EL) ist der Ich-Zustand, der dem Empfindungs- und Verhaltenssystem der Elternfiguren ähnelt. Hier sind sozusagen alle Regeln, Botschaften, Überzeugungen und Verhaltensweisen gespeichert, die wir von unseren Eltern erhalten. Das Erwachsenen-Ich (ER) ist der Ich-Zustand, der auf eine autonome, objektive Erfassung der Realität ausgerichtet ist. Das Erwachsenen-Ich agiert in der Gegenwart und bringt situationsabhängig angemessene Verhaltensweisen hervor. Das Kind-Ich (K) ist der Ich-Zustand, der bereits in der frühen Kindheit fixiert wurde und immer noch wirksam ist. Im Kind-Ich sind alle Erlebnisse und die daraus folgenden Entscheidungen der ersten Lebensjahre gespeichert (BERNE, E. 1970; S.26).

Die Zuordnung bestimmter Verhaltensweisen zu den Ich-Zuständen geschieht durch Beobachtung der sichtbaren und hörbaren Merkmale des Verhaltens einer Person. Jedem Ich-Zustand sind bestimmte Gesten, Körperhaltungen, Gesichtausdrücke und eine bestimmte Wortwahl zuzuordnen. Die emotionalen Reaktionen des Beobachters können zusätzliche Informationen über den Ich-Zustand geben, wenn z.B. der Beobachter sich plötzlich in einer Eltern-Position befindet, ist es naheliegend, daß der Beobachtete aus dem Kind-Ich heraus agiert (STEINER, C. 1993 S.39ff).

Bei der Kommunikation zwischen zwei Menschen sind somit sechs Ich-Zustände beteiligt. Meist sind nur zwei Ich-Zustände aktiv aus denen heraus die Beteiligten kommunizieren. Berne unterscheidet zwischen Komplementär-Transaktionen und Überkreuz-Transaktionen (BERNE, E. 1987, S.30; BERNE, E. 1970, S.33f).

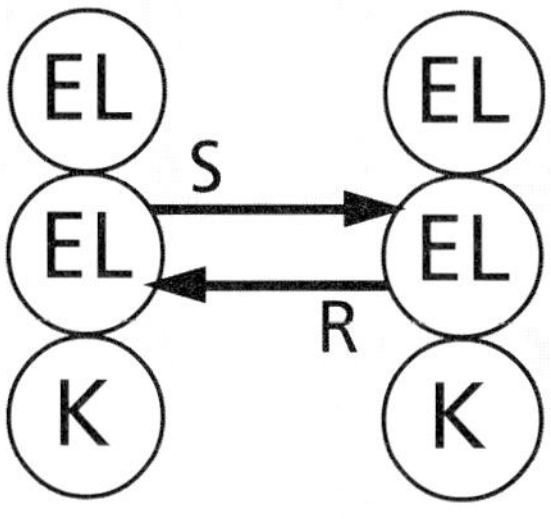

Abb. 1a: Komplementär-Transaktion

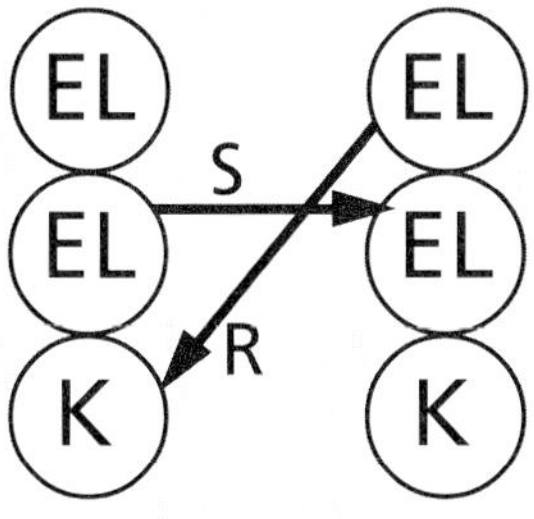

Abb. 1b: Überkreuz-Transaktion

Eine Komplementär-Transaktion findet dann statt, wenn der Angesprochene aus dem Ich-Zustand heraus reagiert, der angesprochen wurde. Spricht jemand mit seinem Erwachsenen-Ich das Erwachsenen-Ich seines Gegenübers an, mit der Frage: „Wieviel Uhr ist es", geht um eine Information, und bei einer Komplementär-Transaktion wird der Gefragte aus seinem Erwachsenen-Ich heraus die Uhrzeit mitteilen. Antwortet der Gefragte jedoch aus seinem Eltern-Ich heraus, etwa: „Wann schaffst Du Dir endlich mal eine eigene Uhr an", so ist das eine Überkreuz-Transaktion. Während innerhalb einer Komplementär-Transaktion das erwartete geschieht, bedeutet eine Überkreuz-Transaktion eine Störung. Soll die Kommunikation wieder glatt laufen, muß mindestens ein Gesprächspartner den Ich-Zustand wechseln (STEWART, I.; JOINES, V. 1990, S. 106).

Das Lebensskript

Jeder Mensch besitzt einen vorbewußten Lebensplan, genannt Skript. Dieses Skript hat sich unter elterlichem Einfluß in den ersten 7 Jahren der Kindheit entwickelt und ist eine unbewußte psychologische Kraft, die den Menschen seinem Schicksal zutreibt (BERNE, E. 1987, S.53f, DREIKURS, R. 1969, S.58f).

Das Skript führt zu einem Wiederholungszwang, in dem der erwachsene Mensch unbewußt dazu neigt, immer wieder unglückliche Situationen aus seiner Kindheit zu inszenieren (STEINER, C. 1993, S.25). Rudolf DREIKURS (1969, S.58f) spricht in diesem Zusammenhang vom Charakter eines Menschen, der die Manifestation des Plans zur weiteren Lebensführung (Skript) ist. Der Charakter beinhaltet Verhaltensweisen, die so ausgelegt sind, daß sie das Skript und die darin enthaltenen Ziele erfüllen. Jedes Skript führt zu seiner sogenannten Endauszahlung. Die Endauszahlung eines Versager-Skripts kann der finanzielle Ruin sein, der unbewußt durch bestimmte Verhaltensweisen hervorgerufen wird (STEWART, I.; JOINES, V. 1990, S.153).

Der Inhalt des Skripts ist abhängig davon, wie die Umwelt auf das Kind reagiert hat und welche Entscheidungen das Kind bezüglich dieser Reaktionen getroffen hat bzw. welche Strategien es entwickelt hat, um bestimmte Reaktionen zu vermeiden oder hervorzurufen. Das Kind erhält auf bewußter und unbewußter Ebene Botschaften, die es interpretiert, in sein Skript einbaut und die entsprechenden Schlüsse daraus zieht. Einige Grundgebote und mögliche Schlußfolgerungen bzw. Entscheidungen sind:

Sei nicht! Das Kind gelangt zu der Überzeugung, daß es erst geliebt wird, wenn es tot ist.
Werde nicht erwachsen! Das Kind bleibt klein, hilflos usw..
Sei kein Kind! Mögliche Entscheidungen sind, nie wieder um etwas zu bitten und für sich selbst zu sorgen.
Laß dich nicht ein! Das Kind entscheidet z.B. nie wieder jemandem zu trauen.
Sei nicht wichtig! Das Kind denkt und handelt nach der Maxime: Alle anderen gehen vor.

Destruktive Skriptbotschaften können dazu führen, daß der Mensch verlernt, spontan und frei Kontakt zu seiner Umwelt aufzunehmen, seine Bedürfnisse zu befriedigen und somit sein Wachstum beeinträchtigen.
Daneben gibt es viele alternative Möglichkeiten, sich zu entscheiden oder die Botschaft zu verwerfen, so daß sie folgenlos bleibt (GOULDING, M. und R. 1992, S.60).

Das Skript liegt außerhalb des Bewußtseins, da es zum Teil in einer Zeit entwickelt wird, an die der Erwachsene keine Erinnerung hat. Die Realität wird so beeinflußt und interpretiert, daß sie ins Skript paßt. Diese Idee ist vergleichbar mit Watzlawicks „sich selbst erfüllende Prophezeiung" (WATZLAWICK, P. 1988, S.159f).

Der Ursprung des Skriptes ist also die Umwelt, die auf das Kind oft feindselig, wenn nicht gar lebensbedrohlich wirkt. Die Skriptentscheidungen stellen die beste Überlebensstrategie des Kindes dar und werden aus seinen Gefühlen und seiner Realitätsauffassung heraus getroffen, die naturgemäß nicht so weitreichend ist, wie die eines Erwachsenen (STEWART, I.; JOINES, V. 1990, S. 155).

Das Drama Dreieck
Das Modell des Drama Dreiecks wurde von Stephen KARPMANN entwickelt und ist von Fanita ENGLISH noch differenziert worden, (ENGLISH, F. 1991, S.125) um die Struktur der sogenannten Spiele (BERNE, E. 1970, S.57ff) deutlich zu machen.
Spiele bieten eine Möglichkeit, die Realität so zu beeinflussen, daß sie das Skript bestätigt. Sie bestehen aus einer Reihe von Transaktionen, die dazu führen, daß ein oder beide Spieler sich schlecht fühlen oder verletzt sind (GOULDING, M. und R. 1981, S.46). Nach Karpmann gibt es drei Rollen oder Hauptpositionen innerhalb eines Spieles: die Opfer-Position, die Verfolger-Position und die Retter-Position (STEINER, C.1993, S.59).

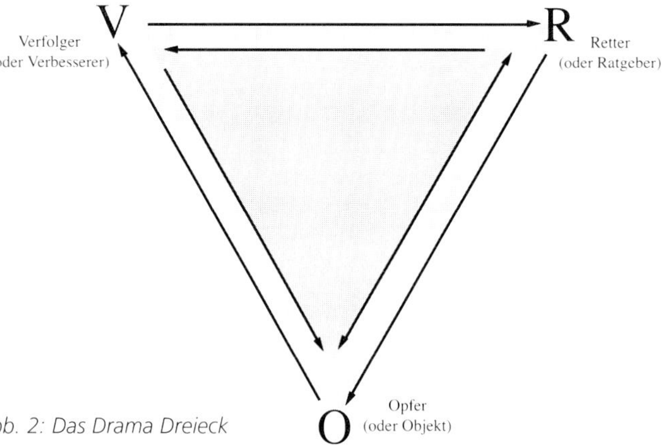

Abb. 2: Das Drama Dreieck

Anhand eines Beispiels lassen sich die Positionen näher erläutern: Gerd kommt regelmäßig zu spät, und es wird ihm vorgeworfen. Nimmt er die Opfer-Position ein, sagt er sich beispielweise: „Immer mache ich alles falsch" und fühlt sich ganz traurig. Entscheidet er sich für die Verfolger-Position, wird er ärgerlich und schimpft über die Intoleranz seiner Mitmenschen. Aus der Retter-Position heraus würde jemand reagieren der beispielsweise Partei für Gerd ergreift und sagt: „Bestimmt ist er aufgehalten worden und kann gar nichts dafür. Es ist doch nicht so schlimm". Wendet der Gastgeber den Vorwurf jetzt gegen den Retter, weil er findet, daß dieser sich da raus halten sollte, so wird der Retter zum Opfer, während der Gastgeber der Verfolger ist. Nach Karpman handelt es sich um eine dramatische Handlung, die in Gang kommt, wenn die Spieler ihre Rollen wechseln (GOULDING, M. und R. 1992, S.48).

Jede der Positionen bringt eine Abwertung (Discount) mit sich. Das Opfer wertet seine eigenen Fähigkeiten ab. Der Retter und der Verfolger werten die Fähigkeiten der anderen ab (STEWART, I.; JOINES, V. 1990, S.339).

Einholen und Bedeutung der Früherinnerungen

Das Aufnehmen der Früherinnerungen geschieht meist in den ersten Therapiesitzungen und kann durch direkte Befragung oder durch eine geleitete Phantasiereise in die frühe Kindheit geschehen. Die Phantasiereise zielt auf die früheste Erinnerung des Menschen, aber auch andere Erinnerungen sind wertvoll. Alfred ADLER war schon 1907 der Meinung, daß es keine zufälligen Erinnerungen gibt. Fritz BORMANN zitiert Adler folgendermaßen:

„Erinnerungen können als Erzeugnisse des Individuums betrachtet werden, weil sie eine Auslese, Entstellungen oder Erfindungen vergangener Ereignisse seitens des Individuums sind, die seiner zugrundeliegenden Stimmung, seinem Ziel und seinen Interessen angepaßt sind. Aus einer Vielzahl von Eindrücken, die auf den Menschen einwirken, wählt er nur die aus, von denen er unbewußt fühlt, daß sie eine Beziehung zu seiner augenblicklichen Situation, zu seinem jetzigen Lebensstil haben. (...) Seine Erinnerungen stellen die Geschichte seines bisherigen Lebens dar, eine Geschichte, die er sich immer wiederholt, damit er auf sein Ziel ausgerichtet bleibt." (BORMANN, F. 1993, S.55.)

Hier taucht schon der Gedanke auf, der später durch die Transaktionsanalyse als Lebensskript bezeichnet wird, innerhalb dessen der Mensch auch in der Gegenwart und in der Zukunft die Handlungsstrategien anwendet, die er in der Kindheit erlernt hat. Frühe Erinnerungen sind Hinweise darauf, in welche Richtung der Mensch sich bewegt und welche Hindernisse zu bewältigen waren. Sie geben Aufschluß über Grundüberzeugungen, Grundgefühle und bieten Möglichkeit zu überprüfen, ob diese für den erwachsenen Menschen noch stimmen. Die Kindheitserinnerungen eines Menschen sind die wichtigsten Anhaltspunkte für die Erkenntnis seiner Lebenseinstellung und zählen unter all den seelischen Ausdrucksformen zu denjenigen, die am meisten enthüllen (ANSBACHER, H. und R. 1982, S.325; DREIKURS, R. 1969, S.129). Transaktionsanalytisch ausgedrückt können mit ihrer Hilfe Skriptinhalte und unpassende Handlungsstrategien bewußt gemacht werden und somit die Möglichkeit zur Veränderung geschaffen werden.

Die Bearbeitung der Früherinnerungen

„Die Interpretaion der etwa 7 Ersterinnerungen basiert auf der Erkenntnis, den Menschen ganzheitlich und zielgerichtet zu erfassen. Dieses Erfassen des Menschen beinhaltet Körper, Geist und Seele als Ganzes (holistisch) zu sehen. Nur mit diesem Hintergrund kann die Interpretation einer Früherinnerung Aufschluß über den ganzen Menschen, seinen Lebensstil, seine Ziele geben." (ACKERKNECHT, L.; LUMMA, K. 1994, S.4.)

Wie bereits erwähnt gibt es viele Möglichkeiten, die Früherinnerung spielerisch zu bearbeiten. Ich beschränke mich hier auf das Malen und die gestalttherapeutische Inszenierung. Zunächst zu den Vorteilen des Malens:
Das Malen entspricht schon deshalb sehr gut der frühkindlichen Erinnerung, weil es schon in der frühen Kindheit praktiziert wird. Das Malen spricht die Gehirnhälfte an, die analog agiert. Gefühlswelten und Sachverhalte können bildhaft und ganzheitlich analog ausgedrückt werden, ohne den Umweg über Verstand und Worte. Unbewußte Inhalte können in Bildern auftauchen und dadurch bewußt gemacht werden. Das Bild steht weiterhin zur wiederholten Betrachtung und neuen Erkenntnissen zur Verfügung. Für viele Klienten hat das Malen eine geringere Hemmschwelle als das Inszenieren (BORMANN, F. 1993, S.56). Die Bilder können als Grundlage der Inszenierung dienen, weil sie direkt zeigen, worauf es ankommt, wichtige Personen, Haltungen, Färbungen, Stimmungen usw..
Das Malen kann in jeder spontan gewünschten Stellung, in der der Klient sich wohl fühlt, erfolgen. Es ist sinnvoll, eine begrenzte, knappe Zeitspanne für die Entstehung des Bildes vorzugeben, damit das Malen spontan erfolgt, ohne lange Überlegungen. Es wird die Aufforderung gegeben: Male Deine Früherinnerung und achte auf alle Deine Gefühle (ebd. S.56).

Danach wird das Bild gemeinsam betrachtet und der Klient stellt es vor, während der Orientierungsanalytiker und ggf. die Gruppe aufmerksam zuhört. Er regt zur Identifikation mit dem offensichtlich gewordenen an (ebd. S.57). Es wird der Bezug zur Gegenwart hergestellt, beispielsweise durch die Frage: Was hat diese Situation mit Deinem jetzigen Leben zu tun?

In der gestalttherapeutischen Inszenierung schlüpft der Klient in die wesentlichen Rollen der Personen, die in der Erinnerung vorkommen oder auch vermisst wurden. Die Personen stellen - aufgrund von Projektionen - auch Pole und innere Anteile seiner selbst dar. Durch die Identifikation mit den einzelnen Personen, sprich inneren Polen und Anteilen, verläßt der Klient die Phase der Stagnation und die Phasen: Polarisation, Diffusion, Kontraktion und Expansion können belebt werden (vgl. STAEMMLER, F.; BOCK, W. 1991, S.126ff).

Die Identifikation kann in einer Hot-Seat Arbeit erfolgen oder indem die ganze Szene möglichst realistisch aufgebaut und nachgespielt wird. Der Klient stellt dann die Verhaltensweisen, Gefühle, Haltungen, Stimmlagen etc. aller Beteiligten im Hier und Jetzt dar. Dadurch erhält er Informationen über die Situation, über sich, über die beteiligten Personen und über die Entscheidungen, die er aufgrund dieser Situation gefällt hat. Er kann Aufschluß gewinnen über seine Gefühle in der vergangenen Situationen, die daraus folgenden Handlungsstrategien und Skriptüberzeugungen, die er anwendet, welche Spiele er spielt und welches seine Lieblingsrolle im Drama Dreieck ist. Aus der Bezugnahme zur Gegenwart ergibt sich die Möglichkeit, zu erkennen, wie er sich heute selbst behindert.

Das Rollenspiel ermöglicht dem Klienten eine aktive Beteiligung am Auffinden konkreter Orientierungen, auf einer spielerischen Ebene, die er aus seiner Kindheit z.B. in Form von Verkleidungs-, Theaterspielen schon kennt. Die erinnerten Szenen und deren malerische und gespielte Darstellung sind dem Klienten vertraut, so daß er sich nicht dagegen zu wehren braucht (LUMMA, K. 1988, S.242).

Möglichkeiten der Neuorientierung

Es geht in der Orientierunganalyse nicht um die Behandlung psychischer Störungen in einem Patienten-Therapeuten-Setting, sondern um das Kennenlernen von Zusammenhängen bestimmter Lebenssituationen und daraus resultierender Konflikte des Klienten, um die Erarbeitung neuer Orientierungen und Ziele, die die nötige Sicherheit bieten, um alte Wege verlassen zu können (LUMMA, K. 1988, S.248). Frühe Daten der Entwicklungsgeschichte können aus dem entwicklungshemmenden Kontext herausgelöst und mit neuen Sichtweisen und Denkstrukturen verknüpft werden (LUMMA, K. 1994, S.5).

Zu diesem Zweck wird ein Lernvertrag gemacht, in dem die Ziele und Themen des Klienten festgelegt werden. Dieser Vertrag unterstützt den Eindruck, daß zwei Menschen auf herrschaftsfreier Ebene miteinander kommunizieren werden und das nicht eine Behandlung einer Person durch eine zweite Person erfolgen wird. Der Klient liefert das Material und hat damit die Rolle des Wissenden, der Therapeut stellt seine fachlichen Kenntnisse zur Verfügung (LUMMA, K. 1988; S.260).

Das Ziel der Orientierungsanalyse ist, transaktionsanalytisch ausgedrückt, ein idealerweise skriptfreies Leben im Hier und Jetzt bzw. ein Höchstmaß an Autonomie zu ermöglichen. Berne postuliert die Wiedererlangung der Autonomie als die Entwicklung von drei Fähigkeiten: Bewußtheit, Spontaneität und Intimität (BERNE, E. 1970, S.244 ff; STEWART, I; JOINES, V. 1990, S.380 f).

Bewußtheit

Als Bewußtheit wird die Fähigkeit verstanden, Dinge als reine Sinneseindrücke wahrzunehmen, ohne sie gemäß den elterlichen Definitionen zu filtern, zu interpretieren, zu kategorisieren oder zu bewerten. Bewußtheit stellt Kontakt zu den eigenen Sinneseindrücken und zu äußeren Reizen her (STEWART, I; JOINES, V. 1990, S.380).

Spontaneität

Die Fähigkeit aus einer großen Anzahl von Möglichkeiten zu denken, zu fühlen und zu reagieren frei auszuwählen, bezeichnet Berne als Spontaneität. Der spontane Mensch reagiert direkt, ohne Teile der Realität auszublenden bzw. gemäß den elterlichen Definitionen umzudeuten. Die Reaktionen passen zur gegenwärtigen Situation des erwachsenen Menschen (ebd. S.381).

Intimität

Intimität zwischen zwei Menschen bedeutet, daß gegenwärtige Gefühle, Wünsche, Gedanken offen geäußert werden (ebd. S.381).
Die Fähigkeit zur Autonomie ermöglicht ein skriptfreies Leben im Hier und Jetzt. D.h. das Verhalten, Denken oder Fühlen eines Menschen ist der gegenwärtigen Realität angemessen und nicht von Skriptüberzeugungen aus der Kindheit bestimmt (ebd. S.382).
Sind Skriptüberzeugungen und Orientierungen der Kindheit anhand der Bearbeitung von Früherinnerungen bewußt gemacht worden, kann eine Neuentscheidung getroffen werden beispielsweise im Bild, indem der Klient die Situation so malt, wie er sie sich wünscht (BORMANN, F. 1993, S.60) oder in der Inszenierung der Wunschsituation (GOULDING, M. und R. 1992, S.230f). Um diese neue Orientierung zu festigen, gibt es einige Möglichkeiten: Affirmationen mit Erlaubnissätzen, die den destruktiven Skriptgeboten widersprechen (BORMANN, F. 1993, S.60), die wiederholte Inszenierung der Wunschsituation innerhalb des Therapiesettings, die bildnerische Darstellung eines neuen Verhaltens, einer Wunschsituation, sog. Hausaufgaben, die den Klienten beauftragen, das neue Verhalten zu üben u.v.m..

Eine ausführliche Praxis-Feldstudie von Michaela SINTKE zur orientierungsanalytischen Verbindung von Kunst & Gestalttherapie findet sich in dem Buch

Klaus LUMMA (Hrsg.):
Counseling. Theorie & Praxis der Beratungspädagogik,
Eschweiler (IHP Bücherdienst) 1999, Seite 213 - 249.
SINTKE, Michaela: „Eine orientierungsanalytische Jahresgruppe".

Hoffmanns Erzählungen

Orientierungsanalytische Reflexionen mit Lisa

Gudrun Baas

Es waren Melodien aus der Oper „Hoffmanns Erzälungen" von Jacques Offenbach, besonders die Barcarole aus dem Venedig-Akt, die Lisa über traurige Ereignisse in ihrer Kindheit hinweghalfen.

Die Arbeit mit Früherinnerungen läßt mich an Lucy Ackerknecht denken. - Ich hatte das Glück, an einem ihrer Seminare in Düsseldorf teilnehmen zu können und ihr außergewöhnliches Einfühlungsvermögen zu erleben. Lucys Ackerknechts Kurz-Lebensstilanalysen auf der Basis einiger Mitteilungen zum familiären Hintergrund, zum letzten Traum und zur frühesten Kindheitserinnerung beeindruckten mich sehr. Im Juni 1997 - ein paar Monate vor ihrem Tod - besuchte ich als Teilnehmerin einer IHP-Frazier-Gruppe auf der Rückreise Lucy Ackerknecht in einem Altersheim in San Francisco. Während der Vorstellungsrunde verstand sie meinen Namen nicht richtig und sagte Frau Spaß zu mir (Baas - Spaß). Ich hatte kurz vor meiner Vorstellung gelacht, weil ich mich freute, die alte Dame in ihrer Wahlheimat California wiederzusehen, aber auch um die Traurigkeit, die ich gleichzeitig empfand, nicht aufkommen zu lassen.

Lucy konnte sich fast nur noch an ihre Kindheit und Jugend erinnern und äußerte den Wunsch, mit uns nach Deutschland zu fliegen. Sie verabschiedete sich von uns mit den Worten: „Kommt morgen wieder. Ich habe jetzt viel Zeit." Sie konnte oder wollte nicht verstehen, daß dieser Besuchstag der letzte Tag für uns in California war.
Die Wortverbindung Baas - Spaß ließ mich nachdenklich werden und brachte mich wieder in Kontakt mit einer lange vernachlässigten Seite von mir. Während meiner Ausbildung zur Orientierungsanalytikerin bei Klaus Lumma gehe ich auf die Suche nach Klientinnen und finde Lisa. Ich arbeite seit mehr als drei Jahrzehnten mit Kindern und Jugendlichen. Lisa ist meine erste erwachsene Klientin. Lisa ist 40 Jahre alt, unverheiratet, hat 3 jüngere Geschwister, arbeitet in einem Kindergarten, malt gerne und hat nichts gegen Tonbandaufnahmen. Ich möchte Lisa einladen, die Früherinnerungen zu malen und so Orientierungsanalyse und Kunsttherapie miteinander zu verbinden.

In der Kunsttherapie sehe ich eine Möglichkeit, weit in die frühe Kindheit zurückzugehen, bis in die Welt der Gefühle (Daniel Stern), in der Worte noch keine Bedeutung haben. Von Elisabeth Tomalin habe ich während meiner kunsttherapeutischen Ausbildung gelernt, mit spontan gemalten Bildern sehr behutsam umzugehen. Es ist vor allem wichtig, was der Maler/die Malerin zum Bild sagt. Die Gedanken der Therapeuten und die Einfälle von Gruppenmitgliedern können später dazukommen, Sie beinhalten immer Anteile der eigenen Lebensgeschichte. In der ersten Stunde lade ich Lisa ein, ein Vorstellungsbild zu malen zum Thema: „ Mein Name und alles, was zu mir gehört, was für mich wichtig ist." Nach einer Kurz-Anamnese und nach Klärung der Rahmenbedingungen frage ich Lisa un der zweiten und dritten Stunde (Doppelstunde) nach sieben Früherinnerungen, nach Lieblingsmärchen und Melodien aus der Kindheit. Für jede FE finden wir gemeinsam ein Thema, einen Hauptaspekt und ein begleitendes Gefühl. Lisa hat die Möglichkeit, noch einmal in die Früherinnerung hineinzugehen und sie nachzuerleben. Ich lese der Klientin den Text zu jeder FE vor und frage nach, ob ich sie richtig verstanden habe. In der vierten Stunde bearbeiten wir die erste Früherinnerung.

FE1

Themen:	Meine ersten zwei Lebensjahre
	Bei meinem Papa im Auto
Hauptaspekt:	Vater strahlt für mich eine große Sicherheit aus
Begleitendes Gefühl:	Ich fühle mich geborgen wie in einem Nest.

Li: Ich bin zwei Jahre alt. Ich erinnere mich, daß ich immer und ewig bei meinem Papa im Auto in der Sonnenblende lag. Hinter dem Rücksitz in unserem alten VW Käfer, da war mein Bett. Mein Vater war Handelsvertreter und düste immer durch die Gegend. Von Geburt an bin ich mitgefahren.

Gu: Du bist zwei Jahre alt. Geh´doch mal in die Situation, in das Gefühl hinein.

Li: Das krieg´ ich nicht auf die Reihe.- Ich erinnere mich noch an das Autogeräusch. Das ist so in mir drin und die Musik auch. Es ist ein angenehmes Gefühl. Ich bin schläfrig, liege mit halboffenem Mund in meinem Nest und fühle mich geborgen. Ich habe in den ersten Jahren immer nur im Auto und in Hotelzimmern gelebt. Erst als ich drei Jahre alt war wurden wir seßhaft. Meine Mutter war schwanger mit meiner kleinen Schwester. Sie saß im Hotelzimmer, war oft nicht mit bei Vater und mir. Ich war Vaters ein und alles. Das hab´ ich gespürt. Im Stellenwert war ich noch höher als meine Mutter. Ich schaukle mich auch heute noch mit dem Knie in den Schlaf. Wenn ich nach der Arbeit so kaputt bin, dann nicht. Wenn ich ausgeruht bin, ist das sehr angenehm.

Bevor Lisa die erste Früherinnerung malt, lese ich sie ihr noch einmal vor. Zum Malen stehen 15-20 Minuten zu Verfügung. Anschließend sprechen wir über das Bild bzw. inszenieren einzelne Bildteile.

Lisa sagt zu dem Bild: Das kann ich ja als Baby eigentlich gar nicht gesehen haben. Das war für mich nie bedrohlich, die Landschaft und die Schatten der Bäume. Faszinierend, wenn das immer so vorbeiflippt. Für mich gibt es nichts Faszinierenderes als Landschaft. Die drei Noten stehen für Musik. Es ist schön, wenn man so rumrödelt. Water hat den Arm auf dem Fenster. Ich hab´ einen überdimensionalen Rückspiegel gemalt. Vater muß sehen, was da hinten bei mir abgeht. Papa hat immer einen dunkelblauen Anzug an, wenn er auf Vertreter-Tour ist. Die Krawatte hab´ ich vergessen zu malen.

Gu: Was bedeutet die Farbe Grün für Dich?

Li: Das helle Grün bedeutet für mich Natur, Frühling. Die Welt hat sich erneuert. Geburtstagsgrün - im März, wenn die Schneeglöckchen aus der Erde kommen, haben sie zuerst grüne Spitzen.

Gu: Vegetation, Hoffnung.

Li: In der Wohnung mag ich Grün nicht, muß nicht sein. Hellblau ist für mich unendliche Weite. Dunkelblau sind die Wildbäche. Da haben wir oft angehalten, an solchen Plätzen. Wir haben Pause gemacht und etwas gegessen. Braun ist die Erde, Fruchtbarkeit. Erde, wo alles drauf wächst. Ackerschollen. Festigkeit im ganzen Leben, weil man mit beiden Beinen auf der Erde steht.

Gu: Euer Auto steht auf dieser Erde. Ihr fahrt nicht, oder?

Li: Ich wollte eigentlich, daß das Auto auf der Straße fährt. Es sieht jetzt so aus, als wenn wir Rast machen. Das war aber von mir nicht beabsichtigt. Die Natur konnte ich ja nur sehen, wenn wir Rast machten, wenn ich aus dem Bett rausgeholt wurde. Grau hab´ ich von der Natur abgeguckt. Grau erinnert mich an Silber. Silber ist etwas Schönes für mich. Silber strahlt für mich Sauberkeit aus. Edelstahl mag ich auch, Radkappen und so. Die Straße geht in die Unendlichkeit. Wohin weiß ich nicht. Sie fängt irgendwo an.

Gu: Es geht sehr steil da hoch. Anstrengend für einen VW Käfer.

Li: Ich weiß nicht. - Bevor Vater die nächsten Kunden volllabert machen wir Rast. Ich war ja im Grunde auch eine Verkaufsstrategie für ihn. Das war ja das beste Mittel in die Häuser reinzukommen, mit einem kleinen Kind auf dem Arm. Ich wurde auch immer verwöhnt und vergöttert von den Leuten. Über mich hat Vater die ganzen Verkaufsgespräche geführt. Das habe ich erst nachher verstanden.

Gu: Fällt dir zu der Zahl vier etwas ein? Es gibt vier Bäume auf dem Bild.

Li: Wir sind vier Kinder, aber daß da vier Bäume sind, ist Zufall. Die beiden großen Bäume sind meine Schwester und ich. Wir sind gleich groß. Die kleinen Bäume sind meine jüngeren Brüder. Wenn die Bäume die Kinder sind, ist die Sonne meine Mutter.

Gu: Was ist mit dem kleinen Vogel?

Li: Den habe ich zuletzt gemalt. Ich weiß auch nicht, warum, der mußte halt dahin. Der Vogel schwebt eigentlich genau über dem Kopf meines Vaters. Er macht einen Sturzflug. Das war auch nicht beabsichtigt. Der Vogel sollte segeln.

Gu: Was hat die FE/ das Bild heute noch mit dir zu tun?

Li: Ich brauche es auch heute noch kuschelig und warm. Lieber eine ganz kleine Wohnung als so große Räume wie in der WG. In kleinen Räumen ist es meistens voll, da werde ich nicht so schnell gesehen, da kann ich mich selbst orientieren, bis ich angeguckt werde. Im Käfer habe ich mich geborgen gefühlt. Die kugelige Form gab mir Sicherheit. Mein Körbchen war gepolstert. Es war optimal. Ich konnte mich gut bewegen.

Gu: Mit Vater auf Tour.

Li: Ich erinnere mich an Kinder, die mir ein Märchenbuch schenkten, obgleich ich noch zu klein dafür war. Ich habe das Buch heute noch. Ich erinnere mich an Kakao und frische Milch von der Kuh. Mein Vater hat Landwirtschaftsgeräte verkauft. Ich erinnere mich an einen Schäferhund, der an einer Kette hin- und herläuft. Die Hütte in der DDR - der Hund im Westen. Ich denke: Wie kommt der Hund in seine Hütte, wenn ein Zaun dazwischen ist? Ich erinnere mich an den Kuhstallgeruch in den Bauernküchen. Ich rieche das gerne. Ich kann mich nicht erinnern, daß ich als kleines Kind Hunger gehabt hätte, naß war.

Gu: Und deine Mutter?

Li: Ich habe sie nicht vermisst. Vater hat mich gegriffen. ich hab´ ein warmes Gefühl, wenn wir im Familienbett zusammenliegen, wenn ich an seiner Brust liege - bis zum dritten Lebensjahr. Ich erinnere mich noch an die Haare auf seiner Brust, die immer kitzeln. Den stacheligen Bart mag ich nicht so, wenn er an meinem Gesicht kratzt. Ich habe eine innige Beziehung zu meinem Vater. Er geht liebevoll mit mir um. Ich war ein fröhliches Kind, hat Mutter gesagt, kein Problemkind. Ich bekam erst Streß mit dem Vater als ich Kritik an ihm übte. Ich liebe meine Mutter auch, freue mich, wenn ich sie wiedersehe. Sie strahlt nicht die Autorität aus, die mein Papa ausstrahlt, die Sicherheit, die ein Kind braucht. Ich liebe meine Mutter, aber ich habe sie im Grunde immer gestützt und geschützt vor der Autorität meines Vaters.

Gu: Du bist noch so klein und hast eine sehr schwere Aufgabe übernommen. Du leistest mehr als du in diesem Alter leisten kannst.

Li: Mutter ist gegenüber Vater hilflos. Ich spüre das und unterstütze Mutter. Später habe ich mich immer für die ganze Familie verantwortlich gefühlt. Du weißt jetzt schon viel mehr von meiner Kindheit als Tom (Lisas Freund). Der weiß nichts von meiner Kindheit. Das möchte ich ihm auch noch nicht erzählen. Mein Beruf hat auch mit Helfen zu tun und mit Verantwortlichsein (Lisa arbeitete 16 Jahre in einem Kindergarten und 5 Jahre in der Heimerziehung). Den Beruf hat Papa für mich ausgesucht. Ich wollte zuerst Zahnarzthelferin werden, bin nach drei Monaten Lehre schwer verunglückt und habe danach Kinderpflegerin gelernt.

Lisas Einfälle zum Bild sind für mich von vorrangiger Bedeutung. Ich sehe z.B., daß die Bäume keine Wurzeln haben und wie abgeschnitten wirken, daß die Sonne nicht aus sich herausstrahlt, sonder die beiden jüngeren Brüder bescheint, daß sich der Vogel auf den Vater stürzt, daß die Noten auch Tränen sein könnten (sie befinden sich in der Nähe des Beifahrersitzes), daß die Fahrt über eine sorgsam durch große, leerwirkende Streifen getrennte Fahrbahn in die Vergangenheit geht und der Fluß nach rechts weiterfließt ohne Ausblick auf kommende Ereignisse zu geben. Vor allem sehe ich das kleine Kind, das mit dem Knie schaukelt bis es einschläft und daß es es genießt, wenn die Spucke an seiner Wange herunterfließt und ich spüre die Einsamkeit des Kindes in der Sonnenblende, spreche sie aber noch nicht an.

Wenige Tage nach der Bearbeitung der ersten Früherinnerung liegt Lisa mit Magen-Darmbeschwerden zu Bett. Die fünfte Stunde findet daher erst zwei Wochen später statt. In der Rückmeldung zur vierten Stunde schreibt Lisa: „ Ich war erstaunt, wie gut ich mich erinnern konnte. Sogar Gefühle, Farben und Geräusche kamen irgendwie zurück. Für mich war es eine wichtige Erfahrung, zu erkennen, daß solche kleinen Kindheitserlebnisse die Weichen für die Zukunft stellen. Überrascht war ich, daß in dem von mir gemalten Bild Dinge vorkamen, die ich unbewusst gemalt hatte, die im Nachhinein jedoch Ängste, Befürchtungen und Tatsachen aus dem heutigen Leben ausdrückten."

FE2
Thema: Besuch der Eltern im Waisenhaus
Hauptaspekt: Ich bin zum ersten Mall allein, auf mich gestellt.
Begleitendes Gefühl: Ich fühle mich einsam, verlassen.

Li: Ich bin drei Jahre alt. Ich bin mit meiner kleineren Schwester in einem Waisenhaus untergebracht. Dort kamen wir hin als mein Bruder geboren wurde. Ich stehe allein in einem grossen Schulsaal mit alten Schulbänken. Wir mussten bei diesen Nonnen in Reih´ und Glied stehen, die Hände zusammengefaltet. Dann geht die rote Tür auf und ich kann im Flur meinen Vater und meine Mutter sehen. Mein Vater breitet die Arme aus. Wir sind sonntags immer besucht worden. Ich laufe in die Arme meines Vaters wie *eine Verrrückte. Mein Vater hat weisse Hosen an. Er sieht toll und sauber aus und riecht gut. Das war ganz schlimm im Heim. Da hatten die mich mal nachts in einen dunklen Raum gesperrt, weil ich mal eingenässt hatte. Ich weiß nicht, warum ich ins Bett gemacht habe. Ich war schon trocken. Die haben mich nachts in einen dunklen Raum gesperrt, mit der nassen Matratze und e´den nassen Klamotten an, ohne Laken oder Decken. Das war so grausig für mich. Es ist heute noch so, daß ich die Rolläden oben lassen muß. Ich schlafe normalerweise nur mit dem Mondlicht. Ich werde in einem Raum verrückt, in dem ich mich nicht orientieren kann.*

Gu: Kannst du noch einmal in die Erinnerung reingehen?

Li: Ich bin drei Jahre alt und sitze da ganz allein und verlassen mit meiner kleinen Schwester, die weint und die ich trösten muß. Ich soll Kakao trinken, den ich nicht will, der mir nicht schmeckt. Ich warte darauf, daß mein Papa kommt. Ich bin zappelig. Die Schwestern schimpfen mit mir. Da sehe ich Papa und laufe in seine Arme. Ich freue mich tierisch. Ich laufe und laufe. Mein Vater riecht sauber und frisch. Wir hatten nur ein Zimmer und Mutter bekam das dritte Kind. Da mussten meine Schwester und ich für 3-4 Monate in ein Waisenhaus.

Lisa sagt zu dem Bild: Die grosse Tür ist aus Mahagoni-Holz. Sie sieht rot aus. Alles blitzt und riecht nach Bohnerwachs. Ich rieche das heute noch. Die Riesenknöpfe an den Türen. An die kann ich nicht ran. Ich bin zu klein. Meine Schwester hängt da noch auf dem Stuhl. Sie hängt noch an der Kakaotasse. Ich habe das Gefühl: Jetzt kann ich losrennen. Jetzt bekomme ich nicht geschimpft. Jetzt steht die Tür offen. Der Flur ist lang und hell mit großen Fenstern. Mutter steht hinter Vater. Drei Schritte hinter dem Mann - wie in der Türkei. Ich habe voll die Macho-Erziehung gehabt. Ist doch irre; ich habe wieder vier Bänke gemalt - vier für meine Geschwister. Ich habe für Zwei gedeckt und auch nur zwei Kinder gemalt. Wir sind ja auch erst zwei, mein Bruder ist noch unterwegs.

Gu: Wenn Du heute in einer ähnlichen Situation bist, etwas ist zu groß für Dich, Du kommst da nicht ran. Was fühlst Du? Was machst Du?

Li: Das kenne ich auch heute gut: Ich komme da nicht ran. Ich kann die Tür nicht öffnen. Da ist Neugier und Faszination. Ich finde Mittel und Wege. Ich steige auf eine Mauer und schaue durchs Fenster. Türen, die für mich zu

hoch sind, um sie zu öffnen, machen mir nicht unbedingt Angst. Ich habe meinen Körper gut trainiert.

Gu: Kannst Du Dich nochmal in das kleine Mädchen vor der großen offenen Tür einfühlen?

Li: Heute würde ich zur Schwester sagen: Komm Mädel, wir bekommen Besuch. Wir stellen uns jetzt in Warteposition. Gleich geht die Tür auf. Stell den Kakao weg. Damals habe ich nur an mich gedacht und habe die Schwester da hängen lassen. Ich weiß noch nicht mal mehr, wo meine Schwester geschlafen hat. Ich habe später mal - als ich 20 Jahre alt war - einen Entwicklungsbericht aus dieser Zeit gelesen.

Da stand: Die Kleine hat einen Verstand wie eine Vierjährige. Das Kind fügt sich in das Schicksal. Das hat mir später im Leben geholfen: In Krisensituationen bin ich ruhig geblieben, nicht hibbelig geworden, habe mich vernünftig und still verhalten. Später kam dann die Angst raus. Das war auch so, als ich den Unfall hatte, einen Nagel durch den Knochen bekam. Erst im Krankenhaus habe ich geweint.

Lisas Bild zur FE2 wirkt wie ein Adventskalenderbild auf mich. Die riesige rotbraune das Bild beherrschende Tür steht zwar offen, aber das kleine besuchssonntäglich angezogene Mädchen mit den zarten, fast nicht sichtbaren erhobenen Armen muß sich noch sehr anstrengen, sehr viel leisten, um bis zu den Eltern nach oben zu kommen.
Die Distanz zu Vater und Mutter wird noch zusätzlich durch einen Strich betont. Die Saalwände sehen farblos - leer - kalt aus, nur dort, wo sich die Eltern befinden, sind die Wände leicht eingefärbt. Ockerfarbene Kacheln des Flurs verlaufen über die Eltern hinweg und streichen besonders die hinter ihrem Mann aufrecht stehende Mutter durch.

In der Rückmeldung zur fünften Stunde schreibt Lisa u.a.:
Bei dieser Erinnerung hatte ich überhaupt keine Probleme, die Situation bildlich darzustellen. Ich glaube, ich würde den Raum mit der großen Flügeltür sofort wiedererkennen. Ich weiß, daß ich damals Angst hatte, dort zu leben, aber irgendwie war dieses Gefühl auch mit Neugier verbunden und ich gewöhnte mich recht schnell daran, nur auf mich alleine gestellt zu sein. Natürlich freute ich mich auf die Besuche meiner Eltern.
Ich wusste aber, daß sie mir hier nicht helfen können. Ich musste das alles alleine schaffen.

FE3

Thema. Ausflug mit der Familie
Hauptaspekt. Ich muß meine Familie beschützen
Begleitendes Gefühl: Angst, Todesangst, Ohnmacht

Li: So, jetzt wirds grausig, würde ich sagen. Ich bin fünf jahre alt. Wir sind drei Kinder. Das ist der tägliche Alptraum. Vater trinkt immer viel Alkohol. Er hat den Ehrgeiz, seine Familie überallhin mitzunehmen, auch in die Kneipe. Das ist auch ganz lustig in der Kneipe, nur die Heimfahrt, die ist ein Horrortrip, wenn Vater getrunken hat und dann entsprechend Auto fährt. Mutter hat wahnsinnige Angst. Meine Geschwister spüren das weniger. Ich sitze im Auto und habe die Hände gefaltet und bete: Lieber Gott, laß uns heil nach Hause kommen und laß Papa nie mehr trinken, damit wir nie mehr solche Angst haben müssen. Ich habe Angst um meine Mutter. Vater macht sie mit Schimpfwörtern fertig, weil sie Angst hat. Auf der einen Seite habe ich Todesangst, auf der anderen Seite möchte ich meine Mutter und meine Geschwister beschützen, kann das aber nicht. Ich fühle mich ohnmächtig.

Lisa sagt zu dem Bild: Unser Auto ist jetzt ein roter Mercedes. Dieses Hellrot bedeutet für mich Angriff, Aggression. Schwarzblau ist wie Nachtblau. Es ist schon dunkel als wir nach Hause fahren. Der Mond scheint.

Ich stelle gerade fest, daß ich für Vater einen dunkelroten Rücksitz gemalt habe. Vater ist ein leidenschaftlicher, triebhafter Mensch. Er hat die Sitze in Wirklichkeit gehabt. Wir Kinder fallen im Auto hin und her wie die Dollen. Der kleine Bruder lacht sich halb kaputt. Ich halte mich krampfhaft fest, habe den Mund geöffnet, schreie aber nicht. Meine Schwester kriegt das doch vielleicht mit. Ich wollte die Schwester fröhlicher malen, habe sie aber unbewusst ernst gemalt. Mutter hat Angst, hält sich mit aller Kraft fest. Vater lacht. Es ist kein freundliches Lachen. Für mich ist es grauenvolles Lachen.

Gu: Was ist mit den schwarzen Balken zwischen den Familienmitgliedern?

Li: Vater und Mutter sitzen ja eigentlich zusammen, wir Kinder sind dahinter. Aber - vielleicht, weil meine Mutter hilflos ist, sind sie auch eigentlich nicht nebeneinander.

Gu: Das drückt Deine Zeichnung für mich aus.

Li: Ich sitze hinten. Ich reisse den Mund auf, sage aber nichts. Ich schaue auf die Landstraße, auf das freie Feld. Es ist Vollmond. Es geht leicht bergab. Ich sehe keine Bäume.

Gu: Das Auto hat helle Scheinwerfer.

Li: Gelb bedeutet für mich Licht, Helligkeit, Wärme.

Gu: Wenn Du Dich noch einmal in die Situation hineinbegibst, was würdest Du heute den Geschwistern, der Mutter, dem Vater sagen?

Li: Ich nehme die Geschwister in den Arm und halte sie fest. Ich schaue nach, ob sie angegurtet sind. Ich erzähle ihnen Witze oder sonst was, damit sie die Bedrohlichkeit der Situation nicht mitbekommen. Der Mutter sage ich: Mach dir nichts draus - du hast ja uns Kinder. Dem Vater sage ich: Hör endlich auf damit, sonst fahre ich nicht mehr mit.Ich sehe da grade, daß mein Auto gar keinen Türgriff hat. Voll der Käfig ist das! Ich bin richtig eingesperrt, muß dadrin aushalten!

Gu: Möchtest du noch einen Türgriff malen?

Li: Nein: Es ist ja auch so in der Realität. Wir Kinder kommen hinten nicht raus. Der Ausgang ist vorne bei den Eltern. Ich stelle mir oft vor, was ich mache, wenn wir verunglücken, durch welche Scheibe ich dann rausklettern kann. Heute kann ich mich auf meine Körperkraft, meine Geschicklichkeit und auf meinen Kopf verlassen.
Solang ich das kann, ist alles o.k.. Wenn ich mich auf jemanden verlassen muß, habe ich Angst. Der einzige Mensch auf den ich mich verlassen kann, ist Paul. Ich habe mit ihm früher Bergtouren gemacht.
Ich habe Vertrauen zu ihm. Als Kumpel vertragen wir uns - als Partner nicht. Ich halte mich für einen Menschen, auf den sich andere verlassen können. Ich will nicht, daß andere Menschen erleben, was ich erlebt habe.

Auf Bild drei dominiert das riesengrosse rote Auto, in dem die Familie durch die Nacht fährt. Vater, Mutter und Kinder sind durch schwarze Balken voneinander getrennt. Die Menschen wirken klein und verloren, durch die fehlenden Türgriffe auch wie gefangen in dem Auto, das mit hellem Scheinwerferlicht in die Zukunft fährt. Der Ausstieg aus dieser Fahrgemeinschaft erscheint schwierig. -

Gegen Ende dieser Stunde schließe ich mit Lisa einen Lebensvertrag ab. (s.Tafel 7). In der Rückmeldung zur Stunde schreibt Lisa: *In der damaligen Situation machte ich zum ersten Mal Bekanntschaft mit dem Gefühl, einer Situation hilflos ausgeliefert zu sein. Bei der anschliessenden Bildbesprechung konnte ich nicht viel zu den schwarzen Balken an dem roten Auto sagen. Als ich zu Hause war und über das von mir gemalte Bild nachdachte, drängten sich mir die Worte auf: „ Gefängnis meiner Kindheit". Im heutigen Leben habe ich bei allen Dingen, die ich vorhabe, immer ein „ Hintertürchen" für mich. Auch in Partnerschaften bin ich bestrebt, mir soviel Eigenständigkeit zu wahren, daß ich jederzeit wieder alleine leben kann. Die Basis dafür bietet mir mein Beruf und meine Wohnung.*
Ich möchte niemals wieder abhängig sein. Dies wird der Grund sein, warum ich auch in oft ausweglosen Situationen einen Weg für mich finde.

FE4
Thema: Die Geburt des kleinen Bruders
Hauptaspekt: Ich verstehe das nicht. Vater schläft mit einer anderen Frau.
Begleitendes Gefühl: Haß auf den Vater

Ich bin sechs Jahre alt. Wir, meine Geschwister und ich, sind alleine, weil mein kleinster Bruder zur Welt kommt. Es ist eine schwere Geburt. Wir bekommen eine Pflegerin, die uns versorgt. Ich sehe, daß diese Frau mit Vater im Bett schläft. Ich erzähle das meiner Mutter als ich sie im Krankenhaus besuche. Ich bekomme übel Krach mit Papa. Von da an habe ich Haßgefühle gegen den Vater. Mutter quält sich im Krankenhaus - Vater amüsiert sich und spricht schlecht über die Mutter mit der fremden Frau. Vater sagt, ich soll zur Mutter „ blöde Kuh" sagen. Ich sage das aber nicht. Von da an gibt es einen Bruch zwischen Vater und mir. Er kann mich nicht mehr beherrschen. Danach hat Vater viele Frauen gehabt. Ich habe Haarnadeln etc. von denen im Auto gefunden.

Lisa sagt zu dem Bild: Ich stehe halt im Wohnzimmer, bin fast ein wenig Hausfrau, weil die Tussi (Familienhelferin) nichts schafft. Die liegt immer nur im Bett, mit nem Neglige an, zeigt ihre Riesenbrüste und die blonden, tollgestylten Haare. Damit wackelt sie dann rum und Vater ist ständig hinter ihr her. Ich denke immer an meine Mutter im Krankenhaus. Ich denke: Die Mutter liegt da hilflos im Bett und Vater amüsiert sich auf seine Weise. Mutter habe ich ein kleines leidendes Gesicht gemalt. Meine Schwester liegt da unten im Bett. Der kleine Wurzel da oben ist mein Bruder.

Gu: Und wo schläfst du?

Li: Ich schlafe über meiner Schwester. Ich habe kein Bettzeug für mich gemalt. Vielleicht will ich da nicht mehr schlafen. Und der neue Bruder braucht ja noch kein Bettzeug, der ist noch im Krankenhaus.

Gu: Für dich hast du kein Bett bezogen.

Li: Nee. Da vorne ist mein Bereich - im Wohnzimmer. Da fühle ich mich wohl - in der Nähe der Haustür - damit ich stiften gehen kann - egal wie. Meine Geschwister haben die Augen zu. Sie schlafen. Nur ich habe immer das Gefühl, ich bekomme alles mit.

Gu: Der Frau hast du kein Gesicht gemalt.

Li: Nee. Die ist für mich gesichtslos, charakterlos, fremd. Die ist nur für den einen Zweck da. Die hat keine Ausstrahlung.

Gu: Das hast du auch so dargestellt. Die Frau hat keine Hände, keine Füsse. Sie kann weder laufen noch kann sie etwas anfassen.

Li: Sie besteht für mich aus knallrotem Neglige und blonder Perücke, wie eine Schaufensterpuppe. Ich denke heute, für Vater war sie auch nur Spielzeug.

Gu: Du schaust erstaunt. Du kannst das alles nicht begreifen.

Li: Für mich ist das: Arme in die Hüfte, jetzt reicht´s, jetzt mach ich mein Ding. Ich fühle mich aber auch hilflos.

Gu: Damals warst du in der Situation hilflos, sprachlos; und heute?

Li: Ich würde zum Vater sagen: Schämst du dich nicht? Mutter liegt im Krankenhaus und bringt dein viertes Kind zur Welt und du amüsierst dich auf diese Art? Vater würde sagen: Halt dich da raus. Das geht dich nichts an. Ich würde mich heute nicht mit diesen Worten zufrieden geben. Heute laß ich mir nichts mehr gefallen, von keinem.

Auf Bild 4 nimmt Lisa einen grossen Teil der Wohnung für sich in Anspruch. Sie stemmt die Hände in die Hüften, zeigt sich erstaunt, empört, aber noch sprachlos im Hinblick auf das Verhalten ihres Vaters und der Familienpflegerin. Sie möchte mit der fremden Frau konkurrieren und nimmt nach eigenen Aussagen, die Sache in die Hand, kümmert sich z.B. um den Haushalt. Während Lisa ihren Aufenthaltsort farbig gestaltet, liegen der Vater und die Frau in einem farblosen, karg ausgestatteten Zimmer auf einem kastenähnlichen Bett, die Frau handlungsunfähig - wie eine Schaufensterpuppe; der Vater vollbekleidet und verlegen lächelnd hält die linke Hand über sein Geschlecht, die rechte Hand in Brustnähe der Frau. Eine starke Linie trennt Wohn- und Schlafraum, Tochter, Vater/Frau und Geschwister voneinander.

Rückmeldung zu FE4: „ ... Ich empfand damals Wut und Empörung wegen des Verhaltens meines Vaters. Dieses Erlebnis bewirkte, daß ich meine Mutter von nun an über meinen Vater stellte. Nun begann die Zeit, in der ich meine Mutter tatsächlich vor meinem Vater schützte, indem ich Anordnungen meines Vaters verweigerte, wenn meiner Mutter dadurch weh getan wurde."

FE5
Thema: Mein erstes unangenehmes Schulerlebnis.
Hauptaspekt: Ich muß unter Druck leisten.
Begleitendes Gefühl: Ich schäme mich. Ich habe Angst zu versagen.

Ich bin im ersten Schuljahr. Ich bin sechs Jahre alt. Wir lernen die 1mal1-Reihen. Ich kann gut lesen und Schreiben aber Rechnen fällt mir sehr schwer. Die Lehrerin sagt: „ Stellt euch alle hin." Dann stellt sie Malaufgaben: 3 mal 4 etc.. Wer zuerst die Lösung weiß, darf sich setzen. Ich bin dem Leistungsdruck nicht gewachsen. Ich weiß, daß 3 mal 4 12 ergibt, kann das aber nicht schnell genug sagen. Je mehr Kinder sich setzen, um so dicker wird mein Brett vor dem Kopf. Ich habe das Gefühl, mein Kopf ist leer. Mir wird heiß. Ich schäme mich, daß ich es wieder mal nicht schaffe. Hier habe ich mein späteres rechnerisches Versagen entwickelt. Wenn ich heute gefragt werde, was 5 mal 6 ist, bin ich zunächst unsicher, obgleich ich die Antwort natürlich weiß.

Li: Das sind ein paar Kinderr aus meiner Dorfschulklasse. Wir waren 6-7 Schüler in der Klasse. Wir waren zwei Mädel - die mit den blonden Zöpfen und ich. Die anderen Kinder sitzen schon. Ich aber stehe noch. Das war meine Lehrerin; die war immer nett. Sie konnte meine Scham, meine Pein nicht verhindern. Ich habe versagt. So sah es wirklich in meinem Kopf aus: rot/schwarz. Das ging alles durcheinander. Die Augen habe ich niedergeschlagen, was nicht zu sehen ist, weil man nur meinen Rücken sieht. Die anderen sitzen alle glücklich auf ihren Bänkchen. Ich muß da halt noch rumstehen. „Man kann", wollte ich gerade anfangen. Als ich älter wurde, hat mein Mathelehrer gesagt: „ Man kann sich auch ins Knie bohren und den Saft rauslaufen lassen! Setzen!"

Gu: Das muß ja schrecklich für dich gewesen sein.

Li: Ich habe dann eben aufgegeben. Das fing da an. Lisa zeigt auf das Bild. In dieser Situation - als ich die Blockade hatte.

Gu: Die Lehrerin sieht auf dem Bild freundlich aus.

Li: Sie war immer freundlich und korrekt angezogen. Unser Lehrer kam mit Anzug und Krawatte, ordentlich und sauber.

Gu: Du siehst auch super angezogen aus.

Li: Ja. Ich war auch in der Schule immer recht gut angezogen. Das blaue Kleid, das war mein Lieblingskleid. Das Kleid hatte Rüschen, das mochte ich damals unheimlich gern. Meine Mutter hatte das Kleid für mich genäht.

Gu: Ist das heute noch so, daß du Schwierigkeiten beim Rechnen hast?

Li: Ja. Es ist ganz unterschiedlich. Es ist besser geworden. Vor 10 Jahren habe ich wirklich einen roten Kopf bekommen, wenn ich etwas ausrechnen sollte. Da habe ich den Leuten gesagt: Ich werde ganz rot. Guckt mal her - ich muß damit leben.

Gu: Vor 10 Jahren war das so - und jetzt?

Li: Wenn es mal vorkommt, dann bin ich so clever, daß ich tief Luft hole, damit diese Anspannung erst mal weg ist. Beim Kartenspiel muß ich ja auch die Sachen zusammenrechnen. Dann mache ich das schon vorher, damit ich´s schon habe wenn man mich fragt.

Gu: Du darfst Fehler machen.

Im Rückmeldungsbrief zu FE 5 schreibt Lisa: „In dieser Stunde wurde mir bewusst, daß ich auch heute noch Angst habe, Fehler zu machen. Ich sage mir selbst zwar immer: „ Nobody is perfect," aber tief in mir drin steckt etwas, das zu mir sagt: Faule Ausrede - kannst du besser machen. Bei „ Pannen" in meinem Leben, frage ich mich eigentlich zuerst immer, was ich hätte tun können, um diese zu verhindern. Erst nach genauer Prüfung der Einzelheiten bin ich beruhigt, wenn ich feststelle, daß ich tatsächlich nichts ändern konnte. Ich denke, ich muß lernen, lockerer mit diesen Dingen umzugehen."

FE6
Thema: Frühling
Hauptaspekt: Alles kommt neu aus der Erde.
Begleitendes Gefühl: Wärme. Ich bin glücklich, befreit.

Ich bin acht Jahre alt. Es regnet. Ich geniesse es, wenn die Welt wie frisch gewaschen aussieht, wenn die Regentropfen glitzern. Es sieht aus wie im Frühling. Der Dreck, der Schnee, ist weg. Im Wohnzimmer - wir haben sehr beengt gewohnt, habe ich mir eine Kuhle gebaut - vor der Musiktruhe. Zwischen Sofa und Musiktruhe habe ich Kissen gelegt und Hoffmanns Erzählungen oder Märchenplatten gehört. Ich träume vor mich hin. Da können die Geschwister toben. Ich schaue aus dem Fenster und sehe den Garten und die glitzernden Regentropfen. Das ist Geborgenheit. Das ist Frieden. Das ist Sauberkeit. Ich mache mir zum ersten Mal Gedanken über den lieben Gott. Ich spüre, daß er alles wieder gut macht, alles wieder wachsen lässt. Pflanzen und Blumen kommen neu aus der Erde. Das ist für mich ein Beweis, daß es Gott gibt. Ich bin in einer anderen Welt. Ich fühle mich warm, leicht, losgelöst, frei. Wenn ich heute traurig bin, hole ich diese Gefühle hervor um mich wieder aufzubauen.

Lisa sagt zu dem Bild: Ich habe die Wand grau gemalt, eher silbern. Ich erinnere mich nicht, wie die Wand wirklich aussah. Sie war nicht bunt, sie war nicht schön. Den Teppich habe ich dunkelgrün gemalt - Tannengrün ist für mich langweilig. Im Wald mag ich Tannenbäume, wenn die hellgrüne Spitzen bekommen. Die Couch ist ockergelb. Die Farbe erinnert mich an Sand, an Wüste, an einen Cowboy-Filzhut, den mein Vater mir geschenkt hat. Lila erinnert mich an einen Hosenanzug, den mein Vatere mir zusammen mit dem ockerfarbenen Hut zum 16. Geburtstag gekauft hat. Der Hosenanzug war zwei Nummern zu groß und ich wurde gezwungen, ihn zu tragen. Ich habe mich in der Schule umgezogen, meine Jeans angezogen. Ich sehe den pinkfarbenen und den blauen Teppich vor mir. Das erinnert mich an den Kampf mit meiner Schwester. Meine Großmutter aus H. schickte uns zu Feiertagen Süßigkeiten und Klamotten. Rosa war immer für mich, blau für meine Schwester. Das wollte ich natürlich nicht.

Gu: Was hat das heute mit dir zu tun, die Kuschelecke, die Musiktruhe?

Li: Klein und kuschelig - wie meine Wohnung. Ich sitze entspannt und höre Musik.

Plötzlich äußert Lisa erregt: Ich habe das Gefühl, ich könnte in ein Loch fallen - draußen (schräger, grüner Teppich) ist die Welt. Ich sitze in der Ecke etwas abgekippt wie auf einer Rutschbahn. Ich halte mich fest an meinem sicheren Bereich. Draußen kann ein Loch sein. Der Teppich macht mich unsicher. Unbekannte Situationen machen mir Angst. Damals mit der Schule - ich hatte irre Angst, es nicht zu schaffen. Es kam in meiner Kindheit immer etwas dazwischen, wenn ich mich auf etwas gefreut habe, z.B. auf eine Ausfahrt mit dem Vater. Dann kam alles anders, viele Dinge kamen anders.

Gu: Du darfst dich freuen. Du darfst Fehler machen.

Li: Ich glaube, meine Beständigkeit (Lisa arbeitet seit 21 Jahren in ihrem Beruf) beruht auf Angst vor Veränderung. Die Ecke ist mein Bereich. Wer in meine Ecke eindringt und sich nicht anpasst - alles so macht, wie ich es mache - den schicke ich weg. Vater hat viel versprochen und nichts gehalten. Ich bin heute mißtrauisch. Ich sitze da an der Wand. Draußen ist der Garten. Es hat geregnet. Es ist Frühling. Alles sieht neu und sauber aus. Auf der Schaukel sitzt noch keiner, weil es naß und kalt ist. Im Sommer bin ich draussen. Die Ecke war eigentlich nur für nasse und kalte Tage. Einmal bin ich um vier Uhr morgens aufgestanden und habe Wildkirschen gepflückt, Tau lag auf der Wiese und glitzerte. Den Kindern entgeht heute so viel, weil sie so etwas kaum noch erlebten.

Lisa schreibt im Rückmeldungsbrief: ... ***Das Bild ließ mich erkennen, daß ich als Kind die Fähigkeit entwickelt habe, mich in problematischen Umweltsituationen zu schützen, indem ich mir im Chaos eine Insel baute, die mir das Gefühl der Geborgenheit gab und auf der ich abschalten konnte. Im heutigen Leben vermittelt mir dieses Gefühl meine Wohnung, in der ich Ruhe zum Nachdenken finde. Es ist für mich wichtig, einen Platz zu haben, der nur mir gehört. Hier finde ich die Sicherheit, um mit Alltagsproblemen fertig zu werden.***

FE7

Thema: Veränderung
Hauptaspekt: Ich werde das erste Mal als Frau wahrgenommen.
Begleitendes Gefühl: Angst, Unsicherheit

Ich bin 12 Jahre alt - in der Pubertät. Da wurde es bitterbös. Dann kam der erste Mal, daß mein Papa mich angetatscht hat. Ich bekam schon langsam Busen. Mein Vater machte sich darüber lustig und tatschte die Knospen an. Ich kuschelte nicht mehr mit ihm. Wenn Papa betrunken nach Hause kam, hat er mich nachts aus dem Bett geholt, hat mich auf seinen Schoß gesetzt und hat geweint wie ein kleines Kind, hat sich quasi bei mir ausgeweint: Wie schlimm seine Arbeit sei, wie grauenvoll seine Frau sei, wie schlimm das Leben sei - also den melodramatischen Koller bekommen. Ich hatte das Gefühl, für alles verantwortlich zu sein. Ich fand es schlimm, wenn er an mein Bett kam. Ich habe die Augen zugemacht und getan als ob ich schliefe. Dann hat er da gesessen und hat mich angeschaut. Ich weiß mit der Situation - Papa sitzt am Bett und schaut mich an - nichts anzufangen. Ich bin ja noch immer viel mit ihm weggefahren - auf Geschäftstour oder er hat mich in seine Stammkneipe mitgenommen. Das war dann schon sehr merkwürdig, die Männer da, seine Kumpels, haben mich ganz eindeutig angemacht.

Gu: Die Bekannten von deinem Vater?

Li: Ja, eindeutig. Mann, hast du ´ne tolle Tochter! Die sieht ja aus wie eine kleine Frau! - Das konnte ich nicht einordnen. Das stürzte alles auf mich ein. Oder - ich ging die Straße lang und sämtliche Bauarbeiter auf dem Gerüst fingen an zu pfeifen. Ich habe mich damals geschämt. Ich war nicht daran gewöhnt, im Mittelpunkt zu stehen.

Gu: Auf den Bildern malst du dich mädchenhaft.

Li: Ich war´s auch. - Das hat mich aber nicht daran gehindert, mit den Jungs auf die Bäume zu klettern und Fußball zu spielen. Was die Leute nicht begreifen konnten - daß ich im Alter von 18 Jahren noch immer mit den Jungs Fußball spielte. Ich musste mir sagen lassen - die Mütter haben sich beschwert - ich würde die Jungs anmachen. Ich habe wie ein Junge gefühlt, meine Weiblichkeit nie eingesetzt.

Gu: Du darfst deine Weiblichkeit leben. Du warst ein hübsches Kind und bist auch heute hübsch. Du ziehst dich super an.

Li: Mutter sagte früher zu mir: „ Kind, du musst dich dran gewöhnen - auch wenn du nur einen Sack anhättest - der Körperteil, der bei dir rausguckt, ist immer noch hübsch. Damit musst du umgehen können." Was die Partnerschaft anging war mir das Aussehen nicht so wichtig. Da wusste ich ja, daß das o.k. war. Für mich war wichtig, daß mein Inneres anerkannt wurde. Wenn ich gemerkt habe, daß ein Mann mich nur als hübsches Objekt herzeigen wollte, war bei mir der Ofen aus.

Gu: Hast du eine Idee davon, warum du nicht geheiratet hast?

Li: Ich wollte öfter heiraten. Ein Partner hat mich betrogen. Ich habe das gemerkt und mir dann gesagt: Also, du musst ja nicht in den selben Schuhen laufen wie deine Mutter. Ich wollte nicht wie meine Mutter leben müssen. Deswegen habe ich die Männer entsprechend unter die Lupe genommen. Ich konnte am Anfang nicht einmal Biergeruch ertragen, konnte die Männer, die Bier getrunken hatten nicht in den Arm nehmen. Dann war da noch das Aussehen der Männer. Einer hatte dunkle Augen. Als ich morgens neben dem aufgewacht bin, habe ich fast ´nen Herzschlag gekriegt - der guckte wie mein Vater. Da war es aus. Mit Paul war es ähnlich. Der wollte mich heiraten. Der hat die Machonummer abgezogen - wie mein Vater: „Du hast zu tun, was ich dir sage." Paul sah nicht aus wie mein Vater, hat sich aber so benommen. Mit Thomas, meinem jetzigen Partner gab es auch Schwierigkeiten. Als er fremd ging wollte ich mit meinem Auto gegen einen Baum fahren. Es tat so weh. Wir sind mittlerweile wieder zusammen. Thomas ist ein Perfektionist. Er darf keine Fehler machen. Er macht sich völlig fertig, wenn er mal ´nen Schlüssel vergessen hat. Dann komme ich nicht mehr an ihn ´ran. Er kapselt sich ab, rennt raus, läuft durch die Straßen. Ich fühle Angst, möchte mich am liebsten verstecken, stelle mich der Situation, höre zu, lasse mich anstarren, tröste meinen Vater. Es ist unangenehm. Ich bin auf der Hut, habe Angst, daß er mich anfassen könnte. Ich bin ein hübsches Mädchen. Ich sehe, daß Vater mich als Frau wahrnimmt. Ich möchte lieber schlafen. Ich weiß, daß ich ihn trösten muß, sonst gibt es Ärger für die ganze Familie.

Lisa sagt zum Bild: *Die Bettwäsche war damals bestimmt nicht fliederfarben, aber sie war kuschelig weich, deshalb habe ich sie kringelig gemalt - kuschelig in allen Richtungen. Meine Schwester schläft, die bekommt nichts mit. Ich war früher so hibbelig und konnte nicht so gut schlafen. Ich habe auch heute noch einen leichten Schlaf, bekomme auch heute noch alles mit.*

Gu: Dein Vater sitzt vor deinem Bett und schaut dich aus dunklen Augen an.

Li: Mein Vater hatte ganz dunkle Augen. Er starrt mich an.
Gu: Eine Hand liegt auf seinem Bein, die andere hat er leicht angehoben.

Li: Ich habe Angst, er könnte mich anfassen.

Gu: Schau mal auf die Hände, die Finger. Er könnte dich gar nicht anfassen.

Li: Ja. So war es im Grunde auch. Er hat ja nichts gemacht. Es war nur meine Angst, daß er es vielleicht täte. Ich konnte es nicht einschätzen. Beide wollen wir alles perfekt machen. Ich nehme von Heirat und all dem Krempel total Abstand, weil - ich habe gemerkt, ich brauche 'ne eigene Wohnung. Wenn Thomas und ich zusammenziehen, hätte ich gar keinen Platz für meinen ganzen Bastelkram in seinem Haus. Ich weiß nicht, wo meine Nähmaschine hin soll.
Lisas Stimme klingt traurig.

Li: Ich brauche meine Wohnung. Thomas sagte vorige Woche auch: „Entschuldige. Ich möchte allein sein." Ich antwortete: Ich bin dir dankbar, daß du mich heimschickst. Ich möchte in meine vier Wände, in mein eigenes Bett.

Gu: Du darfst dein Leben fraulich gestalten.

Li: Ja. Ich würde das ja gerne wieder machen. Ich habe den Schrank voller Kleider.

Lisas Rückmeldung zur Stunde: ***Zu diesem Kindheitserlebnis kann ich nicht viel sagen. Ich denke, die Reaktionen meiner Umwelt auf meine körperliche Entwicklung machten mir Angstund verunsicherten mich. Die Feststellung, daß nicht nur Männer im allgemeinen, sondern auch mein Vater mich mit anderen Augen ansah, verwirrte mich. Später lernte ich, damit umzugehen, indem ich systematisch mein Selbstbewusstsein trainierte. Heute beherrsche ich es gut, meine Weiblichkeit zu meinem Vorteil einzusetzen.***

In der 11. Stunde blicken Lisa und ich noch einmal auf unsere Arbeit zurück. Einige Bilder helfen uns dabei. Ich erzähle Lisa, daß die ersten zwei bis drei Erinnerungen die gegenwärtigen Lebenshaltungen und Ziele reflektieren.

Li: Wenn ich an meine frühe Kindheit denke, dann war da Geborgenheit und eine große Anzahl flüchtiger Begegnungen. Ich machte viele Erfahrungen, lernte eine Menge und wurde früh selbstständig. Ich war aber auch das Verhandlungsobjekt meines Vaters. Die flüchtigen Begegnungen gibt es auch heute. Ich kenne viele Menschen, aber nur flüchtig. Ich kann mein Leben gestalten, brauche bei den meisten handwerklichen Arbeiten keine Hilfe und weiß mich in der Freizeit sinnvoll zu beschäftigen, z.B. mit Malen, Werken und Sport.

Gu: Die nächsten zwei bis drei Früherinnerungen zeigen die Richtung, in welche die Entwicklung geht.

Lisa sagt zu FE4 und FE5
(Die Geburt des kleinen Bruders. Mein erstes unangenehmes Schulerlebnis.): Es ist ungerecht, aber ich weiß damit umzugehen, weiß mich zu schützen. Ich darf mir Zeit lassen. Ich darf Fehler machen. Ich werde geliebt (akzeptiert) - auch wenn ich Fehler mache.

Gu: Die letzten ein oder zwei Erinnerungen zeigen gewöhnlich den Prozeß der sozialen Reife und spiegeln die zunehmende Kooperation mit anderen wieder.

Li: Ich habe meinen Platz, auch wenn er manchmal uneben ist und wackelt. Ich vertraue auf den Frühling, auf das Grün, das immer wieder aus der Erde kommt, das mir eine neue Perspektive eröffnet. Ich werde von anderen Menschen angeschaut - ob aus Bewunderung, Neid oder sexuellem Interesse. Ich habe gelernt, damit umzugehen und mich bewusst als Frau zu erleben.

Auswertung Teil A

Lisa malt ein Bild zu den Fragen: *Wie sind wir miteinander umgegangen? Was haben mir die 10 Stunden gebracht? Was nehme ich mit?*

Lisa teilt ein grosses Stück Packpapier durch Falten in zwei Hälften. Auf die rechte Seite malt sie eine Eule auf einem Ast. Die Eule steht auf unsicheren Beinen und schaut unter sich. Auf die linke Seite malt Lisa zwei Herzen, die mit Gesichtern, Armen und Beinen ausgestattet sind und sich an den Händen halten. Auf die Seite der Herzen schreibt Lisa: Freundlich, liebevoll, fröhlich, partnerschaftlich, Vertrauen, Nähe, sich fallenlassen können, Fehler zeigen ohne Streß. Auf der Eulenseite steht: Erkenntnis, Wissen, Richtungen und Tendenzen meines Lebens, Ursachen, Kraft, Vertrauen, Stärke, Klarheit, Bestätigung.

Lisa sagt zu dem Bild: ***Die Eule steht für Erkenntnis, Wissen, Überdenken der eigenen Kindheit, die einen doch verschüttet geht - und beim Nachdenken kommen dann im Nachhinein viele Bilder.Oft, wenn ich hier rausgegangen bin, kamen mir abends zu Hause noch eine ganze Menge Bilder hinterher. Wissen um die Zusammenhänge - fand ich gut. Mit Ursachen, die ich kenne, kann ich umgehen. Mir war bewusst, daß ich einen autoritären Vater hatte. Du darfst Fehler machen war neu für mich. Ich wurde in der Kindheit darauf gedrillt, keine Fehler zu machen. Immer nur: Du sollst! Du darfst nicht! Ich habe durch die Arbeit hier mehr Vertrauen zu mir bekommen. Das hat mir viel gebracht, das Wissen, warum es so ist und daß es so ist. Ich fand gut, daß alles jetzt mal für mich in Struktur war und nicht so verworren. Ich habe mich wirklich so gefühlt, wie ich das gemalt habe. Das hat hier nur geklappt, durch das Vertrauen, das ich hatte. Die Eule schaut unter sich und überlegt: Was fange ich jetzt mit meiner Weisheit und Erkenntnis an? Das muß erst mal sortiert werden, denke ich.***

Ich lade Lisa ein, einen Brief an ihre Freundin Vera zu schreiben und ihr von den in der OA gemachten Erfahrungen zu erzählen. Lisa liest den Brief an Vera vor:
Liebe Vera, ich habe zehn orientierungsanalytische Stunden hinter mir. Ich kann Dir sagen, es ist faszinierend, was dabei herauskommt, wenn man seine Kindheitserlebnisse malt und mit Hilfe eines netten Menschen diese Bilder analysiert. Es ist unglaublich, wie viele Verhaltensweisen eines Menschen Ursachen in Kindheitserlebnissen haben. Diese Erkenntnis half mir, Verhaltensweisen von mir zu verstehen und anzunehmen. - Das ganze ist wie bei einer Krankheit - hat man die Ursache erkannt und verstanden, kann man die Symptome beseitigen. Das wäre sicher auch eine gute Therapie für dich. Bis bald!
Liebe Grüsse sendet Dir Lisa.
Li sagt anschliessend: ***Nachts mit dem Hell-Schlafen wurde mir erst bewusst, als ich von dem dunklen Zimmer im Waisenhaus erzählt habe.***

Auswertung Teil B

In der 12. und letzten Stunde malt Lisa ein Bild zum Thema „ Mein Lebens-Teppich, alte und neue Muster"

Lisa sagt zu dem Bild: *Der schwarze Punkt in der Mitte bin ich, das Ei - vor der Geburt. Da war es warm, rot und kuschelig, im Mutterleib. Der gelbe Rand da aussen rum ist Sonne - als ich auf die Welt kam. Das Grüne ist meine Kindheit. Alles ist noch heil, neu entdeckt, neu erwacht. Dann kommt die Pubertät, wo ich nicht wusste, ob ich Männlein oder Weiblein war. Ich habe dann mein Ding gemacht, habe gedacht, jetzt ist erst mal der Beruf wichtiger. Das ging so bis ich 20 Jahre alt war. Eine ruhige Phase. Die Männer, die dann kamen oder gingen waren für mich weder hoch noch tief noch tragisch. Dann kam da so eine leere Zeit. Das Weisse da. Ich wusste nur, daß das ein neuer Anfang für mich ist - entweder bleibe ich Junggesellin oder ... Ich wollte erst mal wirklich mein Ding machen - alleine in einer Wohnung leben. Kein Mann kam da rein. Ich wollte auch keinen, habe mich nicht interessiert. Dann kam auf einmal Paul - das Grüne da - der war bei der Polizei - das kam mir aber erst später. Als ich das gemalt habe, dachte ich: Die Zacken sehen wie ein Sheriff-Stern aus. Das war die Zeit mit Paul: Sie liebten sich, sie schlugen sich. Es ging einfach nicht gut, nimmt auch nicht viel Platz ein im Bild, war ja auch nur ´ne viertägige Sache, das Ganze. Das leuchtende Gelb ist dann der Anfang in der neuen Arbeitsstelle. Da war alles neu - knallgelb. Ich musste beim Malen fast die Augen zumachen. So - als wenn du jetzt in knallgelbes Licht schauen würdest und erst mal rundum nichts sähest. Du bist erst mal blind und weisst nicht, was auf dich zukommt. Bis sich das nachher in ein schönes orangefarbenes Licht verwandelt - und dann fing auch schon die Beziehung zu Thomas an. Dann kam die furchtbare schwarze Zeit. Das war wie ein Abschluß - wie tot für mich gewesen.*

Gu: Da gibt es eine besondere schwarze Stelle.

Li: Ich weiß nicht, vielleicht habe ich mich vermalt.

Gu: In einem bestimmten Bereich besonders getroffen?
Li: Ja. Dann ging das wieder über in eine Ruhephase. Die Zeit zu der ich nach einem halben Jahr meine Ruhe wiederfand. Die Zeit zu der wir uns wieder vertragen haben. Da war erst mal das Rosa, das Annähern, die zarte Farbe - irgendwie vorsichtig aneinander herantasten. Dann das Grün, das Frühlingsgrün, schön einfach. Gelb und Orange sollten zeigen, wie ich mich heute fühle: Warm, geborgen - alles o.k.. Ich denke mir: So gelb kann es weitergehen. Das ist in Ordnung.

Wir betrachten das Bild noch einmal gemeinsam.
Lisa sagt: Das helle Gelb zieht mich so in die Mitte rein, ist wie ein magisches Auge. Wenn ich es länger anschaue, habe ich das Gefühl, ich versinke in der Mitte.

Lisa zeigt sich sehr zufrieden mit dem Bild. Wir sprechen über Mandala-Malen. Mandala -> der Weg zum eigenen Zentrum. Mandala -> eine Spiegelung des Selbst.

Auf dem Weg mit Rucksack und Teppich
Lisa hat ihren Lebens-Rucksack neu gepackt und sich auf den Weg begeben. Von einigen schwer lastenden Teilen konnte sie sich verabschieden, neue leichtere kamen hinzu. Sie muß es nicht allen Menschen recht machen, sie muß nicht perfekt sein, sie muß ihren Körper nicht verstecken und ihre Gefühle nicht unterdrücken. Lisa darf da sein, dazugehören, Gefühle zeigen, ihre Weiblichkeit leben, Fehler machen und Nein sagen. Ihren Lebens-Teppich (Mandala) hat Lisa als sichtbare Erinnerung an die orientierungsanalytische Arbeit mit Bildern auf ihren Rucksack geschnallt. Nach einem halben Jahr treffe ich Lisa wieder. Ich frage erneut nach sieben Früherinnerungen, um zu erfahren, ob unsere Arbeit zu einer Veränderung in Lisas Leben geführt hat.

FE 2.1.
Die erste Früherinnerung hat jetzt die Überschrift „Brennesselsalat".
Hauptaspekt: Ich kann nichts Krümeliges essen.
Begleitendes Gefühl: Angst vor dem Ersticken.
Lisa erinnert eine Zeit in früher Kindheit , als sie mit ihrer Familie in Armut lebte. Ihr erstes Bett ist nun eine alte Badewanne. Es gibt Brennesselsalat, den Lisa noch nicht schlucken kann. Sie hat das Gefühl, an den Krümeln zu ersticken.

FE 2.2.
Die zweite Früherinnerung heisst „ Einsamkeit".
Hauptaspekt: Ich muß mir alleine helfen.
Begleitendes Gefühl: Angst, verlassen zu werden.
Lisa verläuft sich in dieser Erinnerung und findet nicht zum Ausgangspunkt zurück. Augenblicklich gibt es etwas Schwerverdauliches in Lisas Leben. Sie fühlt sich von ihrem Partner nicht ausreichend geliebt, akzeptiert und darf ihre Weiblichkeit nicht leben. Sie spürt Einsamkeit im Zusammenleben mit Thomas. Noch versucht Lisa die Krümel zu schlucken, obgleich sie ihr die Luft nehmen. Lisa reagiert mit körperlichen Symptomen im Magen-Darm-Bereich.

Am Ende von FE 2.1 tauchen Alete-Gläschen auf, kindgerechte Kost, die Lisa groß und stark werden lässt. In den folgenden Früherinnerungen (FE 2.3, FE 2.4, FE 2.5) finden sich Themen wie „ Frühling", „Wildkirschenpflücken" und „ Muttertag". Lisa schöpft Kraft aus der Natur, die sie immer wieder zu Neuanfängen ermutigt. Sie vertraut auf ihre eigene Stärke, auf ihr schöpferisches Potential, auf all das, was ihr das Überleben möglich machte. Sie träumt von Feen und einem Prinzen, der sich ihr auf einem Pferd nähert.
FE 2.6 und FE 2.7 haben „Märchenspiele" und den „ Besuch von Petras Freundin" zum Thema. Erotische Gefühle und Eifersucht tauchen auf. Lisa hat in den letzten Monaten alte Beziehungen aufgefrischt und mit neuen Kontakten begonnen. Die orientierungsanalytische Arbeit mit Lisa liegt fand 1995 statt. In dieser Zeit hatten Lisa und ich sporadisch Telefonkontakte. Vor einem Monat (1998) rief mich Lisa an und teilte mir mit, daß sie wieder eine kurze dunkle Phase durchgestanden habe. Es gab einen Augenblick, in dem Lisa mit ihrem Auto gegen einen Baum fahren wollte. Sie fühlte sich nach eigenen Aussagen ungeliebt und überflüssig. Möglicherweise hat sie sich an den Lebensvertrag erinnert, den ich mit ihr abschloß als sie während der Bearbeitung der FE 3 das Gefühl hatte, aus dem roten Familienauto nicht mehr aussteigen zu können. Ich habe Lisa nicht danach gefragt. Lisa hat sich von Thomas getrennt. Sie hat sich eine größere Wohnung eingerichtet. Alte und neue Freunde haben ihr beim Umzug geholfen. Die neue Wohnung bietet genügend Platz für Lisas Mal- und Werksachen, für eine „ Musiktruhe" und natürlich auch für eine Kuscheldecke.

Aus der Literatur ist bekannt, daß Märchen zu uns *in Symbolen sprechen* und insofern eine Nähe zum Traum, zu unbewußten Prozessen ganz allgemein, aber auch zu den Mythen haben. *In der therapeutischen Arbeit mit Märchen werden Märchenmotive, die uns ansprechen, zu Symbolen für einen psychischen Zustand von uns selbst, den wir sonst nicht fassen könnten.* (KAST 1996, S.8ff.)

„Durch Hören eines Märchens und anschließendes Malen werden Menschen zu kreativen Ausdrucksbewegungen angeregt. Mit dieser Methode „Malen nach Märchen" initiieren wir die Sichtbarmachung eines tiefenpsychologischen Prozesses." (OVERDICK 1996, S.85-100.)

Das gemalte Bild ist eine unbewußte Selbstdarstellung. In ihm wird der Konflikt im Hier und Jetzt sichtbar, der unbearbeitet eine Eigendynamik im Unbewußten entwickeln kann. Gestalttherapeutisch sprechen wir auch von einer offenen Gestalt, die aus der Vielzahl der im Unbewußten gespeicherten Bilder in den Vordergrund tritt, um bearbeitet zu werden.

Außerdem eignen sich ausgesuchte Volksmärchen im Hinblick auf die Lösung eines Konfliktes auf besondere Weise, da sie die hoffnungsvolle Botschaft enthalten auf ein friedvolles Leben in glücklicher Gemeinschaft mit anderen. Durch Identifikation mit dem Märchenhelden überträgt sich diese Hoffnung auch auf uns, daß Konflikte lösbar sind und daß es immer wieder schöpferische Wandlungen im konfliktreichen Weg der Selbstfindung gibt.

„Der Märchenheld spürt seine Bestimmung, seine Auserwähltheit. Wenn er den Mut hat, der Stimme seines Herzens zu folgen, überwindet er alle Widerstände, die sich ihm in den Weg stellen, und gelangt ans Ziel seiner Wünsche, ein selbstbestimmtes Leben zu führen." (OVERDICK 1990, S.224)

Orientierungsanalytisch gesehen, kommt dem Märchen ein ganz wichtiger Aspekt zu: *die Ermutigung.* Gemeint ist damit jener Mut zur Zukunft, den wir brauchen, um nicht am Vergangenen festzuhalten.

Nachdem der Einstieg ins Thema des Seminars klar war, entwickelte sich in mir zunächst folgendes Konzept: mit drei Märchen zu arbeiten, um basierend auf einer Polaritätenarbeit, abschließend zu einer Synthese der beiden Pole zu finden. Wenige Tage vor Beginn des Seminars entschied ich mich rein intuitiv, dieses Konzept nicht zu verfolgen, sondern mit einem mir bekannten Märchen der Brüder Grimm „Schneewittchen" zu beginnen. Gemäß der These „Der Weg ist das Ziel" ließ ich mich auf einen gruppendynamischen Prozeß ein, der die Entdeckung und Neu-Belebung verborgener Anteile unseres Selbst beinhalten sollte.

Aufbau des gruppendynamischen Lernprozesses

Das Seminar fand im Frühjahr 1997 im Katholischen Bildungswerk in Schleiden statt. Die Teilnehmerzahl wurde von mir auf zwölf begrenzt. Ein Teilnehmer war wegen einer kurzfristig anberaumten Dienstreise verhindert. Drei Männer und acht Frauen im Alter zwischen 25 und 60 Jahren trafen sich mit mir als Seminarleiterin an vier Abenden mit je drei Unterrichtsstunden im wöchentlichen Abstand. Es waren vier 'Neueinsteiger' und sieben Teilnehmer, die mir aus vorangegangenen Seminaren bekannt waren.

Ein Märchen als Einstieg

In der Eröffnungsrunde stellte ich im Stuhlkreis an alle zunächst die Fragen:
Was hat Sie an der Ausschreibung des Seminars angesprochen?
Mit welchen Vorstellungen und Wünschen sind Sie hergekommen?
Mit welchen Gefühlen sind sie jetzt hier?

Die Antworten der Teilnehmer waren:
* *Ich möchte einfach Bilder aus dem Innern aufsteigen lassen.*
* *Ich möchte die Bilder der Seele nicht verlieren.*

* *Ich habe Freude hier zu sein, ohne einen Beweggrund mit dem Kopf kreieren zu wollen.*
* *Ich habe den Wunsch nach meditativem und assoziativem Arbeiten. Gefühle wollen gelebt werden.*
* *Ich möchte die für mich vorangegangenen positiven Erfahrungen und Erkenntnisse vertiefen.*
* *Ich möchte einen Kontrapunkt zu meinem bisherigen Leben setzen.*

Ich eröffnete den Seminarteilnehmern, als Einstieg ins Thema hätte ich das Märchen „Schneewittchen" der Brüder Grimm ausgewählt. Ich würde es vorlesen. Anschließend seien die Teilnehmer eingeladen, hierzu ein Bild zu malen.

Nach einer kurzen mit Musik untermalten Entspannungsübung las ich ihnen das Märchen vor. Danach hatten sie etwa 30 Minuten Zeit, ein durch das Märchen angeregtes Bild aus ihrem Innern aufsteigen zu lassen und im Malprozeß auszudrücken. Wir beschlossen den ersten Abend im Stuhlkreis, in dem jeder mit wenigen Sätzen etwas zu seinem Bild sagen konnte. Als Thema des zweiten Abends kündigte ich an: „Was hat das gemalte Bild mit meiner aktuellen Lebenssituation zu tun?"

Neun von elf Teilnehmern gaben mir am ersten Abend ihre Bilder zur Aufbewahrung mit, so daß ich im Verlauf der Woche Gelegenheit hatte, mich intensiv mit diesen Bildern zu befassen. Für mich als Seminarleiterin war das eine vertrauensvolle Geste der Teilnehmer, die mir damit die Gelegenheit gaben, mich auf die für mich neue Methode, „Malen nach Märchen", in Ruhe einzulassen.
Eine kurze Zeit zog ich in Erwägung, die in der Literatur von verschiedenen Autoren angebotenen psychoanalytischen Deutungen zu diesem Märchen als Hilfsmittel mit einzubeziehen. Ich verwarf diesen Gedanken jedoch wieder, um einem möglichen „Überstülpen" von Bildinterpretationen vorzubeugen und um offen zu sein für die Symbolsprache der Teilnehmer.

Aktueller Lebensbezug
Am Anfang des zweiten Abends stand eine Übung, die es den Teilnehmern ermöglichen sollte, mitgebrachte Alltagsprobleme und -gedanken loszulassen, um sich auf das Thema dieses Abends einzustimmen: Was sagt das gemalte Bild über meine momentane Lebenssituation aus?

An diesem Abend beschäftigten wir uns ausschließlich damit, die in den Bildern dargestellten visuellen Metaphern in verbale umzuwandeln. Die Besprechung der Bilder machte sehr schnell sichtbar, daß hier unbearbeitete Probleme aus der Kindheit zum Ausdruck kamen, die sich bis ins Erwachsenenalter hin auswirkten. Es traten destruktive Botschaften, Verletzungen, lebenseinschränkende Verhaltensweisen und Normen zu Tage, die noch heute das Alltagsgeschehen dieser Erwachsenen beeinflussen. Bei zwei der Bilder lag die Vermutung nahe, daß es sich um sexuellen Mißbrauch in der Kindheit handelt.

Für jeden von uns wurde an diesem Abend auf eine berührende Weise das Vertrauen des einzelnen in die Gruppe deutlich. Das äußerte sich einerseits darin, einen konfliktbehafteten Teil seines Lebens offenzulegen, und kam andererseits dadurch zum Ausdruck, daß jeder mit Wertschätzung in den Bildern der anderen konstruktive Aspekte erkannte und auch benannte. All dies trug letztlich zum Bewußtwerden bei, daß ein neues Denken, eine andere Erfahrung, ein erweiterter Blickwinkel Raum greifen konnten, eine wichtige Voraussetzung für den sich im weiteren Verlauf anbahnenden Wandlungsprozeß und seine kreative Gestaltung. Damit war der zweite Abend ausgefüllt.

In den Praxisfeld-Studien von Harald und Gabriele werde ich exemplarisch auf zwei der insgesamt elf Bildbesprechungen näher eingehen. An diesen beiden Beispielen möchte ich verdeutlichen, wie der unbearbeitete Konflikt aus der Kindheit im Bild

Gestalt annimmt und der Malerin, bzw. dem Maler in der anschließenden Bildbesprechung deutlich bewußt wird. Unbewußt unterstützt durch den *Ermutigungsaspekt des Märchens* konnte sich daraufhin im weiteren Verlauf des Seminars ein Wandlungsprozeß vollziehen.

In meiner Reflexion über diesen Abend entwickelten sich mehrere Erkenntnisse, die im Verlauf der Woche auch Einfluß auf meinen eigenen Wandlungsprozeß bezüglich der Konzeption dieses Seminars hatten. Angeregt und ermutigt durch meine kollegiale Supervisionsgruppe, beschloß ich, entgegen meiner ursprünglichen Konzeption, mit diesen Bildern noch weiter zu arbeiten. Ich ließ mich damit vertrauensvoll auf einen Prozeß ein, der in den beiden ersten Abenden seinen Anfang genommen hatte.

Bestärkt wurde dieser Entschluß dadurch, daß ich mich an den Leitsatz meines Seminars erinnerte. Mir wurde plötzlich klar: an dieser Stelle im Prozeß aufzuhören und ein neues Märchen zu bearbeiten würde bedeuten, die Grenzen des Verstandes zwar aufzuheben durch Sichtbarmachen des Konfliktes, doch die Weisheit der Seele nicht zu Wort kommen zu lassen. Das orientierungsanalytische Gedankengut war auch an dieser Stelle richtungsweisend: *„Im letzten Schritt geht es darum zu erkennen, daß heute neue Entscheidungen oder Verhaltensalternativen möglich sind - neue Entscheidungen für eigene Bedürfnisse, Wege und Ziele"* (BORMANN 2/ 1993, S.54). Es galt also, diesen letzten Schritt auch noch zu tun, aber wie?
Der Weg konnte nur sein, einen weiteren Schritt in die Tiefe zu gehen, um in der Bewußtheit des Erkennens die *Kraft zur Neuerung* zu entdecken. Dieser weitere Schritt zu den frühen Kindheitserfahrungen wurde Inhalt des dritten Abends.

Bezug zur Kindheit
Als Einstimmung auf den dritten Abend machte ich mit der Gruppe eine Übung, bei der sich alle an den Händen fassen und mit geschlossenen Augen versuchen, vorgegebene Figuren (Kreis, Viereck, Quadrat, Stern, Trapez, Raute) zu bilden. Das anschließende Blitzlicht im Stuhlkreis machte deutlich, welch neue Aspekte und Standpunkte jeder bei sich selbst erleben konnte.
Der weitere Schritt in die Tiefe des Unbewußten war geknüpft an die Frage: „Welchen Bezug hat das gemalte Bild zur Kindheit?"
Ermutigung für diesen Schritt in die Tiefe des Unbewußten fand ich auch in einem Satz Adlers: *„Der Mensch weiß mehr, als er versteht"* (ANSBACHER 1995, S.226).
Wie konnte nun dieses Wissen reaktiviert und dem Bewußtsein zugeführt werden? Mir fielen dabei Fragen ein aus der Transaktionsanalyse zum „Kennenlernen des eigenen Rollenbuches" (RÜTTINGER 1988, S.99f). Ich war zuversichtlich, daß damit jedem in der Gruppe ein tieferer Zugang zu seiner Kindheit offenstand.
Insgesamt stellte ich sieben Fragen an die Teilnehmer, die jeder für sich im Schutz der Anonymität allein beantworten und aufschreiben konnte. Diese sieben Fragen (F1 bis F7) waren untergliedert in drei aufeinander aufbauende Lebensphasen.

Kindheitsphase	(F1 bis F3)
aktuelle Lebensphase	(F4 & F5)
zukünftige Lebensphase	(F6 & F7).

Die Fragen F1 bis F5 sind der Transaktionsanalyse entnommen.
Die Fragen F6 und F7 wurden von mir formuliert, zielgerichtet auf das sich Wandelnde, die neue Lebensperspektive.

Fragen zur Selbsterfahrung
F1: Schreiben sie drei Eigenschaften oder Verhaltensweisen auf, die Sie bei einer Person nicht gut fanden, die Sie in Ihrer Kindheit und Jugend stark beeinflußt hat!
F2: Schreiben Sie drei wichtige „Eltern-Botschaften" auf, die Sie heute noch manchmal hören!
F3: Sind diese Botschaften negativ oder positiv?
F4: Denken Sie an drei Situationen, in denen Sie andere kritisiert bzw. anerkannt (wertgeschätzt) haben. Haben Sie sich dabei ähnlich verhalten wie früher Ihre Eltern?

F5: Welche „Eltern-Botschaften" können Sie bei sich selbst wiedererkennen?
F6: Können Sie die negativen „Eltern-Botschaften" verändern und wie lauten sie dann heute?
F7: Welche Botschaft möchten Sie ihrem (eigenen) Schneewittchen mit auf den Weg geben?

Die Abschlußrunde für den dritten Abend sollte Aufschluß darüber geben, ob die Beantwortung der Fragen leicht oder schwer gefallen war und was die Teilnehmer dabei über sich selbst erfuhren. Dabei war jedem Teilnehmer frei gestellt, was er der Gruppe von sich zeigen wollte. Obwohl die Beantwortung der Fragen bei einigen Teilnehmern deutlich sichtbare Emotionen auslöste, lag es in der Entscheidungsfreiheit jedes einzelnen, in der Abschlußrunde konkrete Erkenntnisse anzusprechen oder Aussagen in verallgemeinerter Form zu treffen.
Diesen Teil der Selbsterkenntnis und Bewußtwerdung nicht zu öffnen, sondern im geschützten Rahmen als individuelle Erfahrung jedem einzelnen in der Gruppe zu ermöglichen, war mir ein wichtiges Anliegen. Die Abschlußrunde diente lediglich dazu, dem einzelnen zu spiegeln, daß seine erlebten Gefühle bei der Beantwortung der Fragen in Ordnung waren, weil auch andere sie in ähnlicher Form erlebten und spürten. Die Teilnehmer wurden mit dem Ausblick auf ein erneutes Malen am vierten und letzten Abend in die Woche entlassen.

Der Wandlungsprozeß

Die Gestaltung des vierten und letzten Abends ergab sich durch eine Supervisionsstunde zum Thema: Wie kann man Veränderungen bildhaft darstellen?
Mein Supervisor machte mich auf eine von ihm erlebte Arbeit mit der Kunsttherapeutin und Psychoanalytikerin Dr. Gisela SCHMEER auf der Jahrestagung des BVPPT (Berufsverband für Beratung, Pädagogik & Psychotherapie) 1996 in Bad Münstereifel aufmerksam. Dabei wurde mittels Transparentpapier, das auf ein Bild gelegt wurde, mit der Malerin des Bildes zusammen an einem Veränderungsaspekt im Bild gearbeitet. Wieder spürte ich intuitiv, daß diese Methode geeignet ist, um den Teilnehmern in meinem Seminar die Wandlung auf eine neue Lebensperspektive hin zu ermöglichen. Auch für diesen Schritt fand ich Ermutigung in dem Satz: *"Offenbar haben viele Kollegen erkannt, daß es im pädagogischen Kontext notwendig geworden ist, verschiedene Methoden im Sinne Lebendigen Lernens systematisch miteinander zu kombinieren"* (LUMMA 1988, S.161). Nur, wie konnte diese Methode so abgewandelt werden, daß sie allen elf Teilnehmern neue Perspektiven eröffnete?

In mir spürte ich, daß die Antwort nur sein konnte, mit dem Bewußtsein der vorangegangenen Abende den Teilnehmern Vertrauen und Ermutigung für diesen letzten Schritt zu vermitteln. Gemäß dem Leitsatz des Seminars, die Weisheit der Seele zu Wort kommen zu lassen, könnte damit eine Veränderung des Bildes in Eigenbestimmtheit als individueller Prozeß erlebt werden. Damit verbunden wäre gleich zeitig eine Stärkung der Eigenverantwortung.

Zu Beginn des vierten und letzten Abends machte ich mit den Teilnehmern zwei Übungen, die an den Fragenkomplex des dritten Abends anknüpfen sollten. Es waren die Übungen „Führen und geführt werden" und „Selbstvertrauen - alleine blind gehen", deren Überschriften für sich alleine sprechen.
Im anschließenden Blitzlicht konnte jede® zum Ausdruck bringen, wie er (sie) sich als Geführte®, Führende® und als Alleingehende® gefühlt hatte. Daraufhin ermutigte ich die Teilnehmer, die Erkenntnisse der vorigen drei Abende nochmals zu erinnern, um nun im letzten Schritt die Seele zu Wort kommen zu lassen: Was kann und was möchte ich in meinem Bild verändern?

Nach anfänglicher Unruhe und Unsicherheit stellte sich sehr bald ein konzentriertes, vertrauensvolles Arbeiten mit dem Bild ein. Auf dem Transparentpapier wurde der Vollzug einer Wandlung auf eine neue Lebensperspektive hin sichtbar.
Die Abschlußrunde an diesem Abend gab in ausdrucksvollen Worten eine Antwort auf die Frage: „ Was hat sich für mich verändert und wie geht es mir damit?" Jeder

Teilnehmer hatte jetzt Gelegenheit, sein individuelles Erleben in Worte zu kleiden. Die Seminarreihe fand daraufhin ihren Abschluß in einem kurzen Text von Norman Vincent PEALE: Vertrauen wirkt Wunder!

Praxisfeld-Studie: Harald

Harald ist „Neueinsteiger" in diesem Seminar. Er ist Arzt, etwa 35 Jahre alt, verheiratet, hat vier Kinder. Er kommt ins Seminar, weil er einen Kontrapunkt zu seinem bisherigen Leben setzen will.

Zum Märchen

Im Märchen fühlt Harald sich angesprochen von der Szene, in der die Königin sich mit der Nadel in den Daumen sticht. Drei Blutstropfen fallen in den Schnee. Außerdem berührt ihn das Bild, wo die böse Stiefmutter voller Neid auf das schöne Schneewittchen schaut.

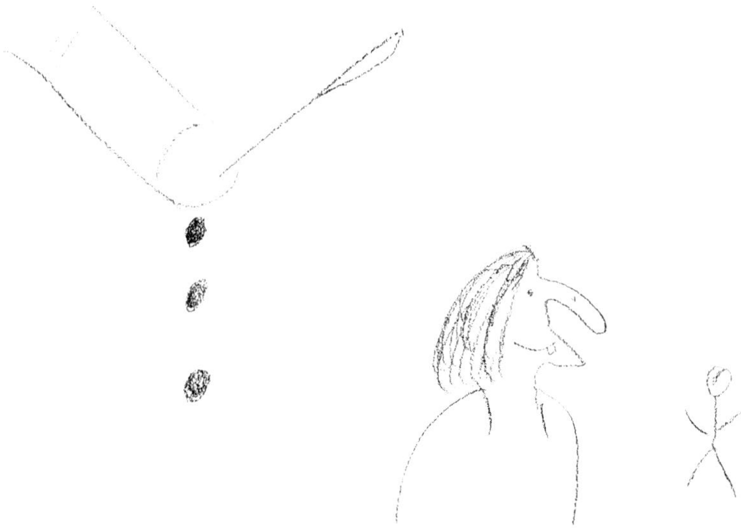

Aktueller Lebensbezug

In der Bildbesprechung entwickelt sich eine metaphorische Kommunikation. Die Realitätsebene wird zu keinem Zeitpunkt konkret besprochen.

Nach der Nadel, als visueller Metapher, befragt, äußert er Schmerz. „Wer hat Sie als Kind wo verletzt?" Diese Frage löst in ihm Betroffenheit und zunächst Schweigen aus. Harald identifiziert sich mit nichts im Bild. Ich bitte ihn daraufhin, sich wie das Piktogramm von Schneewittchen einmal hinzustellen und seine Körpergefühle wahrzunehmen. „Wie fühlen Sie sich dabei?" Er drückt sein Gefühl in einem einzigen Wort aus: „Hilfe!"

Wir spiegeln ihm, daß sein Körper auch Verletzbarkeit und Ausgeliefertsein ausdrückt. Schneewittchen scheint der Nase und dem Kinn der Hexe (Haralds Bezeichnung für die böse Stiefmutter) ausgeliefert zu sein. Harald fragt etwas erstaunt in die Runde: „ Warum hat die Hexe nur einen Oberkörper?" Unsere Antworten machen deutlich, daß für Harald möglicherweise schon im Oberkörper der Hexe alle bedrohenden Elemente (Nase, Kinn) ausgedrückt sind.

Harald kommt zu der Erkenntnis, daß der linke Teil des Bildes (Nadel sticht in Daumen) bereits aus seinem Bewußtsein war. Er drückt sein Erstaunen so aus: „Ich bin überrascht, daß 'eine Sache', die ich bereits für abgeschlossen hielt, sich nochmals zeigt!"

Bezug zur Kindheit

Hierzu gibt Harald, unter Wahrung seiner Anonymität, folgende Rückmeldung. Die ersten drei Fragen haben nochmals starke Erinnerungen an die Kindheit hervorgerufen. In der Botschaft an sein Schneewittchen konnte er deutlich eine Veränderung zu früheren „Eltern-Botschaften" feststellen. Er ist erstaunt darüber, daß sich offenbar etwas verändert hat. „Für mich war es eine gute Übung, die mir Klarheit gebracht und mir meinen jetzigen Stand vor Augen geführt hat."

Der Wandlungsprozeß

Im gemalten Transparentbild spiegeln gravierende Veränderungen diesen Wandlungsprozeß: Die Verletzung hat ein Pflaster bekommen; sie kann jetzt heilen. Die Nadel ist zerbrochen; sie kann nicht mehr verletzen. Die Hexe sitzt im Gefängnis; die Bedrohung hat ihren Schrecken verloren. Aus Schneewittchen ist eine große, bunte Blume entstanden, die ihre ganze Pracht jetzt entfalten kann; denn alle Bedrohungen sind gebannt. In der Farbenpracht spiegelt sich die Fülle neu erblühender Lebensfreude. Bisher verborgene Kraftquellen können endlich fließen.

Harald fühlt sich besser mit dieser Veränderung. Nach anfänglichen Bedenken hat er sich gut auf den Prozeß einlassen können und am Ende mit viel sichtbarer Freude an der Blume gemalt. Harald hat offenbar zu einer neuen positiven Lebensperspektive gefunden. Für ihn hat sich im Verlauf des Prozesses eine offene Gestalt geschlossen.

Praxisfeld-Studie: Gabriele

Gabriele ist mir bereits durch ein anderes Seminar bekannt. Außerdem hat sie kurz vor Seminarbeginn eine Gesprächstherapie bei mir begonnen. Gabriele ist Apothekenhelferin, etwa 50 Jahre alt, verheiratet, hat zwei Kinder und ist seitdem Hausfrau. Sie kommt ins Seminar, weil sie ihre inneren Bilder kennenlernen möchte.

Zum Märchen

Im Märchen fühlt sie sich von zwei Symbolen besonders angesprochen: dem Apfel, den sie in rot und grün malt und der für sie die Polarität von gut und böse verkörpert, und vom Spiegel der bösen Stiefmutter, der für sie das Erkennen von Wahrheit symbolisiert.

Aktueller Lebensbezug

Gabriele bekommt im Verlauf des Prozesses Bezug zu ihrer Realität. Ihr Bild zeugt von einer sehr subtilen Arbeit. Das zeigt sich besonders in der dynamischen Strichführung.

In der Bildbesprechung sagt Gabriele, daß sie das Märchen zuerst mit Aschenputtel verwechselt habe, dem Lieblingsmärchen aus ihrer Kindheit. Da der Apfel für sie die Polarität von gut und böse verkörpert, scheinen sich, unter Beachtung der Dynamik und Strichführung des Apfels, die „guten" Eigenschaften (grüne Apfelseite) in ihrem Lebenskontext relativ passiv (ungelebt?, unbekannt?) zu verhalten, während die „bösen" Eigenschaften (rote Apfelseite) eine Eigendynamik führen, die nach außen stark abgegrenzt ist. Die Frage, ob Wut und Aggression in ihrem Leben sich nach außen zeigen dürfen, macht sie sehr betroffen.

Der Spiegel, ein Symbol zum Erkennen der Wahrheit, ist leer.

Aus dem Wandspiegel im Märchen wird in ihrem Lebenskontext ein Handspiegel, den man bei Bedarf in die Hand nehmen kann und auch wieder weglegen kann. Damit man nicht hineinschauen muß!? Was will sie nicht im Spiegel erkennen? Diese Fragen und Phantasien zu ihrem Bild bleiben zunächst offen im Raum. Gabrieles spürbar starke Betroffenheit zeigt deutlich, daß etwas in ihr in Bewegung gekommen ist.

Bezug zur Kindheit

Auch Gabriele gibt unter Wahrung ihrer Anonymität hierzu folgende Rückmeldung. Die ersten drei Fragen zur Kindheitsphase habe sie relativ leicht beantworten können. Dann sei es für sie zunehmend schwieriger geworden, Antworten zu finden (aktuelle Lebensphase). Auf die Fragen 6 und 7 (zukünftige Lebensphase) konnte sie an dem Abend keine Antwort finden. Das Ergebnis der Übung war für sie zunächst noch mit Ungewißheit und einem Fragezeichen verbunden.

Der Wandlungsprozeß

Auch hier zeugt das mit Hilfe des Transparentpapiers entstandene Bild von einem deutlichen Wandlungsprozeß. Der Apfel hat eine andere Dynamik bekommen. Energien, die bisher in einem selbstzerstörerischen Eigenleben gebunden waren, haben jetzt Kontakt zur Lebendigkeit gefunden: am Stengel des Apfels zeigt sich ein grünes Blatt - ein Ausdruck für verjüngtes Lebensgefühl. Etwas Neues wächst und wird lebendig! Die Reaktivierung dieser immanenten Kraftquelle bewirkt eine Wandlung: aus einem leeren Handspiegel wird ein klarer Wandspiegel. Dem Betrachter schaut ein freundliches Gesicht entgegen mit einem Ausdruck wiederentdeckter Lebensfreude - Gabrieles Gesicht.

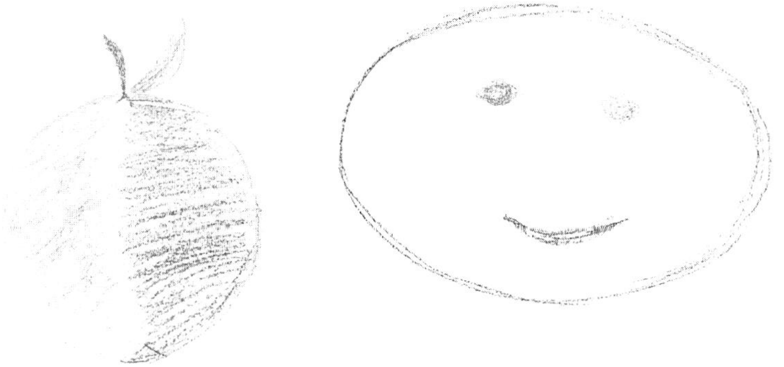

Nach dem Malen fühlt sich Gabriele zunächst erleichtert. In der Abschlußrunde werden bei ihr heftige Emotionen sichtbar. Sie fühlt sich von dem durch das Transparentpapier durchscheinenden Handspiegel bedroht.

Ihr wird bewußt, daß der Spiegel nicht das Symbol für Wahrheit ist, sondern daß der Vater ihr den Spiegel vorgehalten hat, wie sie sein sollte! Dieses Erkennen und Aussprechen löst bei ihr heftiges Weinen aus. Ich bitte sie daraufhin, einmal zu versuchen, ob sie durch Abnehmen des Transparentpapiers die beiden Bilder trennen und getrennt betrachten kann. Sie tut es - nach einem Augenblick des Zögerns - und spürt danach eine große Erleichterung. Sie lächelt: „So gefällt es mir gut!" Die Bedrohung scheint sich für sie aufgelöst zu haben. Jetzt kann sie ihr eigenes lachendes Gesicht im Spiegel erkennen und sich damit identifizieren.

In der therapeutischen Einzelarbeit habe ich bei Gabriele später noch einmal die Verwechslung mit Aschenputtel aufgegriffen und sie nach diesem Märchen malen lassen. Dieses Bild möchte ich der Arbeit hinzufügen.

Für mich wird in diesem Bild allein durch das Blattwerk des Baumes der fortschrei tende Wandlungsprozeß auf eine neue positive Lebensperspektive hin deutlich sichtbar. Auf meine Frage, ob sie sich mit irgend etwas auf dem Bild identifizieren könne, bekomme ich zur Antwort:
„Ich möchte gerne die weiße Taube sein!"

„Ich glaube, daß Sie diese weiße Taube sind; denn wo gäbe es in der Natur schon eine Taube mit vier Beinen!"

Sie schmunzelt über ihr 'Versehen' und lacht mich mit hoffnungsvollen Augen an. Gabriele hat die Botschaft ihrer Seele verstanden.

Reflexion
Was ist während des Prozeßverlaufs geschehen und zu welchen Erkenntnissen hat er geführt?
Retrospektiv betrachtet, läßt sich diese Frage in einem Satz zusammenfassend beantworten:

„Neues Denken fängt da an,
wo wir die Grenzen unseres Verstandes aufheben
und die Weisheit unserer Seele zu Wort kommen lassen"

Der Leitsatz dieses Seminars wurde auch zum Leitsatz meines eigenen orientierungsanalytischen Prozesses und damit richtungsweisend für mein weiteres Arbeiten mit einzelnen und Gruppen.

Meine pädagogisch-therapeutische Arbeit wurde im Kontakt mit der Gruppe durch meine eigene innere Haltung geprägt:

* jedem den Freiraum zu geben, nur so viel von seiner Identität offenzulegen, wie er bereit ist zu tun,

* jedem den Schutz zu gewähren, der in einer relativ „unvertrauten" Gruppe nötig ist, um sich alter Verletzungen oder Konflikte bewußt zu werden, ohne konkrete Erlebnisse aussprechen zu müssen,

* jeden zur Aktivierung seiner Entwicklungskräfte zu ermutigen, um ein positives Lebenskonzept entwickeln zu können,

* jeden in seiner Individualität wahrzunehmen und wertzuschätzen.

In Vorbereitung und während des gesamten Seminars begleitete mich die zielführende Frage: Wie lassen sich persönliche wie berufliche Orientierungen eines Menschen unter besonderer Berücksichtigung seiner Entwicklungsgeschichte analysieren und was hat die Weisheit der Seele damit zu tun? Die Lösung, der Weg zum Ziel, zeigte sich in einer Bündelung verschiedener therapeutischer Methoden, aus „Malen nach Märchen" sowie Elementen der Gestalttherapie, der Transaktionsanalyse und der Kunsttherapie.

Ausgehend von einer ursprünglich aus der Ratio geplanten Polaritätenarbeit mit mehreren Märchen, entwickelte sich schließlich die Konzeption intuitiv aus der Dynamik des Geschehens heraus.

Durch „Malen nach Märchen" wurde eine bildhafte Kommunikation angeregt, in der das unbewußte Wissen der Seele eine kreative Ausdrucksform fand. Durch die Kreativität und das Einfühlungsvermögen jedes einzelnen, der aus ähnlichen aber weniger bedrohlichen Lebenserfahrungen heraus wertschätzend seine Phantasien äußerte, wurde beim Betrachten des gemalten Bildes dem® Maler(in) bewußt, daß hier ein ungelöster Konflikt angesehen und bearbeitet werden wollte.

Dieses Bewußtwerden kann zu einem erschreckenden Erkennen werden. Doch im Schrecken des Erkennens liegt der Zugang zur Kraftquelle für das eigene Tun! Durch Veränderung des Bildes mittels Transparentpapier wurde ein therapeutischer Prozeß fortgesetzt, der schließlich zur Lösung des Konfliktes führte.

Die Praxisfeld-Studie von Gabriele macht dieses deutlich: Das Bild, das einen leeren Spiegel zeigt, wandelt sich im Verlauf des Prozesses. Es zeigt nicht mehr die vom Vater vorgegebenen Normen, sondern die bisher ungelebten, lebensfrohen Anteile des Selbst. Die väterlichen Normen hatten den Spiegel blind gemacht. Sie konnte sich selbst darin nicht erkennen.

Das gemalte Bild, ein Spiegelbild der Seele, wandelt sich im Prozeßverlauf zum Spiegel des Erkennens.

Durch Wiederbelebung verborgener Kraftquellen taucht im Spiegel das verborgene Bild der Seele auf.

Dieser Wandlungsprozeß ist der Beginn eines Initiationsprozesses zur eigenen Identitätsfindung. Er öffnet eine neue positive Lebensperspektive, was sich in der Praxisfeld-Studie von Gabriele ausdrückt in der Trennung der beiden Bilder und dem Satz:

„So gefällt es mir gut!"

Die Loslösung aus der Fremdbestimmung der Eltern-Kind-Beziehung hin zur Entdeckung der eigenen Identität erzeugt ein gutes Gefühl. Daß dieser Prozeß ein rasch voranschreitender ist, zeigt der weitere Entwicklungsweg von Gabriele. Ein einzelnes Blatt am Stengel des Apfels hat sich fortentwickelt zum Blattwerk eines Baumes, das einer weißen Taube als Nahrungsquelle dient. Für mich als Therapeutin leitet sich daraus die hoffnungsvolle Botschaft ab: Die Seele fällt nicht hinter ihr eigenes Erkennen zurück.

Abschließend möchte ich all den Menschen meinen Dank aussprechen, die mir als Wegbegleitung zum richtigen Zeitpunkt die richtigen Worte der
Ermutigung, Erlaubnis und Unterstützung
geschenkt haben. Mein besonderer Dank gilt den Seminarteilnehmern, die durch ihre Offenheit und ihr Einlassen auf den Prozeß ermöglicht haben, daß auch ich mich vertrauensvoll auf etwas völlig Neues einlassen konnte.

Margret Christine Bücher beim Steinbild Hauen in Peccia

Die Manifestation von Früherinnerungen im menschlichen Körper

Vortrag und Übungen vom 1. Kongreß für Orientierungsanalyse
2. bis 5. Juli 1998 in Ascona / Lago Maggiore

Dieter Raabe

Analyse meiner persönlichen Körperskript-Facetten
Kinder haben einen angeborenen Bewegungs- und Ausdrucksdrang. Fanita English bezeichnet diesen Drang als AUSDRUCKSTRIEB. Wenn ich Kinder beobachte stelle ich fest, daß sie freiwillig mit körperlicher Aktivität erst dann aufhören, wenn sie sich energetisch „verausgabt" haben. Im Verlauf unseres „erwachsen" Werdens erfahren die meisten von uns in Bezug auf ihre angeborene Lust eine Strukturierung, die das LUSTPRINZIP ZUM REALITÄTSPRINZIP zu wandeln sucht.

Tafel 38
Aspekte körperorientierten Lernens

Analyse meiner persönlichen Körperskript-Facetten
Mit meiner Atmung beeinflusse ich meine Gefühlsintensität
Das ureigene Atemmuster wieder zulassen
Gefühle sind Energieströme, die durch unseren Körper fließen
Aggression als Ausdruck positiver Lebenskraft und Lebensenergie
Abgrenzung zur Destruktion als Resultat von unterdrückter Lebensenergie
Hintergründe für Gefühlsreduktionen in unserer Kultur
Neustrukturierung des Denkens wirkt sich körperlich aus

Bewegung wird auch von unserer Gesellschaft als Grundthema aufgegriffen, jedoch wird in den meisten persönlichen Entwicklungsprozessen die Lust an der körperlichen Verausgabung (sich lustvoll zu spüren) durch LEISTUNGSSTREBEN und damit durch "Sieg und Niederlage" überzeichnet. Es entstehen Körperskript-Facetten von Gewinnern oder Verlierern. Verlierer werden durch Kränkungen davon abgeschreckt, sich zu engagieren. Auf der Gewinnerseite wird die Lust an Bewegung durch narzißtische Energie überlagert. Die Entfremdung zum Körper läßt zwei Lager entstehen.

* die einen ziehen sich körperlich zurück, weil sie nicht mehr gekränkt werden wollen,
* die anderen entwickeln eine Körperlichkeit, die von narzißtischer Selbstdarstellung und Kampfgeist bestimmt wird.

Mittels bioenergetisch begründeter Orientierungsanalyse unterstützen wir sehr, daß der Mensch nicht nur mit seiner persönlichen Geschichte in Berühung kommt, sondern auch mit der „Biographie seiner Körperlichkeit".

Im meinem Körper spiegelt sich meine Entwicklungsgeschichte in Form von eingefrorenem Ausdruck!

An dieser Stelle möchte ich die Spontanerinnerung eines heute 42jährigen, großgewachsenen Mannes mit einem dicken Bauch und stark reduzierter Motilität vorstellen.
Herr Koller befand sich in einer viermonatigen Entwöhnungsbehandlung für alkohol- und medikamentenabhängige Männer. Wir sprachen in der Gruppenstunde darüber, daß der zukünftige Verzicht auf das Suchtmittel meines Erachtens nur im Austausch mit einer neu gewonnen, lustvollen Körperlichkeit zu einer Zufriedenheit führen kann. Ich biete ihm über mein Kind-Ich einen Tauschhandel an:
„Du gibst mir die „Flasche", und ich gebe Dir als Gegenleistung den Ausdruckstrieb zurück".
Herr Koller bemerkte in diesem Zusammenhang, daß er sehr viel Unlust empfinde wenn er mit den anderen Klienten zum Sport gehe. Er wurde daraufhin in der Gruppenstunde dazu angeregt, zu diesem Thema spontan eine Kindheitserinnerung einzuholen.

Herr Koller:
"Ich war immer der kleinste im Kindergarten und dann auch in der Grundschule. Ich konnte mit den anderen nie richtig mithalten. Meine konkrete Erinnerung zu diesem Kontext: In der Grundschule sollten wir im Sportunterricht zwei Mannschaften bilden. Ich blieb als einziger auf der Bank sitzen und wurde auch nicht weiter beachtet."

Das Thema: Ich werde ausgeschlossen.
Das Gefühl: Scham und Trauer

Herr Koller spielt diese Situation im Rollenspiel nach. Noch während des Rollenspieles wird ihm schlagartig deutlich, warum er sich auch heute noch von jeglicher körperlicher Aktivität ausschließt. Er wird sehr traurig und ist überrascht, daß er von seinen Gruppenkollegen nicht ausgelacht, sondern „trotz" seiner Betroffenheit angenommen wird. Dies verstärkt zunächst seine Trauer, doch als er sich ausgeweint hat weicht die Trauer einem Lachen und großer Freude. Die Erlaubnis seiner Therapie-Kollegen, dazu zu gehören und einfach Spaß an körperlichem Ausdruck haben zu dürfen kann er in den Sportstunden mehr und mehr und dann auch in seiner sonstigen Lebenszeit in die Realität umsetzen.

Grundsätzlich ist es hilfreich, die Facetten des Körperskripts herauszufinden. Wenn mir klar ist, welche Strukturierung meine ursprüngliche Körperlust, mein Ausdruckstrieb erfahren hat, so kann ich die Erlaubnis akzeptieren, die ursprüngliche Lustfähigkeit wieder in mein Leben zu integrieren.

Tafel 39
Der orientierungsanalytische Dreierrhythmus

* Biografisches Wissen einholen
  (z.B. Früherinnerungen / Einschärfungen / Geschichten)
* Inhalte des biografischen Wissens auf spielerische Ebene bringen
  (z.B. Szenario / Malen)
* Reflexion zum aktuellen Lebensbezug initiieren
  Gibt es Wiederholungen?
  Wo will ich hin?
  Welche Erlaubnisse brauche ich?
  Wen will ich beteiligen?

An dieser Stelle verweise ich auf einen norwegischen Dokumentarfilm über die „afrikanische Bewegung", den eigenen Körper mit seiner Ausdruckskraft zu verbinden anstatt ihn steif zu machen. Der Titel des Dokumentarfilms lautet „The Moment Sings" und die Autoren sind John COLLINS und You Roar BJORKVOLD. Maria AMON machte mich auf diesen Film aufmerksam.

Ein Beispiel
Ich habe einen alkoholabhängigen Klienten über vier Monate begleitet, der in einer Gruppenstunde feststellte: *"Wenn ich in Afrika war, hatte ich kein Verlangen nach Alkohol."* Bei genauerem Nachfragen wurde deutlich, daß er in Afrika durch die Kontaktfähigkeit und das starke „afrikanische" Ja zum Kind-Ich der Afrikaner automatisch Erlaubnis spürte, sein eigenes Kind-Ich mehr zum Leben zu erwecken - und zwar ohne Alkohol. Zurück in Deuschland stieg er dann wieder in sein gewohntes Alkoholiker-Skript ein. Nach der Therapie nahm dieser Klient einen Job in Südafrika an; er ist heute zur einen Hälfte des Jahres in Afrika und zur anderen Hälfte in Deutschland. Er berichtet davon, sich heute auch in Deutschland mehr und mehr erlauben zu können „gesund & lebendig" zu sein und das ohne Alkohol.

Frage zum Körperskript
Welche einschärfenden Elternbotschaften habe ich in Bezug auf meine Körperlichkeit auf meiner limbischen Festplatte im Gehirn gespeichert?
Ich möchte dazu einladen, das Lesen kurz zu unterbrechen und eine, zwei oder auch drei konkrete, einschärfende Elternbotschaften in Bezug auf den Ausdruckstrieb zu erinnern.
Zum Nachspüren des „Afrikanischen" in uns selber empfehle ich dabei das Hören von *Olantanji: Drums of Passion*. Es ist auch in Ordnung, zu dieser Musik spontan zu tanzen.

Mit meiner Atmung beeinflusse ich meine Gefühlsintensität
Bereits in der Schöpfungsgeschichte wird auf die zentrale Bedeutung unserer Atmung hingewiesen: *"Gott hauchte dem Menschen das Leben ein."* Obwohl Leben und Atmung von jedem Menschen spontan als untrennbare Einheit gesehen werden, erlebe ich in pädagogisch-therapeutischem Training zunächst großes Staunen, wenn ich Teilnehmern den aus körpertherapeutischer Sicht zentralen Zusammenhang von Gefühlsverdrängung und persönlichem Atemmuster vorstelle und in Form von Körperübungen (z.B. Atementspannung) zur Selbsterfahrung anbiete.

In verschiedenen östlichen Lehren zur Unterstützung von Ganzheitserfahrungen des Menschen, wie z.B. in der Jogalehre, ist der Zusammenhang von Atmung und tiefer Selbsterfahrung schon seit Jahrtausenden bekannt. Das wir uns seit einigen Jahren verstärkt in unseren Kulturkreisen mit dieser Thematik beschäftigen, kann als Anknüpfung an uralte Weisheiten gesehen werden.

Begleite Dein Gegenüber in der Erfahrung, daß Fühlen und Atmen in engem Zusammenhang stehen
Wilhelm REICH war der erste Psychoanalytiker, der aus der Freudschen Schule kommend den Zusammenhang von verdrängten Gefühlen und unterdrückter Atmung in den Kontext der Psychotherapie stellte. Er verließ die Methode der freien Assoziation, indem er den Klienten dazu einlud, sich in Rückenlage auf ein Bett zu legen und sich auf seine Atmung zu konzentrieren. Nach recht kurzer Zeit vertiefte sich die Atmung des Klienten und verdrängte Gefühle kamen an die Oberfläche seines Bewußtseins. Reich hatte eine weitreichende Entdeckung gemacht. Verdrängte Themenbereiche, die mit der Technik der freien Assoziation erst nach Monaten oder Jahren ins Bewußtsein des Klienten traten, kamen durch die Atemarbeit oft schon nach wenigen Sitzungen an die Oberfläche des Bewußtseins. In dieser vegetotherapeutischen Erkenntnis liegt die Geburtsstunde der heutigen Körpertherapie. Reich war mit seiner neuen Methode nicht mehr auf den mit großen Widerständen verknüpften mentalen Zugang der freien Assoziation angewiesen. Über die Atementspannung konnte nun direkter gearbeitet werden. Kam der Klient mit seinen verdrängten Gefühlsinhalten in Berührung, setzte Reich die Therapie mit den traditionellen Techniken der Psychanalyse fort.

Das ureigene Atemmuster wieder zulassen
Wenn wir in Körperübungen unsere Atmung genauer beobachten, stellen wir in den meisten Fällen fest, dass unsere Atemwelle sich nicht ungehindert ausdehnen darf. Der aus dem Atemzentrum im Gehirn eingespeiste Atemimpuls, der unsere Lungen normalerweise dazu veranlasst,beim Einatmen zunächst unseren Bauch-

raum und dann unseren Brustkorb mit Luft zu füllen, wird in den meisten Fällen durch muskuläre Verkrampfungen an seiner Ausdehnung gehindert. In körpertherapeutischen Wahrnehmungsübungen wird dazu eingeladen, Aufmerksamkeit auf die Bewegung der Ein- und Ausatmung zu lenken. Wichtig ist in diesem Zusammenhang die Vorinformation an den Übenden, daß es nicht darum geht, ein neues, von außen vorgegebenes Atemmuster zu trainieren, sondern durch aufmerksame Beobachtung wahrzunehmen, wie sich der Übende mit verkrampfter Muskulatur daran hindert, die vom Gehirn vorgesehene Atemwelle auszubreiten. Ziel von Atemarbeit ist die Bewußtwerdung des persönlichen Atemmusters, um somit über Atemtraining durch Loslassen der Brust- und Bauchmuskulatur das vom Körper vorgesehene Muster erneut zu entdecken und zu entwickeln. Wenn es einem Menschen gelingt, sich wieder auf tiefes Ein- und Ausatmen einzulassen, so ist bei genauerem Hinschauen zu beobachten, daß der Übende seine Gefühle und seine Umwelt intensiver wahrnimmt. Seine Energieproduktion steigt durch die höhere Grundversorgung mit Sauerstoff.

Gefühle sind Energieströme, die durch unseren Körper fließen
Eine der körpertherapeutischen Grundannahmen ist die Vorstellung, dass unsere Gefühle in Form von Energieströmen durch unseren Körper fließen. Die Chinesen nennen diese Energie Chi. Zarte Gefühle wie Trauer und Sehnsucht fließen auf der Vorderseite des Körpers, aggresssive Gefühle wie Wut und Ärger fließen auf der Körperrückseite. Wenn wir von der Vorstellung der Gefühlsenergie ausgehen, wird deutlich, daß mit tiefer Atmung der Stoffwechsel durch erhöhte Sauerstoffzufuhr zur vermehrten Verbrennung von Kohlehydraten führt. Die dem Körper bereitgestellte Energie und parallel dazu die Gefühlsenergie wird proportional erhöht. Ist die Gefühlswahrnehmung durch Atemarbeit erhöht, so kommt es beim Übenden oft zu spontanen Gefühlsbewegungen. Tiefe Trauer wird plötzlich im Bauchraum frei und entlädt sich spontan und oft sehr heftig. Möglich ist auch die spontane Entladung von jahrzehntelang angestauter Wut oder die Wahrnehmung von Sehnsucht nach Berührung.

Im orientierungsanalytischen Setting wird der Übende wärend oder nach seiner Gefühlsentladung nach im Moment auftauchenden, frühen Kindheitserinnerungen befragt. Die Erinnerungen geben in den meisten Fällen einen präzisen Einblick in den Kontext der zugrundeliegenden Entwicklungszusammenhänge. Es können verdrängte Themenbereiche unserer Vergangenheit auftauchen, die in der Regel als schmerzhaft erlebt wurden. Ohne therapeutische Begleitung und Anregung, die eigene Biographie zu akzeptieren, würde der Klient vor auftauchendem Schmerz ausweichen.

Beispiel
In diesem Zusammenhang erinnere ich mich an einen 62-jährigen Klienten, der sich nur unter grossen Widerständen und mit Druck von Seiten des Arztes und seiner erwachsenen Kinder entschlossen hatte, eine Entwöhnungskur für Alkoholiker zu besuchen. Als ehemaliger Manager einer großen deutschen Firma hatte er zwar mit sich selbst die Verabredung getroffen, eine Therapie durchzuführen, doch kein konstruktives Gefühl war mit diesem Entschluß verbunden. Allerdings wollte er den Kontakt zu seinen Kindern nicht aufs Spiel setzen, und er konnte auch seine Augen nicht weiter vor den Hiobsbotschaften seines Arztes verschließen; seinen „inneren" Therapievertrag, d.h. das O.K., sich mit seiner Lebenssituation auseinanderzusetzen hatte er auch nach 10 Wochen Aufenthalt in einer Entwöhnungsklinik jedoch noch nicht gefunden. Erst nach der 10. Therapiewoche konnte er damit beginnen, sich durch Auseinandersetzung mit den Phänomenen des Alkoholismus auf rationaler Ebene endlich einzugestehen, dass er zur Gruppe der abhängigen Trinker gehörte.

In der therapeutischen Arbeit mit Süchtigen gehe ich davon aus, daß hinter jedem Suchtproblem ein massives Beziehungsproblem steckt. Sowohl die Beziehung zum eigenen Selbst als auch die Beziehung zur Umwelt wird in jeder tiefergehenden Analyse persönlicher Suchthintergrüde letztlich zum Zentralthema der Auseinandersetzung.

Die Entwicklungszusammenhänge seiner Sucht wollte er bisher nicht anschauen. Da er als Manager gewohnt war, sich auf Körperübungen, z.B. Autogenes Training einzulassen, wurde es ihm auch möglich, sich auf auf eine bioenergetische Atementspannungsübung einzulassen. Er bemerkte dabei, dass sich seine Bauchmuskulatur abwechselnd kontrahierte und entspannte. Erst wollte er an diesem Punkt X aus der Atementspannung aussteigen. Ich machte ihm jedoch Mut, sich auf die muskulären Phänomene im Bauchraum und auf ein Loslassen seines verkrampften Kiefers einzulassen.
Aus den anfänglichen Zuckungen entwickelte sich ein tiefes aus dem Bauch kommendes Schluchzen. Der Patient weinte mehrere Minuten lang tief aus seinem Bauch und konnte die zwischendurch immer wieder von mir ausgesprochene Erlaubnis annehmen, sich auf seinen Körper und auf seine tiefen Gefühle einzulassen. Nachdem er sich ausgeweint und wieder beruhigte hatte, fragte ich ihn, welche Erinnerungen ihm momentan durch den Kopf gingen. Er sagte, er würde an seine verstorbene Frau denken, er verspüre momentan eine große Sehnsucht sich mit seiner Frau auszutauschen. Ihm sei gerade bewußt geworden, wie sehr sich seine Frau während ihrer Ehe gewünscht hatte ihn emotional zu erreichen. Dies löste in ihm nochmals große Trauer aus; er konnte sich dann nochmals auf ein tiefes Weinen aus dem Bauch einlassen.
Nach einiger Zeit stellte er fest, daß er sich so entspannt fühle wie niemals zuvor in seinem Leben. Es wurde ihm bewußt, dass er bis heute Entspannung nur mit Hilfe von Alkohol gefunden hatte.
Er ließ sich danach auf einen gestalttherapeutischen Dialog mit seiner verstorbenen Frau ein. Es stellte sich heraus, daß er immer eine tiefe Sehnsucht verspürte sich gefühlsmäßig seiner Ehefrau anzuvertrauen. Dies entsprach jedoch nicht dem introjizierten Rollenverhalten als Mann. Nach der *Hot & Empty Seat Sitzung* (gestalttherapeutischer Dialog) konnte er resümierend feststellen, dass ihm dieses Gespräch mit seiner Ehefrau sehr gut getan hätte. Er fühle sich sehr intensiv und frei.

In Bezug auf seine Alkoholabhängigkeit wurde dann noch eingehend darüber gesprochen, wie er diese Erfahrung aus dem Rollenspiel in sein zukünftiges Leben integrieren könnte. Ihm wurde klar, daß er heute Menschen braucht, denen er sich anvertrauen kann, z.B. seiner ältesten Tochter und seinen Kollegen in der Therapiegruppe. Ihm war jetzt auch emotional bewußt, wie er den Alkohol in seinem Leben funktionalisiert hatte. In einer folgenden Gruppensitzung setzte sich der Patient mit Hilfe von Kindheitserinnerungen auch mit seiner Vaterbeziehung auseinander. Mit Hilfe von Kindheitserinnerungen wurde ihm sein Rollenverständnis als Mann transparent. Er hatte in dieser Hinsicht einen tiefen Einblick in sein Lebensdrehbuch gewonnen und konnte über Verträge mit sich selbst sein Drehbuch verändern.

Er gab sich eine neue Regieanweisung: *"Ich darf mich auch als Mann einem nahestehenden Menschen emotional anvertrauen."* Wichtig ist, daß der Patient diese Erlaubnis in seinem Leben verankert, z.B. indem er zu diesem Thema ein Bild malt und dieses Bild irgendwo in seinem Lebensfeld aufhängt, um sich die Erlaubnis immer wieder zu erneuern. Während seiner weiteren Therapie konnte er sich wesentlich freier in den Gruppenprozeß einlassen. In einem darauf folgenden familientherapeutischen Gespräch mit seiner ältesten Tochter konnte er sich emotional erstmals seiner Tochter mitteilen. Auch die Tochter brach in Tränen aus und sagte ihrem Vater, daß sie sich ein Gespräch wie dieses schon immer gewünscht habe.

Liegendes Grounding mit Begleiter *
Übung zur Atemwahrnehmung und -entspannung

Der Klient liegt in Rückenlage mit aufgestellten Füßen auf einer weichen Unterlage. Die Knie sind angewinkelt, die Füße werden fest auf die Unterlage gestellt. Der Klient wird dazu eingeladen sich mit seinem Körper der Schwerkraft unserer Erde zu überlassen. Der Klient schenkt seiner Atembewegung Aufmerksamkeit. Als Begleiter beobachte ich, wie sich der Brustraum und der Bauchraum bewegt. Der Klient teilt mir mit, wie er seine Atembewegung wahrnimmt. Ich schildere ihm meine Wahrnehmung.

Aggression als Ausdruck positiver Lebenskraft und Lebensenergie *
Abgrenzung zur Destruktion als Resultat von unterdrückter Lebensenergie

Unsere Aggressionsskript-Facetten, die Struktur, wie wir mit unseren Aggressionen im Alltag umgehen, spiegelt sich ebenfalls in unseren Früherinnerungen wieder. Habe ich beispielsweise die Einschärfung "Sei nicht aggressiv!" auf meiner limbischen Festplatte gespeichert, dann hat das weitreichende Konsequenzen für meinen Körper. Werde ich von der Außenwelt aggressiv stimuliert, reagiert mein R-Komplex-Gehirn und stellt der Rückenmuskulatur, Kiefer-, Becken-, Arm- und Beinmuskulatur Energie zur Verfügung um anzugreifen, zu fliehen oder zu erstarren. Wird diese auf der Hardwareebene bereitgestellte Energie jetzt durch eine Programmschleife aus dem Limbischen System z.B. mit der Regieanweisung "Zeig deine aggressiven Impulse nicht!" überzeichnet, dann setzt sich die in meine Muskulatur eingeflossene Energie in Form von Verspannungen und Verhärtungen fest.

Folgende Muskeln sind hauptsächlich betroffen:
* Lange Muskeln rechts und links neben der Wirbelsäule
* Muskulatur rechts und links von der Halswirbelsäule
* Muskulatur rund um den hinteren Schädelknochen

Wird aggressive Spannung ausgelebt, so reagiert unser Körper mit einem Lustgefühl.
Wird die aggressive Spannung festgehalten, so reagiert unser Körper mit einem Unlustgefühl.

Grundsätzlich finde ich es wichtig, sich die unterschiedlichen Facetten des persönlichen Aggressionsskipt bewußt zu machen: Welche Einschärfungen habe ich zu dieser Grundthematik mit auf den Lebensweg genommen? Selbst wenn wir unser Lebensdrehbuch über Erlaubnisse in puncto Aggression sinnvoll verändert haben, ist es aus psychohygienischen Gesichtspunkten wichtig unseren Aggressionshaushalt zu verstehen und zu regulieren.

Beispiel
Wir haben auf der Arbeit Ärger erfahren. Der R-Komplex wird mobilisiert, das Tier in uns wird mobilisiert. Aus dem Darm- und Magenbereich wird Energie abgezogen um anzugreifen oder zu fliehen. Dann sagt uns das introjizierte Erwachsenen-Ich, daß es sinnvoller ist, die animalischen Impulse nicht unmittelbar auszuleben (Realitätsprinzip). Die Folge davon ist: Wir nehmen einen hochaufgeladen Körper mit nach Hause. Wir lassen die Spannung bestehen, verhärten unsere Muskulatur, und auf mentaler Ebene reagieren wir gereizt. Das Körpergefühl meldet "Unlust". Bauen wir bewußt die aufgeladene Energie ab, zum Beispiel über Holzhacken, Squashspielen, Fußballspielen, so stellt sich als körperliche Reaktion ein wohliges, lustvolles Körpergefühl ein.

Im Entwicklungspsychologischen Modell von P. LEVIN werden in diesem Zusammenhang auf der ausagierenden Ebene (Lustprinzip) die Kraft des Tuns und auf der strukturgebenden Ebene (Realitätsprinzip) die Kraft des Denkens angesprochen.

Wurde bei einem Menschen die Kraft des Seins wenig unterstützt, so ist auf Körperebene eine festgehaltene aggressive Grundspannung zu beobachten. Vorsicht: In diesem Fall ist es wichtig, „Kraft zum Sein" aufzutanken. Ist die Ebene des Seins gestärkt, kann wohldosiert Erlaubnis gegeben werden, Aggression ausszudrücken

Dauerhaft unterdrückte Aggression (drauflosgehen, zupacken) führt zur Destruktion, entweder nach außen oder nach innen gerichtet.

Beispiel
Herr Großbein hatte sich in einer Früherinnerungsarbeit mit der Hemmung auseinandergesetzt, sich in nahen Beziehungen nicht abgrenzen zu dürfen und deutliche Wünsche zu äußern. Bisher praktizierte er ein umständliches, uneffektives Spiel-

ritual mit beleidigtem Schweigen über mehrere Tage. Er „wollte" damit seine Umwelt dafür bestrafen, daß ihm niemand bisher seine stillen Wünsche „von den Lippen abgelesen" hatte. Aus der Früherinnerungs-Sitzung ging er mit viel Erlaubnis nach Hause, seine Konturen deutlicher zu zeigen, obwohl er die tiefe Grundangst in sich spürte, dann nicht mehr geliebt zu werden. In den folgenden 3 Wochen hatte er sich mit viel Kraft zur Identität vor allem in seiner Partnerschaft abgegrenzt und deutlich zu erkennen gegeben, wozu er in der Beziehung bereit, und wozu er eben nicht mehr bereit wäre. Er machte daraufhin die Erfahrung, daß seine Beziehung eher gestärkt wurde und „trotz" des direkten Draufzugehens und Abgrenzens das Gegenteil seiner phantasierten Vorstellung von Liebesentzug und Ablehnung eintrat.

Dieser Klient beobachtete Muskelzuckungen in der Rücken-, Bein-, Arm- und Kiefermuskulatur, wenn er abends zur Ruhe gekommen war. Nach einer Zeit der Vibration stellte sich dann ein entspanntes Körpergefühl ein. Diese Erfahrung machte ihm Mut, mit dem Neugelernten weiterzumachen. Mir führte dieses Beispiel nochmals sehr deutlich die Ganzheitlichkeit von Körper, Geist und Seele vor Augen.

Mögliche Hintergründe für die Gefühlsreduktion des westlichen Menschen

Ich gehe davon aus, daß kein Elternpaar bewußt seine Kinder dazu erzieht, Gefühlswahrnehmung und Ausdrucksfähigkeit einzuschränken. Meine Beobachtungen zeigen jedoch, daß die meisten Menschen ihr Selbstwahrnehmungspotential stark eingeschränkt haben. So erlebe ich Menschen, die das Bedürfnis, berührt und geliebt zu werden, nicht mehr spüren und sich statt dessen mit Lebensmitteln vollstopfen.

Angestautes Fett macht bewegungsloser, die Muskeln verkümmern. Weil sie immer unansehnlicher werden, können sie nur noch weniger Menschen positiv an sich binden. Der daraus resultierende Frust verstärkt den Druck der Lebensmittelzufuhr erneut. Eine Endlosspirale kommt in Bewegung. Entweder stirbt dieser Mensch an Bewegungsmangel und Überfettung, oder er wird mit seiner zur Sucht entarteten Fresserei konfrontiert und zu einer Therapie motiviert.

Therapie hat dann die Aufgabe, diesen Menschen dabei zu unterstützen, seine ursprünglichen Bedürfnisse wieder zu spüren und realistische Strategien dafür zu entwickeln, seine wirkliche Lust auch zu befriedigen.

Die Fähigkeit sich selbst zu spüren, ist das wichtigste Navigationsgerät im Leben eines Menschen um das "Lebensschiff" auf Kurs zu bringen. Nur wenn ich mit meinen Bedürfnissen einen innigen Kontakt pflege, kann ich wirklich "Kapitän auf meinem eigenen Schiff" sein und meinem Lebensdampfer den Kurs im Sinne eines persönlichen Lebensstils geben.

Wir leben in einer Welt, die uns tagtäglich dazu verführt, unsere wirklichen Bedürfnisse nicht wahrzunehmen. In den Massenmedien werden wir permanent dazu verführt, individuelle Bedürfnisse auf den Kauf von Waren und Dienstleistungen abzulenken. Unser Wirtschaftssystem basiert sozusagen auf der Entfremdung des Menschen in Bezug auf seine basischen Bedürfnisse. Das Bruttosozialprodukt steigt in dem Maße, wie es der Werbewirtschaft mit ihrem Heer von hochdotierten Psychologen gelingt, uns einzureden, dass der Kauf eines Sportwagens uns so unwiderstehlich macht, daß die schönen Frauen für uns Männer nur noch so Schlange stehen; dass Weinbrand der Schlüssel für einen gemütlichen Abend ist; dass Kinder erst "richtig in" sind, wenn sie die 300DM teuren, mit Rückstrahler und Blinklicht ausgerüsteten Turnschuhe von Rebock tragen.... .

Wenn heute die Wirtschaft dieses Interesse an einer Unterdrückung der Kommunikation des Menschen mit sich selbst offenbart, so war es in den vergangenen Jahrhunderten das Militär. Jeder General braucht gutes Kanonenfutter, braucht Männer, die bereit sind, auch Unmenschliches zu tun. Und das ist nur möglich, wenn die ihm anvertrauten Menschen sich nicht gut spüren können. Also hat militärischer Drill seinen tiefen Sinn darin, eine gewisse roboterähnliche Programmierung des Soldaten vorzunehmen.
Aus körpertherapeutischer Sicht lohnt es sich, einmal genauer hinzuschauen welche Intentionen hinter den militärischen Grundübungen stehen. Ich möchte mir folgende Bemerkung erlauben: *"Militärischer Drill ist eine negative Form von Körpertherapie"*. Haben wir in der körperzentrierten Orientierungsanalyse das erklärte Ziel, den Menschen bei der Findung seines Selbst zu unterstützen, so haben Drill und die daraus resultierenden Körperhaltungen das unausgesprochene Ziel, genau dies zu verhindern oder rückgängig zu machen.
Sie verhindern die Erlaubnis zur Selbstfindung.

Englischer Wachsoldat

Wie Neustrukturierung des Denkens sich körperlich auswirken kann

Eröffnungsvortrag zur 13. Studienwoche des IHP
im Haus Maria in der Aue, Sommer 1998

Dieter Raabe

In meiner Arbeit gehe ich grundsätzlich von der Arbeitshypothese aus, daß des Menschen Seelenleben und Denken sich in seinem Körper widerspiegeln. Veränderungen im Denken bewirken Veränderungen in der körperlichen Wahrnehmung und im energetischen Prozeß. In der körpertherapeutischen Praxis mache ich immer wieder die Erfahrung, daß ich diesen Prozeß auch umkehren kann. Körperbezogene Interventionen beeinflussen das Denken und den Kontakt zur Seele. Dass ich in diesem kleinen Beitrag die Veränderung des Denkens auf den körperlichen Prozeß reflektiere, hat einen wichtigen Hintergrund. Im Rahmen meiner orientierungsanalytischen Supervisionsgruppe beschäftigten wir uns mit dem Phänomen, daß Menschen in der Auseinandersetzung mit ihrer Biographie wichtige Neuentscheidungen treffen und wie in einigen Fällen lebensbejahende Neuentscheidungen von Krankheitssymptomen oder Unfällen *begleitet* werden.

Im kollegialen Gespräch wurde deutlich, daß dieses Phänomen nicht oft, aber immer mal wieder auftaucht. Wir nahmen dies zum Anlaß, über mögliche Hintergründe dieses Phänomens nachzudenken, um in Zukunft über Anhaltspunkte zum Schutz des Klienten eine mögliche Gefahr zu antizipieren. In diesem Sinne sind meine Reflexionen zum Thema Schutz des Klienten als erste Arbeitshypothese zu sehen, mit der ich einen breiten Kollegenkreis zum Diskurs einladen möchte.Wenn ich daraufhin meine orientierungsanalytisch-körpertherapeutische Praxis anschaue, bewirkt eine Neustrukturierung des Denkens grundsätzlich körperliche Veränderungen. Z. B. wenn sich ein Klient mit einschränkenden Elternbotschaften in Bezug auf den Ausdruck von Wut auseinandersetzt, so könnte die spezielle Botschaft lauten: "Wenn Du wütend bist, hat Dich die Mammi nicht mehr lieb!" und er realisiert, daß es heute möglich ist wütend zu sein, ohne mit Liebesentzug bestraft zu werden. Sein Körper leitet eine Entspannung der Kiefermuskulatur und der Rückenmuskulatur ein. Die Energie der Wut muß nicht länger in diesen Muskeln gebunden werden. In der Folge möchte ich mich mit einigen Aspekten solcher körperlichen Veränderungsprozesse auseinandersetzten, die Hinweise auf eine mögliche Schutzbedürftigkeit des Klienten geben.

Das Selbstbestrafungsphänomen

In der Gestaltterminologie bezeichnen wir dieses Phänomen als Retroflexion.
In der körpertherapeutischen Methodik übe ich mit den Klienten körperlich z.B. den Ausdruck von Wut. Arbeitet der Klient mit dieser Ausdrucksintension am Boxsack oder auf einer großen Schaumstoff-Matte, so beobachte ich besonders bei Klienten, die davon berichten, mit Schuldgefühlen und Bestrafung erzogen worden zu sein, eine Tendenz zur Verletzung. Wenn ich nun solche Klienten über Erlaubnis ermutige, Gefühle wie Wut auf der Matte oder am Boxsack auszuagieren, so muß ich Sicherheitsmaßnahmen ergreifen, damit sie sich nicht verletzen. Ansonsten endet das Austoben am Boxsack möglicherweise mit verstauchtem oder gebrochenem Handgelenk. Oder das Ausagieren auf der 2 mal 2 Meter grossen Schaumstoffmatte - vom Setting her eigentlich sehr sicher eingerichtet - endet mit kräftigem Aufschlagen der Ferse auf dem Boden *neben der Matte*.

Meine Erfahrung zeigt, dass *Schuldgefühle in Verbindung mit neuer Erlaubnis* Unfälle geradezu anziehen. Es ist dann so, als ob man sich für die Erlaubnis selbst strafen müßte.

Auch wenn das Erwachsenen-Ich des Klienten sich klar entschieden haben kann, das Leben genussvoller und konstruktiver zu gestalten, wenn das Kind-Ich mehr Erlaubnis bekommt, sich natürlich zu bewegen, so wirken scheinbar gleichzeitig aus dem Eltern-Ich heraus lange geübten Bestrafungsrituale.
Konsequenz: Als Orientierungsanalytiker mache ich die Klienten auf die Tendenz zur Selbstbestrafung aus dem überkritischen Eltern-Ich aufmerksam und unterstütze den Schutz vor Unfall, so dass er diese Instanz seiner Persönlichkeit versteht und dann schrittweise mit seinem neu gelernten fürsorglichen Eltern-Ich einen eigenen Schutz entwickeln kann.

Im körpertherapeutischen Setting kann der Schutz unmittelbar in der Beratungssitzung auf der Handlungsebene eingeübt werden Trotzdem ist es wichtig, daß der Klient sich seiner Selbstbestrafungstendenz bewußt ist, während er Neuentscheidungen in seinen Lebensalltag etaibliert. In einer orientierungsanalytischen Sitzung erfolgt die Vorbereitung des Lebensalltags in Form von Rollenspielen, dies mit dem besonderen Focus auf die retroflexive Instanz des strafenden, über-kritischen Eltern-Ichs.

Wichtig ist, die Tendenz zur Bestrafung nicht zu vermeiden, nicht zu übersehen, sondern sie zu thematisieren, so daß der Klient sich selbst in diesem Zusammenhang versteht.

Mangelnde Erdung (No Grounding)

In der orientierungsanalytischen Arbeit achten wir grundsätzlich auf Bodenständigkeit, die Art, wie der Klient auf dem Boden steht, wie seine Bioenergie geerdet ist. Wir üben "richtiges Stehen" regelrecht im orthopädischen Sinne und fördern die Wahrnehmung im unteren Körper. Diese körperliche Erdungsübung hat ihr Äquivalent in der Entwicklung eines "bodenständigen Lebensstils" bzw. der Einübung des Realitätsprinzips beim Klienten.

Wenn zum Beispiel einschränkende Skriptbotschaften (z.B. Einschärfungen und Antreiber) in Bezug auf den sexuellen Lebensstil des Klienten bearbeitet werden und der Klient neue Erlaubnis dafür erhält, seine Sexualität genießen zu dürfen, so kann es sein, dass er ohne eingeübte Kenntnis des *Grounding,* des Erdens dazu neigt, seine im Becken freiwerdende Energie in den Kopf zu lenken. Das gilt besonders für Klienten, die in ihrer Sozialisation gelernt haben, Denken zu favorisieren und Fühlen zu vermeiden oder gar zu unterdrücken. Dies kann zu Kopfschmerzen oder starken Druckgefühlen im Kopf führen.

Vor dem Erarbeiten neuer Erlaubnis ist es wichtig, das Erden *(grounding)* zu üben, damit sich sich die freiwerdende Energie nicht im Kopf sondern im Becken und den Beinen entladen kann. Im übertragenen Sinne geht es darum, daß der Klient lernt, seinen Lebensstil zu erden. Ich habe zahlreiche Beispiele aus der Bagwan-Sanjassin-Zeit vor Augen, wo Menschen sich Erlaubnis gegeben haben ihre Sexualität zu leben, dies jedoch sozial und körperlich nicht "erden" konnten und letztendlich mit Entfremdung und körperlichen Symptomen teuer bezahlen mussten.

Die Stärkung der Kraft des Seins

Hat ein Klient in seiner frühen Sozialisation nur wenig Kraft zum Sein mit auf den Weg bekommen, so bewirkt dies auf der Körperebene stark reduzierte Atmung und verkrampfte Muskulatur: Man reißt sich ständig zusammen. Der Energiefluß ist dann überwiegend zum Kopf hin orientiert, und die Erdung ist wenig ausgeprägt. In einem solchen Fall ist es wichtig, keine auslösende Arbeit zu initiieren da eine Auflockerung der Muskulatur oder Vertiefung der Atmung zu Überschwemmungsphänomenen (Psychose) führen kann. Wichtig ist, dies zu erkennen und auf der Beziehungsebene die Kraft des Seins zu stärken und das Erden zu üben, um dann auf dieser neuen Grundlage beziehungsgestärkter Existenz den nächsten Entwicklungsschritt zu initiieren.

Tafel 1
Entwicklungsphasen * Entwicklungszyklen
nach Pamela Levin

cycles of power

1. Die Kraft zum Dasein (0 - 6 Monate)
2. Die Kraft zum Tun (6 - 18 Monate)
3. Die Kraft zum Denken (18 Monate - 3 Jahre)
4. Die Kraft zur Entwicklung der Identität (3 - 6 Jahre)
5. Die Kraft zum Geschicktsein (6 - 12 Jahre)
6. Die Kraft der Erneuerung (12 - 19 Jahre)
7. Die Kraft zur Wiederaufarbeitung (ab 19 Jahre)

Liebevolle Begleitung der inneren Kraft

Ansatz und Schwerpunkt therapeutischer Begleitung am Beispiel einer Mitarbeiterfortbildung im Feld der katholischen Jugendarbeit

Christiane van Melis

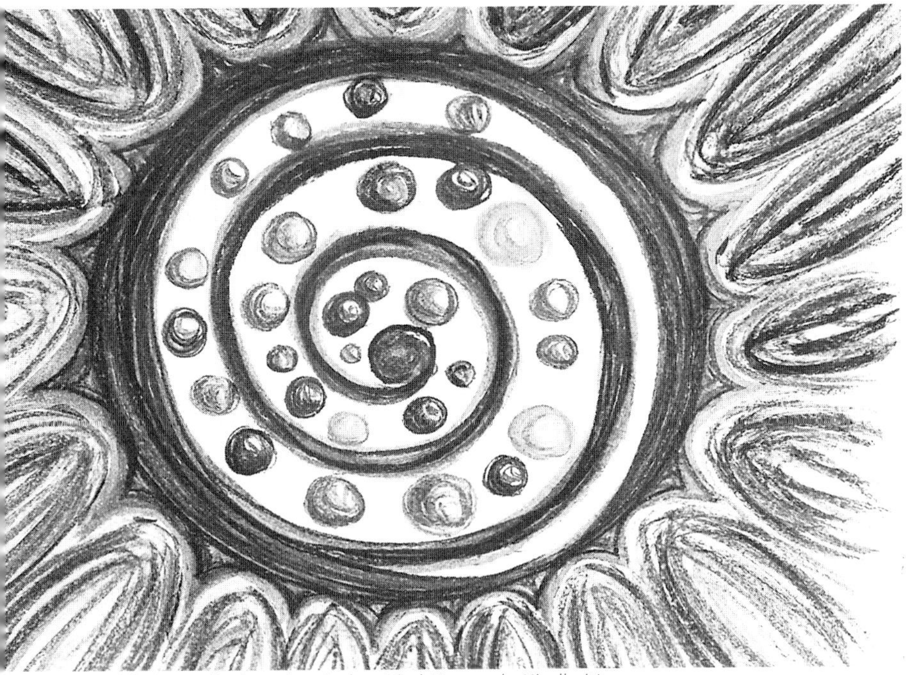

Bild einer Teilnehmerin mit dem Titel 'Retter derKindheit',
Das begleitende Gefühl: 'Geborgenheit'

Einleitung

Im Laufe meiner Tätigkeit in der Jugend- und Erwachsenenbildung und während meines eigenen Weiterbildungsprozesses ist es mir wichtig geworden, Menschen in Einklang mit ihrer inneren Kraft liebevoll zu begleiten. Der Ausdruck ‚liebevoll' erscheint in einem professionellen, therapeutischen Kontext ungewohnt, beschreibt jedoch eine Haltung, die mir für meine Arbeit von grundlegender Bedeutung ist. Es geht darum, entwicklungsfördernde Prozesse zu initiieren und zu begleiten. Dabei gehe ich von der Prämisse aus, daß Entwicklung im Wesentlichen aus dem Potential erwächst, das der jeweilige Mensch bereits in sich trägt. In jedem Menschen gibt es, gebunden an sein Lebensskript, Kräfte, die konstruktiv und destruktiv auf die Verwirklichung seiner Lebensziele wirken. Mir ist es wichtig, Raum für ein umfassendes Erleben der eigenen Person zu geben.

Das Zulassen bewußter und auch bisher nicht bewußter Dimensionen des eigenen Erlebens ermöglicht einen authentischen Konakt zur eigenen Person und ihren tieferen Bedürfnissen.

Als Therapeutin bemühe ich mich darum, die hinter einem Phänomen liegende positive Entwicklungskraft zu entdecken und diese annehmend und unterstützend zu begleiten. Meine Erfahrung zeigt, daß lebensfördernde Prozesse so Raum gewinnen und einschränkende Skriptelemente bewußt werden können. Oft entsteht ein tiefer und warmer, eben ‚liebevoller' Kontakt, an der Stelle, wo das tiefere Bedürfnis Erlaubnis bekommt, sich zu zeigen.

Das Wort ‚liebevoll' meint die behutsame, wertschätzende und lebensfördernde Art und Weise der Begleitung eines Menschen. Liebevolle Begleitung gibt Erlaubnis, positiver, innerer Kraft Entwicklungsraum geben zu können. Im Vertrauen auf diese Kraft ist es ihm dann auch möglich, sich mit entwicklungshemmenden Skriptelementen auseinanderzusetzten.

Dieser Ansatz verwendet also bei der Bildungsarbeit im Bereich der Persönlichkeitsentwicklung kaum allgemeine Entwicklungspostulate, sondern vertraut auf die Möglichkeit individueller Wachstumsprozesse und fördert sie. Im nächsten Kapitel möchte ich dies verdeutlichen und in Bezug zu ähnlichen Ansätzen setzen. In dritten Kapitel werde ich diese Arbeitsweise am Beispiel einer Schulung für ehren- und nebenamtliche MitarbeiterInnen in der katholischen Jugendbildungsarbeit konkretisieren.

Mein persönlicher Ansatz
Mein Ansatz zur „liebevollen Begleitung der inneren Kraft" beruht auf einer Vorauswahl von Grundannahmen über den Menschen und konkretisiert sich in einer Haltung und Umgangsweisen, die in einer inneren Entsprechung zu den Grundannahmen stehen. Entwickeln konnte ich diesen Ansatz in der Auseinandersetzung mit Theorien verschiedener psychotherapeutischer Richtungen und durch die persönliche Erfahrung in der therapeutischen Begleitung. Im folgenden möchte ich einige dieser Grundannahmen und Handlungsweisen skizzieren, die mir für eine ‚liebevolle Begleitung der inneren Kraft' wichtig erscheinen.

Wertschätzende Haltung
Eine wertschätzende Haltung umschließt einen achtungsvollen Umgang mit dem einzelnen unter Berücksichtigung seiner Einmaligkeit und seines besonderen Wertes. Diese Grundhaltung muß sich strukturell im Konzept sowie in der Methodenauswahl widerspiegeln und im persönlichen Bezug ausgedrückt werden.

Raum geben
Das ‚Raum geben' für Entwicklungsprozesse, in denen die TeilnehmerInnen möglichst guten Kontakt zu der ihnen innewohnenden positiven Entwicklungskraft bekommen, beschreibt eine Facette der Herangehensweise.

Quellen innerer Kraft
Mein Ziel ist es, immer mehr Quellen innerer Kraft bei den Menschen, mit denen ich arbeite, aufzutun und so ein Wohlergehen aus sich selbst wachsen zu lassen.

Ganzheitliche Ansprache
Entwicklung geschieht mit Körper, Geist und Seele. Daher ist es ist mir wichtig, den Menschen in seinen sinnlichen Wahrnehmungsdimensionen, seinen tieferen Bedürfnisse und seiner Rationalität ganzheitlich anzusprechen.

Einbeziehen rechtshemisphärischen Denkens
Die Anwendung erlebnisorientierter methodischer Elemente wie zum Beispiel ‚Phantasiereisen' eröffnet einen Weg, der es ermöglicht, Kontakt mit dem Wissen der rechten Hirnhemisphäre zu bekommen.
„Das innere Bild bietet ähnlich wie im Traum eine der Person innewohnende Kraft für die Lösung ihres Problems an. Die Intuition des Klienten geht dabei einen zielsicheren Weg, der zu klientenzentriertem und selbstbestimmtem Lernen führt."
(Daniel ARAOZ: Die neue Hypnose S.109.)

Tanz zwischen Bewußt-sein und Unbewußt-sein
Das Herausfinden dessen, was für die eigene Person sinnvoll und richtig ist, wird von bewußten und unbewußten Dynamiken bestimmt.
„Wir können uns das Wechseln zwischen Gefühlen und rationalen Überlegungen als einen Tanz zwischen Bewußt-sein und Unbewußt-sein vorstellen." (Gundel KUTSCHERA: Tanz zwischen Bewußt-sein und Unbewußt-sein. NLP Arbeits und Übungsbuch S.43.)

Arbeit mit inneren Bildern
Die Arbeit mit inneren Bildern ebnet einen direkten Zugang zur ‚inneren Weisheit' eines Menschen. Die daraus resultierenden Erkenntnisse lassen sich besonders gut in den rationalen Verarbeitungsprozeß integrieren. Dies ermöglicht es, Verantwortung für sich zu übernehmen. Die Arbeit an der Übernahme von Verantwortung für die eigenen Wünsche und das eigene Wohlbefinden sind zentrale Punkte in den Einzelarbeiten des nachfolgenden Beispiels.

Entwicklung im Einklang mit der inneren Kraft
Da Entwicklung aus dem eigenen Potential erwächst, ist es mir als Therapeutin wichtig, den Menschen in Übereinstimmung mit seiner inneren Kraft zu begleiten. Einen bedeutsamen Weg hat die Gestalttherapie herrauskristallisiert, indem sie empfiehlt mit jener Gestalt zu arbeiten, die sich nach vorne drängt (Figur).

Tendenz zur guten Gestalt
Die 'Tendenz zur guten Gestalt' „heißt im übertragenen Sinne, daß uns die Fähigkeit innewohnt, unser Leben als ‚sinnvolle Gestalt' zu leben, in der wir eine gute und vollendete Gestalt an die andere anschließen und in den Zwischenzeiten den ruhigen Hintergrund unserer Seele leben". (Marion WEBER: Mit sich in Einklang kommen, S.30.) Diese Tendenz kann in der Begleitung genutzt werden und gibt Vertrauen in die positive Entwicklungskraft des einzelnen.

Selbstbestimmtes Lernen
Lernprozesse sollen so selbstbestimmt wie möglich gestaltet werden. Themen werden nicht von mir als Therapeutin aufgedeckt, sondern vom Teilnehmer selbst entdeckt. In der orientierungsanalytischen Arbeit mit einer Erinnerung, die eine Überschrift bekommt, und der ein vorherrschendes Gefühl zugeordnet wird, finden die TeilnehmerInnen ohne Anstrengung ihre Themen selbst.

Orientierung finden
Ich gehe von der Annahme aus, daß der Teilnehmer eine innere Orientierung hat, die ihm jenen Weg zeigen kann, der wachstumsfördernd für ihn ist. „Wir können unsere aktuelle Orientierung gewissermaßen aus erinnerten Situationen herauslesen, wenn wir den Mut aufbringen, die eigene Entwicklungsgeschichte, das jeweilige Erfordernis der Lage und auch anstehende Notwendigkeiten wahrzunehmen." (Klaus LUMMA: Strategien der Konfliktlösung S.87.)

Selbstverantwortung
Aus der Transaktionsanalyse überneheme ich die Sichtweise, die TeilnehmerInnen als „Entscheidungen fällend, selbstbestimmend und verantwortlich ins Zentrum des therapeutischen Prozesses" zu rücken. (Petruschka CLARKSON: Transaktionsanalytische Psychotherapie S.25.)

Grenzen achten
Die Gelassenheit, Dinge stehen zu lassen mit der Achtung vor dem anderen, seiner individuellen Erlebniswelt und seinen Grenzen, ist mir bedeutsam.

Entwicklungsdynamik
Ich vertraue auf die selbständige Weiterentwicklung einmal in Gang gebrachter Prozesse. Auch nach Beendigung einer Sitzung geht der bewußte und unbewußte Verarbeitungsprozeß weiter. Bei vielen TeilnehmerInnen des nachfolgend beschriebenen Kurses war im zweiten Kursabschnitt deutlich zu spüren, daß sie ihren Verarbeitungsprozeß konstruktiv weiter gestaltet hatten.

Entwicklungschancen kehren immer wieder
Die Grundannahme, daß Entwicklungschancen immer wieder zurückkehren, wie Pamela Levin in ihren 'Cycles of Power' verdeutlicht, empfiehlt eine Gelassenheit, nicht alle Entwicklungsschritte heute beenden zu müssen, sondern auf den eigenen Prozeß vertrauen zu können.

Achtung der Individualität
„Achtung vor der Individualität" beinhaltet, ohne Nivellierung der Mentalitäten jedem seinen unverwechselbaren Platz in der Gruppe einzuräumen und die Begleitung auf individuelle Bedürfnisse und Kompetenzen abzustimmen. Dies führt zu dem Bewußtsein, daß nicht für alle das gleiche richtig ist. In meinem Seminar offenbart sich dies in dem Ansatz, Qualifizierung nicht primär durch das Einüben von Standardanforderungen zum Beispiel im Bereich der Kommunikation erzielen zu wollen, sondern in der individuellen Entwicklung eines Profils, das den TeilnehmerInnen hilft, Leitungsaufgaben authentisch wahrzunehmen. Dazu gehört die Schulung des eigenen Gespürs in verschiedensten Situationen.

Rahmen einer Mitarbeiterfortbildung
Im Rahmen meiner Tätigkeit als Referentin in einer katholischen Jugendbildungstätte entstand die Idee, eine längerfristige Aus- und Fortbildung für Schulungsteamer anzubieten. Schulungsteamer sind junge Erwachsene, die im Team Seminare für Jugendliche im Bereich der katholischen Jugendarbeit leiten.
Diese Teamer verfügen meist über umfangreiche eigene Gruppenerfahrung, waren selbst GruppenleiterInnen und bilden diese jetzt aus. Es handelt sich um eine kompetente und engagierte Adressatengruppe, die ehren- und nebenamtlich sehr viel Arbeit leistet. Als hauptamtliche Mitarbeiterin im Bistum möchte ich meine im eigenen Weiterbildungsprozeß erworbenen Kompetenzen in Form eines Angebotes, das die Reflexion des eigenen Handelns als zentrales Thema fokussiert, an die Nebenamtlichen weitergeben. Dazu bieten wir in Kooperation verschiedener Träger katholischer Jugendarbeit Studenten aus sozialpädagogischen, psychologischen, theologischen oder anderen Bereichen kostengünstig ein qualifiziertes Fortbildungsangebot an. Ziel ist es, entwicklungsfördernde Prozesse in Gang zu setzen, die sie als SeminarleiterInnen qualifizieren.

Die konkrete Organisationsform sieht folgendermaßen aus: 13 TeilnehmerInnen im Alter von 21 bis 25 Jahren nehmen innerhalb eines halben Jahres an zwei Wochen, drei Wochenenden und an sechs bis acht Praxisberatungssitzungen in Kleingruppen teil.
Das Angebot ist so gut angenommen worden, daß es inzwischen parallele Kurse gibt. Das Seminar wird von einem Kollegen mit gesprächstherapeutischer Fortbildung und mir mit meiner Ausbildung in ‚Bioenergetischer Orientierungsanalyse' geleitet. Die konzeptionelle Entwicklung geschieht in Zusammenarbeit mit dem Team der Parallelkurse.

Thematischer Schwerpunkt ist die Reflektion der eigenen Leitungsrolle mit verschiedenen inhaltlichen Bausteinen.

* Anfangssituation in Gruppen

* Selbsterfahrung: Welche Gruppenerfahrung bringe ich mit? Wie verhalte ich mich in Gruppen? Wie nehme ich Leitung in Gruppen wahr?

* Gruppenerfahrung: Gruppenprozesse wahrnehmen, reflektieren und das eigene Verhalten in Gruppen konkreter beschreiben lernen

* sich ausprobieren und Leitung wahrnehmen

* Feedback durch die Gruppe

* eigenes Leitungskonzept formulieren

In der Erarbeitung der Themen steht das eigene Erleben und Erfahren im Vordergrund. Dies wird ausführlich reflektiert und in Bezug zum eigenen Lebenskontext sowie der nebenamtlichen Praxis gesetzt. Eine theoretische Verarbeitung des Erlebten ist ebenfalls Bestandteil des Konzeptes.

Eigene Gruppenerfahrung

Die erste Ausbildungswoche hatte den Themenschwerpunkt ‚Meine Gruppenerfahrung'. Nach der Gestaltung des Anfangs in dieser neuen Gruppe vereinbarten wir für den dritten und vierten Tag Seminareinheiten zur Selbsterfahrung. Ziel war es, die eigenen Verhaltensweisen und Muster in Bezug auf den Umgang mit Gruppen deutlicher erfassen zu können. Methodisch wählten wir den Einstieg über eine Phantasiereise, die die TeilnehmerInnen in ihrer Vorstellung zu einem für sie wichtigen Gruppenerlebnis führen sollte. Zu Beginn leitete ich die TeilnehmerInnen mit viel Ruhe und Musik im Hintergrund zu einer Körperentspannungsübung an.

Das bewußte Wahrnehmen des eigenen Körpers im Ruhezustand birgt die Möglichkeit, Spannungen zu lösen und in der Entspannung vermehrten Kontakt zu der rechten Hirnhemisphäre zu bekommen, die den Zugang zu inneren Bildern erleichtert.

Nach der Anleitung zur körperlichen Entspannung leitete ich zu einer Phantasiereise mit Früherinnerung über. Die Reise eröffnete einen Raum, die eigenen Gruppenerlebnisse in Gedanken wieder auftauchen zu lassen und nachzuerleben. Ausgehend von der Erfahrung in dieser Gruppe schwenkte die Aufmerksamkeit auf verschiedenste Gruppenerfahrungen, zum Beispiel im Freundeskreis, im Studium, aus der Zeit der Jugendarbeit, in der Schulklasse, Clique, Grundschulklasse, Familie, Spielkameradern aus der Kinderzeit, Kindergartenalter. Nach dieser umfassenden Rückschau leitete ich die TeilnehmerInnen an, ein besonders wichtiges Gruppenerlebnis auszuwählen. Diese Erfahrung in einer Gruppe konnte in Ruhe nacherlebt werden.

Das Hineintauchen in eine Erinnerung öffnet einen ganzheitlichen und gut nachvollziehbaren Zugang zur eigenen Erlebniswelt.

Die vor Augen geführte Erinnerung sollte mit einem Titel versehen werden, und das vorherrschende Gefühl sollte schon im Nacherleben bewußt gemacht und benannnt werden. Dann folgte die Phase der Loslösung von dem erinnerten Bild und die Wahrnehmung der aktuellen Umgebung. Jeder hatte eine halbe Stunde Zeit, das erinnerte Bild auf großen Blättern mit Ölkreiden zum Ausdruck zu bringen.

Meiner Erfahrung nach ist es für das Gelingen orientierungsanalytischer Übungen wichtig, auf eine ästhetisch ansprechende Gestaltung des Raumes und der zur Verfügung gestellten Mittel zu achten.

Malen des erinnerten Bildes
Nach einer Pause legten die TeilnehmerInnen ihre Bilder auf den Boden, gingen umher und suchten sich einen Gesprächspartner, dessen Bild sie neugierig machte. Bis zum Mittagessen blieb Zeit, sich zu zweit über die eben gemachten Erfahrungen und die Bilder auszutauschen.

Austausch mit einem Partner
Die Phantasiereise mit Früherinnerung ermöglicht einen erlebnisorientierten und klientenzentrierten Einstieg. Die individuelle Erlebniswelt des Adressaten eröffnet in Form innerer Bilder einen Zugang zu der 'inneren Weisheit' und Kraft. Diese verdeutlicht sich durch das Bearbeiten des Themas, welches sich im ganzheitlichen Erleben in den Vordergrund drängt.
Mit dem Ziel, das eigene Thema in Bezug auf den Umgang mit Gruppen auch kognitiv zu erfassen und in das eigene Skript integrieren zu können, gaben wir in zwei Kleingruppen genügend Raum für das Bearbeiten der Einzelarbeiten.

Der Rahmen für die Einzelarbeiten bestand darin,
- Zeit zu haben, von den eigenen Erlebnissen und dem Bild mit Titel und Gefühl zu erzählen und somit den anderen in der Kennenlernphase auch noch mehr von sich mitzuteilen,
- das Thema zu fokussieren, das sich hier deutlich macht,
- zu schauen, ob der einzelne das Thema auch aus anderen Lebenszusammen hängen kennt,
- den Konflikt oder das Thema wiederum genauer auf den Punkt zu bringen,
- das tiefere Bedürfnis, den Wunsch anzusprechen, der dem Thema zugrunde liegt,
- Erlaubnis zu geben, dieses Bedürfnis wahr- und ernst zu nehmen,
- mit der inneren Kraft nach Möglichkeiten zu suchen, wie der Teilnehmer Verant wortung für sich und seine Wünsche übernehmen kann,
- gemeinsam nach Orientierung zu suchen,
- das Thema auf das Hier und Jetzt zu übertragen,
- konkrete Handlungsmöglichkeiten für diese Gruppe zu klären, -Transfer zu der eigenen Leitungsrolle zu leisten.

Team-bezogene Leit-Fragen

- Was bedeutet das Ganze für mich als TeamerIn?
- Wo übertrage ich eigene Themen auf andere?
- Wo sind meine Stärken und meine schwachen Punkte?
- Welche eigene Kraft ist mir durch die Arbeit deutlich geworden?
- Welche Orientierung ergibt sich daraus?

Nach Beendigung dieser zwei Einheiten zur Bearbeitung eines wichtigen Gruppenerlebnisses folgte ein Theorieteil. Grundthemen der Einzelarbeiten wie „Ich möchte meinen Platz in dieser Gruppe haben"; „ich möchte mir und meiner Wahrnehmung mehr trauen", „ mich selber wertvoll fühlen und das wertschätzen, was ich lebe" sind im Rahmen der Theorie zur Transaktionanalyse erneut aufgegriffen worden. Angesprochen wurden hier insbesondere die vier grundsätzlichen Lebenseinstellungen nach Thomas HARRIS, die menschliche Kommunikation in ihrer Qualität entscheidend bestimmen (vgl. Thomas HARRIS: Ich bin o.k. Du bist o.k.). Ein besonderer Fokus lag auf den Abwertungsmechanismen, die einer kreativen und konstruktiven Konfliktlösung im Wege stehen.

Theorie kann unterstützend dabei mitwirken, subjektive Erfahrungen auf verallgemeinerbare Denksysteme zu beziehen und so eine rationale Verarbeitung sowie einen Transfer zu kommenden Erfahrungen in Gruppen leisten zu können.

Einzelarbeiten

1."Ich bin wichtig an meinem Platz"

Anna stellt ihr gemaltes Bild mit dem Titel ‚Rädchen' vor und beschreibt das vorherrschende Gefühl ihrer Erinnerung mit „Wertschätzung und tiefe Akzeptanz". Das erinnerte Bild schickt Anna aus dem intuitiven Bereich ihrer Person eine Erinnerung, in der sie tiefe Wertschätzung erfahren hatte. Die Situation handelt von einem Gemeinschaftserlebnis im Zeltlager, in dem sie ein wichtiges ‚Rädchen' im gemeinsamen Geschehen war.

Annas Bild "Rädchen"

Das innere Bild macht ihr in der aktuellen Situation deutlich, wie wichtig es ihr ist, einen bedeutungsvollen Platz in der Gruppe einzunehmen, einen Platz, an dem sie wertgeschätzt wird für das, was sie ist. Diese Erinnerung steht in deutlichem Bezug zu der Anfangsphase in dieser neuen Gruppe, in der es darum geht, eine Orientierung und einen Platz zu finden. Anna ringt in den ersten Tagen sichtbar um ihren Platz in der Gruppe. Mal zeigt sich dies, indem sie Nähe und 'Gleichgesinnte' sucht, und mal darin, daß sie sich deutlich abgrenzt. Es scheint ihr wichtig zu sein, sich nicht verbiegen zu müssen. In der Kleingruppe ist es mir bedeutsam, dem Bedürfnis nach näherem Kennenlernen in der Gruppe zunächst Raum zu geben. Daher bitte ich Anna, uns Näheres über ihr Bild und die erinnerte Situation zu erzählen.

Während sie von ihrem vorherrschenden Gefühl der tiefen Akzeptanz spricht, ist sie gerührt und wirkt sehr weich, wogegen sie sich in anderen Zusammenhängen eher kontrolliert und leistungsorientiert zeigt. Ihr erinnertes Gefühl tiefer Wertschätzung bringt sie im Hier und Jetzt mit einem wichtigen Bedürfnis in Kontakt. Ich ermutigte sie, dieses Gefühl zuzulassen. Ich frage nach dem, was sie jetzt bewegt, und sie sagt: „Ich darf hier in dem erinnerten Bild sein wie ich bin, und bin wichtig an meinem Platz".
Auf dem Weg, das eigene Thema genauer zu fokussieren, wird ihr klar, wie wichtig es ihr ist, einen Raum zu haben, in dem sie sie selbst sein darf mit ihren Stärken und ihren Grenzen. Ich unterstütze ihr Bedürfnis, sich selber wichtig zu nehmen und gebe ihr Erlaubnis, sich Zeit zu nehmen und in dieser Gruppe zu spüren, daß sie 'da-sein' sein darf, wie sie ist. Sie kann dies gut zulassen und wirkt immer noch tief angerührt. Ich ermutige sie, sich wissen zu lassen, daß sie das Gefühl tiefer Akzeptanz kenne und es in der Erinnerung deutlich gespürt habe. Ich biete ihr an, auch hier und jetzt Verantwortung für sich und ihr Bedürfnis nach Akzeptanz zu übernehmen und zu überlegen, wie sie ihren Platz in dieser Gruppe finden könne. Sie spricht in dieser aktuellen Gruppe an, daß es ihr wichtig sei, von den anderen angenommen zu werden und auch ihre Konturen zeigen zu können. Dieser Transfer von ihrer Erinnerung zum aktuellen Gruppenerleben ermöglicht es, ihre Wünsche für diese Gruppe anzusprechen, sowie die Angst, ‚nicht in die Gruppe zu kommen' oder ausgegrenzt zu werden.

Die anderen Gruppenmitglieder teilen ihre Wahrnehmung der Situation mit und gehen in einen offenen und einfühlsamen Kontakt mit Anna. Im weiteren Gespräch frage ich noch, wie sich dieses Thema in anderen Gruppen für sie zeigt und wie es sich in ihrer Art, Leitung in Gruppen zu übernehmen, deutlich macht. Im Vordergrund dieser Arbeit steht die Botschaft aus ihrer Erinnerung „ich darf mich wertvoll fühlen an meinem Platz". Das Zulassen dieses Wunsches führt sie wesentlich näher in Kontakt mit der aktuellen Gruppe und gibt ihr Kraft, ihren Platz in der Gruppe einzunehmen. Durch die Arbeit mit einem erinnerten Bild ist es ihr möglich geworden, ihr tieferes Bedürfnis nach Annahme selber zu entdecken, ihm Raum zu geben und in liebevoller Begleitung eine Orientierung für sich zu finden, für die sie im Hier und Jetzt Verantwortung übernehmen kann.

Einen Tag nach der Einzelarbeit kommt sie zu mir und sagt, daß sie jetzt wisse, warum sie so tief angerührt gewesen sei. Ich habe den Eindruck, daß sie Kraft zur weiteren, positiven Verarbeitung ihres Themas hat. Da sie kein Bedürfnis zeigt, mir Näheres mitzuteilen, ist es mir wichtig, ihre Grenzen zu achten und diesen Nachsatz zur Einheit ohne Nachfragen stehen zu lassen. Im weiteren Verlauf der Woche ist sie spürbar gelöster und hat einen guten, wachsenden Kontakt zur Gruppe. Im nächsten Kursabschnitt erscheint ihr Thema in differenzierter Form wieder, indem sie genauer beschreibt, wie sie welchen Platz in der Gruppe einnimmt.
Mir wird in dieser Einzelarbeit sehr deutlich, daß Erinnerungen nicht wahllos auftauchen. Die Teilnehmerin wählt „ unbewußt Szenen aus der Kindheit aus, die Spiegel ihrer augenblicklichen Lage und ihrer stillen Ziele sind". (Klaus LUMMA: Neuorientierung. S.241.)

2.'Mir selber trauen und zu mir stehen'

Eine weitere Einzelarbeit machte über den Bezug zur aktuellen Situation in dieser Gruppe hinaus ein für den Teilnehmer zur Zeit aktuelles, allgemeines Lebensthema deutlich. Daniel erinnert sich an ein für ihn wichtiges Gruppenerlebnis, das er mit dem Titel „Ich will hier weg" beschreibt und dem er das vorherrschende Gefühl „Heimweh" zuordnet.

In der Erinnerung sieht sich Daniel in einer Situation, in der er genau weiß, was für ihn gut und richtig ist. Nur, setzt er dieses Wissen leider nicht um. Im Aushalten dieser ungewollten Situation reagierte er damals mit deutlichem Unwohlsein und psychosomatischen Beschwerden. In der Betrachtung seiner Erinnerung wird ihm deutlich, daß er damals nicht so gehandelt hat, wie es gut für ihn gewesen wäre, daß er aber genau gespürt habe, was er wolle und was er nicht wolle.

Daniels Bild „Ich will hier weg"

Er entnimmt dem Bild die Botschaft, seiner Intuition trauen zu können. Wenn er in Übereinstimmung mit seinem Gefühl Verantwortung für sich übernommen hätte, hätte er sich selbst aus einer mißlichen Lage befreien können. Da er dies nicht tat, mußten andere seine Situation retten. Diese Schwierigkeit, seiner Intuition zu trauen und zu seiner Wahrnehmung und zu seinen Gefühlen zu stehen, kennt Daniel gut aus seinen verschiedenen Lebensbezügen.
Durch die Auseinandersetzung mit seinem Bild erarbeitet er die Perspektive, zu sich stehen zu wollen und dafür möglicherweise auch Auseinandersetzungen in Kauf zu nehmen.

Wir spielen einige Möglichkeiten durch, sich in seiner Alltagsrealität durchsetzen zu können. Mit einer inneren Orientierung und im guten Kontakt zu seiner intuitiven Seite kann er rational Strategien überlegen, sich mit seiner Wohngemeinschaft, in dieser Gruppe und in der Kursarbeit auseinandersetzen zu lernen und seiner Wahrnehmung zu trauen.

Das Verknüpfen von rechts- und linkshemisphärischem Denken ermöglicht ganzheitliche Wachstumsprozesse."Wir verändern die Menschen nicht, wir heilen sie nicht. Wir lehren sie, wie sie ihre inneren Ressourcen und Energien, die ihnen bisher nicht zugänglich waren, nutzen können." (Daniel ARAOZ: Die neue Hypnose S.41.)

„Die Betonung des kognitiven Aspekts ist aus der gesellschaftlichen Perspektive verständlich, angesichts der körperlichen Natur dessen, womit die Leute größtenteils zu den Therapeutinnen gehen, merkwürdig.
Auch für die Therapeutin ist die Frage wichtig, in welchem Grad sie Kontakt zum eigenen körperlichen Erleben hat. Noch zu häufig erlebt sie in ihrer Schulung und Ausbildung den Intellekt als das einzige Werkzeug zum Umgang mit menschlichen Problemen. Während der Arbeit sitzt die Therapeutin stundenlang still, atmet kaum, hört zu und antwortet aus dem Intellekt.
Unsere Sprache fördert die Unterscheidung zwischen Körper und Ich. Wir betrachten den Körper als Eigentum (mein Körper), aber nicht als unser Selbst. Unsere Sprache unterstützt die Vorstellung, daß unser Körper ein Objekt ist, mit dem etwas geschieht."[2]

Die Beziehung, die wir zu unserem Körper haben, ist unmittelbar mit unserer Beziehung zu uns selbst und zu unserer Umwelt verbunden. Sie ist lebensgeschichtlich gewachsen, für uns selbstverständlich und nur schwer in Worte zu fassen. Auch das Gefühl für diese Beziehung ist oft verschüttet gegangen, was sich auch darin zeigt, daß wir keine Worte für unser Gefühl finden.

Indem man lernt, den eigenen Körper bewußt zu spüren, können eingefleischte Widerstandsmuster und eingeschnürte Bedürfnisse wieder zugänglich werden. Was uns als Person zustößt, wie wir uns entscheiden, geschieht immer auf der psychischen und der körperlichen Ebene. „Wir leben nicht nur durch unser Denken und unsere Vorstellungen, sondern auch durch unsere Bewegungen und Körperhaltungen, durch unsere körperlichen Empfindungen und Äußerungen."[3]
Als Therapeutin bin ich daran interessiert, daß die Klientin ihren Körper bewußter wahrnimmt, erlebt und die Bedeutung dieser Erlebnisse für sich selbst definieren lernt. Damit bleibt die Verantwortung bei der Klientin, und ich interpretiere nicht.

Abschließend lässt sich zusammenfassen: Der körperliche Zustand kann als eine Beschreibung der existentiellen Lage verstanden werden.

Verkörperung
„Das Selbst oder Ich ist sowohl eine verkörperte als auch eine denkende Größe."[4]
Wenn der Mensch sein Ich verstehen will, muß er anerkennen, daß die Substanz, aus der er lebt, in der Verkörperung ihren Ausdruck findet.

Das Gesicht des Menschen ist wohl sein auffälligster Ausdruck. Ob Freude, Wut, Leid, Trauer, Glück, Härte, Zweifel, Heiterkeit,Optimismus, Pessimismus... zur bestimmenden Lebenshaltung geworden sind, verraten uns die Gesichtszüge, die Augen, der Mund, die Hautfarbe... des Menschen.

Verkörperung heißt, daß aus vielen einzelnen Erfahrungen und Entscheidungen schließlich eine prägende Haltung wird, die z.B. in einer Lachfalte ihren Ausdruck findet.
Das Erleben, Lebenseinstellungen und -haltungen verkörpern sich auch in der Muskulatur. Ein Mensch, der sich wenig bewegt, wird bewegungsuntüchtig und im Extremfall steif.
In der Versprachlichung zeigt sich eine Distanz zur Körperempfindung: „Es ist verspannt".
Wird das Subjekt in den Vordergrund gerückt „Ich verspanne es", verändert sich die Distanz. Wessen Schulter wird verspannt, und wer verspannt sie? Ich bin es

2) KEPPNER, James: Körperprozesse. Ein gestalttherapeutischer Ansatz, Edition Human. Psychologie 1988, S.32.
3) ders.,a.a.O., S.24.
4) ders.,a.a.O., S.35.

selbst und kein anderer. Es ist meine Reaktion auf etwas, was ich selbst mit mir mache. Nur so wird ein deutlicheres Bewußtsein des „Ich" in Bezug auf die körperlichen Vorgänge erreicht.

„Sobald sich das Zugehörigkeits- und Identitätsgefühl gegenüber den eigenen Körperstrukturen erhöht hat, beginnt der Klient, ein Bewußtsein von den Prozessen bzw. den Bedeutungen zu entwickeln, die sich hinter einer Körperhaltung oder Verspannung verbergen."[5]

Neben der Beziehung zwischen dem Selbst und dem Körperprozeß ist auch die Beziehung zwischen dem Selbst und der Umwelt zu sehen: „Ich verspanne mich, weil ich dir nicht traue." „Ich spanne mich an gegen deine Worte." „Ich habe ein warmes Gefühl für dich."

Grenzen in der Körperarbeit

Wie schon beschrieben, hat der körperliche Ausdruck und das körperliche Erleben einen wichtigen Stellenwert in meiner therapeutischen Arbeit. Ich möchte außerdem nicht auf die Vorteile von Körperarbeit verzichten: den Spaß, die verschiedenen Ausdrucksformen, die Leichtigkeit, das lustige Miteinander und vor allem auf heilende und unterstützende Berührungen.[6] Alle Körperübungen, die ich anbiete, dienen dem Ziel, sich selbst besser kennenzulernen und die Eigenwahrnehmung zu schärfen.

Die Körperwahrnehmung bringt den Vorteil, daß sie eine Wahrnehmung im *Hier und Jetzt* ist. Ich habe bei meiner Arbeit festgestellt, daß intensive Körperwahrnehmung bei der Klientin zu körperlichen Reaktionen führen, die mit einem ganz speziellen Gefühl gekoppelt sind.

Drei im folgenden beschriebene Reaktionen treten sehr häufig auf.

Die erste Reaktion ist eine *Blockade*. Die Klientin kann nicht ins Gefühl kommen.

Eine andere Möglichkeit ist, daß die Klientin *vom Gefühl überschwemmt oder überflutet* wird. Dieses Gefühl, dieser Gefühlsausbruch wird so bedrohlich, daß er grosse Ängste hervorruft.

Die dritte Reaktion ist die *Sprachlosigkeit.* Die Klientin findet für ihr Körpergefühl keine Worte. Damit fehlt auch automatisch das Bewußtsein.

Diese Reaktionen sind der Situation nicht angemessen und werden von der Klientin selbst auch als störend erfahren. Damit wächst die Bereitschaft, gewohnte Reaktionsmuster in Frage zu stellen.

Wenn eine dieser drei Reaktionen *(Blockierung, Überschwemmung oder Überflutung und Sprachlosigkeit)* erfolgt, stoppe ich die Körperarbeit und bitte die Klientin, zu diesem Gefühl eine *Früherinnerung* zu erzählen.

In dem konkreten Beispiel der Früherinnerung taucht dieses Verhaltensmuster aus der Körperwahrnehmung wieder auf. Die Klientin lernt in dem von ihr abgesteckten, begrenzten Rahmen der Früherinnerung ihr eigenes Verhaltensmuster und das daran gekoppelte Gefühl kennen und kann in der Bearbeitung dieses Muster als Erwachsene bewußt annehmen oder einen anderen Weg ausprobieren.

In der nun folgenden Praxisfeld-Studie möchte ich verdeutlichen, an welcher Stelle ich die Körperarbeit abbreche und mit der Bearbeitung einer Früherinnerung fortfahre, und aus welchen Gründen ich diesen Wechsel vollziehe.

Entwicklungsbeispiel

Die 49 Jahre alte Ruth ist Mitglied einer von mir geleiteten Frauengruppe. Die Gruppe trifft sich einmal im Monat in einem Bildungshaus mit dem Ziel, sich selbst in der Wirkung auf andere besser kennenzulernen. Ruth ist verheiratet, hat vier Kinder und möchte lernen, ihre Wünsche und Bedürfnisse so zu äußern, daß sie von anderen, besonders von Familienmitgliedern, wahr- und ernstgenommen wird.

Sie hatte während einer Phantasiereise zunächst entspannt auf dem Boden gelegen.

Beim Begriff „sich loslassen" spürte sie Arme und Beine wie vom Körper abgeschnitten.

5) ders.,a.a.O., S.94.
6) vgl. G.HEISTERKAMP, Heilsame Berührungen.

Ich bot Ruth eine Körperübung an. Sie nahm ihre abgeschnittenen Körperteile wahr, konzentrierte sich auf sie und sagte während der Übung alle momentanen Gefühle und Körperreaktionen.

Ruth hatte Herzklopfen und spürte im Bauch, daß der Darm sich aufblähte. Im intensiven Nachspüren der Körperreaktionen im Bauch fühlte sie sich ohnmächtig. Ihr Kopf wurde schwer, ihre Gedanken schwirrten, sie fühlte sich unklar. Ruths Ohnmachtsgefühl wurde stärker, ihr war heiß, der Atem war flach. Sie hatte Angst. Es gelang ihr nicht, tiefer zu atmen.
In der Ohnmacht schnitt Ruth sich von ihrem Gefühl ab. Der Zugang zu den abgeschnittenen Körperteilen war doppelt blockiert. *„Ohne deutliche innere Empfindung verlieren wir die Berührung damit, wer wir sind und was wir brauchen. Ohne klare und verfügbare Empfindungen verlieren wir den Kontakt mit unseren Bedürfnissen."* [7] Dieses Ohnmachtsgefühl äußerte sich auch im Versagen der Sprache.

Der Hauptgrund für die reduzierte Atmung ist das Bedürfnis, unangenehme Körperempfindungen zu verhindern. Beim Rückzug kontrollieren wir oft unsere Energie, um nicht wütend zu werden. Dadurch verlieren wir den Kontakt zu unserem Körpergefühl und als Folge davon oft auch den Kontakt zu einer für uns wichtigen Gruppe von Menschen.

Ein Zugang zu den abgeschnittenen Körperteilen blieb auch nach der Übung blokkiert. So erlebte es auch Ruth in meiner Frauengruppe. In solchen Situationen widerspricht es meinem Empfinden, Körperarbeit zu fossieren, weil

1. die Gefahr besteht, daß das Thema für die Klientin zu schwer und zu bedrohlich wird, da die Angst übergroß wird,

2. Ruth ohne deutliche innere Empfindung die Berührung damit verliert, wer sie ist und was sie braucht,

3. der Hauptgrund für reduzierte Atmung das Bedürfnis ist, unangenehme Körperempfindungen zu verhindern,

4. Ruth mit ihrem Rückzug ihre Energie kontrolliert, um nicht wütend zu werden,

5. sie den Kontakt zu ihrem Körpergefühl und als Folge davon auch den Kontakt zur Gruppe verliert.

Wenn man Emotion als ein sich Hinausbewegen auf körperlicher und seelischer Ebene versteht, stelle ich mir die Frage, wie dieses Hinausbewegen bei Ruth gestoppt werden kann.Mit körperlichen Erfahrungen werden oft auch Erinnerungen und innere Bilder wachgerufen. Deshalb ist es sinnvoll, einen „Schlenker in die Vergangenheit" zu machen, da anzusetzen und zu gucken, von woher es kommt, daß Ruth nicht durchatmen mag.
Ich greife in solchen Momenten lieber auf eine Früherinnerung zurück. Sie gibt mir Aufschluß über das Reaktionsmuster und das daran gekoppelte Gefühl. Diesen Schritt will ich im folgenden begründen.

Früherinnerungen
Früherinnerungen sind Elemente der Orientierungsanalyse. In seiner Individualpsychologie vertrat Alfred ADLER schon die Überzeugung, daß Erinnerungen nicht zufällig sind, sondern eine Beziehung zur augenblicklichen Lage und zum momentanen Lebensstil der Klientin haben.
Ruth, die durch Rückzug und reduzierte Atmung ihre Angst zum Ausdruck brachte, erinnerte sich an eine konkrete Situation, bei der sie als Kind in ihrer Darstellung eines Mißgeschicks nicht ernst genommen wurde.

7) ders.,a.a.O., S.148.

Das Ausgrenzen der Mutter bewirkte für das Kind konkret eine Reduzierung des Lebensraumes, die Ruth körperlich durch ihre flache Atmung zum Ausdruck brachte.

Die Früherinnerung ist also gelenkte, geleitete Erinnerung. Auch wenn der Moment des Erinnerns kein bewußter Akt ist, liegt das Handeln, die Leitung und Verantwortung für die Auswahl des Ereignisses bei der Klientin.
Die Früherinnerung hebt aus allen möglichen Aspekten eines Themas den Aspekt heraus, der im Moment wichtig ist. Damit gibt die Klientin die Richtung an und lädt die Therapeutin ein, sich von vorschnellen Interpretationen zu verabschieden. Es geht nicht um Deutung, sondern um die Bewußtwerdung einer Lebensorientierung.

Als Kind traute Ruth ihrem Gefühl nicht, hatte in der Situation nicht die Chance, ernst genommen zu werden. Sie war in jeder Beziehung von der Mutter abhängig. Ruth entwickelte als Lebensorientierung: „Nimm Dich und Deine Lebensgefühle nicht so wichtig!"
Die Früherinnerung ist der Fokus des momentanen Themas. Sie versprachlicht das Thema, das hinter dem Gefühl steckt.
Ruth war nicht handlungsfähig (sie hatte kein Gefühl in den Armen und Beinen). Wie das Thema der Früherinnerung zeigt, wurde sie nicht ernst genommen. Ruth hatte als Kind nicht die Kraft und das Selbstwertgefühl, sich gegen das Mißtrauen der Mutter zu trauen. Ruth mußte das eigene Gefühl unterdrücken und verleugnen und verlor damit die Beziehung zu ihrem eigenen Gefühl und dessen Ausdruck. Sie gestattete sich keinen emotionalen Ausdruck. Dies äusserte sich auch im Versagen der Sprache, der sie durch die Früherinnerung wieder mächtig wurde.

Durch die Früherinnerung wird ein möglicherweise diffuses Gefühl, das oft als Überschwemmung empfunden wird, in einem konkreten Erlebnis eingegrenzt und bearbeitbar. Die Klientin bekommt eher das Gefühl: „Diesen Schritt kann ich gehen".
Die Früherinnerung bietet mir mehr Leichtigkeit in der Arbeit, weil sie mich nicht dazu verleitet, andere mögliche Aspekte weiter zu verfolgen. Die Arbeit der Klientin teilt sich in kleine Schritte. In späteren Sitzungen kann die Klientin mit anderen Früherinnerungen immer wieder zum gleichen Körpergefühl arbeiten.

Bei der Bearbeitung der Früherinnerung kann ich Körperübungen anbieten, aber auch andere Methoden der Humanistischen Psychologie. Ich praktiziere auch das Malen von Bildern, weil über die Formen und Farben Körperempfinden intensiv ausgedrückt werden kann.

Neuentscheidung
Wenn die früheren Entscheidungen das Leben im Hier und Jetzt behindern, gibt es nur durch Neuentscheidungen ein befreites Leben. Ruth kann als erwachsene Frau für sich neu entscheiden, daß sie sich und ihrem Gefühl trauen kann. Die „Aufarbeitung der Vergangenheit" wird in ihrer Intensität bestimmt von der Bedeutung für die Gegenwart. Die bloße Frage nach dem Warum bringt nicht weiter, wenn die Frage nicht auch Konsequenzen für Gegenwart und Zukunft hat.

Warum-Fragen allein führen nicht zu Neuentscheidungen, sie haben einen Selbstzweck. Deshalb liegt der Schwerpunkt orientierungs-analytischer Arbeit im Hier und Jetzt und nicht so sehr in der Geschichte.

Die Möglichkeit von Neuentscheidungen eröffnet neue Hoffnung: Es ist nie zu spät. Ruth bekommt noch eine weitere Chance. Sie muß in dem Gefühl, betrogen zu werden, nicht steckenbleiben. Sie kann in einer Neuentscheidung dieses Gefühl bei der Mutter lassen (und ihr damit auch die Verantwortung für ihr Mißtrauen

geben) und gleichzeitig lernen, zu ihrem Gefühl zu stehen und diesem Gefühl eine Bedeutung für ihre Existenz zu geben. Sie kann sich neu entscheiden, ihren unlebendigen Körperteilen Bedeutung und Aufmerksamkeit zu schenken und sie zukünftig durch Energiezufluß deutlicher spüren zu können.
Folgendes Schaubild gibt noch einmal einen Überblick über den Verlauf meiner Arbeit:

Tafel 43
Über den Zusammenhang zwischen Wahrnehmung und Früherinnerung

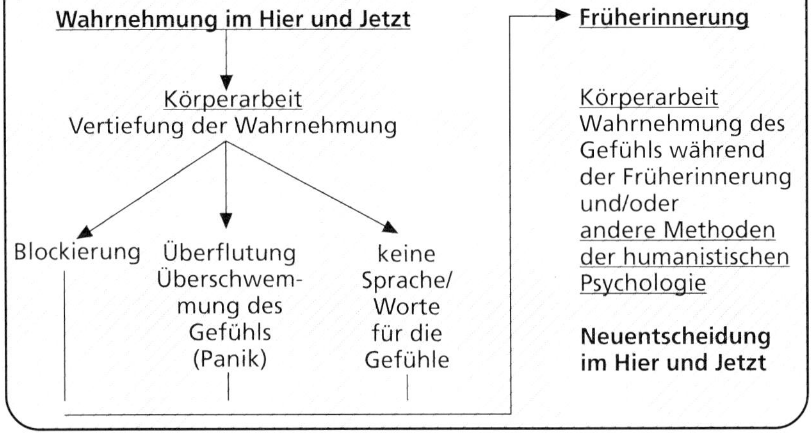

Als ich versuchte, meinen eigenen therapeutischen Rahmen zu finden, hatte ich das Bild des Buchstaben V vor Augen. So wie die beiden Linien sich im V treffen, so wollte ich Elemente aus der Körperarbeit und des biographischen Lernens miteinander verknüpfen. Wichtig ist mir, noch einmal hervorzuheben, daß als Verknüpfungspunkt das Bemühen um ein Erleben im Hier und Jetzt gilt. Das Ziel ist mehr Lebensqualität in der Gegenwart: „Was nutzt mir das jetzt hier heute?" Es geht nicht darum, in der Vergangenheit zu schwelgen und jeden Winkel des Kellers auszuleuchten. Die Erinnerung dient der Neubelebung und Neuentscheidung.

Tafel 44
Das OAV

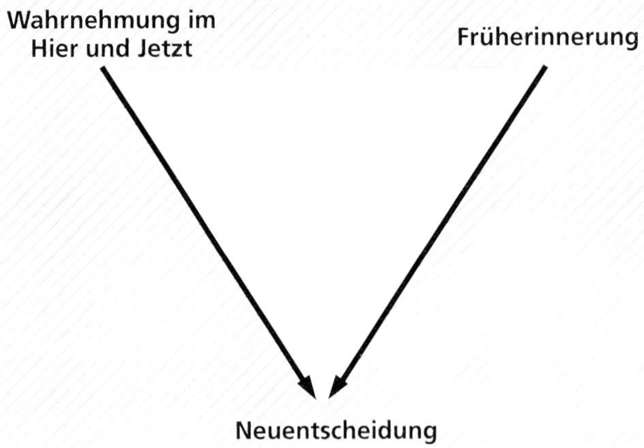

Orientierungsanalytische Leitideen

zur Förderung konstruktiver Lernprozesse in pädagogisch-supervisorischer Begleitung

Klaus & Dagmar Lumma, Dieter Raabe, Maria Amon,
Martina Kickelbick-Schwertfirm, Hedwig Schlaghecken und Gabriele Bilstein

angeregt durch Winfried Büschges-Abel, Pat Crossman, Tom Frazier und Mary Peiffer;
in kollegialer Reflexion nach dem LeitText-System entwickelt und formuliert

1. Begleite Dein Gegenüber so, daß dessen eigene Ideen zur Klärung einer Frage nach vorne kommen.
* Vermeide selbst, ein Problem zu definieren. Locke vielmehr die eigenen Fähigkeiten Deines Gegenübers heraus.

2. Wird ein Problem genannt, so laß' Dir beschreiben, welche Kindheitserinnerungen Deinem Gegenüber dazu einfallen.
* Sei mehr Interviewer als Besserwisser.

3. Laß' Dir beschreiben bzw. finde die Projektionen Deines Gegenübers dazu heraus, was Partner, Eltern, Kinder etc. zum Problem anzumerken hätten. (Elterninterview)
* Filtere das persönliche Deutungsmuster Deines Gegenübers heraus: „Was bedeutet das Phänomen für Sie/Dich persönlich?"

4. Laß' Dir beschreiben, welche Vorteile Deinem Gegenüber das Problem bringt. (nicht ironisch, sondern ernsthaft) Rege eine Umbewertung an.

5. Frage nach, welche Lösungsmuster es in der Herkunftsfamilie gegeben hat. Die Muster müssen nicht unbedingt etwas mit einem vorgetragenen Problem zu tun haben.
* Kläre die Beziehung Deines Klienten zu demjenigen, der die Lösungsmuster lebte.

6. Unterstütze auf alle Fälle immer und immer wieder, bei auftauchenden Fähigkeiten Deines Gegenübers, das besondere Hervorheben dieser Fähigkeiten durch Erlaubnisse.

7. Kommen „Krankheitsbilder" ins Spiel, beteilige auf alle Fälle einen fachkundigen Arzt.

8. Beim Aufkommen der Themen „Gewalt und Mißbrauch" ist besonders die Kollegiale Supervision gefragt. Außerdem ist ein Lebensvertrag angezeigt.

9. Führe in die Arbeit neue und auch alte Themen zur Gestaltung des kulturellen Lebens ein, z.B. Besuch eines Konzertabends, Besuch einer Lehrveranstaltung, wo ähnlich Interessierte zusammenkommen.

10. Es ist gut, Hürden in die orientierungsanalytische Begleitung einzubauen, Hürden, die von den KlientInnen zu nehmen sind.
* Es geht erst weiter, wenn die Hürden genommen sind. So lange Hürden nicht genommen sind, ist es gut, Zurückhaltung zu üben.

11. Künstlerisch Gestalterisches ist immer wichtig zu unterstützen, in Freizeit und Beruf zur Anwendung zu bringen.

12. Vergünstigungen sollten wir ausschließlich dann gewähren, wenn positive Anpassung und Loyalität gesichert sind. (gemeint ist eine positive Ladung des angepassten Kind-Ichs)

13. Wir beachten den Einfluß verschiedener Bezugssysteme. Ein „Krankheitsorientiertes" System betrachtet möglicherweise die „Gesundheitspartei" als Gefahrenpunkt.
* Wir bauen ein positives Bezugsystem, ein kollegiales Netzwerk zur Verhinderung von Machtmißbrauch in Therapie, Supervision und Weiterbildung.

14. Im ständigen Dialog mit Herz, Sinnen und Verstand zwischen Männern und Frauen reflektieren und hinterfragen wir bestehende Machtverhältnisse; wir hinterfragen auch psychologische Theorien, die zum größten Teil „männliche" Theorien sind.

Die bioenergetische Bogenposition fördert Vibration im Bauch-, Becken- und Beinbereich.

15. In kollegialer Fortbildung bemühen wir uns darum, weibliche und männliche Theorien miteinander zu vergleichen und in Balance zueinander zu bringen.

16. Wir entwickeln ein Gespür dafür, wann zu sehr ausgelebter Nazismus zu Mißbrauch wird. Wichtig ist, sanktionsfrei über eigene Anteile zu reflektieren und mit KollegInnen diesbezüglich einen offenen Dialog zu führen.

17. Wir nehmen konzeptionell die Betonung des Gemeinschaftsgefühls in alle Arbeiten mit auf. Wir unterstützen uns gegenseitig in unserer Fähigkeit, Liebe weiterzugeben und anzunehmen.

18. Wir arbeiten stringent mit dem Konzept des Erlaubnis-Gebens und Erlaubnis-Nehmens

19. Es ist wichtig, die Kontaktmöglichkeiten des Gegenübers in ihrer derzeitigen Ausprägung zu beachten. Ziel bleibt die Entwicklung des Ich-Du-Kontaktes.

20. Wir gewähren uns selbst und unserer Kundschaft Freiraum für konstruktive Entwicklung

21.
Mit jedem Gegenüber (einzelner oder Gruppe) erlauben wir uns, „eigenartige" Entwürfe zur speziellen Begleitung zu erfinden.

22. Mulitmodale Konzeptverbindungen sind im orientierungsanalytischen Kontext äußerst willkommen.
* Wir erlauben uns, im Bewußtsein eines klassischen orientierungsanalytischen Rahmens immer wieder etwas Neues entstehen zu lassen.

23. Wir geben Freiraum für ganz individuelle Präsentationsarten von Arbeitsergebnissen.

Hochgezogene Schultern binden Angst am Körper fest.
Übung: Erinnere dich an eine Schrecksituation!

24. Wir erlauben, Bescheidenheit und Demut als sinnvolle Werte neu zu entdecken.

25. Wir unterstützen das Auffinden von Zielen.
* Es ist wichtig für den Klienten, daß der Begleiter mit seinen eigenen Worten spricht und nicht im Fachjargon.
* Kleine Ziele sind leichter zu erreichen als die großen. Der kleine, erste Schritt enthält metaphorisch das ganze Leben.

* Ziele müssen konkret, spezifisch und auf ein Verhalten (Tun) ausgerichtet sein.
* Ziele müssen erreichbar sein.
* Für die anvisierten Ziele muß ein Anfang erkennbar sein, nicht nur das Ende.
* Ziele müssen realistisch sein.
* Ziele müssen eine Herausforderung bedeuten und erarbeitet werden.
* Ziele ausschließlich im Bezugsrahmen des Klienten entfalten.
* Wir hören oft von den Klienten, was Schlechtes im Leben passiert ist. Wir fragen sie nach einer Wunderlösung:
  Es passiert ein Wunder; das Dilemma ist weg. Was sagt Deine Familie dazu?
* Wir lassen uns erzählen, wie der Klient gewisse Aufgaben gelöst hat, lassen ihn dann auf einer Notenskala von 1 - 10 eine eigene Bewertung für die Art der Lösung vornehmen.

26. Wir akzeptieren *Hypothesen für empowerment*
* Trotz ihrer Lebensprobleme haben alle Menschen Stärken in sich, das Leben zu verbessern.
* Die Betonung der Stärken beinhaltet eine echte Alternative zur Analyse von Defizit.
* Stärken zu entdecken macht den Vorgang einer kooperativen Forschung notwendig.
* Beim Suchen nach Stärken ist die Schuldfrage außen vor. Gemeinsam herauszufinden, was der Klient zum Überleben im Dilemma gemacht hat, ist eine echte Alternative. Alle Umgebungen enthalten Hilfsmittel *(ressources)*.
* Das Verstehen des Klienten muß wichtiger sein als wissenschaftliche Etiketten und Theorien.

27. Wir erlauben ausdrücklich das *empowerment* unserer KlientInnen
* Der Klient entdeckt die Kraft in sich selbst.
* Wir ermutigen den Klienten, eigene Ziele zu formulieren.
* Wir können 5 oder 6 Ziele für die Therapie vorschlagen. Entscheiden tut der Klient selbst.
* Hilf ihm, ein konstruktives Mitglied unserer Gemeinsschaft zu werden.
* Auch die Art der Kooperation zwischen Therapeut und Klient kann heilsame Wirkung haben.
* Wir müssen das Anderssein des Klienten akzeptieren. Aus dem Anderssein können Stärken abgelesen werden.
* Wir verpflichten therapeutisch-supervisorische Begleiter, systematisch nach Stärken zu suchen.

Erfolg entsteht durch Kooperation!

28. Mehr Fragen als Aussagen!
Die Änderungsmöglichkeiten liegen bereits im Klienten „versteckt". Wir locken sie durch Förderfragen heraus.

Förderfragen

* Was hast Du getan, daß	?
* Bist Du jetzt stark beteiligt?	statt: *Du bist jetzt stark beteiligt.*
* Was kannst Du tu'n, damit ...	? Körpersprache ernstnehmen!

* Was hast Du gut gemacht?
* Was hast du toll gemacht?
* Was hast Du sonst noch gut gemacht?

* Was hättest du anders machen können?
* Was hast du *jetzt* gelernt?

* Wo willst Du anwenden, was wir gemeinsam erarbeitet haben?
* Was kannst Du zur weiteren Unterstützung brauchen?

29. Wir holen regelmäßig Rückmeldungen über Art und Wirkung unserer Begleitung ein.
* Haben wir Kopf und Herz zusammengebracht?
* Haben wir die Körpersprache berücksichtigt?
* Arbeite ich (als Therapeut) zu viel für Dich (Klient)?
* Wie lautet Deine Empfehlung an mich? Was soll ich anders machen?

30. *Feedbacking* wird besonders begrüßt: Wir geben Rückmeldung. Rückmeldungen können nur angenommen werden, wenn sie mit Liebe gesagt werden.

31. Humor ist ausdrücklich erlaubt.

Manchmal ist es wirklich wichtig, Du sagst deutlich NEIN.
Denn dann sagst Du JA zu Dir
Und später vielleicht dann auch zu mir.
Manchmal ist es wirklich wichtig, Du sagst deutlich NEIN.

Lied aus der Tom Frazier Sammlung
Melodie wie bei „Lustig ist das Ziegeunerleben"

32. Begleite Dein Gegenüber in der Erfahrung, dass Fühlen und Atmen in engem Zusammenhang stehen.

33. Wir vergegenwärtigen uns die Erfahrung, daß Gefühle durch chronische Muskelverspannungen unterdrückt werden.

34. Wir unterstützen das *Grounding*, jene bioenergetische Art, auf dem Boden zu stehen. Mit der Art, wie wir auf dem Boden stehen, beeinflussen wir
* das Selbstwertgefühl
* die Selbstwahrnehmung
* unsere Kraft, Flexibilität und Identität.

35. Eingefrorene Ausrucksfähigkeit kann durch Theaterspielen wieder auftauen.

36. Hyperventialtionsphänomene wie *verkrampfte Hände, Arme, Beine, Füsse, Mund oder Unterkiefer* deuten auf einen zurückgehaltenen Lebensimpuls. Wird der Impuls über Erlaubnis ausgelebt, verschwindet in der Regel das Verkrampfungsphänomen.

37. Sexualität wird als wichtiges Thema der menschlichen Existenz direkt und offen thematisiert. Im OA Kontext geben wir uns gegenseitig Erlaubnis, unsere persönliche Sexualität zu finden und in unseren Lebensalltag zu integrieren.

38. Sinnvolle sportliche Aktivität leitet über Anregung von Stoffwechselprozessen körperliche Aufbauprozesse ein, die sich unmittelbar auf seelische Prozesse auswirken.

39. Im Rahmen orientierungsanalytischer Begleitung werden entwicklungspsychologische Zusammenhänge mit Hilfe der Entwicklungszyklen nach Pamela LEVIN erläutert.

40. Entspannung der Kiefernmuskulatur fördert Hingabe an den Körper und seine Ausdrucksfähigkeit. *Übung: den Kiefer trotzig und herausfordernd verschieben; bei diesem aggressiven Ausdruck entspannt sich die Muskulatur des Kiefers; anschließend den Klienten auffordern, den Unterkiefer loszulassen und die auftauchenden Gefühle deutlich spüren.*

Tafel 41
Bioenergetisch begründete Orientierungsanalyse
bringt die Entdeckungen von Wilhelm Reich über den Zusammenhang von Energieversorgung und Energieblockierung im menschlichen Körper in Verbindung zum Biographischen Lernen

Energetischer Prozeß

Energieerzeugende Ebene
Verdrängte ungelöste Grundkonflikte des Menschen bewirken auf der Körperebene über eingeschränkte Atmung eine gedrosselte Energieproduktion.

Energieverteilende Ebene
Einschränkende Elternbotschaften bewirken auf der Körperebene durch verkrampfte Muskulatur eine Einschränkung des Energieflusses. Z.B. die Botschaft „sei nicht aggressiv" bewirkt eine Verkrampfung der Rükken-, Nacken- und Kiefermuskulatur.

Legende: Über körperliche Entspannung, intensiveres Atmen und viel Erlaubnis zum körperlichen Ausdruck wird in Verbindung mit biographischen Reflexionen das Lösen von Grundkonflikten angeregt. Dieser Lernprozess wird durch intensives Nachdenken über die jedem Menschen innewohnenden unbewußten Orientierungen begleitet. Ziel ist es, mit den tiefen Kraftquellen *(cycles of power)* und Berufungen *(callings)* in Berührung zu kommen. Sie liegen oft unter angesammelten und ungelösten Konflikten verborgen. *Dieter Raabe*

Tafel 42 Merksätze zur Körperarbeit

* Mit der Art, wie ich auf dem Boden stehe, beeinflusse ich mein Selbstwertgefühl, meine Selbstwahrnehmung, meine Kraft, meine Flexibilität, meine Identität.
* Leistungsprinzipien spiegeln sich in meiner Art zu stehen.
* Eingefrorene Ausdrucksfähigkeit, kann durch Theaterspielen wiederauftauen.
* Hyperventilationsphänomene wie verkrampfte Hände, Arme, Beine, Füße,Mund oder Unterkiefer deuten auf einen zurückgehaltenen Lebensimpuls.
  Wird der Impuls über Erlaubnis ausgelebt, verschwindet in der Regel das Verkrampfungsphänomen.
* Sexualität wird als wichtiges Thema der menschlichen Existenz direkt und offen thematisiert.
* Im orientierungsanalytischen Kontext geben wir uns gegenseitig Erlaubnis,unseren persönlichen, sexuellen Lebensstil zu finden und in unseren Lebensalltag zu integrieren.
* Wo im Körper sitzt die größte Kraft? * Im Becken!
* Sinnvolle sportliche Aktivität leitet über die Anregung von Stoffwechselprozessen körperliche Aufbauprozesse ein, die sich unmittelbar auf den seelischen Prozeß auswirken.
* Im Rahmen bioenergetisch begründeter Orientierungsanalyse werden entwicklungspsychologische Zusammenhänge mit Hilfe der Enwicklungszyklen von Pamela Levin erläutert.
* Die Entspannung der Kiefermuskulatur fördert die Hingabe an den Körper und seine Ausdrucksfähigkeit
* Hochgezogene Schultern binden Angst

Dieter Raabe

Weibliche Stärke entdecken

Ein Selbsterfahrungswochenende für Frauen auf dem Hintergrund von Feminismus und Gestalttherapie

Gabriele Pechel

Das Erbe der Mütter

Seit über 15 Jahren arbeite ich sowohl im Rahmen der Erwachsenenbildung als auch im politischen Raum für und mit Frauen. Mit dieser Arbeit möchte ich einen Teil meiner pädagogisch-therapeutischen Arbeit öffentlich machen und zum Gespräch darüber einladen. Es handelt sich um Selbsterfahrungswochenenden für Frauen mit dem Thema: „Meine weibliche Stärke entdecken."
Mein Engagement im Bereich der Frauenarbeit hat im Wesentlichen zwei Ursprünge oder Quellen: Die Frauenbewegung und meine Familientradition.

Die Frauenbewegung

Zu Beginn meines Studiums der Pädagogik Ende der 70er Jahre war die Frauenbewegung in vollem Gange. Ich war sehr davon beeindruckt, wie Frauen anfingen, ihre eigenen Stärken zu entdecken, eine eigene, nicht vom Mann abgeleitete Identität zu entwickeln. Mich beeindruckte, wie sie Definitionsmacht für sich beanspruchten, sich unabhängig machten, einen Selbststand und eine eigene Kultur entwickelten. Ich las alles von Simone de BEAUVOIR (Das andere Geschlecht) bis Ursula Scheu (Wir werden nicht als Mädchen geboren). Seitdem hat mich das Interesse für Frauenfragen und das Verhältnis der Geschlechter nicht mehr losgelassen.

Familientradition

Meine Großmutter und meine Mutter haben mir, jede auf ihre eigene Weise, ein positives Frauenbild weitergegeben, in dem Frauen stark sind, durchsetzungsfähig, kompromißbereit, eigenständig und gleichzeitig auf andere bezogen. Beide waren sozial engagiert und in der Frauenarbeit tätig. Sie übernahmen Verantwortung und setzten sich in der Verbandsarbeit für die Verbesserung der Lebenssituation von Frauen ein. Ich habe dies als positives Erbe aufgegriffen und ihr ehrenamtliches Engagement im beruflichen Bereich weitergeführt.

Ich stehe also sozusagen auf den Schultern meiner Vor-Mütter - der leiblichen und der geschichtlichen. Wenn sie sich nicht eingesetzt hätten, könnte ich heute nicht wählen, hätte nicht studieren können und hätte keine Möglichkeit, Beruf und Familie zu vereinbaren.

Gestalttherapie

Was mich ebenfalls sehr beeinflusst hat, ist meine Weiterbildung in Gestalttherapie, die ich zunächst für meine persönliche Entwicklung begonnen hatte und dann merkte, daß das Gelernte auch in der Frauenbildungsarbeit eingesetzt werden konnte und wollte.
Es war sicher kein Zufall, daß ich die Gestalttherapie als adäquate Richtung wählte, da Frauenbewegung und Gestalttherapie einige Gemeinsamkeiten aufweisen.

Gemeinsamkeiten zwischen Frauenbewegung & Gestalttherapie

- sie stellen die herrschende und patriarchale Vernunft in Frage
- sie formulieren eine vielgestaltige Zivilisationskritik
- für beide ist die Wahrnehmung von Körperlichkeit und Emotionalität zentral
- sie klären auf über Beziehungs- und Machtstrukturen
- sie erkunden Wechselwirkungen zwischen Individuum und sozialem Umfeld [(1)]

Was mir besonders wichtig war und ist, ist die Idee der Einheit von Körper, Seele und Geist.

(1) Tagungsdokumentation der Züricher Gestalttage S.231

Theoretischer Bezugsrahmen

Das Konzept der Seminare ist im wesentlichen eingebettet in die Bezugssysteme von Gestalttherapie, Integrativer Therapie und Themenzentrierter Interaktion (TZI). Damit ist für mich das Menschenbild der Humanistischen Psychologie grundlegend.

Postulate der Humanistischen Psychologie

- Streben nach Autonomie und sozialer Interdependenz,
- Tendenz zur Selbstverwirklichung,
- Ziel- und Sinnorientierung,
- ganzheitliche Sicht des Menschen als Leib-Seele-Geist-Einheit in Verbindung mit seiner Umwelt.

Durch die theoretischen Bezugssysteme stehen mir Methoden und Techniken zur Steigerung von Bewußtheit, Verbesserung der Wahrnehmung und Erweiterung von Handlungsspielräumen zur Verfügung. Diese Techniken und Methoden sind jedoch lediglich Hilfsmittel für das Herstellen eines lebendigen Kontaktes, einer Beziehung zu den Teilnehmerinnen. *„Keine Methode ersetzt persönliche Wärme, Toleranz und eine positive Einstellung zum Menschen."*[2]

Gestalttherapie * Integrative Therapie

Die Gestalttherapie als eine von vielen Methoden der Humanistischen Psychologie wendet sich nicht nur an „Kranke", sondern ganz allgemein an Menschen, die ihr Leben intensiver erfahren und gestalten wollen, die ihre Kontaktfähigkeit erweitern und sich selber besser kennenlernen möchten.[3]

Sie arbeitet in Richtung *Steigerung der Bewußtheit*, was zu einer Erweiterung des eigenen Potentials und einer *Erweiterung der Kontaktgrenzen und zur Übernahme von Verantwortung* für das eigene Leben führt.
In der Gestalttherapie wird das *Wenn-dann-Denken* ersetzt durch ein *Sowohl-als-auch-Denken,* das Polaritäten und Widersprüche zulässt. Insofern ist es eine hervorragende Methode in der Frauenarbeit, da Frauenleben häuig widersprüchlich sind.
Da sich die Gestalttherapie an alle Menschen wendet und nicht nur an seelisch Kranke, können wesentliche Elemente wie Personenzentrierung, Erfahrungsorientierung, Verantwortlichkeit, Bewußtheit der Wahrnehmung und Konzentration auf den Kontaktprozeß für die *Pädagogik bzw. Andragogik* nutzbar gemacht werden,.

Vor allem die Konzentration auf die Wahrnehmung spielt eine wichtige Rolle, und zwar die aktuelle sensorische Wahrnehmung der äußeren und der inneren Welt, die nach John O. STEVENS solider Unterbau der Erfahrung ist. Hinzu kommt das Einbeziehen von Phantasie.[4] In den Seminaren findet dies vor allem seinen Niederschlag in Übungen zur sinnlichen Wahrnehmung und in Phantasiereisen.

Themenzentriete Interaktion (TZI)

Die Themenzentrierte Interaktion ist in der Arbeit mit Gruppen eine gute Ergänzung zur Gestalttherapie, da sie einen erweiterten Blick auf die Gruppe und die Umwelt ermöglicht. Sie betont stärker als die klassische Gestalttherapie, daß wir als Menschen gleichzeitig autonom und interdependent sind. Die Selbstverwirklichung der Gestalttherapie, welche sagt :"Ich bin ich und du bist du" wird ergänzt durch einen sozialen Aspekt, ein „wir sind wir", oder: „Ich lebe in einem Wir."

Was mir in der Arbeit besonders wichtig geworden ist, sind die Gesprächsregeln der TZI.

(2) Ruth Cohn; Von der Psychoanalyse zur Themenzentrierten Interaktion S.114
(3) Marion Weber; Mit sich selbst in Einklang kommen S. 15
(4) John O. Stevens; Die Kunst der Wahrnehmung S.15

Gesprächsregeln der Themenzentrierten Interaktion (TZI)

- Sei deine eigene Chairperson (man/woman).
- Störungen und Betroffenheit haben Vorrang.

Diese Regeln bespreche ich zu Beginn jedes Seminars mit den Teilnehmerinnen, wobei ich sie als Angebot verstehe - nicht als eiserne Vorschrift. Die Gesprächsregeln dienen der Förderung von Selbstunterstützung, Autonomie, Selbstverantwortlichkeit, gegenseitiger Verantwortlichkeit und einer Stärkung des Gemeinschaftsgefühls. Sie geben den Teilnehmerinnen einen Rahmen, der ihnen Sicherheit und Offenheit ermöglicht. Die Gruppe ist nicht auf die Leiterin fixiert, sondern an der Steuerung des Prozesses intensiv beteiligt.

Seminar-Atmosphäre und die Einstellung der Leiterin
Entscheidend für den Verlauf der Gruppe ist, ob es gelingt, eine Atmosphäre der Sicherheit und Angstfreiheit herzustellen und ein Gefühl des Akzeptiertwerdens zu vermitteln.

Für mich als Leiterin bedeutet das:

- Ich sorge dafür, daß es mir gut geht. Ich achte auf meine Körperhaltung, und wenn Spannungen auftreten, lasse ich sie zu und erlaube sie mir.
- Ich lasse meine Wahrnehmung zwischen mir, den Teilnehmerinnen und der Umgebung frei fließen.
- Ich achte auf den nonverbalen Ausdruck der Teilnehmerinnen, auf die Körperhaltung und den Klang der Stimme.
- Ich bin so offen und kongruent wie möglich, und teile den Gruppenmitgliedern im Sinne der „selektiven Authentizität" (Ruth COHN) etwas von mir mit.
- Ich nehme die Lebenssituationen der Teilnehmerinnen wahr und anerkenne sie.
- Ich respektiere die Grenzen jeder einzelnen.

Die Frauengruppe
Die Frage, ob es denn sinnvoll und nötig sei, in Gruppen nur mit Frauen zu arbeiten, taucht immer wieder auf. Nach meinen Erfahrungen ist dies sinnvoll und bietet den Frauen auch einige Vorteile. Da ich fast ausschließlich mit Frauengruppen gearbeitet habe, war das, was ich als Unterscheidungskriterien zu gemischt-geschlechtlichen Gruppen annahm, theoretisch und nicht auf praktische Erfahrung zurückzuführen. Dann fiel mir ein Aufsatz von Inga Schumann-Sorge in die Hände, die meine Hypothesen aus ihrer Erfahrung bestätigte.

Frauen spüren in Frauengruppen eine Sicherheit, Verbundenheit, Vertrautheit, Intimität, Ehrlichkeit und Offenheit, und sie erleben die Abwesenheit der Spannung zwischen den Geschlechtern durch die Abwesenheit der Männer. Dadurch entsteht unter den Frauen weniger Konkurrenz und eine hohe Bereitschaft sich gegenseitig zu unterstützen.

Die Teilnehmerinnen
Die Teilnehmerinnen spiegeln die Vielfalt der heutigen Lebenssituationen von Frauen wider: sie sind zwischen 25 und 50 Jahre alt, verheiratet, geschieden oder alleinstehend. Die meisten von ihnen leben mit ihren Kindern zusammen. Sie sind berufstätig oder Familienfrauen.
Für manche ist es das erste Mal, daß sie an einem Selbsterfahrungswochenende teilnehmen, andere haben schon Vorerfahrungen.

Motivation
Das Thema spricht häufig Frauen an, die sich in einer äußeren oder inneren Wendezeit befinden, die eine latente Unzufriedenheit spüren und etwas verändern wollen. Häufig wissen sie jedoch nicht, was ihre Unzufriedenheit ausmacht („Eigent-

lich müßte ich zufrieden sein.") und wohin die Veränderung gehen soll („Ich möchte gerne etwas Neues anfangen, jetzt, wo die Kinder so groß sind, aber ich weiß einfach nicht was.").

Ein wichtiges Antriebsmoment ist aber auch das Bedürfnis nach Kontakt („Ich wollte etwas mit anderen Frauen zusammen machen") und Unterbrechung der alltäglichen Familienarbeit, um neue Eindrücke zu bekommen und Zeit für sich selber zu haben („Jeden Tag drei kleine Kinder zu versorgen ist schon eine Menge Arbeit, die aber gar nicht anerkannt wird. Ich brauche eine Pause." „Ich möchte neue Eindrücke außerhalb des Alltags bekommen.").

Persönlichkeitsentfaltung
Wachstum, im Sinne von Selbstentfaltung der eigenen Persönlichkeit, ist übergeordnetes Ziel der Seminare. Die Frauen werden darin unterstützt, ihre Ressourcen (wieder)zuentdecken und Verantwortung für sich selber zu übernehmen, Verantwortung für die eigenen Gefühle und Handlungen. Sie können entdecken, daß sie Wahlmöglichkeiten im Denken und Handeln haben.

Identität und Selbstwert
In den Seminaren geht es letztendlich um die Frage „Wer bin ich?" Es geht um die eigene Identität. Identität ist kein statischer Begriff, sondern ein lebenslanger Prozeß. Identität bedeutet, ich sehe mich und ich werde gesehen. Aus dem Verhältnis dieser beiden Pole zueinander entwickelt sich menschliche Identität. Ein wesentlicher Aspekt der Identität ist die Selbstachtung, der gute Ruf, den ich bei mir selber habe. Um diesen „guten Ruf" geht es in den von mir angebotenen Seminaren.

Frauen haben es in unserer partiarchalen Gesellschaft schwer, ein stabiles Selbstwertgefühl zu entwickeln. Ihre Rollen sind nicht mehr so klar festgelegt, sondern sie können zwischen verschiedenen Lebensentwürfen wählen. Sie können wählen, und sie müssen wählen. Dies bedeutet immer auch Unsicherheit und häufig fühlen sie sich unter einem Rechtfertigungsdruck für ihre Wahl.

Das Thema
Das Thema des Seminars stellt eine Verknüpfung zwischen den Begriffen „weiblich" und „Stärken" her. Diese Verbindung widerspricht dem üblichen Dualismus von Mann - Frau, stark - schwach und hat das Ziel, diese gedankliche Verknüpfung aufzulösen.

Die Zuschreibung von bestimmten Eigenschaften und Fähigkeiten als typisch männlich oder typisch weiblich legt Frauen wie Männer fest und verhindert, daß sie zur Entfaltung ihres gesamten menschlichen Potentials kommen.

Das Thema zielt also nicht darauf ab, bestimmte Stärken aufzuzeigen, die als weiblich anzusehen sind (wie z.B. teamfähig, kommunikativ, einfühlsam usw.), sondern den Frauen als Frauen ihre Stärken aufzuzeigen.

Äußerer Bezugsrahmen
Die Seminare finden in der Regel an Wochenenden statt und dauern von Freitagnachmittag bis Sonntagmittag. Es ist jedoch auch möglich, die Zeit zu verkürzen oder mehrere aufeinanderfolgende Gesprächsabende anzubieten. Der Vorteil eines Wochenendes mit Übernachtung ist, daß die Frauen auch außerhalb der Arbeitszeiten einen intensiven Kontakt aufbauen können und daß der Prozeß des Nachdenkens und Nachspürens nicht unterbrochen wird.
Die Atmosphäre im Tagungshaus, das Essen, die Zimmer, die Umgebung haben immer auch Auswirkungen auf den Verlauf des Seminars. Deshalb empfiehlt es sich, diese Bedingungen im Auge zu behalten und gegebenenfalls in die Gruppenarbeit miteinzubeziehen. Frauen, die in ihren Familien häufig für die Schaffung der Atmosphäre zuständig sind, genießen es, dies einmal nicht tun zu müssen, sich an einen gedeckten Tisch setzen zu können und versorgt zu werden.
Vor Beginn der Seminare ist es mir sehr wichtig, soviel Informationen wie möglich

über die Teilnehmerinnen, den Veranstaltungsort, die räumlichen Bedingungen zu bekommen und eine Struktur für das Seminar zu entwickeln.

Ein „Schritt für Schritt Konzept" prozessorientierten Lernens
Für die Seminare gibt es ein thematisches Konzept, das einem bestimmten Ablauf folgt und Übungen vorsieht, die den Frauen das Thema erfahrbar machen. Die vorgegebene Struktur wird dem jeweiligen Prozeß angepasst.

Ich überprüfe immer wieder,
- wo die Gruppe steht,
- was das vorherrschende Thema ist
- und wie es am besten bearbeitet werden kann.

Wir nähern uns den Stärken von verschiedenen Seiten und mit verschiedenen Methoden. Durch eine Steigerung der Bewußtheit möchte ich die Frauen über den Spaß an der Selbstdarstellung, das Kraftschöpfen aus der Lebensgeschichte und Focussieren der Stärken hin zu einem grösseren Zutrauen in die eigenen Ressourcen führen.

Natürlich kommen nicht nur die Stärken zur Sprache, sondern auch die Schwächen, Gefühle der Unzulänglichkeit, Hilflosigkeit, Ärger, Wut, Trauer. Alle diese Gefühle haben ihre Berechtigung, ihren Platz und können angesprochen und ausgedrückt werden. „Danach führe ich die Teilnehmerinnen immer wieder zum Blick" auf die Stärken zurück.

Spaß an der Selbstdarstellung
Zu Beginn einer neuen Gruppe stellen wir uns vor, was häufig mit Angst verbunden ist. Das Seminar will vermitteln, daß Selbstdarstellung auch Spaß machen kann. Die hier verwendete heißt „Malen von Visitenkarten." Die Frauen haben dabei die Möglichkeit, so viel von sich mitzuteilen, wie sie wollen: ein erster Schritt in Richtung Entscheiden und Verantwortung übernehmen. Einige sind vorsichtig und beschreiben ihre äußeren Lebensumstände: Familie, Haus, Garten, Hobbys. Andere, die mehr von sich mitteilen wollen, sagen etwas zu ihren Charaktereigenschaften, zu ihrem momentanen Lebensgefühl. Einige teilen mit, was sie bis heute besonders beschäftigt hat.

Es können auch unbearbeitete oder nicht abgeschlossene Themen auftauchen, (z.B. der Tod eines Hundes und die unterdrückte Trauer). In der Vorstellungsrunde findet auch die Trauer ihren Platz und kann ausgedrückt werden.

Die Aufforderung zu malen löst bei vielen zunächst die Äußerung aus: *„Ich kann nicht malen!"* Erinnerungen an Schule und Benotung werden wach. Für manche ältere Frauen ist das Malen sehr ungewohnt, da es in ihrer Kindheit kurz nach dem 2. Weltkrieg wenig Papier gab. Nach der Versicherung, daß es nicht darum gehe, schön zu malen, sondern der Phantasie freien Lauf zu lassen, nehmen die Widerstände ab.

Die Frauen können dann ein Medium finden, mit dem sie sich kreativ ausdrücken. Silvia, eine 48 jährige Lehrerin an einer kaufmännischen Schule, äußert in der Feedback-Runde, daß sie Angst vor dem Malen hatte, weil sie meinte, nicht kreativ zu sein. Sie malte ihre Visitenkarte ganz konzentriert, entspannt und mit viel Spaß. Sie war erstaunt zu entdecken, daß ihr Selbstbild, nicht kreativ zu sein, so nicht stimmte.

Kraft aus der Lebensgeschichte
Unsere Biographie hat uns geprägt. Es gibt Erlebnisse, die uns verletzt haben, die uns in unserer Entwicklung gehemmt haben, und es gibt Situationen und Erlebnisse, die uns stark gemacht haben, in denen wir unsere Stärke entwickeln konnten und die uns heute noch eine Stütze für unser Selbstvertrauen sein können.

Eine Phantasieübung soll den Frauen helfen, zu entdecken, wo es in ihrem Leben Situationen gegeben hat, in denen sie sich stark gefühlt haben.

* In welche Situationen fühlte ich mich stark?
* Wie kann die Verbindung von der damaligen Situation zu heute geschaffen werden?

Es geht um das Verlebendigen des Gefühls der Stärke.
Nach einer Entspannungsübung verfolgen die Frauen ihr Leben zurück und stoppen bei Situationen, in denen sie sich stark gefühlt haben. Um das Gefühl wieder erfahrbar zu machen, werden alle Sinne angesprochen und eine möglichst genaue Beschreibung der Situation phantasiert.

Imaginative Wahrnehmungsübung
- Was siehst du, was hörst du?
- Kannst du Gerüche wahrnehmen?
- Was spürst du, wer ist bei dir?
- Wie sieht es um dich herum aus?

Die Imagination ist um so wirksamer und intensiver, je mehr sinnliche Qualitäten angesprochen werden.

Am Ende der Übung malen die Teilnehmerinnen eine Lebenslinie und zeichnen die gefundenen Situationen in die Linie ein. In der Auswertung kommt zur Sprache, daß es zuerst gar nicht einfach war, sich auf die Stärken zu besinnen, was zum einen damit zusammenhängt, daß die Erinnerung blockiert ist oder Situationen nicht als Stärke-Situationen definiert wurden.

Renate zum Beispiel hat auf ihrer Lebenslinie drei Kreuze gemalt. Sie sagt dazu: *„Mit ist nichts Positives eingefallen, da habe ich das Traurige aufgemalt"* , und sie erzählt, daß sie ihre Eltern, sowie eine ihrer Schwestern im Sterben begleitet hat. Sie spricht mit leiser Stimme davon, als sei das etwas Selbstverständliches. Als die anderen Frauen ihr sagen, wie bewundernswert sie dies finden, meint Renate, das sei doch normal; das würde doch jeder tun. Erst dann kann sie ihre Fähigkeit zur Sterbebegleitung als Stärke definieren.

Focussieren der Stärken
Um die Bewußtheit mehr auf die Stärken zu lenken und eine Auseinandersetzung mit dem Ich-Ideal einzuleiten, biete ich den Teilnehmerinnen eine Übung an, die ich nenne: Ich mag an mir...
Der erste Schritt ist dabei, selber die Stärken wahrzunehmen, der zweite Schritt, dies öffentlich zu machen.

Stärken Brainstorming
Die Teilnehmerinnen erhalten die Aufgabe, auf einem Blatt rund um ihren Namen herum alles aufzuschreiben oder mit Symbolen darzustellen, was sie an sich mögen, was ihre Fähigkeiten und Stärken sind. Hier fällt auf, daß es immer wieder Frauen gibt, denen es enorm schwer fällt, Positives an sich zu entdecken oder etwas, was sie können, als Stärke zu bezeichnen.

Viele sind erstaunt, wie viele Stärken sie an sich entdeckt haben. Wenn die Bilder im zweiten Schritt in der Gruppe vorgestellt, also öffentlich gemacht werden, wird ein starkes Tabu berührt, und bei vielen Frauen vorkommende Introjekte werden deutlich: „Lobe dich nicht selber, das ist eingebildet", „Stell dich nicht in den Mittelpunkt" oder „Nimm dich nicht so wichtig".

Thema wird hier auch der weibliche Körper und die Schwierigkeit, sich im eigenen Körper zu akzeptieren, sich von den gesellschaftlichen Zuschreibungen und Idealen unabhängig zu machen.

Die Frauen bewerten das, was sie gut können, als nichts Besonderes. Das, was sie nicht können oder haben, nimmt ein viel größeres Gewicht ein als das Positive.

Äußerungen einiger Teilnehmerinnen

➜ *„Wenn ich gewußt hätte, daß wir dies Bild der Gruppe vorstellen sollen, hätte ich nicht so viel draufgeschrieben, weil ich ja nicht alles 100 %ig kann".*

➜ *„Mir wäre es leichter gefallen aufzuschreiben, was ich nicht an mir mag."*

➜ *„Ich weiß, ich kann gut zuhören, mit Kindern umgehen, gut organisieren, aber ich kann mich nicht durchsetzten, kann nicht nein sagen."*

Dialog mit der Stärke

Die Teilnehmerinnen bringen von einem Wahrnehmungsspaziergang, bei dem die Welt je 5 Minuten mit einem Sinn erfasst wurde, ein Symbol für ihre Stärke mit. Sie legen dieses Symbol vor sich auf den Boden und nehmen Kontakt auf, um einen stillen Dialog zu führen, der wie folgt angeleitet wird:

„Vielleicht sagt ihr eurer Stärke, daß ihr euch freut, sie gefunden zu haben; daß ihr sie lange gesucht habt, oder daß es ganz einfach war, sie zu finden. Hört, was sie euch antwortet: vielleicht, daß sie immer da war, daß sie gerne beachtet werden möchte, daß sie sich freut, gefunden worden zu sein. Vielleicht sagt ihr zu eurer Stärke: Warum läßt du mich manchmal im Stich? Warum bist du nicht immer bei mir? Hört, was sie antwortet. Vielleicht sagt sie: manchmal siehst du mich einfach nicht, manchmal willst du mich nicht, Manchmal möchte ich in Ruhe gelassen werden. Vielleicht sagst du ihr: Ich möchte immer zu dir zurückkommen können."

Bei dem Wahrnehmungsspaziergang haben die Frauen sehr intensive sinnliche und auch neuartige Erlebnisse. Petra berichtet, daß sie einen Baum umarmt und seine Kraft gespürt hat. Sie wünscht sich, so fest verwurzelt wie dieser Baum zu sein und trotzdem genügend Bewegungsfreiheit zu haben.

Marianne macht während des Wahrnehmungsspaziergangs die Entdeckung, daß ihre Stärken, die sie im Basketballspiel zeigt, auch die Stärken ihres Lebens sind, nämlich: sich verteidigen, sich Hilfe holen, Kompromisse eingehen, jemandem helfen, auch wenn sie ihn nicht mag.

Die Symbole, die Frauen mitbringen, sind vielfältig: Kastanien, Wurzeln, Blätter, Moos, Steine. Manche haben das Symbol an seinem Ort belassen. Marianne hat einen Farn entdeckt, den sie an seinem Platz belassen hat.
Im Dialog sagt der Farn ihr: *„Ich bin zwar klein, aber ich habe eine besondere Farbe und ich bin widerstandsfähig. Du kannst jederzeit zu mir zurückkommen, ich werde immer da sein."*

Das körperliche Erleben von 'stark' und 'schwach' in Bewegung
Gefühle manifestieren sich immer auch auf der körperlichen Ebene, und so geht es hier darum wahrzunehmen, WO ich in meinem Körper spüre, wenn ich stark oder schwach bin.

- Wie bewege ich mich?
- Wie nehme ich meine Umwelt wahr?
- Was passiert, wenn ich meine Körperhaltung ändere?
- Ändert sich auch das Gefühl, wenn ich meine Haltung ändere?

Die Teilnehmerinnen gehen zunächst durch den Raum mit der Vorstellung, sich stark und dann schwach zu fühlen. Danach suchen sie sich eine Partnerin und führen mit ihr einen Bewegungsdialog, in dem eine die **Starke**, die andere die **Schwache** ist. Zuletzt führen sie einen partnerschaftlichen Dialog, ebenfalls ohne Worte. Sie tauschen sich darüber aus, welche Nutzen und welche Nachteile es hat, schwach oder stark zu sein.
Als **Schwache** erleben die Teilnehmerinnen, daß ihr Körper gebeugt ist, der Blick auf den Boden gerichtet, was das Gesichtsfeld einschränkt. Die Atmung ist einge-

engt, die Bewegungen langsam und schleppend.
Als **Starke** halten sie ihren Körper aufrechter, die Schritte sind fest, sie spüren eine Verbindung zum Boden und nehmen ihre Umgebung und die anderen Teilnehmerinnen wahr.
Durch die Bewegung und den stummen Dialog, der nicht verbal, sondern nur über die Körpersprache abläuft, ist es den Teilnehmerinnen möglich, ihre Gefühle klarer wahrzunehmen. Die Erfahrungen der Frauen bei dieser Übung sind sehr unterschiedlich. Sie fühlen sich in der Rolle der Starken, der Schwachen oder im partnerschaftlichen Dialog wohl oder unwohl, je nachdem von welchen Gefühlen diese Rolle begleitet wird.
Stärke wird erlebt als Möglichkeit der Hilfestellung für andere, aber auch als Ausübung von Gewalt. Für manche ist die Position der Stärke anstrengend, da sie sich von den Anforderungen der Schwachen überfordert fühlen.

Schwäche wird erlebt als Hilflosigkeit, Angst vor Angriffen und Depression oder als Möglichkeit, sich fallen und führen zu lassen. In der Position der Schwächeren erleben sich manche Frauen auch als die eigentlich Starke, bzw. Mächtige.

Die Übung regt eine intensive Auseinandersetzung mit dem eigenen Empfinden von stark und schwach an. Es wird gemeinsam danach gesucht, womit dies zusammenhängt.

Sprüche aus der Giftküche
Eine Möglichkeit, um an die Widerstände heran zu kommen, die Frauen daran hindern, ihre Stärken zu empfinden und zu leben, ist die Übung von Vopel: Sprüche aus der Giftküche (5).
Es geht sowohl um Botschaften aus der kulturellen Tradition als auch aus der eigenen Familie.

Die Teilnehmerinnen benennen Aussagen wie:

„Typisch Frau!"
„Außen hui und innen pfui - komm mir bloß nicht mit einem Kind nach Hause."
„Nimm dich nicht so wichtig!"
„Fordere nicht den Zorn der Götter heraus."
„Du hast zwei linke Hände."

Die meisten dieser Sprüche stammten aus der Familie, d.h. sie wurden den Frauen von Eltern, Großeltern oder Verwandten gesagt, als sie kleine Mädchen waren. Die Aufgabe der Frauen ist es jetzt, als heutige erwachsene Person einen Gegenspruch zu finden.

Die Übung, einen *Gegenspruch* zu finden, setzt viele Emotionen in Richtung Traurigkeit und Wut frei. Es ist erleichternd zu erleben, daß ihnen als Erwachsene eine Entgegnung einfällt und sie nicht sprach- und hilflos gegenüber den Giftsprüchen sind. Die „Gegen-Sätze" / *Gegensprüche* können, wenn sie der Realität entsprechen, als heilende Sätze wirken. (6)

Die Gruppen sind bei dieser Übung meist sehr emphatisch und machen Vorschläge zu den Gegensprüchen, bis jede Frau den passenden gefunden hat. Wenn er überzeugend vorgetragen wird, kommt es vor, daß alle Gruppenmitglieder applaudieren.

Der inneren Stimme trauen - Entwicklung zu mehr self-support
Als eine Möglichkeit, zur eigenen inneren Ratgeberin Kontakt aufzunehmen, eignet sich die Phantasiereise *„Weise Frau"* (Abwandlung der Phantasiereise zum Weisen Mann von John O. STEVENS). Die Erfahrungen der Teilnehmerinnen sind hier sehr

(5) Klaus W. Vopel; Selbstakzeptierung und Selbstverantwortung Bd. 2 S. 30
(6) Ruth Cohn; Gelebte Geschichte S. 323

unterschiedlich, und es zeigt sich, daß es einigen sehr schwer fällt, ihre Phantasie aus dem Gefängnis der Rationalität freizulassen. Nicht alle finden die *Weise Frau,* und nicht alle bekommen ihre Frage beantwortet. Manche tun sich schwer mit der Identifikation.

Bei dieser Phantasiereise zeigt sich sehr deutlich, wie sehr es uns abgewöhnt wurde, unsere Phantasie zu nutzen.

Wenn es gelingt, die „*Weise Frau*" zu besuchen, ihr eine Frage zu stellen und die Antwort zu vernehmen, so haben die Frauen hier einen weiteren Schritt in Richtung Unterstützung der eigenen Person und Autonomie getan.

Ein Beispiel

Franziska fragt die „*Weise Frau*", wie sie sich besser schützen könne, und diese schenkte ihr einen Regenschirm. In einem Nachgespräch sagte Franziska, daß sie sich im Alltag manchmal einen Regenschirm mitnimmt, um sich zu erinnern, *daß* sie sich schützen kann.

Evaluation

Am Ende der Seminare sind die Frauen meistens zufrieden („die Atmosphäre hat mir gefallen, gut getan," „ich konnte mich öffnen", „ich habe Neues für mich entdeckt"), jedoch noch nicht in der Lage, die vielen neuen Eindrücke, Gedanken und Gefühle zu sortieren und einzuschätzen.

Lernen braucht Zeit, und so erscheint es mir sinnvoll, nach einiger Zeit noch einmal ein Gespräch über die „Nachwehen" des Seminars mit einigen Teilnehmerinnen zu führen und an die übrigen Fragebögen zu verschicken, die verschiedene Fragen enthalten.

Auswertungsfragen

- Was war Deine Motivation an dem Wochenende teilzunehmen?
- Welche Bedeutung hatte es für dich an einem Wochenende für Frauen teilzunehmen?
- Was hast du in den Übungen erfahren (Gefühle, Gedanken, Phantasien)?
- Hast du Kontakt zu deiner Stärke bekommen?
- Hast du deine Selbstwahrnehmung verändert?
- Gibt es Erkenntnisse oder Erfahrungen aus dem Seminar, die heute noch nachwirken?

Es stellt sich heraus, daß ein solches Wochenende für die interviewten Frauen Anstoß zu Veränderung im Verhalten, Handeln und zur Selbstwahrnehmung ist.

Hier führe ich einige Äußerungen aus den Nachgesprächen und Fragebögen an:

* *„Das Seminar hat bei mir ein intensives Nachdenken über mich selber angestoßen und darüber, was ich gerne verändern möchte. Ich habe mich entschlossen, etwas für mich zu tun und wegen meiner Allergie endlich eine Homoöpathin aufgesucht."*
* *„Das Seminar war ein Mosaiksteinchen in einer größeren Auseinandersetzung mit mir selber." „Manchmal fühle ich mich stärker als ich bin. Seit dem Wochenende gehe ich mit meinen Kräften wieder achtsamer um."*
* *„Für mich ist es tröstlich zu wissen, daß ich nicht alleine Schwächen habe."*
* *„Ich bin Susanne.. und nicht nur die Mutter von Hannes ... die Frau von Tom."*

Hildegard hat das Medium des Malens als Ausdrucksmittel in schwierigen Situationen entdeckt:

* „Vor dem Seminar dachte ich, ich könnte nicht malen. Seit dem Seminar male ich immer wieder Selbstbildnisse, und das hilft mir oft aus einer Krise.
  Mein Mann und ich nutzen gemalte Bilder, um über unsere Beziehung zu sprechen."

Erfahrungen / Fazit
Die Seminare zeigen, daß es trotz fortgeschrittener Emanzipation in unserer Gesellschaft und unserer Kultur wichtig ist, Orte für Frauen zu schaffen, an denen sie sich begegnen können, sich selbst erfahren und jede für sich aber auch gemeinsam wachsen können. Wachsen, ganz im Sinne der Gestalttherapie, als Integration von abgespaltenen Anteilen und Gefühlen.

Frauen sind gefühlsbetonter als Männer, heißt es. In den Seminaren stelle ich jedoch immer wieder fest, daß Frauen dies nicht als Stärke, sondern als Hindernis wahrnehmen. Frauen machen die Erfahrung mit „unpassenden" Gefühlen nicht ernstgenommen zu werden, abgewertet, womöglich als „hysterisch" eingeordnet zu werden.[7]

In der Arbeit wird auch ganz deutlich, daß die Selbsteinschätzung von Frauen von ihnen selber, aber auch von dem gesellschaftlichen Bild abhängt, wie Frauen sein sollten. Von der partiarchalen Gesellschaft werden sie häufig noch in eine bestimmte Richtung gedrängt: emotional, unlogisch, technisch unbegabt, körperlich schwach.

Identität zu entwickeln, die alle Fassetten der eigenen Person enthält und weibliche Stärken wahrzunehmen und zu leben, ist eine wesentliche Entwicklungsaufgabe für Frauen.

Was für die Teilnehmerinnen gilt, gilt auch für mich, und so ist jede neue Gruppe auch eine Herausforderung für mich selbst, Stärken einzusetzen, Schwächen zuzulassen und ein ganzer Mensch zu werden. Die Arbeit mit den Frauen ist manchmal anstrengend und manchmal leicht, aber immer macht sie mir Spaß.

Tafel 22
Theoretischer Hintergrund zur Orientierungsanalyse
Theoretical Background

Individualpsychologie
Adlerian Individual Psychology

Zusammenspiel von psychodynamischen + interaktionellen Phänomenen
Psychodynamic & interactional phenomena

Akzeptanz von Begrenztheit („Organminderwertigkeit")
Acceptance of limitation (organ inferiority)

Weg vom Geltungs- und Machtstreben
Distancing from aspiring power & admirational craving

Akzeptanz von Finalität
Accepting finality

Entwicklung von Gemeinschaftsgefühl
Development of common sense + communal sense

(7) Inga Schumann-Sorge; Weibliche Gestalttherapie S.11

„Für Erinnerungen sind Sinneseindrücke ein tieferer Nährboden als die besten Systeme und Denkmethoden."
Hermann Hesse

Bewegte Begegnungen

Zur Verbindung von Körperarbeit und Gestaltpädagogik im Rahmen der Orientierungsanalyse

Gertrud Schümmer

Persönlicher Hintergrund

Im Zuge meiner persönlichen Selbstfindung begann ich 1982 eine dreijährige Weiterbildung in Bioenergetischer Analyse am IHP in Eschweiler. Meine eigene „sprachlose" Kindheit beeinflusste dabei die Auswahl der Methode und es zeigte sich, daß die körperorientierte Entdeckungsreise den Schlüssel zu meiner Lebensbiographie beinhaltete.

In dem Puzzle der gemachten Erfahrungen erkannte ich nach und nach das Muster meines Lebensplanes und traf die notwendigen Entscheidungen für eine grundlegende Lebensveränderung. Diese Veränderung bedeutete auch eine berufliche Neuorientierung und ich „untermauerte" meine Weiterbildung mit der Grundausbildung zur Sozialpädagogin.

Während dieser Zeit bot ich erfolgreich Kurse zur Körperwahrnehmung und Sensibilisierung bei verschiedenen Institutionen erfolgreich an. Mit Elan und Begeisterung gab ich einen Teil meiner mit mir selbst gemachten Erfahrungen weiter und wurde dabei auch mit den Grenzen meiner Möglichkeiten konfrontiert. Einhergehend mit den privaten und beruflichen Veränderungen in meinem Leben veränderte sich auch mein Blickwinkel in bezug auf die Bedeutung der Körperarbeit.
Als Handwerkszeug für die beratende Einzelarbeit empfand ich die Bioenergetische Körperarbeit als nicht ausreichend. Deshalb begann ich 1992 eine weitere Fortbildung in Gestaltpädagogik am IHP und fand von da aus zur Orientierungsanalyse. In der Orientierungsanalyse entdeckte ich die für meine Arbeit notwendigen strukturellen Rahmenbedingungen.

Merkmale der Orientierungsanalyse

Die Orientierungsanalyse (OA) zeichnet sich vor allem durch Klarheit, Eindeutigkeit und Einfachheit aus. Es ist ein praktikables, nachvollziehbares, anwendbares Modell, das besonders für die selbständige Beratungspraxis geeignet ist. Der Begründer der OA, Klaus Lumma, versteht sein Konzept als „das Herausarbeiten (Analysieren) der persönlichen, wie der beruflichen Zielvorstellungen (Orientierungen) eines Menschen unter besonderer Berücksichtigung seiner Entwicklungsgeschichte." (LUMMA, Neuorientierung, S.241.)

Es geht darum, das Drehbuch des persönlichen Lebens zu erkennen, es zu überarbeiten, neue Orientierungen zu finden und die Lebensqualität zu verbessern. Nicht der Konflikt an sich, der zur Beratung geführt hat, steht im Mittelpunkt der Arbeit, sondern der Mensch als Ganzes erhält Unterstützung in seiner Bildung zum Erwachsensein. Es ist eine Entdeckungsreise mit „Zielblick" und Rückblick, entlang der biographischen Reiseroute.

Den Rahmen für diese spannende Fahrt liefern die zu Beginn der Konsultationen eingefragten sieben bis neun Früherinnerungen (FE). Dabei hat die bisherige Praxis

gezeigt, daß die zuerst genannten Erinnerungen Aufschluß geben über das Hier und Jetzt des Klienten. Die mittleren FE's machen eine Aussage über die Orientierung im Leben und die Ziele des Menschen. Die zuletzt genannten FE's beschreiben das Gemeinschaftsgefühl, also die Qualität der sozialen Kontakte. Der Klient formuliert zu jeder FE einen Titel, der den Hauptaspekt beinhaltet, benennt das begleitende Gefühl und äußert das ungefähre Lebensalter der FE.
Gemeinsam mit dem Klienten wird das Ziel des Lernprozesses formuliert, und es wird ein Vertrag abgeschlossen, der die Arbeitsvereinbarungen enthält. In der Regel werden ca. zehn Termine vereinbart. Nachdem dieser Vertrag beschlossen ist, können die Inszenierungen der FE's beginnen. Dabei wird der Inhalt der FE's auf Einschärfungen hin überprüft und der Bezug zur heutigen Lebenssituation hergestellt. Die in der Kindheit getroffenen Entscheidungen (Überlebensstrategien) können bewußt hinterfragt und auf ihre Tauglichkeit für das aktuelle Sein hin überprüft werden.

Der Klient hat damit die Möglichkeit, aktiv Einfluß zu nehmen auf das Drehbuch, das ihm „in die Wiege gelegt wurde". Er wird selbst zum Autor seines Skriptes und wird so zur Eigenverantwortlichkeit ermutigt. Nach ca. zehn Terminen wird auf herrschaftsfreier Ebene gemeinsam mit dem Klienten ein Resümee gezogen, um das *Erwachsenen-Ich* zu stützen und zu stärken.
In meiner praktischen Arbeit ergibt sich daraus folgender Handlungsrahmen: Nachdem die Arbeitsvereinbarungen getroffen, das Ziel der gemeinsamen Arbeit formuliert und die Früherinnerungen eingefragt sind, übertrage ich die Titel und das begleitende Gefühl in mein dafür vorbereitetes Dokumentationsraster A (Tafel 45). Hier werden Früherinnerung * Gefühl * Thema dokumentiert.

Tafel 45 Schümmer Dokumentationsraster A
Früherinnerung (FE) * Gefühl * Inhaltlicher Hauptaspekt

FE	Gefühl	Inhaltlicher Hauptaspekt	steht für
1			
2			
3			
4			
5			
6			
7			
8			
9			
10			

Diese Vorinformationen im Zusammenhang mit den persönlichen Daten, sowie den aktuellen Bedingungen bestimmen die Vorgehensweise meiner Arbeit und begleiten den Beratungsprozeß als „roter Faden“ und diagnostisches Hilfsmittel. In der jetzt beginnenden Arbeitsphase wird sowohl das Inszenieren der Früherinnerungen angewendet. Auch andere mir zur Verfügung stehende Methoden werden situationsspezifisch eingesetzt. Nach zirka zehn Begegnungen ziehe ich mit dem Klienten ein Resümee. Die Richtschnur fürs Resümée habe ich aus dem LeitText-System der orientierungsanalytischen Gruppenarbeit entwickelt (s. LUMMA: Teamfibel) und in mein Dokumentationsraster B zum Thema „Lernerfolg * Transfer“ gekleidet (Tafel 46).

Diese Übersicht dient einerseits der Erfolgskontrolle und der Wertschätzung gegenüber dem geleisteten Wachstumsprozeß, sowie andererseits dem Bewußtmachen und Verankern des Erlebten und Gelernten auf der Ebene des Erwachsenen-Ichs. Um den Kreis zu schließen, überprüfen wir zum Abschluß den Arbeitsinhalt in Bezug auf den Konsultationsgrund und decken auf, ob und wenn ja welche Reste geblieben sind. Dies kann dann Grundlage für einen weiteren Arbeitsauftrag und gleichsam auch als Ermutigung wirksam sein, weiterhin bewußt hinzuschauen, um das Gelernte auf neue Herausforderungen zu übertragen.
Durch die klare, übersichtliche Struktur in der Arbeit wird dem Klienten ein hohes Maß an *Schutz* und *Sicherheit* vermittelt, so daß er sich voll entfalten kann und in einem überschaubaren Rahmen Erfolge sieht, die Mut machen zur Begegnung mit sich selbst.

Tafel 46
Schümmer Dokumentationsraster B Lernerfolg * Transfer

Termin	Thema	Was habe ich mitgenommen / gelernt?	Wie bringe ich es zum Ausdruck Konkretes Verhalten im Alltag
1 2			
3 4			
5 6			
7 8			
9 10			

Merkmale orientierungsanalytischer Körperarbeit
Eingebettet in die Rahmenstruktur der Orientierungsanalyse bildet die Körperarbeit das Fundament für meine Arbeit. Sie ist einerseits hervorragend geeignet, um die eigene Kraft und Lebensenergie zu erspüren und damit die Selbstheilungskräfte des Körpers zu mobilisieren, sowie andererseits ein Hilfsmittel, um die im Körper gespeicherten Früherinnerungen zu beleben und zu überprüfen.

In den ersten Lebensjahren, bevor das bewußte Denken und Speichern von in Worten oder Begriffen gefassten Erinnerungen stattfinden kann, erspüren wir bereits nachhaltig die Atmosphäre unseres Daseins. Wir sammeln und speichern unsere frühen Erfahrungen da, wo wir sie erleben, nämlich auf, an und in unserem Körper. Die Entwicklung und Beschaffenheit unserer Haut , unserer Muskulatur, ja sogar unseres Skelettes wird durch diese ersten „Eindrücke" des Lebens geprägt. Sie stellen unsere erste Begegnung mit der Welt dar und sind uns „auf den Leib geschrieben". Sie bestimmen durch ihre starke Prägung weitgehendst unseren Stand im Leben, sowie unsere Lebenshaltung und unseren Lebensplan.

Oftmals waren wir aber in der Kindheit gezwungen, Verhaltensweisen und Haltungen einzunehmen, die uns heute in unserem Erwachsensein hinderlich sind. Sie haben sich als *Energieblockaden* in unserem Körper manifestiert, und diese blokkierte Energie gilt es aufzulösen und in Fluß zu bringen, damit uns diese Kraft für unser Leben wieder zur Verfügung steht.
In meiner Arbeit stellte ich fest, daß gerade für Klienten, die sich müde, ausgelaugt, energielos und niedergeschlagen fühlen, die Körperarbeit eine direkte kraftspendende Unterstützung ist. Deshalb nutze ich den Einsatz der Körperübungen häufig auch als Hausaufgabe im Beratungsverlauf. Dabei haben sich einige Übungen als besonders wirksam erwiesen.

Entwicklungsbeispiele
Mit einer Klientin (*Erika*), die mit sehr leiser Stimme, ausdrucklos, leerem Blick und wenig Körperspannung in die Beratung kam, entwickelte ich ein „Morgenritual" mit folgendem Aufbau.

Nach dem Aufstehen vor den Spiegel treten und einen „Selbstbehauptungs - Ich nehme den Tag -Tanz" tanzen. Der Bewegungsablauf orientiert sich dabei an afrikanischen Rhythmen und Figuren. Im vorliegenden bedeutet das, den Brustkorb nach vorne bringen und mit geöffneten Armen und Händen „den Tag ergreifen und nehmen" (s. SCHÜMMER „Bioenergetische Phänomene" in diesem Buch S. 244 - 246).

Durch diese Dehnung des Brustkorbes wird unter anderem die Atmung intensiviert, was zur Folge hat, daß der ganze Körper mehr *Ladung*, mehr Energie zur Verfügung hat. Dieses „Morgenritual" dauert ca. drei Minuten und kann auch mit Musik unterlegt werden. Dabei empfehle ich Trommelmusik (z.B. Guem et Zuka, oder Mamedy Keita), da sie am ursprünglichsten die Bewegung fördert, aber auch die persönliche Lieblingsmusik kann hier eingesetzt werden.
Um den Zugang zu der Übung zu erleichtern, tanzen wir zum Abschluß der Stunde gemeinsam den „Das ist mein Tag, mein Leben -Tanz". Dabei ist es wichtig, auch die Sprache dazuzunehmen und laut und deutlich zu benennen, worum es geht. Im vorliegenden Beispiel lautete Erika's Kernbotschaft:

„Jetzt nehme ich mein Leben in die Hand."

Dieses Benennen und Aussprechen dient dem Bewußtmachen und Verankern auf der kognitiven Ebene. Es geht nicht um das Agieren des Agierens Willen, sondern darum, durch die Kombination von Körperübung und bewußter Formulierung sowohl die Empfindungsebene als auch die Verstandesebene anzusprechen, um so eine intensive Lernerfahrung zu ermöglichen.

Schon während des ersten Einübens findet Erika etwas mehr Kontakt zu ihren Kräften. Ihre Augen und ihre Stimme füllen sich mit Ausdruck und Energie. Nach unserer dritten Begegnung erzählt sie mir, wieviel Spaß ihr diese Übung bereitet und daß sie die „aufgetankte Kraft" den ganzen Tag über nutzen kann.
Für eine andere Klientin (*Maria*) war eine Variante des „Krafttanzes" wichtig, um „zu fühlen, daß es mich gibt und nicht nur zu wissen, daß ich existiere".

Wenn es um das Spürbarmachen von verschütteten Gefühlen geht, damit sie zum Ausdruck kommen können und nicht länger als „Schluckbeschwerden" oder „Kloß im Hals" störend wahrgenommen werden, sind Übungen mit dem Körper besonders wertvoll und nützlich.

Dabei variiere ich die Übungen jeweils gemäß der Verfassung des Klienten. Ich greife weitgehendst Bilder der Klienten auf und setze diese in Bewegung um. Der Klient testet dann das Bewegungsangebot und entscheidet, ob es für ihn das richtige ist. Wenn nicht, entwickeln wir die Übung seinen Wünschen gemäß weiter.

Zum Beispiel äußerte eine Klientin (*Inge, Malerin*) während des Beratungsverlaufs, sie habe meistens Verspannungen im Hals-, Nacken-, Schulterbereich „... so, als schleppe ich ständig einen zu schweren Rucksack mit mir herum". Nachdem im Gespräch deutlich wird, daß sie keinerlei Vorstellung hat, was sie da in dem Rucksack mit sich herumschleppt, lade ich sie ein, dieses Bild in Szene zu setzen.
Sie packt sich den Rucksack auf die Schultern und schleppt ihn mit sich rum, bis die Schwere und der Druck wirklich spürbar sind. Dann fordere ich sie auf, den Rucksack abzusetzen und einmal die Dinge, die er enthält, „auszupacken". Nachdem sie dann ihre „Schätze" ausgebreitet hat, sortiert sie die Dinge aus, die sie nicht mehr braucht. Bevor die Stunde zu Ende geht und sie die verbleibenden Sachen wieder einpackt, lade ich sie ein, über eine Umverteilung ihrer „Schätze" nachzudenken. Sie nimmt dann ihren Rucksack auf und formuliert als Hausaufgabe den Wunsch, für die nächste Begegnung ein Bild von sich selbst zu skizzieren und dabei auszuprobieren, wie sie ihre Lasten anders verteilen kann, so daß sie nicht mehr ausschließlich als Schulterlast spürbar sind.
Bei diesem Beispiel führte der Weg über den Körperausdruck dazu, Erinnerungen zu aktivieren, den „Kopf einzuschalten", um dort bewußt zu entscheiden:
Was brauche ich heute für mein Leben, und wie verteile ich meine Fähigkeiten und Belastungen?
Dieser Teil meiner Arbeit ist deutlich geprägt durch intuitives Erspüren und spontanes Agieren. Daher gibt es hier auch keine festgelegten Übungsabläufe mit Handhabungsanleitung. Ich gebe stattdessen die Übersicht von einigen meiner orientierungsanalytisch begründeten Bewegungsübungen und auch eine kurze Beschreibung jener drei bioenergetischen Körperübungen, die ich in meiner Arbeit häufig einsetze: Grundstellung *Laden * Entladen.

Bioenergetische Phänomene 1

Ruheposition + Atmung

- Zum Spüren und Selbstwahrnehmen
- Um eigene Wurzeln und Kraft zu spüren
- Zur Sicherheitsbildung
- Zum „Erden"

Bioenergetische Grundstellung

Bioenergetische Phänomene 2

- Durch tiefere Atmung Energie aufnehmen
- Energietoleranz steigern
  (mehr Energie = mehr Empfindung
- Durch Dehnung des Brustkorbs,
  Öffnen der Empfindungsbereitschaft

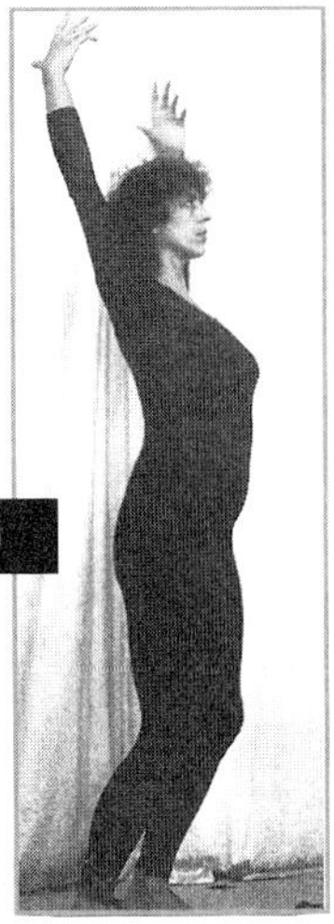

Bioenergetisches Laden

Bioenergetische Phänomene 3

- Abfließen von Lasten, an den Boden abgeben
- Tragfähigkeit des Bodens spüren
- Muskelverspannungen lösen
- Den eigenen Stand im Leben spüren

Bioenergetisches Entladen

Bioenergetische Phänomene 4

- Den Tag nehmen, das Leben nehmen
- Um Lebensenergie zu mobilisieren
- Um eigene Kraft zu spüren
- Zum Mut machen
- Um Selbstheilungskräfte und Kreativität zu aktivieren

Selbstbehauptungs - Krafttanz

Bioenergetische Phänomene 5

- Zur Ausdrucksstärkung
- Zum Erspüren von Blockaden
- Zum Schutz, den eigenen Raum abgrenzen
- Zur eigenen Wertschätzung
- Zugang zu verschütteten Erinnerungen finden
- Gefühle verdeutlichen

Abgrenzen - „Nein sagen"

Bioenergetische Phänomene 6

Sehnsuchtsarme

- Erlaubnis zum Fühlen und Fordern
- Verschüttete Gefühle zulassen

Merkmale der Gestaltpädagogik

Das für mich wesentlichste Merkmal in der Gestaltpädagogik (GP) ist die Haltung der Wertschätzung gegenüber mir selbst, den anderen und der Welt. In den Prinzipien der GP entdeckte ich vieles in Worte gefaßt, was bis dahin lediglich intuitiv von mir eingesetzt wurde. Mit dem Benennen meines Handelns empfinde ich ein Stück weit mehr Eindeutigkeit und Sicherheit. Außerdem verhilft es mir zu einer konstruktiv-kritischen Auseinandersetzung mit meinen Handlungen. So dient das dort Erfahrene vor allem meiner Lebenshaltung und einem geöffneteren Blickwinkel für das Leben.

Diese persönliche Erfahrung fließt in meine Arbeit ein, indem ich die Prinzipien der Gestaltpädagogik (GP) mit eigenen Interpretationen und Anmerkungen ergänzt habe.

Tafel 47
Prinzipien der Gestaltpädagogik

- Die wertschätzende Einstellung sich selbst und anderen gegenüber
- Das Prinzip der Ganzheitlichkeit
(Körper-Geist-Seele Einheit und soziales Umfeld)
- Das Prinzip der Awareness (Bewußtheit)
- Das Konzept des Kontaktes (Begegnung)
- Das Prinzip des Lernens durch Erfahrung (Bewegung)
- Das Prinzip des Hier und Jetzt (Einbeziehung der Früherinnerung)
- Das Prinzip der geschlossenen Gestalt
(schriftliches Verankern von Neuentscheidungen)
- Das Prinzip der Polaritäten (Ressourcen nutzen)
- Das Prinzip der Verantwortlichkeit
(self support, Selbstheilungskräfte)
- Das Prinzip der Freiwilligkeit
(Bereitschaft neue Erfahrungen und neue Orientierungen zu erleben)

Neben den gestaltpädagogischen Prinzipien bilden die Erklärungsmodelle der Transaktionsanalyse einen weiteren Baustein in meiner Arbeit. Sie eignen sich besonders zum Verdeutlichen von Sinnzusammenhängen und biographischen Entwicklungen und Entscheidungen. Da sie den üblichen psychologischen Fachjargon nicht verwenden, sondern griffige und eindeutige Beschreibungen einsetzen, bieten sie sozusagen leicht verdauliche Kost

Bestandteile des „Schümmer-Stils"

Zusammenfassend kann ich heute sagen, daß die wesentlichsten Bestandteile meiner Arbeit sich zusammensetzen aus

- den strukturellen Elementen der Orientierungsanalyse
- der wertschätzenden Haltung aus der Gestaltpädagogik
- den Erklärungsmodellen der Transaktionsanalyse und
- der Intuition, Spontanität und Lebendigkeit aus der Körperarbeit.

Zum Einsatz kommt jeweils die Methode, die für den Klienten am geeignetsten ist, bei der er am meisten profitiert und lernt. Ohne starre Festlegung läßt sich sagen, daß die Körperarbeit sich sehr vielseitig unterstützend einsetzen läßt und besonders wirksam bei kognitiv ausgerichteten Menschen ist. Dem Wunsch einiger dieser Klienten, wieder etwas fühlen zu können, selbst wenn es etwas Schmerzliches ist, kann mit der Körperarbeit am ehesten und unmittelbarsten entsprochen werden.

Die gestaltpädagogischen Einsatzmittel und die Erklärungsmodelle der Transaktionsanalyse haben in meiner Praxis gerade bei bewegungsorientierten Berufsgruppen (z.B. Tänzer und Sportler) große Wirkung gezeigt. Für diese Menschen ist der Einsatz des Körpers und der Umgang mit ihm als Instrument so verinnerlicht, daß sie fast völlig von der Gefühlswelt, den Empfindungen des Körpers getrennt sind. Außerdem zeichnet sich bei diesen Klienten die Tendenz ab, sich selbst für dumm zu halten, deshalb ist hier das Nachreichen „geistiger Nahrung" zur Stärkung des Selbstwertes besonders angebracht.

Die Orientierungsanalyse begleitet darüber hinaus jeden Beratungsverlauf. Sie bildet den Rahmen für den multimodalen Einsatz verschiedener Methoden der Humanistischen Psychologie.

Durch die Hintergrundinformationen aus den Früherinnerungsinterview wird Zugang zum Klienten und das Mitfühlen besonders gefördert.

Zwischen den einzelnen Methoden gibt es fließende Übergänge und Übereinstimmungen. Sie alle haben das Ziel, den Menschen in seiner Identitätsfindung zu unterstützen.

Ein Beratungsverlauf

(siehe dazu auch Tafel 48 und Tafel 49)

Bei der Klientin *(Lulu)* handelt es sich um eine Tänzerin und Choreographin, die mit folgender **Frage** in die Beratung kam:

„Bin ich überhaupt liebes- und beziehungsfähig?"

In ihrem Leben erfährt sie immer wieder Verwirrung und Konfusion in ihren Liebesbeziehungen. Sie ist 32 Jahre alt, wird gerade aus der zweiten Ehe geschieden und ist seit etwa vier Monaten in einer neuen Partnerschaft.
Eifersucht und dramatische Inszenierungen bestimmen die „leidenschaftliche" Qualität der Beziehung. Auf jedes ‚Hoch' folgt unmittelbar ein ‚Tief' und umgekehrt. Um mehr Ruhe und Balance in ihr Leben zu bringen, entschließt Lulu sich zur Beratung. Bei diesem Entschluß spielt auch ihre gesundheitliche Verfassung eine Rolle. Sie ist zwar eine gut trainierte Tänzerin, doch zum Beratungsbeginn plagen sie Streß-Akne am Hals, vaginale Zellveränderungen, ein Darmpilz und eine seit sechs Wochen anhaltende Zahnwurzelentzündung.

Als **Ziel** für die gemeinsame Arbeit formuliert sie den Wunsch: *„Ich möchte konfliktfähig werden und lernen, meine Bedürfnisse und Gefühle adäquat auszudrücken und mich körperlich wieder wohl fühlen."*
Da Lulu mit einem großen Mitteilungsbedürfnis in die Beratung kommt, halte ich es für wichtig, meine Rolle als Begleiterin zunächst auf das *aktive Zuhören* zu beschränken. Auf *Abwertungen* in ihren Erzählungen mache ich sie aufmerksam und mache ihr auf ihre Anfrage hin *konkrete Verhaltensvorschläge* für den Alltag.

Während der ersten vier Begegnungen sehen wir uns einmal wöchentlich, und im späteren Verlauf vergrößern wir die Abstände immer mehr. Da das Thema Eifersucht und die daraus resultierenden Szenen ihre Alltagssituation beherrschen, arbeiten wir in der Beratung sowohl an Lösungsmöglichkeiten für den aktuellen Konflikt als auch an den Verfügungen und Botschaften aus der Kindheit.

Dabei betrachten wir anhand des *Früherinnerungsinterviews* ihren biographischen Hintergrund und erarbeiten in Gesprächen Handlungsanweisungen, um die dramatischen Inszenierungen ihres Alltags anzugehen (siehe Tafel 45: SCHÜMMER Dokumentationsraster A).
Im aktuellen Geschehen schwankt sie zwischen Trotz und Traurigkeit hin und her: „Wenn der nicht merkt, was ich brauche, dann hau ich eben ab. Ich hab keinen Bock auf den Streß."
Wir erörtern im Gespräch den Preis für diese Haltung, und Lulu spürt einerseits das Gefühl des Sieges „ich brauche Dich nicht", und andrerseits ist sie traurig, weil das auch bedeutet „schon wieder von vorn beginnen, alleine sein, obwohl ich eigentlich weiß, daß es ihm wirklich ernst ist."
Die Beantwortung meiner Frage: „Ist es **Dir** wirklich ernst?" macht sie sehr traurig, und sie äußert unter Tränen die Angst, sich in der Beziehung zu verlieren. Sie fühlt sich als *Opfer*, das ständigen Beeinflussungen unterliegt und nur die Chance hat, sich durch trotzige Ablehnung zu schützen. Ich lade sie ein, sich ihre eigene Ausstrahlung und Wirkung sehen zu lassen. Dabei lenke ich ihr Augenmerk vor allem auf ihre berufliche Situation. In ihren Darstellungen erkennt Lulu sehr schnell, daß sie in diesem Umfeld sehr wohl Einfluß ausübt und es gelingt ihr, diesen als positive Qualität ihrer Person anzunehmen.

Da Lulu immer wieder zum Ausdruck bringt, wie sehr sie sich Anerkennung und „Nahrung" zur Unterstützung ihrer Denkfähigkeit wünscht, beschließe ich im weiteren Beratungsverlauf vorwiegend gestaltpädagogische Elemente und Übungen aus der Transaktionsanalyse zu verwenden, um die Stärkung des Erwachsenen-Ichs in den Vordergrund zu stellen.

Tafel 48

Beispiel aus einer Praxisfeld-Studie: Anwendung des Schümmer Dokumentationsraster A

FE	Gefühl	Hauptaspekt (Titel)	steht für
1.	Trotz	Die L. setzt ihren Kopf durch *(Macht)*	Hier und Jetzt
2.	Angst und Trauer	Das ich das mit mir machen lasse *(Ohnmacht)*	
3.	Scham	Du oder ich *(Kampf)* *Konflikt = Macht - Ohnmacht - Ungleichgewicht*	
4.	Freude	Meine zweite Familie *(Wunsch und Sehnsucht)*	Ziel und Orientierung
5.	Angst und Freude	Ich bin was besonderes, weil ich weiß, was der will *(Kontrolle - Macht - Unterwerfung)*	Gemein-schafts-gefühl
6.	Freude und Trauer	Wieviel Mühe für ein bißchen Zuwendung *(Angst vor Entäuschung und Schmerz)*	
7.	Aufregung, Spaß, Lust	Ich spiele mit meiner Lust *(schafft Distanz, Verwirrung und Schutz)*	
8.			
9.			
10.			

kursiv = persönliche Anmerkungen

Aufgrund ihrer tänzerisch-choreographischen Bildung ist es ohnehin günstig, auf Bewegung zu verzichten, da die Tendenz auftaucht, aufkommende Gefühle zu überspringen und sie als nicht wirklich zu leugnen.
Sprachlicher und schriftlicher Ausdruck, sowie entspannende und entlastende Ruhepositionen scheinen die wesentliche Grundlage für Einsicht und Erkenntnisse bei ihr zu sein. Wir vereinbaren deshalb, daß sie sich ein Merkbuch/Tagebuch zulegt und als erste Hausaufgabe jeden Abend fünf Minuten schriftlich die Eindrücke des Tages zum Thema „Macht und Ohnmacht" festhält.

- Ich habe Einfluß genommen
- Ich habe das Gefühl, beeinflußt worden zu sein

Bei unserer nächsten Begegnung sagt Lulu zur Hausaufgabe: „Es hat mir gut getan, mich selbst und mein Umfeld bewußter anzusehen. Ich habe mich stärker gefühlt, nicht mehr so ausgeliefert. Und meinen eigenen Einfluß auf andere erstmals bewußt wahrgenommen."
Da mit Blick auf die FE-Tabelle die Gefühls- und Thema-Übereinstimmung deutlich ins Auge fällt, lade ich Lulu zur Inszenierung der ersten FE ein. **Siehe Tafel 49!**

Begleitendes Gefühl (G)	=	Trotz
Inhaltlicher Hauptaspekt (HA)	=	Die Lulu setzt ihren Kopf durch

Wir inszenieren diese FE mit Bandaufnahme. Dabei kommen ihr Trotz und ihre Verzweifelung deutlich zum Vorschein.
Während der Inszenierung wechselt Lulu ständig zwischen Tränen und Trotz. „Ich will endlich Ruhe, will nicht mehr flippen müssen. Der Papa (Partner) versteht mich nicht. Ich will kein großes Palaver über Moral und Nachbarn, sondern will einfach über Sexualität und Erotik reden dürfen." Sie erkennt, daß kein Gespräch möglich war, sondern ihr lediglich Befehle erteilt wurden, wonach sie sich zu richten hatte. Da sie keine echte Aufmerksamkeit und Offenheit fand, reagierte sie in solchen Situationen mit trotzigem Sichabwenden oder Weglaufen. Dieses Verhalten ist auch in ihren Partnerschaften störend wirksam.

Bei auftauchenden Konflikten folgt sie nach wie vor ihrem ersten Impuls, nämlich zu fliehen und die Situation ungeklärt zu hinterlassen. Dies führt dann manchmal zu dramatischen Auftritten seitens des Partners, wobei dann auch *Handgreiflich lichkeiten,* als Liebesbeweis, von ihr geduldet werden.

Ich lade sie ein, das Gespräch mit ihrem Vater jetzt in *Rollenspielform* zu führen und der Szene mittels Hotseat-Setting einen neuen Schluß zu geben.
Danach ist sie noch etwas traurig (bzw. gerührt), aber gleichzeitig auch entspannt, und ihre Erkenntnis lautet: „Das ist ja viel weniger anstrengend, als immer mit dem Kopf durch die Wand zu müssen. Ich habe immer gedacht, reden bringt sowieso nichts."
Als Hausaufgabe vereinbaren wir: Einen Satz zu formulieren, der das Wesentliche der heutigen Arbeit ausdrückt. Ihr Merksatz lautet: „Ich formuliere meine Wünsche und Bedürfnisse und wage die verbale Auseinandersetzung mit meinem Partner."
Lulu hat sich mittlerweile für die Beziehung entschieden und ihr Gesundheitszustand hat sich deutlich verbessert.
Über die Erstellung einer persönlichen *Skriptanalyse* (Übung aus RÜTTINGER R, S.109/110) findet Lulu zu verschiedenen Skriptsätzen.

* „Ich bin nur dann etwas wert, wenn ich etwas Sinnvolles leiste und darstelle."
* „Die anderen muß ich durch meine Präsentationen beeindrucken, damit ich sie beeinflußen kann."
* „Das Leben ist Arbeit und Organisation zwischen Streß und Genuß."

Im Verlauf der weiteren Entwicklung gelingt es Lulu, diese „Regieanweisungen" für ihr Leben einer gründlichen Prüfung zu unterziehen und mehr Wertschätzung für ihr Dasein aufzubringen. Unabhängig von ihren Präsentationen begann sie Beziehungen und Nähe zu anderen Menschen aufzubauen und sich einzulassen, anstatt außen zu stehen und zu kontrollieren. Sie erlebt immer wieder auch Rückschläge, lässt sich aber nicht in resignative Apathie gleiten, sondern ist sich selbst ein „freundlicher Beobachter" geworden. In ihrer Partnerschaft gelingt es ihr, die Balance zwischen Nähe und Distanz herzustellen und den Begriff Leidenschaft nicht mehr mit Liebe gleichzusetzen. Sie sieht die Zusammenhänge zwischen ihren frühen Verhaltensentscheidungen und deren Auswirkungen auf ihr heutiges Leben.

Durch neue Entscheidungen gelingt es ihr, anstelle des „trotzigen Mädchens" nun immer häufiger die erwachsene Frau in den Vordergrund treten zu lassen. Ihr ist klar geworden, daß sie die Zuwendung und Anerkennung, die sie braucht, nicht mehr durch Machtkämpfe und Leistungsbeweise herstellen muß. Sie kann sehen, welche Mechanismen ihrem Wunsch nach Nähe und Familienleben entgegenwirken und stellt sich bewußt den neuen Herausforderungen.

Diesen Beratungsverlauf habe ich dargestellt, da hier die neu erworbenen Kenntnisse aus der Orientierungsanalyse und Gestaltpädagogik zum Einsatz kommen. Bei Lulu stand der kognitive, rationale Aspekt deutlich im Vordergrund, da sie ihren Körper häufig dazu nutzt, um Gefühle **nicht** wahrzunehmen. Einem Instrument gleich setzt sie ihren Körper als ästhetisches Ausdrucksmittel ein und hat dabei gelernt, innere Eindrücke und Empfindungen auszublenden. Auf dem Hintergrund ihrer Lebensgeschichte sind Wort, Schrift und Struktur die wichtigsten Elemente in der Begleitung. So entwickelte ich während dieses Beratungsverlaufs die im Anhang befindlichen Tabellen, und nutzte weitaus mehr orientierungsanalytisches und gestaltpädagogisches Handwerkszeug. Das für mich vertraute Gebiet der Körperarbeit kam nur sehr begrenzt zum Einsatz, und ich hatte Raum zu erkennen und wertzuschätzen, welche anderen Qualitäten und Möglichkeiten mir noch zur Verfügung stehen.

Schlußbetrachtung

In der Verbindung von **Orientierungsanalyse** (biographische Arbeit mit Einschärfungen, Antreibern und Erinnerungen), **Bioenergetik** (Fokussierung der im Körperbau gespeicherten Früherinnerungen) und den befruchtenden Prinzipien der **Gestaltpädagogik** (körperliche und inhaltliche Lebenshaltung) habe ich ein ganzheitlich vernetztes Handlungskonzept für meine pädagogisch-therapeutische Arbeit gefunden. Außerdem lernte ich im Laufe der Zeit, mich von starren Konzepten zu lösen und der Intuition und Spontanität mehr und mehr Spielraum zu geben. Bisher hat mich jede Begegnung der Klienten auch selbst bewegt. Ich wünsche mir, daß das auch in Zukunft so bleibt und sehe mit Freude und Spannung der weiteren Entwicklung entgegen.

Beispiel aus einer Praxisfeld-Studie: Anwendung des Schümmer Dokumentationsraster B

Termin	Thema	Was habe ich mitgenommen / gelernt?	Wie bringe ich es zum Ausdruck? Konkretes Verhalten im Alltag
1 08-12-95	• Arbeitsverein-barungen • Vertrag • Zielformulier-ung	Frage: Bin ich liebes- und beziehungsfähig ?	Ich möchte lernen, meine Gefühle und Bedürfnisse adäquat auszudrücken und mich körperlich wieder wohl fühlen.
2 15-12-95	• FE Interview • Hier und Jetzt • Eifersucht - Einfluß	• Einblick in pers. Einfluß auf andere • Einblick in Beeinflußung durch andere • Trauer und Trotz bewußter gesehen	• bewußte Wertschätzung für die eigenen Qualitäten • bewußte Einflußnahme in Beziehungen • Merkbuch begonnen
3 22-12-95	• FE Inszenierung • Trauer und Trotz • Verhaltensrep ertoire erweitern	• Nähe herstellen durch offene Auseinandersetzung (ohne Trotz) • „Das ist ja viel weniger anstrengend als immer mit dem Kopf durch die Wand zu müssen. Ich hab immer gedacht, reden bringt sowieso nichts."	• Reden mit dem Partner • Konflikte konstruktiv angehen
4 29-12-95	• Erkenntnisse • Entscheidung-en • geistige Nahrung • Erwachsen-sein	• Positionsklärung im Bezugsrahmen (ich - Partner - Tochter) • Vater's Hand auf Tochter's Bauch (Bild) • Nähe zulassen können	• Ich schließe mich nicht aus und laufe vor schwierigen Situationen nicht mehr davon
5 05-01-96	• FE Inszenierung • Lust machen • Anerkennung	• Kernsatz: „Ich darf denken." • Zweideutigkeiten in Aussagen und Handlungen zum Thema Lust erkannt.	• Entscheidung für Beziehung getroffen • „Die neu gewonnenen Erkenntnisse haben mir Ruhe und Stärkung gebracht."

Gertrud Schümmer **Tabelle 2 a** (Beispiel)

Tafel 49.2

Beispiel aus einer Praxisfeld-Studie: Anwendung des Schümmer Dokumentationsraster B

Termin	Thema	Was habe ich mitgenommen / gelernt?	Wie bringe ich es zum Ausdruck? Konkretes Verhalten im Alltag
6 23-01-96	• Kontakt zu Männern • Wunsch und Wirklichkeit	• „Ich will alles außer Sex." • Einüben einer neuen Rolle mit Tonbandaufzeichnung	• „Ich zeige mir, was mit mir los ist und verändere es." • Angst und Unsicherheit gespürt im offenen Gespräch mit dem Partner
7 23-02-96	• Sehnsucht nach warmer Zuwendung	• mehr Einsicht in Illusionen meiner Forderungen • Erkenntnis: „Wir haben beide keine sozialen Kontakte."	• Bemühe mich, Freundschaften aufzubauen
8 01-03-96	• In Beziehung sein und selbständig sein	• Nähe - Distanz -Balance in der Partnerschaft finden • Nah sein und doch Ich selbst sein	• strukturiere mein Leben • erstelle Zeitpläne mit meinem Partner
9 08-03-96	• Nähe - Distanz • Verfügungen und Antreiber	• Vergangenheit ruhen lassen • eigene „Trickkiste" einen Spalt geöffnet • Wissen und Resignation gespürt	• Habe eigene Bedürfnisse ernst genommen (Gesang- und Trommelunterricht begonnen)
10 29-04-96	• Rückschau • Wertschätzung • Anerkennung	• „Schreiben hilft mir zu erkennen und wertzuschätzen." • „Ich hab ja doch was gelernt und einiges verändert."	• „Ich habe Gestaltungs- und Eingriffsmöglichkeiten in meinen Beziehungen, in meinem Leben wahrgenommen."

Gertrud Schümmer **Tabelle 2 b** (Beispiel)

Beispiel aus einer Praxisfeld-Studie: Anwendung des Schümmer Dokumentationsraster B

Termin	Thema	Was habe ich mitgenommen / gelernt?	Wie bringe ich es zum Ausruck? Konkretes Verhalten im Alltag
11 03-06-96	• Abschied • Lebensskript	• Abschiedsgedanken, Möglichkeit ohne Abwertung zu gehen • Erfolge ansehen und wertschätzen	• schriftliches Abwägen, was mir am Partner gefällt und was nicht
12 10-06-96	• Abschied • Rückschau • Lebensskript	• bewußte Entscheidungen getroffen • Lebensskript verändert	• Lebensskript umgeschrieben • Leistungsprinzip verändert • mehr Zeit für mich genommen
	Antwort	Ja, ich bin liebes- und beziehungsfähig und ich beginne, Leidenschaft nicht mehr mit Liebe gleichzusetzen	
	Reste	unerledigte Themen: Berührung - Sexualität - Nähe - Übergriffe	

Gertrud Schümmer **Tabelle 2 c** (Beispiel)

Literaturverzeichnis

ACKERKNECHT, Lucy K.: „Frühe Kindheitserinnerungen und ihre Bedeutung für die Lebensstilanalyse", in: Z.f. Individualpsychologie, 3.Jg., 1978, S.117-127.

ACKERKNECHT, Lucy & Klaus LUMMA: Über die Arbeit mit Früherinnerungen; in: Humanistische Psychologie Halbjahrbuch 2/94, Eschweiler (IHP) 1994, S. 3-8.

ADAMSON, Edward: Kunst als Heilungsprozeß, Paderborn (Jungfermann) 1984.

AISSEN-CREWETT, Meike: Kunst und Therapie mit Gruppen, Dortmund (Modernes Lernen) 1987.

ANSBACHER, Heinz L. und Rowena R.: Alfred Adlers Individualpsychologie, München (Reinhardt Verlag) 1982,1995.

ARAOZ, Daniel: Die neue Hypnose, Paderborn 1989.

ARIÈS, Philippe: Geschichte der Kindheit, München 1978.

ARIÈS, Philippe und Georges DUBY (Hrsg.): Geschichte des privaten Lebens. Vom Ersten Weltkrieg bis zur Gegenwart, Augsburg (Weltbild) 1999.

ARNHEIM , Rudolf: Kunst als Therapie, in: Petzold, Hilarion; Orth, Ilse (Hrsg.): Die neuen Kreativitätstherapien: Handbuch der Kunsttherapie, Band 1 und 2, Paderborn (Junfermann) 1990, S. 257- 265.

AUSTER, Paul: Von der Hand in den Mund. Eine Chronik früher Fehlschläge, Reinbek (Rowohlt) 1998.

BALLAUF, Th.: Die pädagogische Unzulänglichkeit biologischer Anthropologie, Essen 1962.

BASTINE, Rainer: „Methoden der Psychotherapieforschung", in: Schraml, Walter; Baumann, Urs (Hrsg.): Klinische Psychologie Band 1, Bern (Hans Huber) 1975, S. 664-701.

BATESON, Gregory: Ökologie des Geistes, Frankfurt (Suhrkamp) 1985.

BAURIEDL, Thea: Auch ohne Couch, Stuttgart 1994.

BERNE, Eric: Spiele der Erwachsenen - Psychologie der menschlichen Beziehungen, Reinbek (RoRoRo) 1970.

BERNE, Eric: Was sagen Sie, nachdem Sie „guten Tag" gesagt haben? Psychologie des menschlichen Verhaltens, Frankfurt (Fischer) 1987.

BETENSKY, Mala G.: Kunsttherapie und künstlerische Äußerung aus phänomenologischer Sicht, in: Rubin: Richtungen und Ansätze der Kunsttherapie, Karlsruhe (Gerardi) 1990, S. 167-184.

BION, Wilfried R.: Erfahrungen in Gruppen * und andere Schriften, Stuttgart (Klett) 1971.

BITTNER, Günther und Christoph Ertle (Hrsg.): Pädagogik und Psychoanalyse. Beiträge zur Geschichte, Theorie und Praxis einer interdisziplinären Kooperation, Würzburg (Königshausen & Neumann) 1985.

BOLLNOW, O.W.: Die anthropologische Betrachtungsweise in der Pädagogik, Essen 1965.

BORMANN, Fritz: „Ein Bild ist 10000 Worte Wert", Malen von Früherinnerungen - ein orientierungsanalytischer Weg; in: Humanistische Psychologie Halbjahrbuch 2/93, Eschweiler (IHP) 1993, S. 53-60.

BOSCOLO, CECCHIN, HOFFMANN & PENN: Familientherapie - Systemtherapie. Das Mailänder Modell. Theorie, Praxis und Konversation, Dortmund (modernes lernen) 1988.

BOSCOLO, Luigi und BERTRANDO, Paolo: „Die Zeiten der Zeit", Heidelberg, 1994.

BOSCOLO, Luigi und BERTRANDO, Paolo; „Systemische Einzeltherapie", Heidelberg (Auer Systeme) 1997

BOWLBY, John: Das Glück und die Trauer, Stuttgart 1982.

BRADFORD, GIBB, BENNE: T-Gruppentheorie und Laboratoriumsmethode, Stuttgart (Klett) 1972.

BRADSHAW, John: Das Kind in uns. Wie finde ich zu mir selbst, München (Droemer Knaur) 1992.

BRADSHAW, John: Homecoming. Reclaiming and Championing Your Inner Child, New York (Bantam) 1992; deutsche Ausgabe: Das Kind in uns. Wie finde ich zu mir selbst, München (Droemer/Knaur) 1992.

BRADSHAW, John: The Family. A New Way of Creating Solid Self-Esteem, Deerfield Beach (Health Communications) 1996.

BROCHER, Tobias: Eine kleine Elternschule, Stuttgart (Klett) 1962.

BROWN, Michael; WOOLLAMS, Stan; HUIGE, Kristyn: Abriss der Transaktionsanalyse, Eschborn (Dietmar Klotz) 1993.

BRUNNER, Reinhard + Tietze, Michael (Hrsg.): Wörterbuch der Individualpsychologie, München (Ernst Reinhardt) 1995.

BUBER, Martin: Dialogisches Leben, Zürich (Gregor Müller) 1947.

BUBER, Martin: Reden über Erziehung, Heidelberg (Schneider) 1953.

BUBER, Martin; „Begegnungen", Stuttgart 1960.

BÜNTE-LUDWIG, Christiane: Leben heißt wachsen, in: Petzold, Hilarion: Wege zum Menschen, Band1, Paderborn 1985, 3.Aufl., S. 217-308.

BUROW, Olaf-Axel: Gestaltpädagogik, Paderborn (Junfermann) 1993.

CECCHIN, Gianfranco u.a.; „Respektlosigkeit", Heidelberg 1993.

CHOPICH, Erica J. & PAUL, Margret: Aussöhnung mit dem inneren Kind, Freiburg (Bauer) 1995.

CHOPICH, Erica J. & PAUL, Margret: Das Arbeitsbuch zur Aussöhnung mit dem inneren Kind, Freiburg (Bauer) 1995.

CHOPICH, Erika J. & Paul, Margret: Aussöhnung mit dem inneren Kind, Freiburg i.Br. (Bauer) 1993. Hamburg (Rowohlt) 1988.

CIOMPI; Luc; „Die emotionalen Grundlagen des Denkens“, Göttingen 1997.
CLARKSON, Petruschka: Transaktionsanalytische Psychotherapie, Freiburg im Breisgau 1996.
COHN, Ruth / FARAU, Alfred: Gelebte Geschichte der Psychotherapie. Zwei Perspektiven, Stuttgart (Klett Verlag) 1984/1993.
COHN, Ruth: Von der Psychoanalyse zur Themenzentrierten Interaktion, Stuttgart (Klett Verlag) 1976.
COUNCIL OF EUROPE CCC: Permanent Education, Strasbourg 1960.
DAMASIO, A.R.; Descartes' Irrrtum. Fühlen, Denken und das menschliche Gehirn, München 1995.
DÄUMLING, A.: Psychagogik, in Lexikon der Pädagogik, Freiburg (Herder) 1954, Bd. III, Sp. 978 f.
DeMAUSE, Lloyd: Hört ihr die Kinder weinen, Frankfurt 1977.
DeSHAZER, Steve: Der Dreh, Heidelberg 1997.
DeROECK, Bruno-Paul: Gras unter meinen Füssen, Reinbek b. Hamburg (Rowohlt) 1985.
DETHLEFSEN, Thorwald: Krankheit als Weg, München (Goldmann) 1983.
DEUTSCHER BILDUNGSRAT (Hrsg.): Strukturplan für das Bildungswesen, Bonn 1970.
DOMMA, Wolfgang (Hrsg.):Praxisfelder Kunsttherapie, Köln (Maternus) 1993.
DOMMA, Wolfgang: „Kunsttherapie ist..... Ein Beitrag zu Fragen aktueller kunsttherapeutischer Praxis“, in: Wolfgang DOMMA, (Hrsg.): Praxisfelder Kunsttherapie, Köln (Maternus) 1993, S. 10-29.
DREIKURS, Rudolf, Shirley GOULD und Raymond J. CORSINI: Familienrat, Stuttgart (Klett-Cotta) 1977.
DREIKURS, Rudolf: Grundbegriffe der Individualpsychologie, Stuttgart (Ernst Klett) Stuttgart 1969.
EDWARDS, Michael: „Kunsttherapie in Anlehnung an die analytische Psychologie C.G. Jungs“, in: RUBIN: Richtungen und Ansätze der Kunsttherapie, Karlsruhe (Gerardi) 1990, S. 111-132.
EGGER, Bettina: Der gemalte Schrei, Bern (Zytglogge) 1991.
ELICHEFF, Caroline: „Das Kind, das eine Katze sein wollte“, München 1994.
ELMS, Alan C.: Uncovering Lives. The Uneasy Alliance of Biography and Psychology, New York, Oxford (OUP) 1994.
ENGELMAYER, Otto: Beratung, in: Päd.Lex., Gütersloh (Bertelsmann) 1970, Sp. 287ff.
ENGLISH, Fanita: Es ging doch gut, was ging denn schief?, München (Kaiser) 1988.
ENGLISH, Fanita: Transaktionsanalyse - Gefühle und Ersatzgefühle in Beziehungen, Hamburg (ISKO) 1991.
ERICSON, Eric H.: Life History and the Historical Moment. New York (Norton) 1975.
ERIKSON, Erik H.: Der vollständige Lebenszyklus, Frankfurt 1988.
ERIKSON, Erik H.: Identität und Lebenszyklus, Frankfurt 1966.
ESCHENBACH, Ursula: „Zum Sehen geboren - das innere Auge“, in: TÜRK; Thies (Hrsg.): Therapie durch künstlerisches Gestalten, Stuttgart (Ursachhaus) 1986, S.11-16.
ESTÈS, Clarissa Pinkola: Die Wolfsfrau erzählt. Auf den Spuren der Wilden Frau, München (Wilhelm Heyne) 1998.
FABER, Waltraud: Wiederentdeckung der kreativen Schätze, in: Z.f.Hum.Psych., 1993, 16(2), S. 37-52.
FALK, Walter: Brücken zwischen Human- und Naturwissenschaft. Gemeinsames in Thesen eines Germanisten und des Biochemikers Rupert Sheldrake, Frankfurt (Peter Lang) 1998.
FEDER, Bud and Ruth Ronall (Ed.): A Living Legacy of Fritz and Laura Perls: Contemporary Case Studies, Monclair (Walden Printing, 198 Lorraine Ave., Monclair, NJ 07043) 1966.
FOULKES, S.H.: Gruppenanalytische Psychotherapie, Kindler Taschenbuch.
FRAZIER, Delphine: „Der Terror des Krieges und die Logik des Herzens“, in *Humanistische Psychologie Halbjahrbuch* 2 / 1996, Seite 61-72.
FRAZIER, Tom & KollegInnen: „Internationale Begegnung und Lebendiges Lernen“, in *Humanistische Psychologie Halbjahrbuch* 1 / 1997, Editorial Interwriting, Eschweiler (IHP) 1997, Seite 3-18.
FRESE, H.H.: Permanent Education - A Strategy of Social Action, in: Council of Europe CCC: Permanent Education, Strasbourg 1960, S. 471.
FREUD, Sigmund: Abriss der Psychoanalyse / Das Unbehagen in der Kultur, Frankfurt (Fischer) 1993.
FUNKE, Lucy: Keine Angst vor Blau, Rot und Gelb. Das offene Atelier - ein kunsttherapeutisches Projekt in einer psychiatrischen Klinik, in: Humanistische Psychologie 1/93, Eschweiler (IHP) 1993, S.15-33.
GAIRING, Fritz: Organisationsentwicklung als Lernprozeß von Menschen und Systemen, Weinheim (Deutscher Studien Verlag) 1996.
GARAI, Josef E.: „Der humanistische Ansatz in der Kunsttherapie“, in: RUBIN: Richtungen und Ansätze der Kunsttherapie, Karlsruhe (Gerardi) 1990, S. 207-223.
GEHLEN, Arnold: Der Mensch, Bonn (Athenäum) 1971.
GERBER, Franziska/ VonALBERTINI, Ursina/ EBERLE, Susanne: „Feminismus und Gestalttherapie/ Integrative Therapie“, in SIGNER-BRANDAU, Doris u.a.: Grenzen- Chance und Bedrohung. Tagungsdokumentation der Züricher Gestalttage, Zürich 1995.
GOLEMAN, Daniel: Emotional Intelligence. Why it can matter more than IQ, London (Bloomsbury) 1995; deutsche Ausgabe: Emotionale Intelligenz, München (Carl Hanser) 1995.
GOULDING, Mary McClure und Robert L.: Neuentscheidung - Ein Modell der Psychotherapie, Stuttgart (Klett-Cotta) 1981/1992.
GRAMMER, Karl: Signale der Liebe. Die biologischen Gesetze der Partnerschaft, München (DTV) 1998.
GRATTAN, C.H.: In Quest of Knowledge - The Historical Perspective of Adult Education, New York (Association Press) 1955.
GRODDECK, Hennes: „Über den Gestaltprozess“, in: Gestalt Zeitung, April 1992-März 1993, 6. Ausgabe, S. 7-12.

GROSSMANN, Klaus E. u.a.: „Die Bindungstheorie: Modell und entwicklungspsychologische Forschung" in: Heidi KELLER: „Handbuch der Kleinkinderforschung", Berlin 1989, S.31-55.
GUDJONS, H.: Pädagogisches Grundwissen. Überblick - Kompendium - Studienbuch, Bad Heilbrunn 1993.
GUGGER, Bärbel: Emanzipatorische Kunsttherapie - wider die Einbahnstraße in der Psychiatrie, München (Profil) 1991.
HAHN, A.: Emotionale Komptenz. Zur deskriptiven Basis einer wirtschaftspädagogischen Zielkategorie, Köln 1995.
HANSELMANN, Heinrich: Andragogik - Wesen, Möglichkeiten, Grenzen der Erwachsenenbildung, Zürich (Rotapfel) 1951.
HARRIS, Thomas: Ich bin o.k. Du bist o.k., Hamburg 1975.
HARTWIG, Helmut und Karl-Heinz MENZEN (Hrsg.): Kunst-Therapie, Ästhetik und Kommunikation, Berlin 1984.
HARTWIG, Helmut: „Kultur als Therapie - Therapie als Kultur", in: Helmut HARTWIG und Karl-Heinz MENZEN (Hrsg.): Kunst-Therapie, Ästhetik und Kommunikation, Berlin 1984, S. 11-23.
HEINZMANN, Rolf: Abwehrmechanismen, Gestalt Zeitung, April 1994-März 1995, 8. Ausgabe, S. 34-38.
HELLINGER, Bert: Anerkennen, was ist. Gespräche über Verstrickung und Lösung, München (Kösel) 1996.
HELLINGER, Bert: Ordnungen der Liebe, Heidelberg (Carl-Auer-Systeme) 1996.
HELLINGER; Bert und ten HÖVEL, Gabriele, „Anerkennen was ist", München 1996.
HELY, A.S.M.: New Trends in Adult Education - From Elsinor to Montreal, Paris (UNESCO) 1962.
HESSE, Herrmann: Lektüre für Minuten, Frankfurt am Main (Suhrkamp) 1971.
HILLMAN, James: The Soul's Code. In Search of Character and Calling, Toronto, London (Bantam) 1997.
HOFFMANN, Edward: Alfred Adler. Ein Leben für die Individualpsychologie, München/Basel (Ernst Reinhardt) 1997.
HOFFMANN, Lynn: Grundlagen der Familientherapie, Hamburg (ISKO) 1987.
HYCNER, Richard: Zwischen Menschen. Ansätze zu einer Dialogischen Psychotherapie, Köln (Edition Humanistische Psychologie) 1989.
JACOBI, Jolande: Vom Bilderreich der Seele - Wege und Umwege zu sich selbst, Olten (Walter) 1977/ 1989.
JUNG, Carl Gustav: Archetypen, München (dtv) 1990.
KAST, Verena: Märchen als Therapie, München (dtV) 1996.
KATZ, Jakob: The Jewish Tradition of Life-Long Learning, in: Yaron, K. (Ed.): Life-Long Learning in Israel, Jerusalem (The Adult Education Association of Israel) 1972, S. 19-25.
KESSELRING, Thomas: Jean Piaget, München (Beck) 1988.
KLÖCKNER, Detlef: „Anmerkungen zum Figur-Grund-Konzept der Gestalttherapie", in: Gestalt Zeitung, April 1993-März 1994, 7. Ausgabe, S. 24-26.
KORTE, John; „Weiße Handschuhe – Wie das Gedächtnis Lebensgeschichten schreibt", München 1996.
KRAMER, Edith: „Sublimierung und Kunsttherapie", in: RUBIN: Richtungen und Ansätze der Kunsttherapie, Karlsruhe (Gerardi) 1990, S. 45-62.
KUMMER, Irène: Im Mittelpunkt meines Lebens. Frauen ergreifen die Chancen der zweiten Lebenshälfte, München (Kösel) 1998.
KUTSCHERA, Gundel: Tanz zwischen Bewußt-sein und Unbewußt-sein. NLP -Arbeits und Übungsbuch, Paderborn 1994.
LAING, Ronald: Die Politik der Familie, Köln (Kiepenheuer & Witsch) 1974.
LAING, Ronald: Wahnsinn und Familie, Köln (Kiepenheuer & Witsch) 1975.
LANDGARTEN, Helen B.: Klinische Kunsttherapie, Karlsruhe (Gerardi) 1990.
LEONHARD, Hans-Walter: Pädagogische Menschenkunde. Deskiptive Phänomenologie des Fühlens, Denkens und Wollens, Weinheim / München (Juventa) 1996.
LEUNER, Hanscarl: Lehrbuch des Katathymen Bilderlebens, Bern (Hans Huber) 1987.
LEVICK, Myra: Kunsttherapie, in: Corsini, Raymond J.: Handbuch der Psychotherapie Band 1, Weinheim (Beltz) 1983.
LEVIN, Pamela: The Cycle of Development, in: Transaktionsanalysis Journal, April 1982, p.129 - 139.
LEVIN, Pamela: Becoming the Way We Are. An Introduction to Personal Development in Recovery an in Life, Deerfield (Health Communications) 1988.
LEVIN-LANDHEER, Pamela: TA and Developmental Theory: The Cycle of Development, personal manuscript.
LEVOY, Gregp: Callings. Finding and Following an Authentic Life, New York (Harmony) 1997.
LOCH, W.: Lebenslauf und Erziehung, Essen 1979.
LOWEN, Alexander: Der Verrat am Körper, Hamburg (Rowohlt) 1986.
LOWEN, Alexander: Bioenergetik - Therapie der Seele durch Arbeit mit dem Körper, LOWEN, Alexander und Leslie: Bioenergetik für Jeden, München (Peter Kirchheim) 1985.
LOWEN, Alexander: Körperausdruck und Persönlichkeit, München (Kösel) 1981.
LUMMA, Klaus & Bernd KNÜDELER (Hrsg.): Medien für kreative Gestaltarbeit, Eschweiler (Lumma & Kern) 1984.

LUMMA, Klaus: „Orientierungsanalytische Aspekte aus der Verbindung von gestalttherapeutischen und individualpsychologischen Arbeitshypothesen" in: BRINLEY, John, Freunde und Schüler: Wege der Gestalttherapie, Eschweiler 1984, S. 64-88.
LUMMA, Klaus: Zur Begründung konfliktorientierter Erwachsenenbildung als Angebot pädagogisch-therapeutischer Interventionen im Kontext von Gruppen- und Einzelarbeit, Aachen (RWTH) Doctoral Dissertation 1986.
LUMMA, Klaus: Neuorientierung - Grundlagen der Pädagogischen Psychotherapie, Eschweiler (Lumma & Kern) 1988.
LUMMA, Klaus: „Pädagogische Psychotherapie als Ausdruck eines neuen Zeitgeistes", in Z.f.Hum.Psych., 1988, S. 57-70.
LUMMA, Klaus: Strategien der Konfliktlösung, Eschweiler (Lumma & Kern) 1982, Hamburg (Windmühle) 1988.
LUMMA, Klaus: Der Gestaltansatz hier und jetzt, in Z.f.Hum.Psych., 13.Jahrgang, 1990, S. 93-100.
LUMMA, Klaus: Zur orientierungsanalytischen Schlüsseldidaktik, in: Z.f.Hum.Psych.1991, Seite 78-81., Eschweiler (IHP) 1991.
LUMMA, Klaus (Hrsg.): Counselling * Feldspezifische Beratung, *Humanistische Psychologie 2/92,* Eschweiler (IHP) 1992.
LUMMA, Klaus: „Ruth C.Cohn. Eine Wegbereiterin der Pädagogischen Psychotherapie", in Z.f. Hum.Psych., 2/1992, S. 65-68.
LUMMA, Klaus: Von der Individualpsychologie zur Orientierungsanalyse, Festschrift für Lucy Ackerknecht in *Humanistische Psychologie 2/93,* Eschweiler (IHP) 1993.
LUMMA, Klaus: Die Teamfibel, Das Einmaleins der Team & Gruppenqualifizierung im sozialen und betrieblichen Bereich, Hamburg (Windmühle) 1994.
LUMMA, Klaus (Hrsg.): Asco Mentalità. Kunst, Struktur- und Persönlichkeitsentwicklung, *Humanistische Psychologie 1/98*, Eschweiler (IHP) 1998.
LUMMA, Klaus und Maria WILL: Mischa Epper. Bilder aus dem Unbewußten, Ascona (Fondazione Epper) 1998.
LUMMA, Klaus: „Existenzielle Notwendigkeiten orientierungsanalytischer Struktur- und Persönlichkeitsentwicklung", in *Humanistische Psychologie Halbjahrbuch* 1/98, Seite 71-74, Eschweiler (IHP) 1998.
LUMMA, Klaus (Hrsg.): Counseling. Theorie & Praxisfeld-Studien. Von der Pädagogischen Psychotherapie zur Beratungspädagogik, *Humanistische Psychologie 1/99,* Eschweiler (IHP) 1999.
MAHLER u.a.: Die psychische Geburt des Menschen, Frankfurt 1978.
MATURANA, Humberto / VARELA, Francisco: Der Baum der Erkenntnis, Bern (Scherz) 1987.
MAY, Rollo: Die Erfahrung „ich bin", Paderborn 1986.
MAY, Rollo: Die Kunst der Beratung, Mainz (Matthias-Grünewald) 1991. (Das Amerikanische Original erschien 1932 unter dem Titel *The Art of Counseling)*
MAY, Rollo: Mut zur Kreativität, Paderborn 1987.
MENZEN, Karl-Heinz: Heilpädagogische Kunsttherapie, Freiburg (Lambertus) 1994.
MENZEN, Karl-Heinz: Vom Umgang mit Bildern, Köln (Claus Richter) 1990.
MEYERS ENZYKLOPÄDISCHES LEXIKON, Band 22, Stichwort Sokrates, Mannheim (Bibliographisches Institut) 1978, Nachdruck 1981.
MILZ, Helmut: Der wiederentdeckte Körper, München (dtv) 1994.
MINISTRY OF EDUCATION (Ed.): Further Education - The Scope and Content of ist Opportunities under the Education Act 1944, Pamphlet No. 8, London (Her Majesty's Stationary Office) 1954.
MOERS, Martha: Die Erwachsenenphasen des menschlichen Lebens, Ratingen (Henn) 1953.
MÜLLGES, Udo: Die berufspädagogische Aufgabe der Erwachsenenbildung, in: Riese, Nieder, Müllges: Bildung für den Beruf, S. 74.ff.
MURKEN, Axel Hinrich: Die Kunst als ständiger Begleiter der Heilkunde, in: RECH, Peter; HEIN, Peter Ulrich (Hrsg.): Kunst und Therapie - Zeitschrift zu Fragen der Ästhetischen Erziehung, Heft 14, Köln (Gabriele Klein) 1988/89, S. 56-76.
NUBER, Ursula: Der Mythos vom frühen Trauma, Frankfurt (Fischer) 1996.
OERTER/MONTADA: „Entwicklungspsychologie", Weinheim 1987.
OLBRICH, Erhard: Die Grenzen des Coping, in: Tesch-Römer, Clemens u.a. (Hrsg.): Psychologie der Bewältigung, Weinheim (Bletz) 1997.
OVERDICK, Wilhelm: „Die zertanzten Schuhe - Malen nach Märchen mit kranken Kindern", in Gedenkschrift für Dr.med. Edith Mundt: Kranke Kinder brauchen Bücher (Verlag Deutscher Ärztinnenbund) S. 85-100, 1996.
OVERDICK, Wilhelm: „Mit Märchen ermutigen - Janina", in Z.f.Individualpsychologie, S. 223-236, 15. Jg., 1990.
PANKOK, Otto: Zeichnungen, Grafik, Plastik, Elefanten Press 1982.
PANKOK, Otto: Zigeuner, Düsseldorf (Kunstmuseum) 1985/86.
PECK, M. Scott: In Search of Stones. A Pilgrimage of Faith, Reason and Discovery, New York (Simon & Schuster) 1995.
PECK, M. Scott: The Road Less Travelled, New York (Tochstone / Simon & Schuster) 1980.
PEERS, Robert: Adult Ecucation in Practice, London (Macmillan & Co.) 1934.
PERLS, Frederick: Das Ich, der Hunger und die Aggression, Stuttgart (Klett-Cotta) 1985.
PERLS, Frederick: Gestalttherapie in Aktion, Stuttgart (Klett-Cotta) 1974.

PERLS, Frederick; BAUMGARDNER, Patricia: Das Vermächtnis der Gestalttherapie, Stuttgart (Klett-Cotta) 1990.
PERLS, Frederick; Hefferline, Ralph; Goodman, Paul: Gestalt-Therapie - Lebensfreude und Persönlichkeitsentfaltung, Stuttgart (Klett-Cotta) 1988/1.
PERLS, Frederick; Hefferline, Ralph; Goodman, Paul: Gestalt-Therapie - Wiederbelebung des Selbst, Stuttgart (Klett-Cotta) 1988/2.
PERLS, Friedrich S.: Was ist Gestalttherapie? Wuppertal (Peter Hammer) 1998.
PERLS, Laura: Comments on new directions, in: E.W.L. SmiTherapeutin: The growing edge of Gestalt Therapy, New York (Brunner/Mazel) 1976.
PERLS, Lore im Gespäch mit Daniel ROSENBLATT: Der Weg zur Gestalttherapie, Wuppertal (Peter Hammer) 1997.
PETERSEN, Peter: Der Therapeut als Künstler, Paderborn 1989.
PETERSON, Peter: „Der Therapeut als Künstler", in: Integrative Therapie 1983, 9(4), S. 295-311.
PETZOLD, Hilarion; Orth, Ilse (Hrsg.): Die neuen Kreativitätstherapien: Handbuch der Kunsttherapie, Band 1 und 2, Paderborn (Junfermann) 1990.
PFEIFFER, Vera: Positives Denken. Was Sie schon immer wußten, aber sich nicht trauten, in die Tat umzusetzen. Positiv-Training. Fallbeispiele. Erfahrungsberichte, Augsburg (Midena) 1996.
PIPHER, Mary: Die intakte Familie. Wie wir lernen, wieder miteinander zu reden, München (Heyne) 1998. Amerikanisches Original: The Shelter of Each Other. Reebuildung Our Families, New York (Grosset/Putnam) 1996.
PIPHER, Mary: Saving the Selves of Adolescent Girls. An Eye-opening look at everyday dangers of being young and female, and how adults can help, New York (Ballantine Books) 1995.
PÖGGELER, Franz: Adult Education, in Lex. d. Päd., Freiburg (Herder) 1964, Bd. 5, Sp. 2.
PÖGGELER, Franz: Alexander Kapps Versuch über die „Andragogik Platons", in: Päd. Rundschau, Jg. 1965, S. 699-708.
PÖGGELER, Franz: Der Mensch in Mündigkeit und Reife - Eine Anthropologie des Erwachsenen, Paderborn (Schöningh) 1962.
PÖGGELER, Franz: Erwachsenenbildung * Einführung in die Andragogik, Band 1: Handbuch der Erwachsenenbildung, Stuttgart (Kohlhammer) 1974.
PÖGGELER, Franz: Inhalte der Erwachsenenbildung, Freiburg (Herder) 1965.
PÖGGELER, Franz: Lebenshilfe, in: Lex. d. Päd., Freiburg (Herder) 1964, Bd. 5, Sp. 435f.
POLSTER, Erving und Mriam: Gestalttherapie. Theorie und Prasix der integrativen Gestalttherapie, Frankfurt (Fischer) 1983.
RAHM, Dorothea: Gestaltberatung. Grundlagen und Praxis integrativer Beratungsarbeit, Paderborn (Junfermann Verlag) 1990.
RAPP, Elaine: „Gestaltungstherapie in Gestaltgruppen", in: Ronall, Feder: Gestaltgruppen, Stuttgart (Klett-Cotta) 1983, S. 121-144.
RECH, Peter: Methodik der Psychoanalytischen Kunsttherapie, Köln 1990.
RECH, Peter; HEIN, Peter Ulrich(Hrsg.): Kunst und Therapie-Zeitschrift zu Fragen der Ästhetischen Erziehung, Heft 14, Köln (Gabriele Klein) 1988/89.
RHYNE, Janie: Gestalt-Kunsttherapie, in: Rubin: Richtungen und Ansätze der Kunsttherapie, Karlsruhe (Gerardi) 1990, S. 185-206.
RICHTER, Hans-Günther: Pädagogische Kunsttherapie, Düsseldorf 1984.
RIEDEL, Ingrid: Maltherapie; Stuttgart (Kreuz) 1992.
ROGERS, Carl R.: „Auf dem Wege zu einer Theorie der Kreativität", in: Petzold, Hilarion; Orth, Ilse (Hrsg.): Die neuen Kreativitätstherapien: Handbuch der Kunsttherapie, Band 1 und 2, Paderborn (Junfermann) 1990, S. 237-255.
ROGERS, Carl R.: Counseling & Psychotherapy 1952
RONALL, Ruth; Feder, Bud: Gestaltgruppen, Stuttgart (Klett-Cotta) 1983.
RÖTTSCHES, Wolfgang: „Rosetta - Eine orientierungsanalytische Fallstudie"; in: Z.f.Hum.Psych. 1988, 11, S. 71-80.
RUBIN, Judith A.: „Die Psychoanalytische Theorie Siegmund Freuds": Aufdeckung und Einsicht, in:
RUBIN: Richtungen und Ansätze der Kunsttherapie, Karlsruhe (Gerardi) 1990, S. 27-44.
RUTSCHKY, Katharina: Schwarze Pädagogik, Frankfurt 1977
RÜTTINGER, Rolf & KRUPPA, Reinhold: Übungen zur Transaktionsanalyse, Hamburg (Windmühle Verlag) 1988.
SAMUELS, Arthur: Im Einklang mit dem inneren Kind. Ein meditativer Weg zu sich selbst, Freiburg (Herder) 1993.
SATIR, Virginia: Kommunikation • Selbstwert • Kongruenz., Konzepte und Perspektiven familientherapeutischer Praxis, Paderborn (Junfermann) 1992.
SCHACTER, Daniel: Wir sind Erinnerung, Reinbeck (Rowohlt) 1999.
SATIR, Virginia; „Selbstwert und Kommunikation", München 1975.
SCHLAGHECKEN, Hedwig: Lebensgeschichte und Identität im Erzieherberuf, Dissertation, Köln (Universität zu Köln) 1989.
SCHLEGEL, Leonhard: Handwörterbuch der Transaktionsanalyse, Freiburg (Herder)1993.
SCHMEER, Gisela: Das Ich im Bild - Ein psychodynamischer Ansatz in der Kunsttherapie, München (Pfeiffer) 1992.
SCHMIDT, Gregor: Business Coaching * Mehr Erfolg als Mensch und Macher, Wiesbaden (Gabler)1995.

SCHNEIDER, Kristine: Das Experiment in der Gestalttherapie, in: Integrative Therapie 1979, 5 (3), S.192-207.
SCHOTTENLOHER, Gertraud / TOMALIN, Elisabeth: „Der psychodynamische Aspekt gestaltungstherapeutischer Gruppenarbeit", in: Petzold, H. / Orth. L.: Die neuen Kreativitätstherapien, Handbuch der Kunsttherapie Band 1, Paderborn 1990, S. 371-389.
SCHOTTENLOHER, Gertraud: Kunst und Gestaltungstherapie, München 1989.
SCHUMANN-SORGE, Inga: „Weibliche Gestalttherapie", in Gestaltkritik, Nr.1 1998, S.9-20.
SCHUSTER, Martin: Kunsttherapie - Die heilende Kraft des Gestaltens, Köln (Du Mont) 1986.
SCHUSTER, Martin; Beisl, Horst: Kunst-Psychologie. Wodurch Kunstwerke wirken, Köln (Du Mont) 1978
SELVINI, PALAZZOLI, BOSCOLO, CECCHIN und PRATA: Paradoxon und Gegenparadoxon, Stuttgart (Klett-Cotta) 1977.
SHELDRAKE, Rupert: The presence of the past. Morphic Resonance & The Habits of Nature, Rochester (Vermont) Park Strett Press.
SOMMER, Karin: „Michaels Maschen - Aufspüren von Maschenverhalten in der orientierungsanalytischen Praxis"; in: Z.f.Hum.Psych., 1993, 16(2), S. 61-77.
STAEMMLER, Frank: „Von Stühlen, Leichen und anderen Menschen", in: Gestalt Zeitung, April 1992-März 1993, 6. Ausgabe, S. 17-20.
STAEMMLER, Frank: „Wer spricht? Sinn und Blödsinn des leeren Stuhls in der Gestalttherapie", PBZ Publikationen, Heft 2, Würzburg 1986.
STAEMMLER, Frank; BOCK, Werner: Ganzheitliche Veränderung in der Gestalttherapie, München (Pfeiffer) 1991.
STEINBUSCH, Karl: Falsch programmiert - Über das Versagen in unserer Gesellschaft, und was eigentlich geschehen müßte. Stuttgart 1968, S.127.
STEINER, Claude: Wie man Lebenspläne verändert - Das Skript Konzept in der Transaktionsanalyse, München (DTV) 1993.
STERN, Daniel N.: Die Lebenserfahrung des Säuglings, Stuttgart (Klett-Cotta) 1998.
STEVENS, John O.: Die Kunst der Wahrnehmung. Übungen der Gestalttherapie, München (Chr. Kaiser) 1991.
STEWART, Ian; JOINES, Vann: Die Transaktionsanalyse - Eine neue Einführung in die TA; Freiburg (Herder) 1990.
TEACHWORTH, Anne: Why We Pick the Mates We Do. Ending the corcle of unhappy realtionships, New Orleans (Gestalt Insitute, 1539 Metairie Rd.#E, New Orleans LA 70005) 1997.
TEEGEN, Frauke: Die Bildersprache des Körpers, Hamburg (Rowohlt) 1992.
ten HAVE, T.T.: Klein Bestek van de Agologie, Groningen (Wolters & Noordhoff NV) 1970.
THOMAE, Hans: Persönlichkeit. Eine dynamische Interpretation, Bonn 1966.
THOMPSON, Rosemary A.: Counseling Techniques. Improving Relationships with Others, Our Families, and Our Environment, London (Taylor & Francis) 1996.
TILLICH, Paul: Auf der Grenze, München 1987.
TOMALIN, Elisabeth und Peter SCHAUWECKER: Interaktionelle Kunst- und Gestaltungstherapie in der Gruppe, Köln (Claus Richter) 1993.
TSCHIRHART SANTFORT, Linda/ DONOVAN, Mary Ellen: Frauen und Selbstachtung, Hamburg (Klein Verlag) 1994.
VESTER, F.: Denken, Lernen, Vergessen, München 1985.
VETTER, Rudolf Peter: „Zur kunsttherapeutischen Basissituation", in: TÜRK; Thies (Hrsg.): Therapie durch künstlerisches Gestalten, Stuttgart (Ursachhaus) 1986, S.53-65.
VÖLKER, Ulrich: „Grundlagen der Humanistischen Psychologie" in: Völker, U. (Hrsg.): Humanistische Psychologie, Weinheim (Beltz) 1980, S. 13-38.
VonSCHLIPPE, Arist und SCHWEITZER, Jochen; „Lehrbuch der systemischen Therapie", Göttingen 1996.
VOPEL, Klaus W.: Selbstakzeptierung und Selbstverantwortung Bd 2, Salzhausen (iskopress) 1995.
VWERNER, Coolie: Adult Education, New York (The Center of Applied Research in Education) 1969.
WALLACE, Edith: „Heilung durch bildende Künste - ein jungianischer Ansatz", in RUBIN: Richtungen und Ansätze der Kunsttherapie, Karlsruhe (Gerardi) 1990, S. 133-152.
WATZLAWICK, Paul, BEAVIN & JACKSON: Menschliche Kommunikation. Formen, Störungen, Paradoxien, Bern (Huber) 1969.
WATZLAWICK, Paul, WEAKLAND & FISCH: Lösungen. Zur Theorie und Praxis menschlichen Wandels, Bern (Huber) 1974.
WATZLAWICK, Paul: Münchhausens Zopf; München (Piper) 1988.
WEBER, Marion: Mit sich in Einklang kommen, Freiburg im Breisgau 1992.
WEBER; Gunthard (Hg.); „Zweierlei Glück", Heidelberg 1993.
WEEKS, David / JAMES, Jamie: Exzentriker. Über das Vergnügen, anders zu sein, Reinbek (Rowohlt) 1997.
WILBER, Ken: Eine kurze Geschichte des Kosmos, Frankfurt (Fischer) 1997.
WILBER, Ken: Eros, Kosmos, Logos. Eine Vision an der Schwelle zum nächsten Jahrtausend, Frankfurt (Krüger) 1996.
WILLIAMS, Tennessee: Memoiren, Frankfurt (Fischer TB) 1979.
WINNIKOTT, D.W.: Vom Spiel zur Kreativität, Stuttgart 1973.
WIRTZ,U. ZÖBELI, J.: Hunger nach Sinn, Zürich 1995.
YONTEF, Gary M.: „Gestalttherapie als dialogische Methode", in: Integrative Therapie 1983, 9 (2-3), S. 98-129.
ZEIG, Jeffrey K.; Die Weisheit des Unbewußten, Heidelberg 1995.
ZINKER, Joseph: Gestalttherapie als kreativer Prozeß, Paderborn (Junfermann) Paderborn 1993.

Autorinnen und Autoren

HERAUSGEBER
***Dr. Klaus LUMMA* ***
geb. 11.6.1944 in Gerolstein / Rheinland-Pfalz

www.ihp.de / www.bvppt.de
e-mail: Lumma.IHP.Fats@t-online.de

Goerdtstrasse 7
D 52249 Eschweiler

A.C.P. Associate Diplom (College of Preceptors-London); M.A. Magister der Erziehungswissenschaft, Philosopie & Anglistik (RWTH Aachen);
Dr. paed. Doktor der Erziehungswissenchaft, Philosophie & Musik (RWTH-Aachen);
MSCC Adlerian Marriage, Family & Child Counselor (WIRTH-Berkeley); Psychotherapeut (Austria); Counselor grad. (BVPPT / ACA); Supervisor (DGSv); Kunsttherapeut (DFKGT); Gesprächstherapie Weiterbildung bei Heiner HELLMANN (GwG-Köln), Gestalttherapie Ausbildung bei John BRINLEY (WILL-New York);Individualpsychologische Ausbildung bei Lucy ACKERKNECHT (WIRTH-Berkeley); Strategisch-strukturelle Paar- & Familientherapie Ausbildung bei Jos VAN DIJK (IHP);
Lehrtätigkeit Gestalttherapie Ausbildung am Gymnasium, an Fach- und Fachhochschule; Ausserschulische Bildungsarbeit im Bistum Aachen; Initiator der Humanistischen Psychologie in Deutschland (DGHP / IHP / BVPPT)
Begründer der Orientierungsanalyse; Gründer & Wissenschaftlicher Leiter IHP *Institut für Humanistische Psychologie* NW, Fakultätsmitglied *Gestalt & NLP Institute of New Orleans / New York;* Associate Director WIRTH *Western Institute for Research & Training in Humanics,* Berkeley; Fachbuchautor; Herausgeber der Publikationsreihe *Humanistische Psychologie.*
Verheiratet mit Dagmar Lumma; Kinder: Thorsten, Melanie, Nils, Frederick und Ben
Freelance Jazztrompeter (Fats Von Gerolstein) Sun Lane LTD New Orleans Jazzband Aachen / Fritzel's International Jazzband New Orleans Louisiana / Two Windhorns & Co. Cologne

Maria AMON *
geb. 10.8.1951 in Bad Wimpfen / Baden-Württemberg

Kardinal-Schulte-Strasse 3
51429 Bergisch Gladbach

Dipl.-Päd., Counselor grad. IHP/BVPPT; Supervisorin DGSv; Studium der Erziehungswissenschaft, Psychologie, Soziologie und Kunstdidaktik an der Universität zu Köln; 1980 - 1989 Entwicklung und Leitung eines Integrationsprojektes mit Sinti in Düsseldorf (Bildungsarbeit und Wohnprojekt in der Trägerschaft des Caritasverbandes, gefördert von der Landesregierung NRW); Weiterbildung in Gestalttherapie, Orientierungsanalyse, Systemischer Kunsttherapie und körperorientierter Beratungsmethoden; seit 1990 in freier Praxis tätig. Arbeitsgebiete: Weiterbildung mit sozialpädagogischen Fachkräften, Supervision, Pädagogisch-therapeutische Beratung, Interkulturelle Arbeitsbereiche; IHP Lehrtrainerin für Gestaltpädagogik & Gestalttherapie.

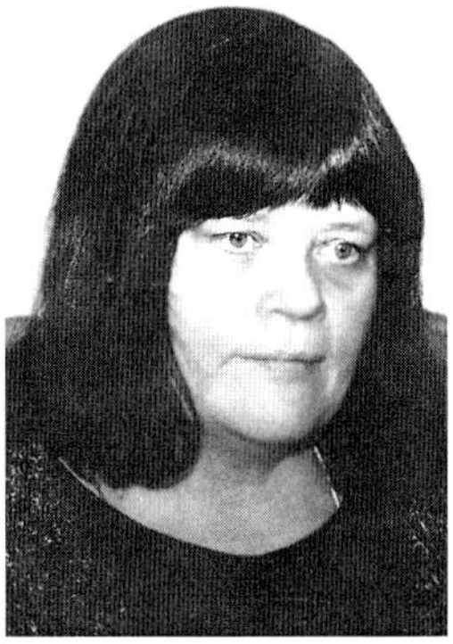

Dr. Gudrun BAAS *
geb. 3.2.1942 in Liegnitz / Schlesien (heutiges Polen)

Bermbacherweg 1c
65510 Idstein

Kindergärtnerin, Sozialpädagogin (FH), Dipl.-Päd. & Dr. phil. Erz.-Wiss. (Uni Frankfurt/Main); Heilpraktikerin, Approbierte Kinder- & Jugendlichenpsychotherapeutin, ausserschulische Heilpädagogin, Werklehrerin, Counselor grad. IHP, Pädagogisch-therapeutische Beraterin (BVPPT): Methodenschwerpunkte: Kunst- & Gestaltungstherapie, Orientierungsanalyse; Weiterbildung in Klientenzentrierter Gesprächsführung (GwG), Spielpädagogik (Akademie Remscheid), Heimberatung (Deutscher Verein), Transaktionsanalyse (Dornbirn, Vorarlberg); Persönlichkeitsentwicklung bei Elisabeth Tomalin, Peter Schauwecker, Klaus Lumma, Tom Frazier und Helmut Bickel.

Gabriele BILSTEIN *
geb. 10.8.1954 in Köln / Nordrhein-Westfalen

Florastrasse 92
50733 Köln

Dipl. Sozialarbeiterin; Pädagogisch-Therapeutische Beraterin BVPPT / Counselor grad.IHP, Methodenschwerpunkte: Gestalttherapie und Orientierungsanalyse; arbeitet freiberuflich mit einzelnen und Gruppen; verheiratet mit Andreas und lebt mit ihm und Tochter Leona in Köln.

Dr. Margret Christine BÜSCHER *
geb. 16.3.1950 in Stolberg / Nordrhein-Westfalen

Stockemer Strasse 22-24
52223 Stolberg

Dipl.-Math., Dr. Ing., Naturwissenschaftliches Studium an der RWTH Aachen, Unternehmensberatung in Industrie und Wirtschaft, Lehrtätigkeit im Fachbereich Wirtschaft an der FH Aachen; Weiterbildung in Gestalttherapie und Orientierungsanalyse; Counselor grad. IHP; Orientierungsanalytikerin BVPPT; Heilpraktikerin für Psychotherapie; Seminartätigkeit in Familienbildungsstätten; seit Anfang 1997 eigene therapeutische Beratungspraxis.

Hans-Dieter DICKE *
geb. 29.5.1954 in Opladen / Rheinland

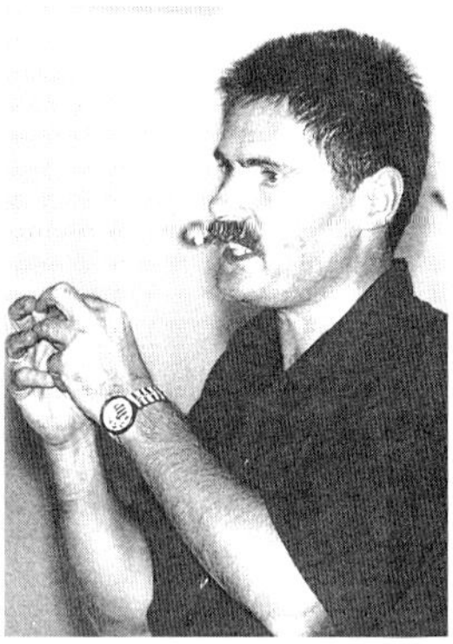

Im Michelsfeld 21
D 53227 Bonn

Dipl.-Päd., Counselor grad. IHP/BVPPT; Studium der Erziehungswissenschaft, Soziologie, Psychologie, Politikwissenschaft und Philosophie; diverse Weiterbildungen und Lernerfahrungen im Bereich der Humanistischen Psychologie und der Systemischen Lösungen. Erfinder eines Humanistisch-systemischen Weiterbildungsangebotes zum lösungsorientierten Counseling mit Kindern und Erwachsenen sowie Familien und anderen Systemen (2 x 2 Jahre beim IHP);
Begründer von MITTENDRIN, einer Lern- und Lehrwerkstatt zum gemeinsamen (Er-)finden guter Lösungen; verheiratet mit Christel Poensgen-Dicke, die als kompetente Diplom-Pädagogin und Hauptschullehrerin auch materiell mit dafür sorgt, dass ich mich einigermassen entspannt täglich neu entwerfen kann. Meine Energie versuche ich gerecht zu verteilen auf meine Arbeit als selbständiger Counselor und meine Arbeit als Hausmann und Vater von Gianna und David. Ich lerne gerne vom Leben, liebe argentinischen Tango und auch andere Tänze.

Prof. Dr. Gerhard GLÜCK *
geb. 4.9.1941 in Ulm-Donau / Baden-Württemberg

Schroerskamp 36
41069 Mönchengladbach

Dr. phil., M.A., 3 Jahre Lehrer an Volksschulen in Baden-Württemberg; Zweitstudium der Päd.-Psychologie, Pädagogik und Biometrie in Tübingen; Professor für Allgemeine Didaktik und Schulpädagogik an der PH Rheinland, Abt. Neuss, RWTH Aachen und Universität zu Köln; Ausbildung zum Pädagogisch-therapeutischen Berater BVPPT / Counselor grad. am *IHP Institut für Humanistische Psychologie* in Eschweiler; Gründungsmitglied und Geschäftsführer der „Gesellschaft für Sexualpädagogik e. V." seit Oktober 1998; Gründungsmitglied und erster Sprecher der AG „Pädagogik und Humanistische Psychologie" in der DGfE (Deutsche Gesellschaft für Erziehungswissenschaft 1995)
Arbeitsgebiete: Schulpädagogik, Sexualpädagogik, Adaption humanistischer Konzepte für Schule und Unterricht, Friedenspädagogik, Freizeitpädagogik.

Beate KARGES-HAMPEL *
geb. 5.6.1952 in Metterich / Rheinland-Pfalz

Poppelsdorfer Allee 66
53115 Bonn

Supervisorin DGSv; Counselor grad. IHP / Pädagogisch-therapeutische Beraterin BVPPT; Lehrerin in der staatlichen Erwachsenenbildung; Studium für das Lehramt in Englisch und Deutsch in Bonn, 1. Staatsexamen 1979, 2. Staatsexamen 1981. Lehrtätigkeit am Gymnasium von 1981 - 1991, an einer Abendrealschule seit 1991.
Ausbildung in Orientierungsanalyse, Gestalttherapie am IHP; Lehrkonsultantin für Orientierungsanalyse und Gestalttherapie.
Eigene Beratungspraxis seit 1995. Arbeitsschwerpunkte als Supervisorin: Coaching für Führungskräfte, Teamentwicklung, Organisationsentwicklung und -beratung im Bildungsbereich, im Deinstleistungsgewerbe und in der Industrie sowie in sozialen Einrichtungen der psychiatrischen Versorgung; Arbeitsschwerpunkte als Counselor: Einzel- & Gruppenarbeit, Persönlichkeitsentwicklung und Methodentraining durch verschiedene Hochschulreferate der Universität Bonn.

Helmut KEYMER *
geb. 21.7.1956 in Mönchengladbach / Nordrhein-Westfalen

Römerberg 3
41068 Mönchengladbach

Diplom-Sozialpädagoge, Kaufmann, Pädagogisch-therapeutischer Berater (BVPPT), Supervisor (DGSv); Weiterbildung in Gruppendynamik, Themenzentrierter Interaktion und Organisationsberatung; seit 1983 Pädagogischer Mitarbeiter im Katholischen Bildungswerk Krefeld mit den Schwerpunkten Familienbildung und Qualifikation von Ehrenamtlern, Gemeindeberater im Bistum Aachen; seit 1990 freiberuflich tätig in verschiedenen Non-Profitunternehmen mit Seminaren und Supervision; Lehrbeauftragter für Qualitätsmanagement an der Fachhochschule Niederrhein.

Martina KICKELBICK-SCHWERTFIRM *
geb. 10.2.1955 in Dortmund / Nordrhein-Westfalen

Schmiedgasse 42
53797 Lohmar

Dipl.-Päd.; Studium der Erziehungswissenschaft, Psychologie und Soziologie in Bonn, Weiterbildungen in Gestalttherapie, Orientierungsanalyse und Organisationsentwicklung; Graduierung zur Pädagogisch-therapeutischen Beraterin BVPPT/Counselor IHP; Fortbildung zur Lehrtrainerin für Methoden Humanistischer Psychologie beim IHP, Kursleitung bis 1998; Mitglied in den Teams "Orientierungsanalyse" und "Gestaltpädagogik"; arbeitet nach langjähriger Bildungsarbeit in Industrie und Wirtschaft seit 1990 in ihrer Beratungspraxis mit Einzelnen, Paaren, Teams und Gruppen.

Elisabeth KÖHLING-WELTER *
geb. 10.9.1949 in Werdohl / Nordrhein-Westfalen

Hovestrang 51
33334 Gütersloh

Dipl.-Psych. & Approbierte Psychologische Psychotherapeutin, Weiterbildung in Gesprächspsychotherapie (GwG), Gestalttherapie & Orientierungsanalyse (IHP), Katathym-imaginativer Psychotherapie (AGKB); Tätigkeit in Ehe- und Lebensberatungsstelle sowie in eigener psychotherapeutischer Praxis.

Prof. Dr. Boris LUBAN-PLOZZA *
geb. 29.6.1923 in St. Gallen / Schweiz

Casa Incontro
Via Monescia 2
CH 6612 Ascona

Ehrenpräsident der Europäischen Union für Sozialmedizin, Honorarprofessor an der Universität Heidelberg, Experte des Europarates für Gesundheitsfragen, Vicepräsident der Stiftungsversammlung Pro Senectute Schweiz; studierte in Genf, Basel und Bern Medizin; 1962 war er Delegierter des Schweizer Bundesrates an der Weltkonferenz für Gesundheitserziehung in Philadelphia, USA, bis 1966 als Landarzt im Calancatal und Klinikleiter in Grono tätig; *venia legendi* für Psychiatrie in Rom; Gastprofessor an verschiedener Universitäten, u.a. 1984 an der UCLA *(University of California, Los Angeles)* für Familienmedizin. 1989 wurde er mit dem *Albert Schweizer Preis* für humanistische Studien ausgezeichnet, 1997 mit der *Albert Schweizer Golden Grand Medal;* zahlreiche weitere Auszeichnungen, Ehrendoktorate (zehn Universitäten) und Verdienstmedaillien, u.a. Österreichisches Ehrenkreuz Erster Klasse für Wissenschaft und Kunst; Ehrenpräsident der Erich-Fromm-Stiftung; Fachbuchautor und Herausgeber von in 16 Sprachen übersetzten Publikationen;
Begründer der internationalen *Ascona-Gespräche* und der *Monte Verità-Gruppen* als Experten-Patienten-Familiengespräche, anerkannt von der Weltgesundheitsorganisation (WHO) und vom Europarat gefödert; Begründer des Balint-Dokumenta-tionszentrums Ascona
verheiratet mit Wilma†, vier Kinder

Dagmar LUMMA *
geb. 12.6.1951 in Eschweiler / Nordrhein-Westfalen

www.ihp.de / www.bvppt.de

Goerdtstrasse 7
52249 Eschweiler

Counselor grad. & Orientierungsanalytikerin IHP / Pädagogisch-therapeutische Beraterin BVPPT; Mitbegründerin und organisatorische Leiterin des IHP *Institut für Humanistische Psychologie,* staatlich anerkanntes Weiterbildungsinstitut NW; Vorsitzende des Berufsverbandes für Beratung, Pädagogik & Psychotherapie / *Professional Association for Counseling, Education & Psychotherapy;* in ihrer orientierungsanalytischen Arbeit mit Einzelnen, Paaren und Gruppen verbindet sie Aspekte der Transaktionsanalyse und Gestalttherapie mit organismisch-ganzheitlich orientierten Strategien; lebt mit Klaus Lumma und ihren fünf Kindern in Eschweiler-Aachen.

Adelheid OEVERMANN* *
geb. 27.2.1954 in Damme / Niedersachsen

von-Hövell-Strasse 7
49134 Osnabrück

Counselor grad.IHP, Weiterbildung in Orientierungs-analyse mit Schwerpunkt Körperarbeit *am* IHP *Institut für Humanistische Psychologie in Eschweiler* mit anschlies-sender pädagogisch-therapeutischer Graduierung; freiberufliche Beratungsarbeit mit Gruppen und einzelnen für verschiedene Einrichtungen der Erwachsenenbildung.

Gabriele PECHEL* *
geb. 26.2.1954 in Waldbröl / Nordrhein-Westfalen

Osloer Str. 14
51149 Köln

e-mail: Hoffmann-Pechel@t-online.de

Dipl.-Päd.; Pädagogisch-Therapeutische Beraterin BVPPT / Counselor grad. IHP; arbeitet im Referat Frauenseelsorge der Erzdiözese Köln; freiberuflich ist sie in der Erwachsenenbildung, der Fortbildung für Haupt- und Ehrenamtliche im sozialen Bereich und der Beratung von einzelnen und Gruppen tätig. Ihre Fortbildung in Gestattherapie erhielt sie von 1990-1993 beim Institut KONTAKTE in Bergisch-Gladbach. Ständige Weiterbildung in Gestalttherapie bei Dr. Daniel Rosenblatt und Dr. Christine Schneider.

Dieter RAABE* *
geb. 14.3.1953 in Leverkusen / Nordrhein-Westfalen

Im Überdorf 15a
D 53567 Asbach / Altenhofen

Dipl.-Ing. und Dipl.-Päd., Orientierungsanalytiker IHP Lehre als Elektromechaniker bei der Bundespost in Köln; Ingenieurstudium der elektrischen Energietechnik an der Fachhochschule in Köln; Studium der Erwachsenenpädagogik und Gerontagogik an der Universität in Bonn; Weiterbildung in Bioenergetischer Analyse und Orien-tierungsanalyse; Graduierung als Counselor / Pädagogisch-therapeutischer Berater BVPPT; Suchttherapeut in der Eschenberg-Wildpark-Klinik in Hennef; Lehrtrainer in Methoden der Humanistischen Psychologie am IHP *Institut für Humanistische Psychologie;* verheiratet mit Ulrike Raabe, lebt mit ihr und den drei Söhnen Christian, David und Thomas in Asbach / Westerwald.

Dr. Hedwig SCHLAGHECKEN *
*geb. 3.5.1939 in Mettendorf * Bitburg / Rheinland-Pfalz*

Hans-Sachs-Strasse 17
50931 Köln

Soz.Päd.grad., Dipl.-Päd., Dr. paed.; Orientierungsanalytikerin / Counselor grad. IHP / Pädagogisch-therapeutische Beraterin BVPPT, Studium der Erziehungswissenschaft, Psychologie, Soziolologie, Sozialpädagogik, Psychoanalyse, Humanistische Psychologie und Bildende Kunst in Trier, Münster, Düsseldorf, Köln und Eschweiler; Referentin in der Erwachsenenbildung, Fort- & Weiterbildung sozialpädagogischer Berufe; Lehrbeauftragte an der Kath. Fachhochschule NW, Abtlg. Köln, Fachbereich Sozialwesen, u.a. Pädagogik in der frühen Kindheit, Psychoanalytische Pädagogik, Berufsbezogene Selbsterfahrung, Heilpädagogik; Psychoanalytische & orientierungsanalytische Einzel- & Gruppenberatung in eigener Praxis; Lehrkonsultantin des IHP, *Institut für Humanistische Psychologie* für Gesprächstherapie und Orientierungsanalyse.

Gertrud SCHÜMMER *
geb. 19.1.1954 in Aachen / Nordrhein-Westfalen

Karlstrasse 3
D 52080 Aachen

Einzelhandelskauffrau, Diplom Sozialpädagogin und Counselor grad. / Orientierungsanalytikerin; IHP Weiterbildung in Bioenergetik, Gestaltpädagogik und Orientierungsanalyse. Arbeitsgebiete: Pädagogisch-therapeutische Beratung, Systemische Supervision & Organisationsentwicklung, Projektentwicklung und Projektbegleitung für den Sozialdienst Katholischer Frauen (SKF) und den Caritas-Verband Düren; Tänzerin in diversen Tanzprojekten.

Michaela SINTKE *
geb. 10.7.1960 in Mönchengladbach / Nordrhein-Westfalen

Knooper Weg 106
24105 Kiel

Studium der Chemie an der FH Aachen von 1983-88, danach vier Jahre in der chemischen Industrie für den Bereich *Umweltschutz* zuständig. 1990 bis 1994 berufsbegleitende Weiterbildung zur Gestalttherapeutin mit anschliessender Graduierung zum Counselor am IHP in Eschweiler. 1992 bis 1996 Studium der Heilpädagogik an der Universität zu Köln. Seit 1997 in Kiel; tätig als Rhetorik- und Kommunikationstrainerin.

Anne TEACHWORTH *
geb. 26. Februar 1937 in New Orelans / Louisiana

1539 Metairie Road #E
Metairie, LA 70005 USA

www.gestalt-institute.com
e-mail: ateachw@aol.com.

M.A. in Counseling Gestalttherapy EIUC *(Eastern International University of California),* Diplomate of the American Psychotherapy Association; gründete 1976 das *Gestalt Institute of New Orleans,* nachdem sie das Ausbildungsprogramm des Gestaltinstituts von Houston erfolgreich abgeschlossen hatte. 1977 begann sie bei Richard Bandler die Ausbildung in NLP (Neuro-Linguistisches-Programmieren), Präsidentin der *Louisiana Association for Neurolinguistics,* spezialisiert in Paarberatung *(psychogenetics),* Initiatorin der Herkunftslogik, Buchautorin von *Why We Pick The The Mates We Do.* Seminare in USA, Israel und Deutschland (IHP); 17 Jahre verheiratet, Mutter von sechs erwachsenen Söhnen.

Christiane van MELIS *
geb. 13.3.1963 in Krefeld / Nordrhein-Westfalen

In der Masch 10
49134 Wallenhorst

Dipl.Soz.Päd.; Bildungsarbeit im Bereich Persönlichkeitsbildung, Soziales Training, Seminarleiter Training; Weiterbildung in Orientierungsanalyse mit Schwerpunkt Bioenergetik; Counselor grad. IHP / Pädagogisch-therapeutische Beraterin BVPPT; Leiterin der Jugendbildungsstätte Haus *„Maria Frieden"* in Rulle, Wallenhorst Bistum Osnabrück; Berufliche Schwerpunkte: Persönlichkeitsbildung mit körpertherapeutischem Zugang und mir Einbezug der spirituellen Dimension; Personalentwicklung. Verheiratet; Interesse an Wassersport, Singen, Garten und Reisen.

Brigitte VIELHAUS *
geb. 8.8.1959 in Ratingen / Nordrhein-Westfalen

Kabelstrasse 116
41069 Mönchengladbach

Diplom-Theologin; Studium der Philosophie und Kath. Theologie in Bonn und Fribourg, Schweiz; Ausbildung zur Gestalttherapeutin und Orientierungsanalytikerin beim IHP *Institut für Humanistische Psychologie,* Eschweiler; Counselor grad. (IHP), angestellt als Referentin für Lebens- und Familienformen beim Bundesverband der Katholischen Frauengemeinschaft Deutschlands kfd; freiberuflich tätig in der Erwachsenenbildung sowie in eigener Beratungspraxis.

Alexandra von MIQUEL *
geb. 24.3.1965 in München / Bayern

Kanisstrasse 22
52388 Nörvenich-Wissersheim

Dipl.-Päd., Orientierungsanalytikerin / Counselor grad. IHP / Pädagogisch-therapeutische Beraterin BVPPT, Studium der Erziehungswissenschaft, Psychologie und Soziologie in Bonn und Berlin; Weiterbildung in Orientierungsanalyse und Gestalt, Systemische Kunsttherapie; Trainerin für Beratungspädagogik, Personal- und Organisationsentwicklung im Gesundheitswesen, Lehrtrainerin für Gestaltpädagogik und Orientierungsanalyse am IHP, *Institut für Humanistische Psychologie* Eschweiler.

Klaus WAGENER *
geb. 23.8.1950 in Mülheim an der Ruhr / Nordrhein-Westfalen

Bonner Ring 75
50374 Erftstadt

Jurist, langjährige Beschäftigung mit Naturheilkunde, Astrologie und Tarot, heute freiberuflich tätig als Organisationsentwickler, Supervisor und Coach; Zusatzausbildung in Gestalt und Orientierungsanalyse bei Dagmar und Klaus Lumma, Graduierung beim IHP, *Institute für Humanistische Psychologie* Nov. 1993. Berufliches Interesse: gelebte Ethik und geschlechtsspezifische Unterschiede im Berufsleben, private Interessen: Fahrradfahren, Wandern, Kochen

Tafelverzeichnis
Orientierungsanalyse (Teleoanalysis)

Zwölf Praxisfeld-Studien zur
ORIENTIERUNGSANALYSE